U0455549

权威·前沿·原创

皮书系列为
"十二五""十三五""十四五"时期国家重点出版物出版专项规划项目

BLUE BOOK

智库成果出版与传播平台

中国社会科学院创新工程学术出版资助项目

新媒体蓝皮书
BLUE BOOK OF NEW MEDIA

中国新媒体发展报告
（2024）

ANNUAL REPORT ON DEVELOPMENT OF NEW MEDIA
IN CHINA(2024)

组织编写／中国社会科学院新闻与传播研究所
主　编／胡正荣　黄楚新
副主编／严三九

社会科学文献出版社
SOCIAL SCIENCES ACADEMIC PRESS（CHINA）

图书在版编目（CIP）数据

中国新媒体发展报告. 2024 / 胡正荣，黄楚新主编；
严三九副主编. --北京：社会科学文献出版社，2024.
6. --（新媒体蓝皮书）. --ISBN 978-7-5228-3700-0
  I . G219.2
中国国家版本馆 CIP 数据核字第 2024Z7F872 号

新媒体蓝皮书

中国新媒体发展报告（2024）

主　　编／胡正荣　黄楚新
副 主 编／严三九

出 版 人／冀祥德
责任编辑／陈　颖
责任印制／王京美

出　　版／社会科学文献出版社·皮书分社（010）59367127
　　　　　地址：北京市北三环中路甲 29 号院华龙大厦　邮编：100029
　　　　　网址：www.ssap.com.cn
发　　行／社会科学文献出版社（010）59367028
印　　装／天津千鹤文化传播有限公司

规　　格／开　本：787mm×1092mm　1/16
　　　　　印　张：25.25　字　数：378 千字
版　　次／2024 年 6 月第 1 版　2024 年 6 月第 1 次印刷
书　　号／ISBN 978-7-5228-3700-0
定　　价／128.00 元

读者服务电话：4008918866

新媒体蓝皮书编委会

主要编撰者简介

胡正荣 中国社会科学院新闻与传播研究所所长，中国社会科学院大学新闻传播学院院长、教授、博士生导师；兼任中国电视艺术家协会副主席、中华全国新闻工作者协会常务理事。历任第六届和第七届国务院学位委员会新闻传播学学科评议组召集人、教育部高等学校新闻传播学类教学指导委员会主任委员、中国传媒大学校长、中国教育电视台总编辑、中国人民外交学会第八届理事会理事、中国国际交流协会第十一届理事会理事等。人社部"新世纪百千万人才工程"国家级人选，中宣部、中组部文化名家暨"四个一批"人才国际传播人选，享受国务院政府特殊津贴。

黄楚新 中国社会科学院新媒体研究中心副主任兼秘书长，研究员，中国社会科学院领军人才。中国社会科学院大学新闻传播学院副院长，教授，博士生导师。任国家广电总局媒体融合专家库专家，中国记协新媒体专业委员会专家组组长，首都互联网协会新闻评议专业委员会评议员，《新闻与写作》《青年记者》《中国报业》《中国传媒科技》等杂志学术顾问。出版《新媒体：移动传播发展现状与趋势》《新媒体：融合与发展》《新媒体：微传播与融媒发展》等学术专著4部，在《新闻与传播研究》《国际新闻界》《现代传播》等杂志发表多篇学术论文。主持国家社科基金及中央网信办等科研项目多个。

严三九 上海大学新闻传播学院院长，上海大学"伟长学者"，教授，博士生导师。任教育部新闻传播学类专业教学指导委员会委员、上海市新闻传播学类专业教学指导委员会副主任委员，中国新闻史学会传播学研究会副会长、中国新闻史学会传媒经济与管理研究会副会长、中国传播学会副会长等。担任"教育部新闻传播创新实践教育基地"和"上海卓越新闻传播人才教育培养基地"负责人。

摘　要

《中国新媒体发展报告（2024）》是由中国社会科学院新闻与传播研究所主持编撰的关于新媒体发展的最新年度报告，分为总报告、热点篇、调查篇、传播篇和产业篇等五个部分，全面分析中国新媒体发展状况，解读新媒体发展趋势，总结新媒体发展问题，探析新媒体的深刻影响。

2023 年，中国新媒体加快发展新质生产力，生成式人工智能、跨界融合、数字化营销等新技术与新模式为新媒体行业带来创新发展的动力，推动新媒体向新的方向发展。

本书总报告全面概括了 2023 年以来，媒体融合十年的重要时间节点与全面建设中国式现代化的时代任务，共同影响中国新媒体的发展进程。深度媒介化与数字技术更迭为媒体转型带来新的发展机遇和挑战，新媒体发展进入关键期。当前，中国网络新媒体发展呈现以下特点：中国全媒体传播体系建设正由格局建设进阶至生态化建设，各级融媒体中心协同并进。数字中国战略赋能乡村治理体系发展，主流媒体平台化趋势明显，并进而形成媒体联盟。媒体标准化工作持续进行，多家试点单位共同推动创新探索。在此基础上，人机协同不断引发媒体生产方式变革，数字技术引发社群空间重组，并打造城市 IP，提升文旅消费，网络实名制和智库建设成为关注焦点。同时，短剧行业迈入成熟期，政务新媒体积极转换语态，内容出海呈现平台化、数字化和品牌化特征。

本书收入了中国研究新媒体的数十位著名专家学者撰写的分报告，深入剖析了元宇宙产业园、媒体融合、AIGC 背景下的新闻生产、网络信息传播

公众参与、新媒体舆论引导、视听新媒体技术应用、区块链技术运用、出版融合、新媒体产业、网络广告产业等重要议题，对中央、省级、地市级、县级融媒体的发展进行了较深入的调查研究。

本书认为，2023年以来，随着新媒体的不断发展，一些问题不容忽视：技术双刃剑下，全媒体传播体系建设中仍存在体制机制桎梏，一些媒体过度娱乐化等问题也亟待解决；需充分调动媒体内生动力，促进媒体进一步升级转型。

关键词： 全媒体传播体系　数智转型　深度媒介化　媒体深度融合

目 录 ⎧⎫

Ⅰ 总报告

B.1 数智化转型与深度媒介化：中国新媒体发展新方向

·············· 胡正荣　黄楚新　陈玥彤 / 001

    一　总体概况与发展态势 ···························· / 002

    二　热门盘点与焦点透视 ···························· / 013

    三　传播分析与影响解读 ···························· / 023

    四　未来展望与政策建议 ···························· / 031

Ⅱ 热点篇

B.2 2023年中国区县级元宇宙产业园发展报告

·················· 方　勇　薄晓静 / 038

B.3 2023年中国媒体融合发展报告 ·············· 黄楚新　陈智睿 / 054

B.4 AIGC 背景下的新闻生产传播创新发展报告

·················· 李明德　李宛嵘 / 077

B.5 2023年中国小镇青年社交媒体使用研究报告

·················· 安珊珊　郝鑫萍　韩晓乐 / 092

B.6　2023年网络信息传播公众参与状况研究报告
……………………………… 余新春　戎飞腾　邹晓婷／105

B.7　2023年中国媒体人工智能运用发展报告
……………………………………… 黄　艾　张彦华　赵一鸣／119

Ⅲ　调查篇

B.8　2023年中国短视频行业发展报告 …………………… 于　炬／135

B.9　2023年中国新媒体舆论引导报告 ………… 孟　威　赵伽东／150

B.10　2023年中国地市级媒体融合发展报告 ……………… 许　可／164

B.11　2023年江西地市级媒体融合发展报告
……………………… 罗书俊　李玉冰　李梦婕　张宇喆／178

B.12　2023年中国县级融媒体中心发展报告 …………… 李一凡／192

B.13　地方特色与价值创造：短视频赋能基层文旅的热点与趋势
……………………… 龙　瀚　张娇龙　刘　进／206

Ⅳ　传播篇

B.14　2023年中国视听新媒体技术应用创新发展报告
…………………………………………… 高红波　郭　京／220

B.15　区块链技术应用于网络不实信息治理研究报告
…………………………………………… 雷　霞　刘宇馨／237

B.16　2023年中国乡村"新农人"短视频传播发展报告
……………………… 郭　森　陈昕怡　郭倩倩　李昀格／253

B.17　2023年中国出版融合发展研究报告
…………………………………… 曹月娟　龙学聪　陈泓儒／269

B.18　北京经开区融媒体中心深度融合发展报告 ………… 陈伊高／283

V 产业篇

B.19 2023年中国新媒体产业发展报告………… 郭全中 苏刘润薇 / 297

B.20 2023年中国网络广告发展报告……………… 王凤翔 张梦婷 / 312

B.21 地市级媒体融合发展的"永州模式"……………… 王奕涵 / 326

B.22 深化县级融媒体中心改革的"尤溪现象"

…………………………… 张 敏 池毓腾 周开浩 / 340

B.23 大连金普新区媒体融合发展报告

…………………………… 李立新 张 萍 胡玉亭 / 352

Abstract …………………………………………………… / 363

Contents …………………………………………………… / 365

皮书数据库阅读**使用指南**

总 报 告

B.1

数智化转型与深度媒介化：
中国新媒体发展新方向

胡正荣　黄楚新　陈玥彤*

摘　要：　媒体融合十年的重要时间节点与全面建设中国式现代化的时代任务，共同影响中国新媒体的发展进程。深度媒介化与数字技术更迭为媒体转型带来新的发展机遇和挑战，新媒体发展进入关键期。当前，我国网络和新媒体发展呈现以下特点：全媒体传播体系建设正由格局建设进阶至生态化建设，各级融媒体中心协同并进。数字中国战略赋能乡村治理体系发展，主流媒体平台化趋势明显，并进而形成媒体联盟。媒体标准化工作持续进行，多家试点单位共同推动创新探索。在此基础上，人机协同不断引发媒体生产方式变革，数字技术推动社群空间重组，打造城市IP，提升文旅消费，网络实名制和智库建设成为关注焦点。同时，短剧行业迈入成熟期，政务新媒体

* 胡正荣，中国社会科学院新闻与传播研究所所长，中国社会科学院大学新闻传播学院院长，教授，主要研究方向为新媒体、国际传播；黄楚新，中国社会科学院新媒体研究中心副主任兼秘书长，研究员，中国社会科学院大学新闻传播学院副院长，教授，主要研究方向为新媒体传播；陈玥彤，中国社会科学院大学新闻传播学院博士研究生，主要研究方向为新媒体。

积极转换语态，内容出海呈现平台化、数字化和品牌化特征。随着新媒体发展，一些问题不容忽视：技术双刃剑下，全媒体传播体系建设中仍存在体制机制桎梏，主流媒体过度娱乐化等问题也亟待解决。需充分调动媒体内生动力，促进媒体进一步升级转型，加快发展新质生产力。

关键词： 全媒体传播体系　数智转型　深度媒介化　媒体深度融合　网络监管

一　总体概况与发展态势

（一）全媒体传播体系向全媒体传播生态升级

自 2022 年党的二十大报告将媒体融合的目标提升为"全媒体传播体系建设，塑造主流舆论新格局"以来，我国持续推进中国式现代化进程，加强数字中国建设，全媒体传播体系的构建呈现多领域、全链条的特征，在内容与技术并重的基础上，实现多媒体协同发展。2023 年，国务院政府工作报告中明确提出要"扎实推进媒体深度融合"[①]，强化媒体融合过程中的系统化布局。目前我国全媒体传播体系建设工作仍在稳步推进，初步构成涵盖多元主体的媒体系统，以中央、省、地市、区县四级融媒体中心为锚点，串联形成具有主体集合性、技术具身性、内容创新性、传播高速流动性的复合型生态系统。

具体而言，央省级融媒体中心持续领航新媒体建设格局，探索内容和技术的创新前沿。杭州亚运会期间，中央广播电视总台组建千人团队，推出如《全景亚运会》《中国荣耀》等多元化的融媒体产品，开辟"竖屏沉浸式观赛"等创新式观赛模式，提升观众体验。其首次完成亚运会主转播机构服务、首次以4K/8K 标准向全球提供国际公用信号和相关媒体服务、首次在开闭幕式中应用

---

① 《政府工作报告——2023 年 3 月 5 日在第十四届全国人民代表大会第一次会议上》，https://www.gov.cn/zhuanti/2023lhzfgzbg/index.htm？eqid = ae67d2900000885200000003646e f3fb，2023 年 3 月 5 日。

AR 虚拟技术，利用总台优势，创下了赛事报道规模最大、全媒体总触达人次最高的纪录。① 同时，央级媒体也积极拓宽合作渠道，构建"媒体+平台""媒体+企业"等融合模式，提升内容传播力。2023 年端午节期间，央视新闻与泡泡玛特合作，用户只需下载央视新闻客户端完成相应的任务，就能领取端午定制徽章，使媒体流量与品牌联名有机结合，达成双赢。② 省级媒体与政策导向紧密相连，以新媒体力量助力舆论导向，形成多指并举的宣传态势。部分省份还利用地域优势，构建网状式宣传矩阵，做好模范示范工作。内蒙古广电局在"五大任务"重大成效和"模范自治区"建设成果宣传工作中，利用京蒙协作打造宣传矩阵，在多个主流内容平台构建融媒体账号"内蒙古新视听"，发布《黄河岸边漫瀚调》等优秀视频作品 40 部，吸引话题参与量 40 余万人次。③

地市级媒体融合进入快速推动期，市级融媒体中心数量已实现基本覆盖，仅 2023 年 12 月就有 8 家市级融媒体中心挂牌成立，初步解决"腰部塌陷"问题。中宣部和国家广播电视总局还进一步为市级媒体融合发展提供技术指引和标准规范，于 2023 年 2 月编制了《市级融媒体中心总体技术规范》《市级融媒体中心数据规范》《市级融媒体中心接口规范》《市级融媒体中心网络安全防护基本要求》《市级融媒体中心技术系统合规性评估方法》等 5 项技术标准规范，使各市级融媒体中心有了操作指导和技术规范。在此基础上，随着全国地市级媒体融合试点全面推开，"广电+报业"改革成为主流。比如，2023 年 12 月 28 日成立的西双版纳傣族自治州融媒体中心由西双版纳报社、西双版纳广播电视台整合而成，同月 22 日成立的荆州市融媒体中心、荆州市传媒集团，前身是荆州日报社、荆州广播电视台，21日揭牌成立的锡林郭勒盟融媒体中心，也是由锡林郭勒日报社、锡林郭勒广播电视台组建而成。2023 年 6 月，湖南永州市融媒体中心成立，融合了永

① 《414 亿次！中央广播电视总台杭州亚运会转播报道创规模最大、触达人次最高纪录》，https：//
　baijiahao. baidu. com/s？id=1779283888736872281&wfr=spider&for=pc，2023 年 10 月 9 日。
② 《央视新闻端午宠粉福利官宣！端午限定徽章等你来拿》，http：//news. cnhubei. com/
　content/2023-06/16/content_ 16007510. html，2023 年 6 月 16 日。
③ 《内蒙古局做好"五大任务"重大成效和"模范自治区"建设成果宣传》，https：//www.
　nrta. gov. cn/art/2023/7/5/art_ 114_ 64808. html，2023 年 7 月 5 日。

州日报与永州市广播电视台，成为湖南首个地市级融媒体中心。相较于省级融媒体中心，地市级广电与报业间的界限更为模糊，精减去冗的同时，充分整合融合报台优质媒体资源，有助于进一步提质增效、放大一体化效能。

区县级融媒体中心以"打造区域性新型主流媒体"为目标，构建起"新闻+"模型，并进一步探索多部门并行的发展模式，强化数字思维，实现县域媒体的有机联动，推动建设数字乡村治理管理新体系。2023年，区县级融媒体中心的运作模式呈现碎片化、在地式、标准化的特征。首先，县级融媒体中心持续顺应碎片化的传播趋势，通过大量发布新媒体内容提升媒体影响力。浙江安吉、海宁、瑞安融媒体中心，福建尤溪融媒体中心，江西贵溪、共青城融媒体中心，湖南冷水滩区、祁阳市等融媒体中心，通过不断提质增效，已成为县级融媒体中心发展的典型。2023年6月1日，在新华社县级融媒体研究中心发布的《全国县融中心2023年第一季度综合传播力影响力调研报告》中，综合影响力前十的县级融媒体中心一季度平均发布信息约为4000条，平均日发布量为45条。海量内容为县级融媒体中心提供了高曝光度和用户活度，通过高强度的内容补给，加强与用户的互动与连接，县融产品充分下沉。其次，在地式的内容生产通过整合地方资源，将地区特色转化为媒体优势。在2023年3月发布的云南省县级融媒体中心优秀案例中，多地融媒体中心以地区民俗文化为主题，积极创新报道视角和呈现形式，推出爆款产品。比如，元江哈尼族彝族傣族自治县和屏边苗族自治县融媒体中心，在快手平台推出的短视频作品《震撼！春天那诺云海梯田风景如画，错过这片梯田，你就错过了云南最美的春天》和《幸福"柑"出来，沃柑丰收啦！》中都以在地化特色为创作主题，提升内容的传播力。最后，标准化体现在，转型背景下相关部门对媒体公共服务的细节规范。比如，河北广电局推进广播电视基本公共服务县级标准化试点工作，于2023年4月制定《广播电视基本公共服务标准化试点工作方案》，并明确试点建设范围，切实落实基本公共服务标准，推动高品质多样化服务供给。①

---

① 《河北局推进广播电视基本公共服务县级标准化试点工作》，https：//www.nrta.gov.cn/art/2023/4/3/art_ 114_ 63831. html，2023年4月3日。

（二）数字中国赋能乡村振兴战略

中国式现代化是中国共产党领导的社会主义现代化，习近平总书记在2023年10月1日出版的第19期《求是》杂志上发表的重要文章《推进中国式现代化需要处理好若干重大关系》中指出，推进中国式现代化是一个系统工程，需要统筹兼顾、系统谋划、整体推进，正确处理好一系列重大关系。① 媒体是党的重要执政和治国理政资源，媒体融合深度发展和全媒体传播体系建设为中国式现代化提供了重要保障，在宣传思想工作、国家治理体系和服务人民群众等多重层面发挥建设性作用。一方面，中国式现代化为新媒体发展提供路线方针，新闻传播现代化包含在国家运行的整体框架和发展逻辑之中；另一方面，新媒体转型也作为中国式现代化建设的关键力量，始终与中国特色社会主义伟大事业紧密相连。

数字中国战略作为数字化时代推进中国式现代化的重要引擎，于2023年完成了从多点实验到宏观布局的跨越式发展。2023年2月《数字中国建设整体布局规划》发布，规划提出到2025年，基本形成横向打通、纵向贯通、协调有力的一体化推进格局，数字中国建设取得重要进展的建设目标。同时还提出"2522"框架布局，即夯实数字基础设施和数据资源体系"两大基础"，推进数字技术与经济、政治、文化、社会、生态文明建设"五位一体"深度融合，强化数字技术创新体系和数字安全屏障"两大能力"，优化数字化发展国内国际"两个环境"。② 由此，各级融媒体中心按规划路线，结合大数据、人工智能等数字技术，形成信息化新生态，并以数字中国策略的一体化布局为契机，增强统筹合作能力，推进新闻传播各领域的融合转型。比如，河南推出"一端百面"工程，在底层统一、数据打通的基础上，为省、市、县三级媒体生成客户端等智媒产品，推动各级融媒体中心互联互通，形成共荣共生的

---

① 《习近平：推进中国式现代化需要处理好若干重大关系》，https://www.gov.cn/yaowen/liebiao/202309/content_ 6907173. htm？device＝App，2023年9月30日。

② 《中共中央　国务院印发〈数字中国建设整体布局规划〉》，https://www.gov.cn/zhengce/2023-02/27/content_ 5743484. htm，2023年2月27日。

主流媒体传播矩阵，加快施行数字中国的战略决策，提升舆论引导力的同时，也进一步缩小数字鸿沟，实现全体人民共同富裕。2023 年 5 月 23 日发布的《数字中国发展报告（2022）》显示，过去一年，中国数字经济规模突破 50 万亿元，占 GDP 比重提升至 41.5%，超过四成。① 同时，31 个省、自治区、直辖市也都在其 2024 年政府工作报告中对数字经济发展做出总结与安排，在数字技术应用、数字经济产业集群构建等方面做出具体规划（见表 1）。

表 1　部分省份政府工作报告中数字经济的相关内容

省份	2024 年政府工作报告中与数字经济相关内容
北京	做强做优做大数字经济，更好赋能首都高质量发展。加快建设全球数字经济标杆城市，积极布局数字经济关键赛道①
河北	推进数字产业化，加快云计算、人工智能等产业发展，抓好张家口数据中心集群、雄安数字经济创新发展试验区建设，打造全国一体化算力网络京津冀枢纽节点②
山西	加快推动数字经济做大做强。认定第二批省级数字经济示范园区和省级数字化转型促进中心。建设"数据要素×"试点。探索推进公共数据确权授权。开展国家数据知识产权试点。数字经济规模增长 15%左右③
内蒙古	推进全国一体化算力网络内蒙古枢纽节点、和林格尔数据中心集群建设，围绕京津冀庞大的人工智能、大模型市场，提供有力可靠绿色算力保障，力争智算规模突破 2 万 P④
吉林	大力发展数字经济。推动数字经济与实体经济深度融合。推动数据开发应用及产业化，支持长春市数据要素市场试点建设，开展公共数据授权运营试点⑤
上海	数字经济与实体经济加快融合。推进智能算力集群、浦江数链城市区块链、数据交易链等新型基础设施建设，实施新一轮高水平企业技术改造，打造 100 个技术改造示范项目⑥
浙江	加快打造数字经济高质量发展强省，大力发展数字经济。深化国家数字经济创新发展试验区建设，数字经济核心产业增加值增长 9%左右，规上工业企业数字化改造覆盖率达 85%。完善数据基础设施体系和制度体系，加快培育数据要素市场，促进数据安全高效流通利用⑦
福建	发挥福建大数据交易所作用，全力培育数据要素市场，发展壮大数据产业，数字经济增加值达 3.2 万亿元。做强做优做大数字经济⑧

① 《50 万亿、20 万亿！两个数字见证中国经济发展产业动能强劲》，https：//content-static. cctvnews. cctv. com/snow-book/index. html？item_ id=5826663333750104860&toc_ style_ id=feeds_ default&share_ to=qq&track_ id=6420e47b-9a8b-4f50-aa0b-245d5d885138，2023 年 5 月 25 日。

续表

省份	2024 年政府工作报告中与数字经济相关内容
山东	抓实抓好数字经济高质量发展。落实全省数字经济发展大会部署，以数字变革新赛道引领形成经济发展新动能。围绕人工智能、未来网络、量子科技、人形机器人等领域，实施 20 项左右前沿技术攻关，推动 15 个省级未来产业集群加快壮大⑨
广东	深化数据资源"一网共享"，加强公共数据开发利用，完善数据流通交易管理机制，推动制定数据条例。做强广州、深圳数据交易所，布局数据要素集聚发展区，建设湾区数据要素市场⑩
四川	加快发展数字经济。制定数字经济高质量发展实施意见，建设数字经济强省。推进数据要素市场化配置综合改革，实施"数据要素×"行动⑪
贵州	抢抓机遇加快发展数字经济。抓住人工智能重大机遇，推动数字经济实现质的突破，数字经济占比达到 45% 以上、规模突破万亿元。发挥智算规模和数据要素优势，加快发展数据标注、模型训练等人工智能基础产业，塑造数字经济发展新优势⑫

资料来源：①《2024 年政府工作报告》，https：//www. beijing. gov. cn/gongkai/jihua/zfgzbg/202401/t20240129_3547363. html，2024 年 1 月 29 日；②《政府工作报告——2024 年 1 月 21 日在河北省第十四届人民代表大会第二次会议上》，http：//www. hebei. gov. cn/columns/f624d283-f6c4-4100-9846-83aadb654156/202401/26/5fed430c-2561-430e-8a66-9d660d83a4d1. html，2024 年 1 月 26 日；③《2024 年山西省政府工作报告——2024 年 1 月 23 日在山西省第十四届人民代表大会第二次会议上》，https：//www. shanxi. gov. cn/szf/zfgzbg/szfgzbg/202402/t20240228_9509887. shtml，2024 年 1 月 29 日；④《2024 年内蒙古自治区政府工作报告》，https：//www. nmg. gov. cn/zwgk/zfggbg/zzq/202402/t20240204_2464438. html，2024 年 2 月 4 日；⑤《2024 年吉林省政府工作报告（全文）》，http：//www. jlrd. gov. cn/xwzx/rdyw/202401/t20240129_8867706. html，2024 年 1 月 29 日；⑥《龚正市长在上海市第十六届人民代表大会第二次会议的政府工作报告（2024 年）》，https：//www. shanghai. gov. cn/nw12336/20240129/2dfb672cc8b840f1b97788f74fb403cd. html，2024 年 1 月 29 日；⑦《2024 年浙江省政府工作报告（全文）》，https：//www. zjrd. gov. cn/rdyw/202401/t20240129_171515. shtml，2024 年 1 月 30 日；⑧《政府工作报告——2024 年 1 月 23 日在福建省第十四届人民代表大会第二次会议上》，https：//www. baidu. com/link？url=O_x3Mac7TLz5_QIIM5goxgxyfHK8MRxoqLvQOBTUBtiZh0hiNag3EG22Khz6jmoHLQBxop95f2E6CkfIzLAAuwXFdd9d69dX-BTYkJkVTzK&wd=&eqid=91f77364000620af0000000365e5c3d0，2024 年 2 月 4 日；⑨《政府工作报告（省十四届人大第二次会议 2024 年）》，http：//www. shandong. gov. cn/art/2024/1/26/art_305164_10347250. html，2024 年 1 月 26 日；⑩《2024 年广东省政府工作报告（全文）》，http：//czt. gd. gov. cn/ztjj/2024gdslh/lhsd/content/post_4357823. html，2024 年 1 月 29 日；⑪《2024 年四川省人民政府工作报告》，https：//www. sc. gov. cn/10462/11555/11561/2024/2/1/257c937973a045eabd8a537187759691. shtml，2024 年 1 月 22 日；⑫《2024 年贵州省政府工作报告（全文）》，http：//www. guizhou. gov. cn/home/jjtpxw/202402/t20240218_83813620. html，2024 年 2 月 18 日。

数字中国战略下，数字乡村建设是乡村振兴的战略方向，也是推进数字中国建设的重要内容。① 2023 年，乡村数字化生产已经成为乡村振兴的重要方向，数字平台、人工智能等持续赋能乡村数字技术建设，促使形成一个高效、协同的数字乡村产业系统。2023 年 4 月，中央网信办等相关部门联合发布《2023 年数字乡村发展工作要点》，进一步强调数字中国战略下数字乡村的关键地位和深远意义。② 各地遵循宏观规划，由相关部门牵头，有序开展数字乡村建设实践，以媒体转型为契机，积极探索行之有效的合作途径。以广电媒体为例，四川省、福建省、广西壮族自治区等多地发布了智慧广电乡村工程建设的实施意见，形成以"智慧广电+基层宣传+公共服务+社会服务+乡村治理"为代表的"智慧广电+N"的发展模式。尤溪县融媒体中心创新发展"智慧广电+文旅公共服务"项目，聚焦基层治理和公共服务需求，通过发挥定向内容推送、数据分析等功能，持续赋能乡村振兴工程。

（三）主流媒体平台化趋势助力一体化发展

"平台化"是媒体融合发展的必然趋势，在技术、社交等多重因素影响的传播生态下，产品逻辑导向的媒体独创价值演进为平台逻辑的多方价值共创。行至 2023 年，新媒体发展的平台化已经不仅限于主流媒体与平台机构的合作共赢，多数融媒体中心已经挺进互联网主阵地，利用媒体资源优势，生产出适应新媒体需求的融媒体产品，打造具有更大传播力和影响力的一体式客户端平台，加速建成一流新型主流媒体。山东打造移动内容聚合平台闪电新闻、山东省县级融媒体中心省级技术平台、山东 IPTV 集成播控平台三大平台，积极探索优质内容生产方式，引导山东新媒体内容创作转型。浙江上线"Z 视介"，以"视听新物种"为定位，首批上线 14 个频道，推出多

---

① 《为乡村振兴插上"数字翅膀"——来自数字乡村建设情况的调查与思考》，https：//www. gov. cn/yaowen/liebiao/202309/content_ 6905547. htm，2023 年 9 月 21 日。
② 《2023 年数字乡村发展工作要点》，http：//www. cac. gov. cn/2023－04/13/c_ 16830272666 10431. htm，2023 年 4 月 13 日。

个主流文化板块，运用互联网思维，贯通省、市、县三级力量开展文化共建。平台化策略下，多地迅速形成内容矩阵，传播声量显著提升。北京日报报业集团以北京日报客户端为龙头平台，打造"1+3+4+N"移动传播矩阵，形成13个千万级、51个百万级粉丝平台，有力扩大了主流舆论影响力。南方报业也以《南方日报》、"南方+"客户端等多维度组成"报、刊、网、端、微、屏"全媒体传播矩阵，覆盖用户超过4.57亿，实现一体化内容传播和管理运营。

媒体平台化的全面展开使新媒体以联盟重组的方式跨越升级。2023年6月，全国广播电视新媒体联盟正式成立。作为国家广电总局深入贯彻落实习近平总书记关于建设全媒体传播体系、塑造主流舆论新格局的一项重大战略决策，联盟组织多项全国范围内的宣传联动。据CVB统计数据，截至2023年12月15日，联盟首批成员共发布63.4万条原创内容，抖音、快手、微博、微信视频号、哔哩哔哩、自办客户端粉丝总量达24.53亿。① 顶层示范下，各地也积极展开媒体联盟的建设工作，其基于但不限于地理行政区域的划分，彻底打通媒体间的内容流通渠道，资源共享和技术互助成为时代主题。2023年10月，重庆市秀山县融媒体中心、重庆市西阳县融媒体中心、贵州省松桃县融媒体中心、湖南省花垣县融媒体中心组成武陵山区域媒体联盟。以跨区域、跨专业的新媒体合作形式，整合融合渝湘黔媒体资源，实现各成员单位资源共享、信息互通、市场共赢。已初具规模的长三角新媒体联盟也于2023年迎来第二次扩容，吸纳沪苏浙皖35家移动新媒体，构建起影响力覆盖数亿人的主流媒体合作新模式。

媒体组合发力形成同频共振的同时，中西部地区和东部沿海地区的区县融媒体在人才、资金等方面仍存在较大差距，新技术应用还有较大空白。2023年，在全媒体传播体系整体规划的要求下，地域间融媒体发展不平衡

---

① 《【年度观察】全国广电新媒体联盟：以"大联动"推动"大宣传"》，https://mp.weixin.qq.com/s/COe_ h1iCf_ HMagP4AC0dkA，2024年2月5日。

的问题得到极大关注和改善。一方面，是基础设施的配备。以 5G 建设为例，截至 2023 年底，新疆已实现乡镇以上区域 5G 网络和千兆光网覆盖，累计建成 5G 基站 5.4 万个，每万人拥有 5G 基站数超过 20.7 个，5G 用户占比达到 44.2%，已超过 4G 用户数。同样，西藏于 2023 年在 5G 建设方面的投资达到 36.75 亿元，累计建成 5G 基站 10067 个，5G 手机终端连接数 226.76 万户，全区每万人拥有 5G 基站 27 个。此外，在特殊项目中，各地也充分关注欠发达地区建设状况。福建广电局部署实施老少边及欠发达地区县级应急广播体系建设项目，重点关注 34 个被列入中央财政补助的县（市、区），充分利用现有广播电视基础设施和传输网络，进行县级应急广播平台建设、传输覆盖网适配设备购置、专用终端部署，同时强化责任分工，有序推动项目的实施。[①] 另一方面，是融媒体建设支援行动。为保证全媒体传播体系建设的整体性，多地开展了形式各异的新媒体传播活动，除技术、资金等硬件外，还输出文化产品等软性内容，以实现对欠发达地区融媒体发展的全面帮扶。比如，北京广电不仅发挥"北京大视听"机制效能，推动电视剧《喀什古城》、8K 纪录片《和田食光》等新疆题材作品的创作并对其扶持，还持续开展"北京新视听精品共享"项目，组织行业机构向新疆和田地区捐赠多部京产文艺作品。同时，北京广电还凭借平台资源优势，通过视频推送、流量扶持、运营培训等措施，协助新疆地区开展新闻网站和新媒体建设。[②] 总体而言，各地区媒体在原有基础上进一步实现区域一体化策略，更好发挥全媒体传播体系的协同作用，打通各级媒体云平台，推动数智化升级。

（四）媒体标准化管理推动创新探索

2023 年伊始，中央宣传部和国家广播电视总局根据《推进地市级媒体

① 《福建局部署实施老少边及欠发达地区县级应急广播体系建设项目》，https://www.nrta.gov.cn/art/2024/2/20/art_ 114_ 66835.html，2024 年 2 月 20 日。

② 《北京局扎实推进首都文化润疆工作》，https://www.nrta.gov.cn/art/2023/11/14/art_ 114_ 66114.html，2023 年 11 月 14 日。

加快深度融合发展实施方案》的安排部署，组织编制并发布了《市级融媒体中心总体技术规范》《市级融媒体中心数据规范》《市级融媒体中心接口规范》《市级融媒体中心网络安全防护基本要求》《市级融媒体中心技术系统合规性评估方法》等5项技术标准规范，为市级融媒体发展提供指导和理论支撑。综观2023年，标准化管理成为新媒体发展的最新关键词，其不仅体现在宏观方向上的路线纠偏，更集中于对技术应用的细节把控（见表2）。标准化规范对构建以数据为关键要素的新型媒体业务模式具有一定的推动作用，同时也加快了行业信息服务的网络化、数据化、智能化趋势，基于行业大数据基础信息平台，保障媒体间信息顺畅流通。同时，在中央牵头下，多地广电和融媒体中心纷纷响应，对新媒体发展进行未来规划。比如，黑龙江广电于2023年8月印发《黑龙江省广播电视和网络视听科技创新发展三年行动计划》，从培育智慧广电新视听、构建全媒体发展模式、重塑智慧广电新网络、提升公共服务新质效、构建现代化视听安全新格局等方面，实现全省视听产业提质增效。①

表2　2023年我国有关媒体标准化管理的文件（部分）

时间	发布单位	发布内容
2023年2月1日	中宣部和国家广电总局	《市级融媒体中心总体技术规范》《市级融媒体中心数据规范》《市级融媒体中心接口规范》《市级融媒体中心网络安全防护基本要求》《市级融媒体中心技术系统合规性评估方法》①
2023年6月8日	国家广电总局	《AVS3 8K超高清编码器技术要求和测量方法》《AVS3 8K超高清解码器技术要求和测量方法》《超高清晰度电视节目制播用监视器技术要求和测量方法》《AoIP网关技术要求和测量方法》《高性能传声器技术要求和测量方法》②
2023年9月13日	国家广电总局	《广播电视和网络视听标准化管理办法》③

———————

① 《黑龙江局印发〈黑龙江省广播电视和网络视听科技创新发展三年行动计划〉》，https：//www.nrta.gov.cn/art/2023/8/18/art_114_65217.html，2023年8月18日。

时间	发布单位	发布内容
2023 年 11 月 21 日	国家广电总局	《有线电视业务技术要求》《IPTV 业务技术要求》《互联网电视业务技术要求》④
2023 年 12 月 7 日	国家广电总局	《沉浸式终端通用技术要求》《云游戏总体技术要求》《自由视角视频系统技术要求》⑤

资料来源：①《市级融媒体中心系列技术标准规范发布实施》，http：//www.nrta.gov.cn/art/2023/2/1/art_ 113_ 63326.html，2023 年 2 月 1 日；②《国家广播电视总局关于发布〈AVS3 8K 超高清编码器技术要求和测量方法〉等五项广播电视和网络视听行业标准的通知》，https：//www.nrta.gov.cn/art/2023/6/8/art_ 113_ 64564.html，2023 年 6 月 8 日；③《广电总局印发〈广播电视和网络视听标准化管理办法〉》，https：//www.nrta.gov.cn/art/2023/9/13/art_ 114_ 65538.html，2023 年 9 月 13 日；④《国家广播电视总局关于发布〈有线电视业务技术要求〉等三项广播电视和网络视听行业标准的通知》，https：//www.gov.cn/zhengce/zhengceku/202311/content_ 6917361.htm，2023 年 11 月 21 日；⑤《国家广播电视总局关于发布〈沉浸式终端通用技术要求〉等三项广播电视和网络视听行业标准的通知》，https：//www.nrta.gov.cn/art/2023/12/7/art_ 113_ 66308.html，2023 年 12 月 6 日。

　　数字技术飞速发展，顶层规划遵循有收有放的基本原则，在标准化规范的基础上，展开多维领域的试点实验工作。2023 年，数字基础设施和媒体数据资源库建设初步完善，传统媒体通过数字赋能实现深度融合，不断推动短视频、数字出版等业态数字化转型，在提高政治站位、加强内容建设和提升服务水平等方面都有了显著提升。国家广电总局于 2023 年 9 月发布《关于开展"未来电视"试点工作的通知》，围绕"未来电视"频道定制化、呈现多样化、视听沉浸化、服务智慧化、交互人性化、网络无感化等特点，面向高品质沉浸内容生产、人性化多元视听服务、数智化协同集成应用等方向开展试点验证工作。通过深化对新闻传播行业的供给侧结构性改革，创新广电工作模式，构建大视听格局。此外，超高清技术创新与应用国家广播电视总局重点实验室、移动广播与信息服务国家广播电视总局实验室等多个试点实验工作也于 2023 年全面展开（见表 3），在技术不断更迭的数字化时代，更好地适应当今传播生态发展环境，推动我国媒体全方位、高质量、系统性地创新发展。

表3　2023年全国技术试点单位（部分）

时间	试点名称
2023年6月	马栏山数字媒体湖南省重点实验室①
2023年8月	5G广播电视试验（成都）②
2023年9月	未来电视③
2023年12月	超高清技术创新与应用国家广播电视总局重点实验室④
	移动广播与信息服务国家广播电视总局实验室⑤
	虚拟现实视听技术创新与应用国家广播电视总局实验室⑥
2024年1月	南京全媒体传播实验室⑦

资料来源：①《"马栏山数字媒体湖南省重点实验室"获批组建》，https：//www.nrta.gov.cn/art/2023/6/26/art_ 114_ 64712.html，2023年6月26日；②《5G广播电视试验（成都）正式启动》，https：//www.nrta.gov.cn/art/2023/8/3/art_ 114_ 65077.html，2023年8月3日；③《国家广播电视总局关于开展"未来电视"试点工作的通知》，https：//www.nrta.gov.cn/art/2023/9/8/art_ 113_ 65495.html，2023年9月8日；④《国家广播电视总局关于同意设立"超高清技术创新与应用国家广播电视总局重点实验室"的批复》，https：//www.nrta.gov.cn/art/2023/12/25/art_ 113_ 66468.html，2023年12月25日；⑤《国家广播电视总局关于同意设立"移动广播与信息服务国家广播电视总局实验室"的批复》，https：//www.nrta.gov.cn/art/2023/12/25/art_ 113_ 66467.html，2023年12月25日；⑥《国家广播电视总局关于同意设立"虚拟现实视听技术创新与应用国家广播电视总局实验室"的批复》，https：//www.nrta.gov.cn/art/2023/12/25/art_ 113_ 66466.html，2023年12月25日；⑦《今天，南京全媒体传播实验室揭牌》，https：//mp.weixin.qq.com/s/BKDAgvWAX_ 7T2FYI3B299w，2024年1月8日。

二　热门盘点与焦点透视

（一）生成式AI加快人机协同进度

2022年底，美国人工智能研究实验室Open AI发布人工智能技术驱动的自然语言处理工具ChatGPT，上线5天注册用户数就超过100万人，运行2个月用户总量突破亿级大关，宣告以ChatGPT为代表的人工智能生成内容（Artificial Intelligence Generated Content，简称AIGC）正式进入传播生态，并以前所未有的用户裂变速度，释放极大的影响力。在ChatGPT和其他AIGC技术的推动下，人机关系完成重塑，人机共生成为新的时代主题。从智能机器人写作到智能算法推送、到元宇宙新闻，再到AIGC新闻，人工智能技术逐步颠覆新闻内容的生产模式，从根本上改变各行业的关系连接，以算法模型为数字内容注入新动能，AIGC 正在成为元宇宙内容生产的新范式。目前，内容产业是 AIGC 较早进入且日渐形成较高影响力的领域之一，信息处理正是人工智能技术的强项，智能化机器也能有效提升海量内容的加工和分发效率，这一阶段的代表性产品 ChatGPT 就是通过学习和理解人类的语言等行为规则完成对话、内容创作、翻译等内容创作工作。ChatGPT 自诞生以来已被英国最大报业集团 Reach、美国科技新闻网站 CNET 纳入战略布局中，我国的《中国日报》也从 2023 年 1 月底起将 ChatGPT 作为报社的日常采编工具，以"双重内嵌式"模式将 ChatGPT 等人工智能工具与媒体体制机制改革有机结合，形成具有更高生产力的新媒体生产范式。

目前，我国技术更新与媒体跟进速度基本一致，技术赋权与业界应用相辅相成，智媒化探索不断推进。ChatGPT 等所代表的预训练大模型按模态可分为文本、图像、视频等多种，从底层架构上其实只有适用于处理文本等强连续性生成任务的编解码模型框架 Transformer 和善于处理图像生成类任务的 Diffusion、GAN、NeRF 等框架两类。而 ChatGPT-4 等则是融合多种模态技术的多模态、跨模态大模型，对场景适配更广，更具有发展前景。这种生成式 AI 一方面在生活领域打破内容创作门槛，加速内容裂变，通过用户自发形成产销一体的新商业模式；另一方面在生产领域，大模型也为媒体机构和企业带来全方位的提升，开拓了新的服务场景。

其中，国内最具代表性的 AIGC 产品是 2023 年 3 月 16 日百度推出的新一代大语言模型"文心一言"，从其发布至 2023 年底用户规模已突破 1 亿。[①]"文心一言"一经推出，有近 200 家媒体宣布接入这一平台，以贵州广播电视台《百姓关注》为例，其作为"文心一言"的首批生态合作伙伴之一，实现了通过抓取、分析网络热点来及时发现新闻线索，将数字化内容转化为数据化内容，建立用户个人数据模型，全方位打造广播媒体内容新生态。

---

① 《100000000！文心一言披露最新用户规模》，https：//mp. weixin. qq. com/s/xwpUTgC3H-8qwoqq_ xqbWw，2023 年 12 月 28 日。

伴随着人工智能对社会生活的多场景嵌入，技术迭代引发的各类异化风险也带来新的监管挑战，数据隐私、知识产权、算法歧视等问题成为被关注的焦点。2023 年 1 月底，"Stable Diffusion"侵权案作为全球首例 AIGC 侵权案件，引发了人们对生成式 AI 侵权风险的讨论，盖蒂图片社（Getty Images）和三位美国艺术家认为 Stability AI 侵犯其版权。① AI 生成对新闻传播行业也产生较大威胁，2023 年 1 月美国新闻可信度评估机构 News Guard 对 ChatGPT 的实验结果显示，ChatGPT 对 80% 的内容给出了明确的诱导性的甚至是错误的回答。② 我国也多次出现利用 AI 技术发布虚假信息、骗取浏览量的案件，如由 AI 换脸引发的"假靳东事件"就曾引发舆论热潮。

基于此，2023 年 12 月 8 日，欧洲议会、欧盟成员国和欧盟委员会三方就《人工智能法案》达成协议，为人工智能引入一个统一的监管和法律框架。而我国则早于欧洲，于 2023 年 7 月 13 日由国家网信办等七部门联合公布《生成式人工智能服务管理暂行办法》，旨在促进生成式人工智能健康发展和规范应用，维护国家安全和社会公共利益，保护公民、法人和其他组织的合法权益。③ 同时，我国针对人工智能等新技术多次展开研讨，融合学界与业界思维，增加 AIGC 自动化生产的安全性、可信性、优质性，从而真正提升人机协同能力，构建新型智能媒体。2023 年 4 月 13 日，中国新闻技术工作者联合会 AIGC 应用研究中心（广西实验室）正式成立，其是国内首个全国性的媒体类 AIGC 研究机构，推动媒体机构打造"智能感知设备+AIGC 内容生产+AIGC 效益评估"等新技术应用，提升主流媒体的核心竞争力。

（二）数字技术引发多元社群空间重组

"数字游民"一词最早来自 1997 年日立公司的 CEO 牧本次雄和英国记

---

① 《全球首例大型 AIGC 侵权诉讼案件！36 页诉状书状告 AI 侵犯图库老大哥数百万图像版权？》，https://mp.weixin.qq.com/s/DsPSs4ZrkoNhqOXqFOOEHQ，2023 年 4 月 9 日。

② 《频频写出假新闻！谁来制止 ChatGPT 造假？》，https://mp.weixin.qq.com/s/6OiCKFq IKOhV6wMhIaJbQg，2023 年 2 月 21 日。

③ 《生成式人工智能服务管理暂行办法》，https://www.gov.cn/zhengce/zhengceku/202307/content_6891752.htm，2023 年 7 月 10 日。

者大卫·曼纳斯的著作《数字游民》，二人认为"随着智能设备和数字化技术的不断进步，许多人拥有着类似游牧者的生活方式，能够在不同的时间和空间中保持与工作的联系"。[①] 数字技术带来深度媒介化时代，数字游民正式成为传播领域不可忽视的话题，其涉及多维度的传播互动和媒体交往因素，形成独具特色的社会劳动形态。数据显示，2022 年，全球数字游民的数量达到3500 万人，预计到 2035 年，这一群体的人数将超过 10 亿。目前，业界对数字游民暂无较为统一的概念认定，可被广义概括为利用数字化技术和互联网连接，主要依靠数字劳动进行空间游牧，极其注重自由性和流动性体验的人群。[②] 在数字媒体和社交网络等工具的支持下，数字游民利用"地理套利"实现工作任务分配、沟通和协调知识分享，构建新型数字化生活方式，并与数字经济、文化治理等议题紧密相连。总体而言，我国数字游民的实质是数字时代赋能的游民，游民个体借数字技术实现利益最大化。同时，我国青年数字游民的心理动因普遍高于利益需求，其作为一种文化现象，反映了当代中国青年对功利主义评价标准的疏离，以及自我主导职业发展和人生意义的意识。

数字游民的兴起，引发了多元社群的数字化空间重组。数字游民社区包括线上和线下社区，二者相互交融，将数字游民的自我和周围的同质个体重新连接。线下社区以数字游民较集中的工作和生活空间为主，逐渐形成共享的社群空间。比如，安吉数字游民公社（Digital Nomad Anji，DNA）是安吉县溪龙乡"微改造 精提升"活动后，形成的乡村振兴人才和创意孵化基地。DNA 数字游民公社是溪龙乡将"一村一品"与"乡村创业首选地"建设重组成一种新兴模式，用以探索可持续的创新的乡居形态。

可见，数字游民不仅链接文化产业，同时也以地理空间重组的方式吸引人才，助力乡村振兴。2023 年 10 月 4 日《新华每日电讯》发表文章《县里来了一群"文产特派员"》，报道了光山县首批"文产特派员"项目。其即是基于乡村振兴的背景，聚集国际和国内数字游民群体，促进城市与乡村人才

① Makimoto T., Manners D. *Digital Nomad*［M］. Chichester：Wiley，1997：15~36.
② 李晓轩：《数字游民：概念发展、特征类型与未来议题》，《新闻前哨》2023 年第 23 期，第78~80 页。

要素流动，为数字游民提供基地、内容、会员三大服务板块和工作生活场景全方位解决方案，集会议、研学培训及休闲旅游于一体的乡村振兴示范基地，为光山导入了大量心系乡村的数字游民客流，自 2023 年 2 月投入运营以来，仅 4 个月内就接待了 400 多位数字游民。2023 年 9 月，习近平总书记在黑龙江考察调研时指出，"整合科技创新资源，引领发展战略性新兴产业和未来产业，加快形成新质生产力"，而数字游民正日益成为新质生产力的主力军，在顶层设计与技术支持下，完成从数字游民到数字乡民的蜕变，引入新兴数字技术和现代产业模式，促使乡村产业升级转型。山西省临县在腾讯"丰收好物计划"的支持下建立县域运营中台，利用数字人才和技术下乡，以微信为核心，打造线上线下渠道，通过优化供应链、开发差异化产品、打造品牌形象以及与在地乡民的互动，促进农产品电商产业的增长和乡村经济的振兴。数字游民的创新思维、市场渠道和数字技术为乡村带来了新的发展机遇和动力。

此外，数字技术不仅引发劳动者工作形态的变化和在地社群的重组，也使视听方式发生空间变更，在现有基础上，盘活资源场所和设备设施，强化视听科技结合，探索视听新模式。2023 年 4 月，北京发布首批认定的 40 家"新视听空间"，涵盖视听科技企业、视听科技园区、公共文化场所等，通过 4K/8K 超高清、AR/VR 等技术为群众提供体育运动、文化娱乐、文艺演出、科普教育等视听互动体验。①

（三）新媒体助推网红城市提升文旅消费

"网红城市"脱胎于"网络红人"一词，指在互联网上拥有较高流量、被广泛关注的城市。有学者将"网红城市"的发展分为四个阶段，1.0 时代比拼的是城市风景文明，2.0 时代是以人工城市景观出圈，3.0 时代借力餐饮行业，至 2023 年则发展到 4.0 时代，全链条多层次的产业构建是新一代网红城市的主题。这得益于新媒体的加速发展，社交媒体给予城市便利的宣传平台，高度媒介化使社会网络中的信息流动更易叠加暴发，形成强有力的

---

① 《北京首批"新视听空间"正式授牌》，https://www.nrta.gov.cn/art/2023/4/27/art_114_64156.html，2023 年 4 月 27 日。

话题宣传，"网红城市"应运而生。微信发布的2023"五一"游玩井喷数据报告显示，"五一"期间新晋"网红城市"淄博旅游相关行业日均消费金额环比增长73%，游客在淄博本地中小商户日均消费金额环比增长近40%，其中网红打卡地"八大局便民市场"假期第一天接待游客量超过12万人次。① 同样，据哈尔滨市文旅局大数据测算，2023年末开始爆火的"网红城市"哈尔滨仅在元旦假期3天就累计接待游客304.8万人次，实现旅游收入59亿元，是上年同期的4.4倍和7.9倍。可见，新媒体正在重塑城市传播生态，流量化转型不断刺激文旅消费指数攀升。

首先，短视频流量助推城市宣传，UGC创作和算法推荐多管齐下实现弯道超车。以淄博为例，其从2023年3月起以用户深度参与内容生产等方式，发布海量UGC创作短视频，以独具地方特色的镜头视角展现城市魅力，用户互动和社交线索共同衍生出多样化的社交话题，传播热度居高不下。在此基础上，淄博文旅又因势利导出台多项保障政策，在数字公共空间塑造优质城市形象。老牌"网红城市"长沙建成马栏山视频文创产业园，聚集视频文创相关企业4000余家，拥有华为云音视频创新、马栏山计算机媒体研究院、5G重点实验室等科技创新力量，在2023年全国文化和旅游产业发展工作会议上，获评"国家级文化产业示范园区"，不断提升长沙的知名度和影响力。在这一过程中，网络平台与政府部门积极合作，以短视频先行，用海量内容打通网络平台宣发渠道，形成用户主导的传播新势力，打出城市名片。相关行政部门紧跟其后，配合网络热门形成多点合作，最终达成"网红城市"的破圈。

其次，数字化技术使文旅产业呈现多种可能。比如，潍坊市高新区聚焦元宇宙数字文旅产业，重点建设喀什元宇宙文旅基地、元宇宙数字科技研发等一批项目，塑造文旅产业优势，并计划依托元宇宙未来创谷等园区搭建平台，探索"元宇宙+文旅"场景新应用。2023年10月，文化和旅游部公布

---

① 《2023小城的进击》，https：//baijiahao. baidu. com/s？id = 17798966 27423964359&wfr = spider&for=pc，2023年10月16日。

了文化和旅游数字化创新示范"十佳案例"和一批"优秀案例"，比如，百度文心大模型应用生成式人工智能技术，生产出如沉浸式戏曲《黛玉葬花》、"永乐大典高清影像数据库"等多个文化产品，应用虚拟现实技术，促进文化资源的全民共享。苏州丝绸博物馆对馆藏丝绸纹样常态化开展数字采集，将丝绸纹样数据资源转化为数据资产，目前已完成1300余件丝绸纹样的数字化采集，并据此开发了一批文创周边产品。数字化工具不仅为城市文化提供创新生产手段，也不断促进文化机构数字化转型升级，搭建应用智慧旅游场景，构建文化数字化治理体系，提高文化数字化政务服务效能。

最后，产业合作模式也产生新的变化，IP化运营成为热潮。江门市利用电视剧《狂飙》的热播制作了长堤历史文化街区取景点VR全景和打卡点标识，吸引游客打卡观光。除借力外，各地也着力打造自有IP，形成可持续的文旅创新机制。2023年12月，浙江省文旅厅发布《关于公布2023年全省示范级、创建级文旅融合IP名单的通知》，认定朱炳仁·铜等10个IP为全省示范级文旅融合IP、桥西历史文化街区等18个IP为全省创建级文旅融合IP。长沙市非物质文化遗产展示馆展示湘绣、面塑制作技艺、湘剧脸谱绘制等多个非遗项目，为游客提供深度文化体验，并配套建设光影场所、文创空间等，让游客能够深入了解城市人文历史。通过挖掘独具特色的地方文化，以文化链接城市，形成标志性符号，能够有效提升"网红城市"的文化传播力，获得经济和社会双重效益。新媒体技术的助力使城市文化更易得到挖掘和传播，文旅资源持续为经济发展赋能。

（四）实名制政策成网络监管要点

数字化时代，互联网监管仍是近年来备受关注的一大主题。2023年11月，联合国教科文组织公布社交媒体平台监管行动计划，提出包括平台在内的算法应公开透明且负责任、设立独立公共监管机构等基本原则。[①] 2023年

---

① 《联合国教科文组织公布社交媒体平台监管行动计划》，https：//mp.weixin.qq.com/s/19uqMy56fcN6y7R7TwaDTA，2023年11月16日。

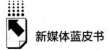

6月，我国网民规模达 10.79 亿人，以微信、抖音等为主的社交平台成为数字化时代主流的内容传播渠道，网络生态环境直接影响舆论走向，作用于国家综合治理成效。对此，我国在 2023 年加强了网络平台安全建设，重点针对网络实名制采取进阶措施。早在 2012 年，全国人大常委会就通过了《关于加强网络信息保护的决定》，2015 年，国务院出台并实施了以公民身份证号码为基础的公民统一社会信用代码制度，网信办出台《互联网用户账号名称管理规定》，对网络平台用户采取"后台实名，前台自愿"的原则。2023 年 3 月，有关部门组织开展了为期两个月的"清朗·从严整治'自媒体'乱象"专项行动，针对"自媒体"发布谣言信息等乱象进行专项整治。7 月，中央网信办发布《关于加强"自媒体"管理的通知》，提出各网站应强化"自媒体"管理的资质认证展示，提升信息真实性管理，规范账号运营行为等要求。随后，多家社交媒体平台紧跟国家政策，推出"自媒体"账号的"前台实名"制规范。比如，抖音发布公告，要求粉丝数量达到 50 万且发布涉及时政、社会、金融、教育、医疗卫生、司法等内容的"自媒体"账号须授权进行实名信息展示；微信也提出将分批次引导"粉丝"量 50 万以上的"自媒体"账号对外展示实名信息；微博发布公告引导头部"自媒体"账号进行前台实名展示，以此进一步规范"自媒体"账号运营管理。网络平台呈现去匿名化趋势，实名制政策的变更将不断影响网络传播生态。

此外，针对互联网视听行业，我国延续以往的监管脉络，推出新的管理举措（见表4）。各地也以顶层设计为起点，结合成熟的监管手段，加强组织管理和成果验收，形成完备的经验范例。江西广电就以"双随机、一公开"的工作方式，全面推进 2023 年的互联网视听工作，依托"互联网+监管"系统，运用"通用+广播电视"信用风险分类指标，对不同信用等级企业制定不同检查实施清单，合理确定抽查比例、频次和被抽查概率，执行差异化监管措施。①

---

① 《江西局全面推进 2023 年"双随机、一公开"监管工作》，https：//www.nrta.gov.cn/art/2023/4/6/art_ 114_ 63855.html，2023 年 4 月 6 日。

表 4　历年来我国网络视听监管措施（部分）

时间	文件或相关内容
2004 年 7 月	《互联网等信息网络传播视听节目管理办法》①
2007 年 12 月	《互联网视听节目服务管理规定》②
2009 年 8 月	《加强以电视机为接收终端的互联网视听节目服务管理》③
2010 年 3 月	《颁发三张互联网电视牌照》④
2011 年 10 月	《持有互联网电视牌照机构运营管理要求》⑤
2013 年 6 月	《2013 年打击网络侵权盗版专项治理"剑网行动"实施方案》⑥
2014 年 7 月	整顿牌照商⑦
2015 年 9 月	《依法严厉打击非法电视网络接收设备违法犯罪活动》⑧
2016 年 4 月	《专网及定向传播视听节目服务管理规定》⑨
2017 年 6 月	《新浪微博、凤凰网等被叫停视听节目服务》⑩
2019 年 10 月	《关于进一步强化互联网电视集成平台管理和规范传播秩序的通知》⑪
2020 年 4 月	《智能电视开机广告服务规范》⑫
2021 年 1 月	《互联网电视总体技术要求》⑬
2022 年 4 月	《关于开展"清朗·整治网络直播、短视频领域乱象"专项行动的通知》⑭
2023 年 10 月	《国家广播电视总局办公厅关于规范电视直播频道业务秩序的通知》⑮
2024 年 1 月	《广播电视和网络视听统计数据质量管理办法》⑯

资料来源：①《国家广播电影电视总局令第 39 号》，https：//www.gov.cn/gongbao/content/2005/content_ 64200.htm，2004 年 7 月 6 日；②《互联网视听节目服务管理规定（广电总局令第 56 号）》，https：//www.gov.cn/zhengce/2007-12/29/content_ 2603068.htm，2007 年 12 月 20 日；③《广电总局关于加强以电视机为接收终端的互联网视听节目服务管理有关问题的通知》，https：//www.gov.cn/zwgk/2009-08/14/content_ 1392083.htm，2009 年 8 月 14 日；④《第一批互联网电视牌照浮出水面》，https：//www.chinanews.com.cn/it/it-itxw/news/2010/03-31/2200588.shtml，2010 年 3 月 31 日；⑤《广电总局 181 号文：关于印发〈持有互联网电视牌照机构运营管理要求〉》，https：//www.asiaott.net/h/184077，2021 年 4 月 27 日；⑥《关于印发〈2013 年打击网络侵权盗版专项治理"剑网行动"实施方案〉的通知》，https：//www.ncac.gov.cn/chinacopyright/contents/12228/346285.shtml，2013 年 6 月 28 日；⑦《迎史上最严监管政策　互联网电视上下游企业临洗牌》，https：//www.chinanews.com.cn/stock/2014/07-16/6392117.shtml，2014 年 7 月 16 日；⑧《关于依法严厉打击非法电视网络接收设备违法犯罪活动的通知》，https：//www.shdf.gov.cn/shdf/contents/708/397383.html，2019 年 4 月 24 日；⑨《国家新闻出版广电总局令第 6 号》，https：//www.gov.cn/gongbao/content/2016/content_ 5097742.htm，2016 年 4 月 25 日；⑩《新浪微博、凤凰网等被叫停视听节目服务》，https：//tv.cctv.com/2017/06/23/VIDEkbuS955qFYOh7K0jfumv170623.shtml，2017 年 6 月 23 日；⑪《总局发布〈关于进一步强化互联网电视集成平台管理和规范传播秩序的通知〉》，http：//jsgd.jiangsu.gov.cn/art/2019/10/9/art_ 69985_ 8728986.html，2019 年 10 月 9 日；⑫《中国电子视像行业协会正式发布〈智能电视开机广告服务规范〉》，https：//www.163.com/dy/article/F9B8BUPS0511AJQ1.html，2020 年 4 月 4 日；⑬《国家广播电视总局关于发布〈互联网电视总体技术要求〉等四项广播电视和网络视听行业标准的通知》，https：//www.gov.cn/zhengce/zhengceku/2021-01/30/content_ 5583736.htm，2021 年 1 月 20 日；⑭《关于开展"清朗·整治网络直播、短视频领域乱象"专项行动的通知》，http：//www.cac.gov.cn/2022-04/15/c_ 1651632212222914.htm，2022 年 4 月 15 日；⑮《相关平台一律不得继续违规发展各类"互联网电视直播"新用户》，https：//baijiahao.baidu.com/s?id=1779925669458151009&wfr=spider&for=pc，2023 年 10 月 16 日；⑯《国家广播电视总局办公厅关于印发〈广播电视和网络视听统计数据质量管理办法〉的通知》，2024 年 1 月 9 日。

（五）媒体智库助力中国式现代化建设

媒体智库，是由媒体主导发起，将各学科专家学者资源汇集起来，为政府、社会提供政策决策方案和知识服务的咨询机构。① 新型智库建设是近年来的重点建设内容，党的十八大以来，国家陆续发布《关于加强中国特色新型智库建设的意见》《关于深入推进国家高端智库建设试点工作的意见》《国家高端智库管理办法（试行）》《关于社会智库健康发展的若干意见》等系列支持智库建设的政策，为数字时代的智库转型提供发展新思路。随着媒体融合深入发展进程逐渐加速，"媒体+智库"的新型智库发展模式也逐步兴起，与传统新闻生产任务不同，媒体智库在于生产经过深入研究的信息产品，其作为我国全媒体传播体系建设和媒体融合转型发展的一部分，对我国全面深化改革有重要作用。目前，媒体智库策略已成为媒体及软转型发展、激活自身功能的新手段，为主流媒体融合转型提供了新思路，能够迅速聚集多方优势资源，同时提升媒体内容的深度和广度，主流媒体转型效果得到深化，战略地位得到巩固提升。

各地媒体将智库建设作为转型发展的新路径，随着新媒体技术的迭代，逐步探索具有中国特色的新型智库模式。2023 年 11 月，浙江数智舆情大会以"打造传媒智库 助力先行示范"为主题在杭州召开，浙报紫藤智库发布产品"海舆"，以自主研发的"讯鱼"云监测系统为基础，集成智库机构、技术公司等各方优势资源，形成"海舆"产品体系，涵盖舆情监测、舆论智库、传播策划和平台运营四大核心服务。广西日报桂声智库聚集专家与各类机构院所组成研究项目小组，推出优质研究成果，如结合广西各新闻网栏目，组织专家学者对涉外典型事件做详细解读，形成专题专栏、推出智库品牌，进行正面舆论引导，营造主流舆论氛围。南方城市智库依托南方日报珠三角新闻部，从 2019 年成立至今展开多次高质量调查研究，以粤港澳

---

① 杨卫娜、郑可欣：《中外智库新媒体国际化传播现状对比研究——从新媒体传播的维度》，《对外传播》2019 年第 12 期，第 10~13 页。

大湾区内的城市为主要研究对象，调研结果也成为党委政府决策的重要参考。同时，媒体智库产品已经开始向矩阵化方向发展，大大提升用户触达率和内容影响力。比如光明智库布局光明日报《智库》周刊、智库专家深度访谈专栏、《光明智库》电子期刊、两微一端、光明网等多样态传播渠道，发布智库研究成果，不仅实现呈现方式的移动化、融合化，同时也进一步助力中国式现代化建设的需求。

此外，智能媒体时代，传统媒体正飞速向整合融合方向转型，媒体生产方式发生巨大变革，因此人才结构也面临整体重塑。在主流舆论引导需求下，各地调整人才建设策略，丰富数智人才创新途径，以人才融合推动媒体、内容深度融合。北京广电局出台《北京大视听人才三年行动计划（2023年—2025年）》，提出坚持人才引领、坚持创新思维、坚持系统观念的工作要点，以"实践导师制""百名专家到企业""人才津冀行"特色品牌活动，着力构建新传播生态下的大视听人才高地。[①] 湖南则改革职称评审机制，激发广电人才创新创造活力。重新组建高级评委库，优化职称评审程序，严肃纪律规范评审，着力确保结果"公开透明"，实行"个人承诺"和"单位真实性审核"相结合，发挥职称评审的"助推器"作用。[②]

三　传播分析与影响解读

（一）短剧兴起加快短视频产业升级

当前，我国短视频市场依旧保持稳中向上的增长状态，存量市场持续扩大。中国互联网络信息中心发布的第52次《中国互联网络发展状况统计报告》显示，截至2023年6月，我国网络视频（含短视频）用户规模为

---

① 《北京局出台〈北京大视听人才三年行动计划（2023年—2025年）〉着力构建大视听人才高地》，https：//www. nrta. gov. cn/art/2023/10/20/art_ 114_ 65863. html，2023年10月20日。
② 《湖南局发挥职称评审 "助推器" 作用 激发广电人才创新创造活力》，https：//www. nrta. gov. cn/art/2023/3/24/art_ 114_ 63762. html，2023年3月24日。

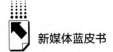
10.44 亿人，较 2022 年 12 月增长 1380 万人，网民使用率达到 96.8%。① 随着智能化技术的不断进步，短视频创作成为新媒体时代内容呈现的主流方式，多平台同台竞技，发挥短视频的传播力优势，增强垂直领域的内容输出，继续扩大短视频创作的主题边界，使之不仅适用于娱乐范畴，更成为文化、科学等多领域内容传播的重要渠道。2023 年 4 月，快手大数据研究院联合快手新知共同发布的《2023 快手泛知识报告》显示，2022 年快手泛知识类创作者数量同比增长 24%，万粉创作者视频发布量达 1.1 亿，短视频已经成为"传播科学知识的新舞台、好舞台"。

其中，短剧行业异军突起，历经萌芽期和发力期，达到如今的成熟期。根据国家广电总局的定义，短剧或微短剧，是单集时长几十秒到十五分钟左右、有着相对明确的主题和主线、较为连续和完整的故事情节的网络文化形态。作为短视频的一种，短剧同样具备轻量化的特点，从最初发展至今，逐渐向精品化发展，已成为文化娱乐市场的新力量，用户群体逐渐扩大，优质内容和创作者持续涌入，相关规范也从无到有，市场秩序愈加规范。这首先得益于顶层设计的关注和国家政策的倾斜。2022 年 12 月，国家广电总局印发《关于推动短剧创作繁荣发展的意见》，提出创作建议，② 随后浙江、内蒙古等多地推出相关政策鼓励短视频产业创作，推动内容质量提升，广电总局还于 2024 年初推出"跟着微短剧去旅行"创作计划，推动微短剧题材体裁创新，积极探索短剧与文化和旅游等产业跨界深度融合。③ 在此背景下，我国短剧备案量平稳增长，2023 年短剧拍摄备案共通过 3574 部、97327 集，部数同比上涨 8.5%，集数同比上涨 28.4%，部均集数增至 27 集/部（见图 1、图 2）。

具体而言，各视频平台纷纷布局短剧行业，市场规模显著提升，内容种类更加细分，爆款产品频出。根据艾媒咨询发布的《中国网络微短剧市场

① 《第 52 次〈中国互联网络发展状况统计报告〉发布》，https：//cnnic.cn/n4/2023/0828/c199-10830.html，2023 年 8 月 28 日。
② 《国家广播电视总局印发〈关于推动短剧创作繁荣发展的意见〉的通知》，http：//www.nrta.gov.cn/art/2022/12/26/art_ 113_ 63041.html，2022 年 12 月 26 日。
③ 《国家广播电视总局办公厅关于开展"跟着微短剧去旅行"创作计划的通知》，https：//www.nrta.gov.cn/art/2024/1/12/art_ 113_ 66599.html，2024 年 1 月 12 日。

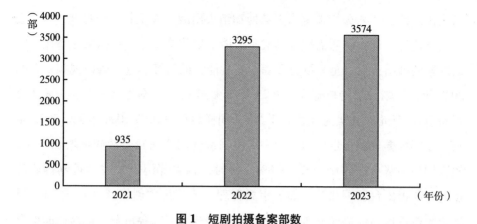

图 1　短剧拍摄备案部数

资料来源：云合数据、清华大学影视传播研究中心、腾讯视频。

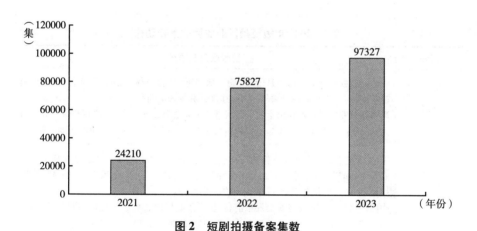

图 2　短剧拍摄备案集数

资料来源：云合数据、清华大学影视传播研究中心、腾讯视频。

规模的研究报告》，2021 年短剧市场规模是 3.68 亿元，到 2023 年就已达到 373.9 亿元，增长了 101 倍。随之变化的也有用户数量的显著提升，2023 年抖音短剧付费用户增长 3 倍，日去重用户数在 1 亿户以上，而快手微短剧日活跃用户增长到了 2.6 亿户。如此庞大的行业红海之下，多部短剧作品走红出圈，越来越多专业团队入场，制造出新的热门 IP。比如，热门短剧《逃出大英博物馆》发布第一天就获赞超 500 万，在抖音有超 2.4 亿次播放量，正片上线 5 天，抖音话题播放量就突破 10 亿次，被《人民日报》和央视点

名表扬，话题"六公主谈逃出大英博物馆火出圈"登上抖音热搜榜前4，成为当季热门，创作者巧借短剧模式，传播中华传统文化，建构家国情怀。精品内容的推出背后，是短剧行业商业变现能力的持续攀升。腾讯视频发布的2023年微短剧分账榜单显示，2023年分账最高的短剧为《招惹》，累计分账超2000万元；其次为《盲心千金》，同样累计分账超2000万元。2023年快手短剧数据价值报告显示，近一年短剧重度用户消费金额同比增长56%，短剧用户消费金额同比增长26.8%。同时，相关部门也关注到短剧行业的动向，积极出台监管政策，加强市场管理，扶持优质创作者（见表5）。目前，短剧市场已经形成一条成熟的产业链，并且在内容付费、优秀产品出海等方面持续探索，成为主流文化输出的新阵地，商业化价值持续释放。

表5 2023年短视频行业监管政策和动作

时间	监管政策及动作
3月	中央网信办开展为期两个月的"清朗·从严整治'自媒体'乱象"专项行动，聚焦短视频平台，打击造谣传谣、假冒仿冒、违规营利等突出问题； 微短剧行业发展论坛在第十届中国网络视听大会上召开。以"共建新赛道 共创新未来"为主题，国家广播电视总局网络视听节目管理司司长冯胜勇出席活动并致辞[1]
4月	微信、抖音和快手处理不合格的短剧小程序。腾讯官方内容安全相关账号微信珊瑚安全发布的"关于违规微短剧类小程序的处置公告"，引导"小程序"类网络微短剧规范发展，共同打造安全、健康、绿色的内容生态； 中国网络视听节目服务协会发布消息，切实落实广电总局《关于进一步加强网络微短剧管理 实施创作提升计划有关工作的通知》的要求[2]
7月	中央网信办出台"十三条"明确"规范信息来源标注"与"加注虚构内容或争议信息标签"的要求[3]
8月	2023网络微短剧行业发布会在青岛举行。以"积微成著向未来"为主题，国家广播电视总局网络视听节目管理司司长冯胜勇作了题为"横屏竖屏都要水平 多一分创作信念 少一分商业心态"致辞，提出今后网络微短剧精品创作的发力方向[4]
9月	中央网信办对包含低俗擦边、暴力血腥、炫富拜金、暴饮暴食等不良导向信息的短视频进行专项整治； 中国文学艺术界联合会、中国作家协会和北京市人民政府指导，北京市广播电视局和北京市通州区委区政府联合主办的首届北京网络视听艺术大会举行。给予网络微短剧特殊关注，将网络微短剧资助额度提高为剧本扶持资金最高20万元、摄制宣推扶持资金最高30万元，奖励资金最高50万元，单部最高可获得100万元资助[5]

时间	监管政策及动作
11月	国家广播电视总局不断完善常态化管理机制，从七方面对网络微短剧加大管理力度、细化管理举措，包括加快制定《网络微短剧创作生产与内容审核细则》，建立小程序"黑名单机制"，开展为期1个月的专项整治工作⑥
12月	中央网信办集中整治短视频领域价值导向失范和不良内容多发等乱象，督促短视频平台强化内容审核制度⑦

资料来源：①《中央网信办开展"清朗·从严整治'自媒体'乱象"专项行动》，"人民网"百家号，https：//baijiahao.baidu.com/s？id=1760298324848274582&wfr=spider&for=pc，2023年3月14日；《微短剧行业发展论坛在蓉召开　让"微而精、短而美"引领发展》，"中国新闻网"百家号，https：//baijiahao.baidu.com/s？id=1761873562857561417&wfr=spider&for=pc，2023年3月31日。②《微信：进一步加强微短剧内容治理，近期平台共处置下架小程序内违规微短剧114部》，"每日经济新闻"百家号，https：//baijiahao.baidu.com/s？id=1782803933348568448&wfr=spider&for=pc，2023年11月17日；《微信：处置1956个小程序，完成139个微短剧小程序主体备案》，腾讯网，https：//new.qq.com/rain/a/20230417A02RAH00，2023年4月17日。③《中央网信办"亮剑"　13条硬核措施加强"自媒体"管理》，https：//baijiahao.baidu.com/s？id=1771082414907962174&wfr=spider&for=pc，2023年7月14日。④《2023网络微短剧行业发布会举行　全行业聚首共建新生态》，http：//qingdao.dzwww.com/jjqt/202308/t20230830_12649835.htm，2023年8月27日。⑤《中央网信办：将整治摆拍、擦边、低俗等短视频》，https：//news.cctv.com/2023/12/13/ARTIdHJ4Jgm6a4DyKS5mvK2I231213.shtml，2023年12月13日；《首届北京网络视听艺术大会开幕：促进创新融合，引领文艺发展》，https：//baijiahao.baidu.com/s？id=1777998593506959657&wfr=spider&for=pc，2023年9月25日。⑥《广电总局将再次开展网络微短剧整治》，https：//baijiahao.baidu.com/s？id=1782678026099837323&wfr=spider&for=pc，2023年11月16日。⑦《中央网信办开展专项行动　集中整治三类短视频信息内容导向不良问题》，https：//baijiahao.baidu.com/s？id=1785129500809403397&wfr=spider&for=pc，2023年12月13日。

（二）内容出海呈现平台化特征

2023年以来，我国国际传播进程受舆论环境和媒介技术的更迭双重影响，传播生态存在更大不稳定性。党的二十大报告提出，要"加强国际传播能力建设，全面提升国际传播效能，形成同我国综合国力和国际地位相匹配的国际话语权"，这要求我国进一步优化传播策略，深度探索国际传播的渠道、叙事手法、资源配置等问题，更好地扩大中华文化的国际传播力和影响力。具体而言，平台化、数字化、品牌化是2023年国际传播的关键词，海外"Z世代"等群体成为重点被关注对象，在新形势、新问题之下，共同

应对国际传播的机遇和挑战。

首先，平台化演进与矩阵建设成为国际传播的重要工作方向。面对世界百年未有之大变局，国际形势空前复杂多变，国际传播的能力建设被提升到了国家高度。一方面，多地成立国际传播专门机构，借力媒体优势资源，做强对外内容输出。四川国际传播中心以"面向海外 Z 世代，服务'一带一路'倡议"为定位，将移动化、视频化、社交化作为发展方向，形成国际传播媒体矩阵和外宣服务平台。四川国际传播中心聚合四川国际传播中心官方网站"Center"、看四川官方双语网站、三星堆考古英文官网"Sanxingdui Archaeology"等多家自主可控平台，同时借船出海，运营 77 个海外社交媒体账号和 100+个社交群组，成为中国文化国际化传播的强劲力量。类似地，上海成立上海文广国际传播中心（SMG International），聚合上海广播电视台旗下融媒体中心、第一财经、纪录片中心、东方卫视、五星体育、五岸传播、演艺集团、东方明珠、小荧星等优质资源，升级打造旗舰产品"ShanghaiEye"，并上线三大子产品，辐射全球 110 个国家和地区，打造面向全球主流媒体的视频分发渠道。① 河北成立长城国际传播中心，着力构建"1+2+4+N"立体化传播格局，联动省内相关部门，整合国际传播资源，与北京日报报业集团、天津海河传媒中心联合成立京津冀国际传播联盟，打造区域传播新名片。② 另一方面，大型活动也成为我国国际传播的重要渠道，生动诠释了中华文明的创新性。2023 年，我国连续举办了中国—中亚峰会、第三届"一带一路"国际合作高峰论坛等国际会议，传统文化的融入成为会议亮点。四川举办走读四川活动，邀请来自英、法、美、日、澳等 23 个国家的 35 名外籍友人参与，创新打造"Bashu Culture Walk&Talk"（巴蜀文化边走边聊）沙龙品牌，搭建巴蜀文化与国际文化交流交融的沟通桥梁，取得了良好的国际文化交流和传播效果。

---

① 《上海台升级打造国际传播平台》，https：//www.nrta.gov.cn/art/2023/11/13/art_114_66096.html，2023 年 11 月 13 日。
② 《河北成立长城国际传播中心》，https：//www.nrta.gov.cn/art/2024/1/16/art_114_66621.html，2024 年 1 月 16 日。

其次，数字化技术赋权国际传播，以 AIGC 等为代表的新技术有助于提升中国故事的传播水平，实现叙事迭代和传播升级。近年来，我国灵活运用多种技术手段，拓展国际传播深度，以数字化传播的范式解决国际传播的流量限制，提供了更多元的融合选择。比如，2022～2023 年度"中华文化国际传播十大案例"中，中国日报首位数字员工、虚拟数字人"元曦"亮相，为中华文化的国际传播赋予了新的载体和形式。同时，四川国际传播中心开发"纵目云"，以智能算法为核心，打造智能内容生产、风险感知预警、海外用户生态、跨平台算法等系统单元。数字化趋势加持下，未来需更加深刻地探索国际传播与数字文化的结合方式，考量数字文化的流动性和数字技术的更迭性，将数字平台有效嵌入变动的国际关系体系中，为国际传播注入新兴力量，持续增强中国话语的海外影响力。

最后，品牌化建构是我国国际传播的重要呈现方式。我国不断推出优质国际传播内容产品，经矩阵化扩散，形成文化品牌，持续放大国际传播声量。中国国际电视台与欧洲新闻台联合制作的系列专题节目《中欧非遗》，将目光锁定中欧优秀非物质文化遗产，欧洲新闻台官网播出累计观看量超过3 亿人次。四川国际传播中心推出的《China WOW！超级中国》系列双语纪录片，以邀请外籍嘉宾用第一视角探访高原机场等超级工程为切口，呈现四川在基础设施建设、乡村振兴等方面取得的显著成果。新华社推出的系列微纪录片《美美与共——"一带一路"上的文明对话》，被多家国外媒体转载采用。优质品牌产品是国际传播的源头活水，不断在连接、开放、包容中激发中华文化国际传播的新潜力。

（三）政务新媒体转换语态内容破圈

政务新媒体作为党和政府在线上空间联系群众、服务群众的重要途径，已经成为全面提升我国社会综合治理能力的重要手段，在推进政府公开透明、优化社会服务和治理、凝聚群众共识等方面都有较强的成效。一般而言，政务新媒体，是指各级行政机关、承担行政职能的事业单位及其内设机构在微博、微信等第三方平台上开设的政务账号或应用，以及自行开发建设

的移动客户端等。① 作为"指尖上的政府",政务新媒体是网络空间主流舆论引导的重要阵地,同时也是党推进国家治理体系和治理能力现代化的重要切入点。2023 年,各地纷纷出台相关政策,支持和规范政务新媒体的发展。比如,河北广电制定河北局《门户网站管理办法》《官方微信管理办法》,确保政务新媒体信息更新及时、内容准确权威,同时创新政务新媒体应用,完善政务新媒体功能,加强内容互联互通,形成宣传声势。② 云南广电提出积极发挥新媒体作用、做强主流舆论,加强扶持引导、做强新媒体优质品牌。③ 随着网络传播生态的不断变化,近年来,政务新媒体的语态发生转变,并持续聚焦公共服务和治理领域,聚合优质政府和媒体资源,形成具有较强传播声量的内容输出平台。

创新语态是政务新媒体转型的一大亮点。在深度媒介化的今天,政务新媒体作为媒体融合战略的一环,主动尝试转换话语思维,掌握网络传播主导权。比如成功破圈爆火的政务新媒体"深圳卫健委",改变传统的"说教式"宣传,结合新媒体环境下的传播要素,通过网络热梗和年轻化的方式,介绍专业信息,提升用户的阅读意愿。政务新媒体"中国军工"也同样如此,将军事题材与网络用户熟悉的表达方式结合,解决以往政务号浏览量低、传播效果差的问题。"浙江宣传"公众号则紧抓社会热敏事件,以如《嘲讽"小镇做题家"是一个危险信号》等多篇针砭时弊的短评破圈,引发群众共鸣。不过,在语态转换的过程中,也存在过度娱乐化等问题,政务新媒体因其身份特殊性,语态转换仍在调试过程中。

公共服务与社会治理是政务新媒体的工作主题。技术赋权使公民的政治参与意识得到极大提升,舆论监督门槛降低。政务新媒体兼具意识形态宣传和公共服务等多种功能,需要进一步"破圈",搭建政府和群众的交流平

① 《国务院办公厅关于推进政务新媒体健康有序发展的意见》,http://www.gov.cn/zhengce/content/2018-12/27/content_5352666.htm,2023 年 11 月 22 日。
② 《河北局持续规范政务新媒体管理应用》,https://www.nrta.gov.cn/art/2023/12/4/art_114_66281.html,2023 年 12 月 4 日。
③ 《云南局积极发挥新媒体作用做强主流舆论》,https://www.nrta.gov.cn/art/2023/10/19/art_114_65840.html,2023 年 10 月 19 日。

台，以优质内容和便捷服务影响圈层群众，以主流价值观凝聚群众共识。"四川发布"在全国率先开设"微访谈"政务栏目，推出"惠及更多军人军属！四川公安发布拥军优属八条措施""四川职工医保改革将带来什么变化？"等热点话题，回应人民群众关注的民生问题，通过短视频等方式，有效解读了政策内涵，也加强了政府与群众间的沟通协作。"中国三农发布"通过与新浪微博等媒体合作，发起活动话题"回乡见闻"，推出"记者回乡"系列 vlog、《这个冬天还冷吗》系列深度调查，充分利用新媒体平台，呼应民生需求，从受众视角践行人文关怀。

政务新媒体也不断聚合优质资源，形成可持续发展的主流意识形态传播矩阵。比如，"四川发布"包含"三微一网多端"+大中小多屏互通新型主流媒体品牌，深耕内容建设，构建起以四川发布为龙头的四川政务新媒体矩阵品牌。沈阳皇姑区大力实施政务新媒体矩阵改造计划，并于 2023 年 5 月和 7 月召开两次皇姑区新媒体矩阵建设工作会，提出新媒体矩阵的管理办法和实施细则，建立健全矩阵建设制度。北京大兴区融媒体中心整合了《大兴报》、大兴电视台、大兴人民广播电台和"北京大兴"App、"这里是大兴"微信公众号、"北京大兴"微博等媒体平台，构建"1+3+3+226+N"的新型传播格局，形成全区"一盘棋"的宣传态势。多地政务新媒体的矩阵化改造，也正体现"1+N"的放射形模式能够在媒体深度融合时代持续为基层治理提供力量，在广泛采集一线动态的基础上，打通政府和群众的沟通桥梁，推动社会治理创新实践。

四　未来展望与政策建议

（一）十大未来展望

1. 媒体平台化成为转型发展的必然趋势

在媒体深度融合发展的趋势下，平台化转型是建设新型主流媒体的必经之路。目前，媒体融合相关政策都在强调"建设自主可控平台"，越来越多

的主流媒体积极打造自主传播平台，形成创新化、数字化、智能化的全媒体内容生产体系，提升主流价值观点的引导力和影响力。需注意的是，平台化转型并非是将线下的内容直接转至线上，或只简单搭建一个线上端口实现移动化传播。主流媒体肩负着权威消息发布、主流舆论宣传、社会服务与治理等重要职责，因此未来主流媒体平台化转型，应以矩阵化建设为目标，重塑内容传播格局，改变"各立门户"的现状，充分发挥主流媒体的舆论引导作用。

2. 文旅行业和情感消费成数字经济增长主要方面

数字经济是我国经济增长的主要来源，文旅行业作为 2023 年的发展蓝海，联动情感消费，将进一步赋予经济结构转型新活力。网络技术和社交平台不断赋能文旅行业消费，打造知名 IP 品牌，将地区文化、情感认同等嵌入消费产品，促成具有共建共享、统筹协调与跨界融合特征的传播新业态。未来，社交媒体将继续影响文旅行业的品牌定位和表达方式，相关机构也应通过多样化的媒介渠道破圈发声，获得消费者认同，制造具有长尾效应的消费增长触点。

3. 短视频内容更加垂直细分

移动传播是全媒体传播体系建设的技术基地，短视频以其传播速度快、受众门槛低等特征，成为新媒体内容传播的重要渠道。同时，短视频内容更加垂直细分，泛知识化、泛剧情化短视频数量持续增长，不断吸引专业团队加入短视频创作领域，优质精品作品频出。不过，也有不良短视频在社交平台涌现，价值导向失范、内容庸俗化、算法偏见等问题频发，影响主流意识形态的传播，消解新闻理性。因此，维护短视频创作热情的同时，也亟须补齐内容生产短板，加强平台审核规范，校正价值观导向，为网络清朗行动助力。

4. 媒介化进程不断加深

深度媒介化改变了既有传播制度、传播环境和传播生态，意味着媒介已从信息传播的工具进阶为社会结构的基本构成，其制造新的传播法则的同时，也为主流意识形态和基层社会传播提供新的视角。网红城市、新型政务新媒体等的出现，正是利用了媒介化时代的特征，找准了关键传播节点，挖掘内容优势，建构可发挥引领作用的传播秩序。而深度媒介化进程也为基层治理不断助力，使数字平台不断下沉，基层民众的数字媒介应用能力逐渐增强，新的基层传播环境和治理关系图景呼唤新的治理理念，应将媒介化思维融入基层社会治理的实践逻辑中，构建可持续发展的媒介生态。

5.社交平台持续赋权内容出海

如何讲好中国故事、如何让中国内容走出去，始终是我国国际传播的一大主题。近年来，以TikTok、YouTube等为代表的社交平台成为我国内容出海的主要渠道，社交游戏平台原神等新型网络空间也为文化传播提供崭新机会，打破了时空限制，掀起中华文化对外传播的新浪潮。相较于传统媒体时代的模式化出海路径，社交平台赋权下的内容产品兼具技术能力和商业生态，有助于提升我国的全球传播能力，搭建更加公平公正的全球传播秩序。同时，近年来，许多热门国际传播案例都源自民间，这也充分说明国际世界对基层文化的接受和喜爱。因此，主流媒体应主动收编优质民间文化产品，形成优势互补的国际传播新业态。

6.全媒体传播体系建设更完善

全媒体传播体系是新媒体发展和变革的重要面向，不同层级的融媒体中心建设直接影响传媒行业生态格局。目前，我国基本建成由中央、省、市、县四级融媒体中心构成的纵向结构，在内容生产、传播形态、社会服务等方面实现全面贯通。未来，我国应继续关注全媒体传播体系建设中的不均衡性问题，扩大区域间联系，通过数字平台实现内容资源共享，加强技术方案的互助学习，形成满足各地群众多元需求的媒体生态圈，实现主流舆论新格局，发挥媒体的功能与作用，从合作共赢的角度，全面提升全媒体传播体系的核心竞争力。

7.媒体融合激发产业活力拓展合作方向

数字经济和社会分工日趋精细化，我国媒体的跨界合作方式和领域边界被打通，媒体资源与社会资源深度整合融合，为产业合作提质增效，主流媒体面对用户的差异化需求和传播生态的变化，加快内容产业的垂直细分，广

泛嵌入社会服务工作，将全媒体传播体系建构为一项社会工程。未来，新闻行业将不仅与政府服务商务等领域链接，而且将形成多行业常态化合作格局，以系统化、一体化思维指导融合实践，推动主流媒体充分发挥主体性、协调性和能动性。

8. 网络空间治理工作继续加强

网络空间作为媒体发展和融合转型的基础设施，其健康生态不仅影响媒体转型的成效，也关系主流意识形态引导的质量与成败。目前，我国已出台多项政策用以规范网络空间话语秩序，营造健康绿色的舆论生态，为构建强大凝聚力和引导力的社会主义意识形态提供有力保障。主流媒体在面对复杂的网络环境时，应及时调整自身语态和建设路径，健全网络综合治理体系，借力网络空间的话语工具，拓展业务范围提升造血能力，走好网上群众路线。

9. 人工智能持续发挥深度协作优势

人工智能技术的出现改变了现阶段媒体内容生产的多个环节，生成式人工智能经过长期的发展与训练，为未来媒体转型扩展了新的想象空间。大语言模型能够在全媒体传播体系当中发挥更大的功能效用，在提升从业者生产力、加快内容生产效率等方面具有积极作用。同时，也应警惕随之而来的深度伪造、内容版权等问题，把握好技术双刃剑，才能真正使人工智能技术对主流媒体持续赋能，实现效率优化。

10. 媒体过度娱乐化问题亟待解决

为顺应数字化传播时代特征，应对市场经济冲击，了解网络用户的阅读偏好，主流媒体在运营方式、话语样态、传播方式等方面都呈现商业化和娱乐化的特征。在此过程中，部分媒体出现泛娱乐化的问题，过度迎合市场、追逐流量，语态转换边界不明，媒体专业素养底线把握不清，不利于政府权威和媒体公信力水平的提升。因此，对于严肃议题，主流媒体仍应审慎对待，不应随意放大戏剧悬念，将所有议题都进行娱乐化处理。要把握官方属性与娱乐表达的平衡，坚守新闻职业底线，同时出台相关政策规范，进一步培养和发挥主流媒体从业人员的新媒体专业素养，发挥媒体为群众服务的社会职能，推动国家治理水平的提升。

（二）八大政策建议

2024 年是媒体融合战略实施十一周年，也是下一个十年的开端。多样态的数字技术更迭与国内国际传播生态的变化，为我国新媒体发展带来机遇和挑战。因此，我们提出以下政策建议。

第一，加强全媒体传播体系建设理论构思，以媒体力量增强新质生产力。全媒体传播体系作为新闻传播行业的时代命题，需进一步探索理论深度，在路径创新、集体协作等方面持续发力，实现共建共享、跨界融合。面对不同层级融媒体中心存在的发展不均衡、创新力不足等问题，应及时发挥能动性，向全媒体传播生态建设转型。同时，在创新发展过程中，应发挥媒体对新质生产力的促进作用，推陈出新，改造既有产业集群和传播网络，创造更大的社会、经济、文化价值。

第二，重点关注主流媒体平台和社交平台的合作，加强矩阵化联动。媒体深度融合阶段，主流媒体以数字化逻辑打造自主可控平台，创新理论范式，引导主流价值，链接多元文化，提供公共服务。通过与社交平台的合作，增强用户注意力，形成具有更大下沉空间的新型主流媒体数字平台，进一步发挥矩阵化作用，优化网络空间传播生态。

第三，发挥新技术应用效力，实现新产业落地升级。以人工智能为代表的新技术不断赋权媒体转型，主流媒体需跟上技术更迭的速度，持续加强对新技术的应用和融合。同时，智媒化转型并不是媒体与技术的简单相加，需持续拓展技术的应用范畴，打通技术与不同产业的壁垒，使技术真正为媒体产业赋能，增强新产业的竞争力，推进我国媒体全方位、高质量发展。

第四，持续强化数字中国战略，助力乡村振兴向上发展。乡村振兴作为实现乡村治理现代化的重要环节，要深刻挖掘数字技术潜能，将其深度融入乡村振兴实践，通过数字技术，因地制宜完善农村建设和发展。因此，一方面要完善数字赋权下乡村建设的顶层设计，另一方面也应加强乡村基础设施建设，扩大数字技术的创新力，最终实现数字强国。

第五，坚持网络空间可持续发展，强化网络内容传播规范。未来，网络空间建设与治理仍是增强国家治理体系和治理能力现代化的重要内容，应以治理带动创新，以主流舆论生态筑牢国家安全屏障，真正发挥技术创新作用，助推中国式现代化建设不断取得新突破。这也需要主流媒体与网络平台积极合作，将相关法规落实到日常网络内容生产当中，全面营造正向清朗的网络环境。

第六，构建主流舆论新格局，聚焦网络热点议题。媒体融合发展至今，"塑造主流舆论新格局"一直是学界和业界共同关注的焦点，其不仅面向社会主义文化事业宏伟目标，同时也能够反映过往和目前价值观引领的迫切需要。因此，主流媒体在全流程、颠覆式的变革背景下，应主动探索网络空间热点议题，深入了解群众心态，与不同圈群形成协同合力，凝聚共识，构建和发展现代传播体系，壮大主流舆论声量。

第七，全方位内容出海，尤其加强与世界青年群体的文化交流活动。充分挖掘智媒时代下内容输出的新方式，将优秀中华文化嵌入新表达形式当中，增强世界人民的认同感和接受度。同时，以"Z世代"为代表的青年群体仍是国际传播的主要受众，破圈出海需要具体分析不同社群的群体画像，形成独具特色的中国范式，增强中华文化的国际影响力。

第八，调动内部动能，以人才结构调整促进媒体转型。目前，媒体转型虽然已有诸多改革措施，但仍未深刻彻底触及机制体制层面，没有真正破解全媒体传播体系建设中创新性不足等困境。其中，人才发展机制、考核激励方式仍存在问题，需持续调动媒体内部动能，打破传统媒体自身的结构壁垒，加强人才引入和培养，为实现传媒现代化转型提供源头活水。

参考文献

黄楚新、许可：《全媒体传播体系建设的现实困境、战略转向与协同策略》，《教育传媒研究》2023 年第 5 期。

黄楚新、陈智睿：《全媒体传播体系演进脉络与主流媒体发展格局探析》，《中国出版》2023 年第 23 期。

胡正荣、樊子埻：《历史、变革与赋能：AIGC 与全媒体传播体系的构建》，《科技与出版》2023 年第 8 期。

龙小农、韩鹏飞：《中国式媒体融合与中国式现代化》，《现代出版》2023 年第 5 期。

黄楚新、陈玥彤：《体系化布局与多层级融合——2023 我国媒体融合发展盘点》，《中国报业》2024 年第 1 期。

黄楚新、郭海威、许可：《多位一体与多元融合：中国地市级媒体融合发展进路》，《新闻爱好者》2023 年第 3 期。

李彪：《主流媒体深度融合与传媒业高质量发展的价值逻辑与实践进路》，《编辑之友》2023 年第 3 期。

热点篇 🗗

B.2
2023年中国区县级元宇宙产业园
发展报告[*]

方 勇　薄晓静[**]

摘　要： 元宇宙产业园是指以元宇宙相关技术为基础的企业聚集区，旨在促进元宇宙产业的发展和创新。2023年我国区县级元宇宙产业园蓬勃发展，向教育培训、文化娱乐、医疗健康等多个行业领域的延伸趋势明显增强，元宇宙相关政策规划相继落地，产业规模逐步扩大，核心技术突破创新，产业链条不断延伸。但是政策针对性仍待完善、数字基础设施欠佳、引资能力较弱等问题阻碍区县级元宇宙产业园的进一步发展。未来，需要进一步从核心技术创新、优化园区产业布局、高标准建设数字基础设施、打造虚实结合产业园新模式、增强产业园数字传播运营能力等方面入手，建设一批高水平、高质量、高标准区县级元宇宙产业园。

---

* 该成果为2024年度重大经济社会调查项目"中国网络民意和舆情指数调查（2024~2026）"（项目编号：2024ZDDC006）的阶段性研究成果。
** 方勇，中国社会科学院新闻与传播研究所党委书记、教授，主要研究方向为产业发展、大数据；薄晓静，中国社会科学院大学新闻传播学院硕士研究生，主要研究方向为新媒体传播。

关键词： 元宇宙技术 区县级元宇宙产业园 沉浸式体验 数字经济

当前互联网已从 Web 1.0 时代走到 Web 2.0 阶段，并正朝着 Web 3.0 阶段迈进。人工智能、大数据分析、物联网等新技术的不断发展为 Web 3.0 的实现提供强大支持，成为元宇宙持续运行的底层技术基石。元宇宙是一个将现实世界与虚拟世界相结合的数字世界，被认为是下一代互联网。

在此背景下，元宇宙产业园应运而生。元宇宙产业园是指以元宇宙相关技术为基础的企业聚集区，旨在促进元宇宙产业的发展和创新。其定位不仅是一个简单的物理集合空间，更是一个集技术孵化创新、产业转型升级、人才交流合作、消费投资等多功能于一体的平台。2023 年，我国区县级元宇宙产业园蓬勃发展，向教育培训、文化娱乐、数字经济、医疗健康、工业制造、金融服务等多个行业领域的延伸趋势明显增强，形成了更加完善的产业生态，成为各地政府和企业关注的重点。

一 我国区县级元宇宙产业园的发展现状与热点聚焦

（一）顶层设计：元宇宙政策规划相继落地

2021 年 12 月，《上海市电子信息产业发展"十四五"规划》首次将元宇宙写入"十四五"规划，率先布局元宇宙产业园，抢占元宇宙先发优势，将打造元宇宙生态城市作为未来重点发展方向。① 此后，区县级元宇宙相关政策陆续出台，持续关注元宇宙产业园的发展。

2023 年 8 月 29 日，由工业和信息化部、教育部、文化和旅游部、国务院国资委、国家广播电视总局办公厅联合印发《元宇宙产业创新发展三年

---

① 《上海市经济和信息化委员会关于印发〈上海市电子信息产业发展"十四五"规划〉的通知》，https://www.shanghai.gov.cn/gwk/search/content/99677f56ada245ac834e12bb3dd214a9，2021 年 12 月 30 日。

行动计划（2023—2025 年）》，明确提出"工业元宇宙发展初见成效，打造一批典型应用，形成一批标杆产线、工厂、园区"的发展目标，[①] 从政策规划层面对元宇宙产业发展给予高度重视。2023 年，江西省、郑州市、海南陵水黎族自治县等全国多地新颁布 24 个有关元宇宙技术发展和元宇宙产业园建设的政策规划（见表1），政策数量进一步增长。总的来说，在顶层设计指导下，区县级元宇宙产业园的建设持续推进。各地政府在资金扶持、税收减免、人才引进、核心技术创新等方面纷纷出台相应的政策扶持措施，为元宇宙产业园的落地与繁荣提供了有力支持，进一步释放了其巨大的发展潜力。

表 1　2023 年全国各地区部分元宇宙产业政策汇总

发布时间	发布主体	政策名称
1 月	成都市新经济发展工作领导小组办公室	《成都市培育元宇宙产业行动方案（2022-2025 年)》
2 月	南京市工业和信息化局	《南京市加快发展元宇宙产业行动计划（2023-2025 年)》
	合肥高新技术产业开发区	《合肥高新区元宇宙产业发展规划（2023-2028）》
3 月	上海市松江区人民政府办公室	《松江区培育"元宇宙"新赛道行动方案（2022-2025 年)》
	海南陵水黎族自治县人民政府	《陵水黎族自治县元宇宙产业发展行动计划（2023-2027）》
	中关村科技园区东城园管理委员会	《东城区加快元宇宙产业高质量发展行动计划（2023-2025 年)》
	北京市朝阳区人民政府联合北京市科学技术委员会、中关村科技园区管理委员会、北京市经济和信息化局	《朝阳区互联网 3.0 创新发展三年行动计划（2023 年-2025 年)》

① 《工业和信息化部办公厅　教育部办公厅　文化和旅游部办公厅　国务院国资委办公厅　广电总局办公厅关于印发〈元宇宙产业创新发展三年行动计划（2023—2025 年）〉的通知》，https://www.gov.cn/zhengce/zhengceku/202309/content_6903023.htm，2023 年 8 月 29 日。

发布时间	发布主体	政策名称
4月	浙江省发展和改革委员会、中共浙江省委网络安全和信息化委员会办公室、浙江省经济和信息化厅、浙江省科学技术厅、浙江省市场监督管理局	《浙江省元宇宙产业发展2023年工作要点》
5月	"数字吉林"建设领导小组办公室	《吉林省大数据产业发展指导意见》
	湖北省人民政府办公厅	《湖北省数字经济高质量发展若干政策措施》
6月	上海市科学技术委员会	《上海市"元宇宙"关键技术攻关行动方案（2023—2025年）》
	上海市文化和旅游局	《上海市打造文旅元宇宙新赛道行动方案（2023-2025年)》
	杭州市上城区人民政府	《上城区关于加快元宇宙产业创新发展的若干措施》
	成都市经济和信息化局	《2023年成都市元宇宙场景建设工作计划》
7月	江西省工业和信息化厅	《江西省元宇宙产业发展指导意见》
8月	郑州市人民政府办公厅	《郑州市元宇宙产业发展若干政策》
	中共黑龙江省委办公厅、黑龙江省人民政府办公厅	《新时代龙江创新发展60条》
	工信部等五部委	《元宇宙产业创新发展三年行动计划（2023-2025年)》
9月	重庆市经济和信息化委员会	《重庆市元宇宙产业发展行动计划（2023—2025年)》
	四川省经济和信息化厅等16部门	《四川省元宇宙产业发展行动计划（2023—2025年)》
	山东省工业和信息化厅、山东省发展和改革委员会、山东省教育厅、山东省科学技术厅、山东省财政厅、山东省文化和旅游厅	《山东省加快元宇宙产业创新发展的指导意见》
	福建省人民政府办公厅	《福建省促进人工智能产业发展十条措施》
	湖南省工业和信息化厅、湖南省发展和改革委员会、湖南省科学技术厅、湖南省广播电视局	《湖南省音视频产业发展规划(2023—2027年）》
10月	江苏省工业和信息化厅等五部门	《江苏省元宇宙产业发展行动计划（2024—2026年)》

资料来源：依据公开资料综合整理。

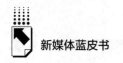

（二）多点开花：2023年区县级元宇宙产业园发展排行榜

我国区县级元宇宙产业园发展尚处于发展前期阶段。为了深入了解全国各地已建成或在建的主要区县级元宇宙产业园的发展情况，本报告对我国区县级元宇宙产业园发展情况进行调研，搜集相关资料，从基本要素层、社会影响层、产业潜力层、虚实融生层、软件实现层评估影响元宇宙产业园发展的关键因素。基于这五个方面，对全国主要的区县级元宇宙产业园相关数据进行梳理、统计、分析，并按综合分数进行排名（见表2）。

表2 2023年中国主要区县级元宇宙产业园发展排行榜

单位：分

省份	园区名称	名次	总分	基本要素层	社会影响层	产业潜力层	虚实融生层	软件实现层
上海市徐汇区	漕河泾元创未来元宇宙产业创新园	1	82	15	12.5	17	18	19.5
浙江省杭州市钱塘区	钱塘"元宇宙"新天地	2	80	13	11	16	19	21
上海市浦东区	张江数链（元宇宙）特色产业园区	3	75	13	12	18	15	17
浙江省杭州市余杭区	杭州未来科技城XR产业园	4	72	12	9	16	17	18
江苏省苏州市昆山市	昆山元宇宙产业园	5	72	11	10	18	15	18
北京市丰台区	南中轴元宇宙产业基地	6	71	11	7	14	21	18
湖南省张家界市	张家界元宇宙中心	7	70	9.5	10	16	16	18.5
重庆市渝北区	重庆市元宇宙生态产业园	8	69.5	9	6.5	15	19	20
重庆市永川区	重庆元宇宙中心	9	69.5	10	6	15	19.5	19

续表

省份	园区名称	名次	总分	基本要素层	社会影响层	产业潜力层	虚实融生层	软件实现层
江苏省南京市江宁区	南京市元宇宙产业发展先导区	10	68	11	7	17	16	17
北京市通州区	大稿元宇宙数字艺术区	11	67.5	10.5	9	18	13	17
四川省成都市青白江区	元宇宙数字文旅产业园	12	66	9	7	15	16	19
广东省广州市南沙区	南沙元宇宙产业聚集区	13	62.5	7.5	7	13	18	17
陕西省西安市雁塔区	元宇宙项目"大唐·开元"	14	61	8.5	8	12	15	17.5
山东省青岛市南区	青岛元宇宙产业创新园	15	60.5	9	4	17	16	14.5
广东省广州市黄埔区	元宇宙数字文化产业园	16	60	8	6	14	17	15
广东省广州市天河区	湾区元宇宙数字艺术研究创新基地	17	59	7	6	13	16	17
江苏省无锡市滨湖区	华莱坞元宇宙世界	18	59	6	8	12	17	16
四川省成都市高新区	元宇宙产业发展集聚区	19	57.5	6.5	6	12	17	16
山西省长治市壶关县	澳涞坞文化产业园	20	55.5	6.5	4	16	14	15
湖北省武汉市江汉区	元宇宙主题产业园	21	54	8	4	12	17	13
河南省郑州市金水区	河南·郑州元宇宙产业园	22	53	11	6	12	14	10
云南省昆明市官渡区	元宇宙服务贸易虚拟产业园	23	51.5	8	5.5	11	14	13
福建省厦门市火炬高新区	元宇宙特色园区	24	51	11	5	10	11	14

续表

省份	园区名称	名次	总分	基本要素层	社会影响层	产业潜力层	虚实融生层	软件实现层
陕西省咸阳市高新区	"大秦元宇宙"产业先行区	25	50.5	5	6	14	15	10.5
海南省三亚市	三亚元宇宙产业基地	26	49.5	4.5	7	11	15	12

资料来源：依据公开资料，进行整理、统计、分析所得。

（三）加速扩容：元宇宙产业园规模逐步扩大

随着元宇宙技术的应用，我国元宇宙产业园的规模正在逐步扩大。2023年，全国已有多个城市建立了元宇宙产业园区，为进一步深入发展和做大做强元宇宙产业开启了实践探索，元宇宙产业园区具备成为中国新一代信息技术产业发展的重要支撑与创新基地的巨大潜力。

从数量和分布情况来看，元宇宙产业园的建设已经具备了一定的规模和影响力。目前，我国元宇宙产业园主要集中在北京、上海、浙江、江苏等经济较为发达的城市和地区，并且逐步向周边区域辐射扩散。北京市通州区大稿元宇宙数字艺术区、上海市徐汇区漕河泾元创未来元宇宙产业创新园作为较早一批建设的元宇宙产业园，继续发挥典范作用，为其他元宇宙产业园提供了宝贵经验和借鉴。在河南省政策的支持下，郑州市全面打响"中国元谷"的品牌，大力扶持郑州元宇宙产业园的建设，该园区不仅拥有研究院、企业独栋、产业大厦，还设置了以元宇宙基础设施、内容制作、场景应用等为主要展览内容的科技展厅等，力图将其打造为全国知名元宇宙标杆园区。①

2023年，一批新的元宇宙产业园也在逐步开放和投入运营。2023年2

---

① 《园区专题｜郑州元宇宙产业园，打响"中国元谷"品牌》，https：//mp. weixin. qq. com/s/ MUUZO4M nvG3etBfpaiil5Q，2023 年 12 月 22 日。

月 27 日，湖北省武汉元宇宙数字产业基地正式揭牌；2023 年 6 月，浙江元宇宙产业基地开始运营；2023 年 10 月，江苏省苏州市昆山元宇宙产业园顺利开园，2023 年 10 月，青岛国际虚拟现实产业园一期工程竣工交付。随着武汉市、杭州市、郑州市等地的元宇宙产业园相继建成，中国元宇宙产业园的版图不断扩大，展现出蓬勃的发展态势。

（四）技术赋能：元宇宙技术不断取得新突破

元宇宙产业园的发展离不开核心技术的支持和发展。围绕人工智能技术、区块链技术、物联网技术等核心技术的成熟度和应用范围不断扩大，不仅提高了元宇宙应用产品的真实感和交互性，还为元宇宙产业园的数字化、沉浸化提供了更多可能性。目前，我国区县元宇宙产业园已经取得了一些重要的技术突破，在硬件生产能力、物联网技术应用、区块链技术、人机交互、基础设施建设等方面都在逐步完善。各区县级元宇宙产业园不断提高元宇宙相关设备、服务器、VR/AR 设备等硬件的稳定运行能力，极大增强了元宇宙产业园的沉浸式体验属性。比如，重庆市永川区的重庆元宇宙中心目前正在建设 5 个 LED 摄影大棚和 1 个亚洲最大全景声混音棚，以帮助多维立体地呈现元宇宙场景，实现对真实世界的"虚拟再现"。[①] 技术升级不仅推动了元宇宙产业园的发展，还为我国元宇宙产业的未来注入了强大动力。

（五）跨界融合：产业园生态链条不断延长

我国区县级元宇宙产业园的生态链日渐完善，相关企业涉及文化创意、软件开发、数字艺术、虚拟现实、游戏开发等多个领域，足以体现元宇宙产业园的强大影响力和多元覆盖面。目前，元宇宙产业园内不同领域、不同产业的企业已经展开一定的跨界合作，高度重视合作共赢，具备一定的开放性和未来发展潜力。例如，正在建设中的澳涞坞文化产业园作为山西规模最大

---

① 《重庆日报报道：永川提前布局元宇宙产业 打造重庆元宇宙中心》，https：//mp. weixin. qq. com/s/0Q5IQYotNkYIzDKnMpoE_ g，2022 年 5 月 28 日。

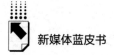

的元宇宙数字文化创意产业园，努力实现大数据中心、影视制作与发行、娱乐营销和广告、电子商务、创意会展、人才培养等诸多产业链的资源协同，促进上下游产业链整合。① 2023 年开园的苏州昆山元宇宙产业园吸引了亮风台、五一元生、黑湖网络科技等 32 家企业入驻，赋能昆山打造元宇宙产业全链条生态，未来 3 年预计入驻元宇宙相关企业超 200 家，年产值超 50 亿元。②

2023 年，各大元宇宙产业园正在结合区县级现有资源和地域特色，努力建设有代表性、知名度、典型性、特色化的元宇宙产业园，围绕元宇宙产业园的规划定位布局产业链发展，充分挖掘元宇宙营利潜能。例如浙江省杭州市的钱塘元宇宙产业基地汇集了以壹网壹创为代表的电子商务业和以米奥兰特为代表的商务会展业，拓展社交、教育、医疗等元宇宙新型应用场景。③

二 我国区县级元宇宙产业园存在的问题与困境挑战

（一）元宇宙相关政策仍待完善

元宇宙相关政策力度和准度对于元宇宙产业特别是元宇宙产业园的发展方向和发展速度具有重大影响。目前，我国元宇宙产业政策总体仍处于摸索阶段，相关法律法规和政策尚未完善，还存在一些不足和改进空间。如元宇宙中虚拟资产的交易和管理涉及金融监管、税务等领域，而相关法规的不明确可能导致园区内企业的经营受阻。现行的元宇宙政策缺乏环境型和需求型政策工具的运用，激励措施不够具体，对于税收优惠减免等方面关注较少。④

① 《投资 16 亿！山西规模最大的元宇宙数字文化创意产业园落户长治》，https：//m. thepaper. cn/baijiahao_ 19291008，2022 年 8 月 3 日。
② 《苏州昆山元宇宙产业园开园！首批 32 家企业集中入驻》，https：//mp. weixin. qq. com/s/xucLUvK3TCX9fBXn3wvFmQ，2023 年 10 月 8 日。
③ 《杭州多个城区布局"元宇宙"产业》，http：//www. hangzhou. gov. cn/art/2022/6/7/art_ 812266_ 59058786. html，2022 年 6 月 7 日。
④ 任瀚、张俊杰等：《我国元宇宙产业政策的量化评价研究》，《科技与经济》2023 年第 6 期。

此外，不同地区的产业政策在指导和规范元宇宙产业发展方面存在较大差异，尤其区县级元宇宙政策措施更为具体详细，但全面性欠缺。对于元宇宙产业可能带来的隐私泄露、伦理道德等风险的认识不足，政府缺乏相应的法律法规支持，如涉及跨国活动的复杂性就为发展建设元宇宙产业园带来了挑战。由于元宇宙的特性是虚拟空间的无界限性，因此，园区内的元宇宙企业和用户可能横跨多个国家和地区参与活动，这就需要从顶层设计层面观照到这一现实问题。

（二）园区数字基础设施建设欠佳

区县级元宇宙产业园区需要具备强大的数字基础设施支撑，以保障园区的稳定运行和发展。然而，目前数字基础设施的建设与区县级元宇宙园区的发展需求之间存在差距。首先，部分园区可能会面临网络带宽不足、数据存储空间有限等问题，这就限制了元宇宙园区内企业和用户的活动范围和行为。如在园区内设立的一些虚拟现实游戏中，用户可能需要大量的带宽和低延迟网络来保障游戏的流畅性和体验度，而园区内的网络基础设施可能无法满足这些需求，带给用户不佳体验。其次，园区内可能缺乏必要的计算资源和数据存储设备，不利于园区内企业在技术研发和应用开发方面的发展。

基于此，区县级元宇宙产业园区的规模和影响相对较小，导致很多元宇宙企业和人才可能更倾向于选择规模更大、知名度更高的元宇宙园区，而忽视了区县级园区的潜力和机会，不利于区县级元宇宙产业园建立丰富多样的园区生态。

（三）元宇宙产业园引资能力较弱

区县级元宇宙产业园区的建设和运营需要大量的资金支持，以支持技术研发、内容创作、市场推广等方面的活动。然而，目前园区内存在资金短缺和投资环境不佳的问题。首先，区县级元宇宙产业园规模相对较小、知名度较低，部分园区项目的盈利模式和商业化价值尚未明确，可能会面临投资者对于园区潜力和回报率的质疑，从而导致投资意愿不足。其次，区县级园区

的发展较为滞后，可能会缺乏相关的产业政策和扶持措施，使得园区内的企业和项目难以获得政府的支持和帮助。此外，大多数区县级元宇宙产业园主导产业不清晰，特色不明显，在应用方面主要涵盖各类泛文娱的场景，但是园区内缺乏形成良好产业生态的机制，尽管各类元宇宙产品汇聚于此，但缺乏企业间的有效合作，导致园区仅仅成为单一的办公区域，而非协同发展的文化产业集聚地。

（四）元宇宙核心性技术尚不成熟

区县级元宇宙产业园区在发展过程中还面临底层核心技术尚不成熟的困境。一方面，扩展现实、数字孪生和区块链等技术的发展水平与元宇宙产业园建设的需求之间存在差距。这导致虚拟环境与现实世界的连接性不足，影响了元宇宙产业园区的运营效率和用户体验，无法满足元宇宙中大规模数据交换和安全验证的需求，影响了虚拟环境中的数字资产交易、身份验证等关键功能的实现。

另一方面，元宇宙产业处于快速发展阶段，导致行业内存在各种不同的技术标准和规范。不同的虚拟现实设备、平台和应用可能采用各自不同的技术标准和接口，元宇宙产业园内企业在开发元宇宙应用时需要同时考虑多种技术要求，增加了研发成本和复杂度。在互操作性层面，平台和应用之间的互通和数据共享存在一定的难度。这种不一致的标准和规范会增加区县级元宇宙产业园内企业的开发成本和技术难度。

（五）元宇宙人才供给仍存缺口

从我国区县级元宇宙产业园的发展趋势来看，元宇宙在商业贸易、文化娱乐、内容创作、工业制造等众多方面升级趋势显著。区县级元宇宙产业园建设的人才需求不断增加，但在人才供给端还有较大缺口，存在元宇宙相关专业人才总储备不足、元宇宙精英人才稀缺、元宇宙专业学科建设滞后于产业发展等问题。总体来说，元宇宙产业园人才主要包括基础设施核心技术人才、场景应用人才和经营管理人才。基础设施核心技术人才主要涵盖区块链人才、AIGC 人才、大数据人才、VR/AR/MR 人才和集成电路人才等，场景应用人才包括游戏开发设计人才、元宇宙医疗人才、数字化产业人才等，[①]经营管理人才包括园区管理人才、园区营销人才等，在这些方面，区县级元宇宙的人才供给端依然存在一定的短板。

三　我国区县级元宇宙产业园的发展对策与趋势展望

（一）以技术创新驱动元宇宙产业发展

核心技术的创新和应用是推动元宇宙产业发展的关键动力。随着信息技术的快速发展，云计算、分布式存储、物联网等技术应用不仅改变了传统产业的生产模式和营销方式，还创造了全新的商业模式和服务形态。在元宇宙的概念中，虚拟世界与现实世界的融合将进一步深化，核心技术的创新和应用将为人们带来更加丰富、便捷、安全的虚拟体验。元宇宙本身是由云计算、分布式存储、物联网、5G、区块链等前沿数字技术集成创新与融合应用而成的[②]，元宇宙产业园的发展离不开这些关键核心技术的支持。因此，要重视元宇宙相关核心技术的研发和应用。

一是建立元宇宙技术创新和研发中心。加强对元宇宙关键技术的研究和探索，包括虚拟现实、增强现实、人工智能、区块链等技术的应用和创新，探索新的交互方式、多模态感知、网络传输优化等，加速元宇宙技术的突破，为产业园提供技术支撑和创新动力。

二是鼓励支持元宇宙产业联盟发展。元宇宙产业园可以与国内外知名科研院所和高校建立合作关系，共同开展与元宇宙产业相关的技术研发和创新

[①] 李彬、蒋兆勇、许家永：《全国元宇宙产业人才发展初探》，《中国高新科技》2023 年第 15 期。

[②] 郑世林、陈志辉、王祥树：《从互联网到元宇宙：产业发展机遇、挑战与政策建议》，《产业经济评论》2022 年第 6 期。

项目。这种合作模式不仅能够借助院校的科研力量和人才资源，还能够促进园区内企业与科研院所之间的技术交流与合作，推动技术的转化和应用。通过设立元宇宙产业生态联盟、协会等行业组织，元宇宙产业联盟常态化开展产学研合作、行业交流，因地制宜提供公共技术研发、检测认证、知识产权和标准化等服务，能够加强元宇宙技术创新和成果转化，促进元宇宙行业自律和规范发展，进一步完善元宇宙产业园的生态环境。

三是培养元宇宙技术人才，有效地提高元宇宙技术人才供给端质量，提升产业园区的技术创新能力和竞争力。可以在元宇宙产业园区内建立技术人才培训基地，配备先进的技术设施和专业培训师资，使其增强 VR、AR、MR 等技术的核心知识和实践能力，满足不同岗位人才的培训需求。同时搭建技术人才交流的在线平台，建立技术人才信息库和技术需求对接平台，促进人才资源的共享和流动，打破人才壁垒，激发人才创新活力，打造与元宇宙相关的人工智能技术、交互技术、区块链技术等方面的领军人物。

（二）以产业聚集突破产业园发展瓶颈

中国区县级元宇宙产业园应紧抓 5G 与人工智能机遇期，突破业界现有的展厅级、孤岛式、小众性、雷同化的发展瓶颈，聚力融合创新与规模应用，实现产业级、网联式、规模性、差异化的虚拟现实普及之路。①

首先，加快建设元宇宙产业集聚和创新中心，将其打造为包括技术研发中心和产业生态系统、涵盖产业链上下游、聚集创新资源的枢纽，并重点关注数字传媒、数字设计、数字会展、数字电商、数字工业等产业领域的发展，实现元宇宙技术的跨界融合和协同创新。如郑州元宇宙产业园重点引入人工智能、VR/AR 设备、3D 引擎、数字孪生、数字人、NFT、应用开发等领域企业，覆盖元宇宙硬件、软件、平台、应用等完整产业体系。

其次，积极培育元宇宙产业园内龙头企业，发挥其在产业链中的引领和示范作用，带动整个园区乃至行业的发展。龙头企业往往具有较强的技术实

---

① 赵健：《元宇宙产业发展综述》，《南京工程学院学报》（自然科学版）2023 年第 2 期。

力和市场影响力，拥有丰富的资源和经验，能够为园区内其他企业提供技术支持、市场拓展等方面的帮助，促进整个产业集群的健康发展。为了实现产业集聚和对龙头企业的培育，园区管理方可以采取一系列措施。例如通过制定政策和提供优惠政策，鼓励同一行业或相关行业的企业入驻园区。

（三）以配套设施优化元宇宙产业园生态

打造区县级元宇宙产业园，以一流数字基础设施和创新创业生态集聚一批元宇宙企业，需要在现有数字园区基础上不断完善配套设施。

一是加强顶层规划，制定并完善元宇宙产业园发展的专项规划和政策措施。各地政府出台具有针对性、指导性、特色性的元宇宙产业规划和实施方案，明确当地元宇宙产业园发展目标、支持政策、产业路线图和绩效指标，并建议设立专门的工作小组，在发展重点、技术路线、应用场景、虚拟治理方面加强统筹指导。[1]

二是建设高标准配套数字基础设施。元宇宙产业园的运行需要大量的网络资源、存储资源和算力资源，元宇宙产业园应高标准布局5G、物联网、数据中心等数字基础设施，以满足园区发展需要。5G技术的高速率、低时延和大连接性，能够为元宇宙产业园的企业提供高速、稳定的网络环境，支持VR、AR等应用的实时交互和沉浸式体验。物联网技术则能实现物理世界与数字世界的无缝连接，数据中心是存储和处理大规模数据的关键基础设施，为元宇宙产业园提供数据存储、计算和分析能力，支撑元宇宙应用的运行和发展。同时，还需要规划配套设施，如餐饮、商业、生活配套等，提升园区的生活舒适度和工作便利性，吸引更多优秀元宇宙企业和人才入驻。

（四）以虚实结合建设智能化产业园

《元宇宙产业创新发展三年行动计划（2023—2025年）》指出，要打

---

① 赵健：《元宇宙产业发展综述》，《南京工程学院学报》（自然科学版）2023年第2期。

新媒体蓝皮书

破传统时空限制，促进虚拟空间集聚，发展虚实结合的新型园区建设模式，提升工业园区产业规划和布局能力。① 通过建立虚实共生的元宇宙平台，元宇宙产业园可以提供虚拟的工作空间和资源，使得元宇宙企业不受地理位置限制，实现远程办公、虚拟协作和远程培训等功能，这有助于吸引更多的元宇宙企业入驻园区。同时优化元宇宙园区空间布局与设施配套，通过工业元宇宙技术，对园区内的空间进行智能化设计和管理，提高资源利用效率；通过虚拟现实技术，实现设施配套的虚拟展示和体验，为企业提供更直观、高效的选择和决策支持。

建设虚实结合的新型元宇宙产业园平台，可以实现资源的动态调配和协同服务，如共享设备、共享人才、共享数据等，提高资源利用效率和企业创新能力。提供如智能化管理服务、定制化服务、智能化安全服务等多样化、个性化的服务模式，提升元宇宙园区的服务水平和竞争力。总之，要积极探索和应用新技术，推动元宇宙产业园建设向着智能化、虚拟化、服务化的方向发展。

（五）以数字传播释放产业园新活力

随着媒体融合纵深化，新媒体已经密切嵌入社会生产生活方方面面，不断赋能文旅产业发展、企业品牌传播。通过线上平台发布园区的最新动态、项目信息、招商引资等内容，既可以展示园区内部的技术创新成果，也能吸引更多的企业和投资者关注与合作，从而宣传园区的独有特色、发展成就和核心价值观，提升园区的知名度和品牌形象。

当前，区县级元宇宙产业园的新媒体传播力度仍存在很大实践空间。应积极开展数字化、融合化传播转型，利用元宇宙产业园独有的特点和资源，打造具有影响力的 IP 形象。具体来说，可以根据元宇宙产业园的产业定位和文化特色，设计符合 IP 形象的角色、故事情节、场景等，将园区的发展历程、

---

① 《工业和信息化部办公厅　教育部办公厅　文化和旅游部办公厅　国务院国资委办公厅　广电总局办公厅关于印发〈元宇宙产业创新发展三年行动计划（2023—2025 年）〉的通知》，https：//www.gov.cn/zhengce/zhengceku/202309/content_ 6903023. htm，2023 年 8 月 29 日。

技术成果、创新案例等主题融入其中，并且构建集微博、微信、抖音等多渠道于一体的融媒体传播矩阵，以吸引新媒体用户的关注，扩大元宇宙产业园的传播影响力。如甬江软件产业园开设专注于宁波文化 IP 艺术创新、Web3.0数字化营销以及连通线上线下商业资源的元宇宙数藏平台，持续性打造元宇宙科技创新引领地、元宇宙爆款产品网红地和元宇宙创业孵化新高地。[①]

同时，还可以基于 IP 形象，开发各种 IP 衍生品，如周边产品、游戏应用、文化创意品等，通过线上线下渠道进行销售和推广，为园区带来额外的收入和品牌曝光。此外，元宇宙产业园可以充分发挥园区内的技术优势，利用元宇宙相关技术打造虚实共生的体验场景，用户可以通过虚拟现实眼镜或智能手机等终端设备，探索园区景观等，获得沉浸式的虚拟体验。

参考文献

苏凡博、陈浩：《双维视角下元宇宙传媒人才培养模式建构》，《出版广角》2023 年第 8 期。

黄楚新、陈伊高：《元宇宙：形塑人机伴生的媒介化社会》，《新闻与写作》2023 年第 2 期。

何诚颖、黄轲等：《元宇宙产业发展：重塑效应、阶段特征及演进前景》，《安徽师范大学学报》（人文社会科学版）2022 年第 5 期。

郑满宁：《人工智能技术下的新闻业：嬗变、转向与应对——基于 ChatGPT 带来的新思考》，《中国编辑》2023 年第 4 期。

侯文军、卜瑶华、刘聪林：《虚拟数字人：元宇宙人际交互的技术性介质》，《传媒》2023 年第 4 期。

---

① 石健：《探索元宇宙产业园　城投入局数字经济》，《中国经营报》2023 年 3 月 4 日。

B.3

2023年中国媒体融合发展报告

黄楚新　陈智睿*

摘　要： 2023年，中国媒体融合已由系统性的攻坚建设逐步演进至全方位深化发展的新阶段。本年度的媒体融合发展，习近平文化思想与全媒体传播体系建设是其顶层设计的核心引领，各级主流媒体以高质量内容产品与前沿技术应用加速转型升级。我国主流媒体以构建全媒体传播体系作为关键推动力，借助生成式人工智能等前沿技术，深度优化内容生产以及创新传播方式，嵌入人机共生的传播生态。县级及地市级融媒体基于本土化与规范化的路径，强化自身枢纽功能，提升多方位的服务效能。我国主流媒体的国际传播能力得到持续增强，塑造积极良好的中国形象。尽管诸如机制长期束缚、媒体关停并转、平台建设低效、智能技术鸿沟、数字生态恶化等问题仍然存在，但媒体深度融合仍将围绕内容深度、技术创新以及机制优化的主线，进一步激活媒体融合转型的内生动力，向内打造信息连接枢纽，向外传递与时俱进的主流声音，力求在新时代实现有深度、有动力、有进步的融合转型。

关键词： 媒体融合　习近平文化思想　生成式人工智能　县级融媒体

2023年10月7~8日，全国宣传思想文化工作会议在北京召开，会议高度概括中国近年来的宣传思想文化工作，并首次提出习近平文化思想。习近平总书记对宣传思想文化工作作出重要指示强调，要"着力培育和践行社会

---

* 黄楚新，中国社会科学院新媒体研究中心副主任兼秘书长、研究员，中国社会科学院大学新闻传播学院副院长，教授，博士生导师，主要研究方向为新媒体、媒体融合；陈智睿，中国社会科学院大学新闻传播学院硕士研究生，主要研究方向为新媒体、媒体融合。

主义核心价值观""着力提升新闻舆论传播力引导力影响力公信力"。2023年，我国主流媒体在顶层设计的指引下，不断推进全媒体传播体系建设，在政策出台与制度建设的过程中，实现我国四级媒体融合转型的系统化与多样化，优秀的传统文化也逐渐成为媒体融合转型的重要助力。同时，我国主流媒体加快发展新质生产力，生成式人工智能、跨界融合、数字化营销等新技术与新模式正为媒体行业带来创新发展的动力，推动主流媒体实现质的跃升。在国际传播方面，我国主流媒体不断强化自身的国际传播能力，努力塑造中国的良好国家形象，让中国故事更好地走向世界。

随着技术的快速革新，我国媒体深度融合同样面临着多方面的问题与挑战。表层化的内容生产、低效的平台建设、技术鸿沟的扩大，以及数字生态的恶化，都在一定程度上阻碍媒体融合转型的步伐。面对技术迅猛发展下的复杂传媒生态，我国主流媒体正积极探索应对方案。通过加强融媒联盟的打造、优化融合经营模式、提升信息服务能力，以及规范人工智能应用等措施，我国主流媒体正实现从数字媒体到智能媒体转型升级的突破。

一　媒体融合的发展状况与热点聚焦

2023年是中国媒体融合发展取得显著成果的一年，习近平文化思想在这一年成为引领媒体深度融合转型的顶层支撑与高度规划。在这一年，顶层设计思想持续引领，全媒体传播体系不断向纵深发展。在主流媒体实践中，生成式人工智能、跨界融合、数字化营销等新技术与新模式竞相涌现，成为推动主流媒体转型创新的重要动力，深度赋能媒体融合发展。媒体深度融合中的四级媒体架构也更加完善，县级融媒体建设持续革新且本土化深耕，地市级融媒体发展更加规范化，各级媒体的功能定位被进一步明确并实践。同时，优秀传统文化成为媒体融合的优质资源，贴近Z世代的内容提高融合传播影响力。此外，我国在国际传播领域持续发力，各级融媒体共同塑造良好的中国形象，助力中国故事走向世界。

（一）顶层设计思想深度引领，全媒体传播体系纵深发展

顶层设计思想在媒体融合发展中提供宏观规划和整体布局，我国的媒体融合离不开顶层设计的高度引领。2023年，我国媒体融合在顶层设计层面持续纵深推进，并沿着全媒体传播体系建设的路径有序发展①。全国宣传思想文化工作会议是2023年的重要时政事件，一方面对我国近年来的宣传思想文化工作进行系统性总结，另一方面也针对我国未来的宣传思想文化工作提出明确要求。其中涉及的主流价值观引领与新闻舆论工作的内容，既高度概括我国在2023年媒体融合实践的侧重点，也映照出全媒体传播体系建设的最新要求。

从2014年开始的媒体融合初步阶段，到当前的媒体深度融合与全媒体传播体系建设阶段，我国在顶层设计上也经历逐层累进的过程。2023年就是针对不同层面具体问题的纵深推进阶段，展现出多层次、系统化、问题导向的特点。2023年3月5日，国务院政府工作报告指出："发展新闻出版、广播影视、文学艺术、哲学社会科学和档案等事业，加强智库建设。扎实推进媒体深度融合，提升国际传播效能，加强和创新互联网内容建设。"这也是政府工作报告中首次对媒体深度融合进行指导与规划，展现出新形势下媒体融合的转型特点。2023年3月，中共中央办公厅印发《关于在全党大兴调查研究的工作方案》，并提出12个方面的调研内容，其中第六条更是明确指出，要直面"意识形态领域面临的挑战，推进文化自信自强、建设社会主义文化强国和新闻舆论引导、网络综合治理中的主要情况和重点问题"。顶层设计背后暗含实事求是的思想引领，我国媒体融合需要在总结鲜活实践经验的基础上开创新的发展路径。

媒体融合并不局限于主流媒体本身发展的领域，而是涵盖与之相关的各行各业，由此应对新时期媒体发展的新问题。例如，我国新能源汽车工业近

---

① 黄楚新、陈玥彤：《体系化布局与多层级融合——2023我国媒体融合发展盘点》，《中国报业》2024年第1期。

年来迅猛发展，2023年我国新能源汽车销量达到949.5万辆，其中每台汽车均会装载的智能车机实际长期处于媒体监管的空白地带。2023年8月14日，国家广播电视总局、工业和信息化部、国家市场监督管理总局发布《关于进一步加强车载音视频管理的通知》，该通知关注到车载音视频管理的缺口，保障其在合理的轨道上健康有序发展。车载音视频是媒体平台在新时期的延伸，而更基础的视听电子产业也得到顶层设计的关注。2023年12月15日，工业和信息化部、国家广播电视总局等七部门印发《关于加快推进视听电子产业高质量发展的指导意见》，其中围绕我国视听电子产业的现实问题，提出一系列针对性的优化解决方案，实际也是从产业发展的视角推动媒体融合的基础设施建设与长期稳定发展。

（二）生成式人工智能实用化，前沿技术驱动媒体新融合

综观2023年中国媒体融合实践，生成式人工智能已成为媒体转型发展的重要驱动力之一。这一技术应用展现出相较于传统技术发展更强的颠覆性力量，并在这一年逐步与各主流媒体融合、调适与发展。狭义上，通过生成式人工智能，各大主流媒体可以更快速地生产出大量的稿件、短视频和音频内容，提高内容生产的效率和速度，满足用户对多样化内容的需求。而广义上，生成式人工智能代表的是媒体融合底层逻辑的变化，媒体融合转型需要着力转变固有思维，以前沿技术理念重构媒体融合机制与过程。2023年是生成式人工智能在媒体融合领域扩散发展的一年，媒体融合持续涌现出在内容生产、表达创新等方面的新模式与新应用。

依托外在技术平台支持，主流媒体积极开展生成式人工智能实践。2023年4月27日，由百度智能云支持的"上游新闻AIGC创作中心"上线，重庆日报报业集团具体展示生成式人工智能在媒体生产方面的能力，以智能技术赋能新闻生产、传播与分发的全流程。事实上，百度旗下的生成式人工智能平台"文心一言"，已在2023年成为众多主流媒体的技术支持平台。例如，上海报业集团旗下澎湃新闻、山东省互联网传媒集团旗下海报新闻、河南广播电视台大象新闻、每日经济新闻、大众日报客户端等多家媒体平台宣

布接入百度"文心一言",成为生态合作伙伴。借助外部的生成式人工智能技术,媒体机构能够更加简单便捷地开发出智能推荐系统、虚拟现实互动内容、智能对话机器人等新型产品,拓展了媒体内容呈现的形式和媒体服务的范畴,是当前智能技术赋能媒体融合转型的主要模式。

主流媒体主导进行技术开发与应用,是生成式人工智能实践的重要构成。2023年的全国两会期间,人民日报推出人工智能编辑部4.0,其中包括智能助理、智能绘图、两会视频模板等功能,以人工智能技术优化两会新闻报道流程与产出,因此人民日报在2023年两会期间共计生产新闻作品372个,各类作品全网累计阅读量超2亿,实现技术与内容的深度融合。2023年1月18日,浙江日报报业集团、浙江广播电视集团、浙江出版联合集团、浙江省文化产业投资集团四大省属文化集团共同发起的传播大脑科技公司正式在杭揭牌成立。这一公司围绕网内成员协同、内容生态建设、内容展现形式、新型传播模式、用户画像标签和精细化运营六大方向提供技术支撑,其中涵盖的生成式人工智能技术已实现对本地内容生成与传播的反哺。2023年11月15日,2023AI+智能科技大会中,四川封面传媒科技有限责任公司与阿里云、华为云、百度智能云就"共创融媒行业大模型"进行签约。这一融媒行业大模型为我国媒体融合的技术发展提供最新经验,是以技术内部逻辑促进媒体发展的典型案例,其中包括媒体业务智能化改造、打造可信人工智能安全治理解决方案、扩展泛媒体领域的跨行业大模型基础等内容。

(三)县级融媒体本土化深耕,地市级融媒体规范化发展

媒体深度融合是系统性工程,涉及从中央到地方的各个环节。县级融媒体和地市级融媒体由于处在相对弱势的位置,因此能够得到资源与政策层面的倾斜。2023年,我国县级融媒体建设进一步立足本土化,充分发挥自身基层传播与治理的枢纽作用,地市级媒体则沿着顶层设计的标准要求及规范化路径有序发展。

县级融媒体建设作为媒体融合的"最后一公里",是我国基层传播与治

理的核心环节。换言之，县级融媒体建设需要立足本土，积极发挥服务基层群众的重要功能。2023年，我国县级融媒体建设实践成果突出，各维度的功能定位得到强化。2024年1月9日，中国社会科学院新媒体研究中心在江苏南京发布"媒体融合十年十大创新"名单，浙江安吉县融媒体中心作为唯一的县级融媒体中心入选名单。2022年11月14日，安吉县融媒体中心发布全国首个县级融媒体中心五年发展战略规划，在此后的2023年里，安吉县融媒体中心持续整合县域资源，发挥自身区位优势与服务能力，成功实现媒体经营的可持续健康发展。2023年12月16日，福建尤溪县融媒体中心入选"2023中国应用新闻传播十大创新案例"，该中心依靠数字技术赋能的效应，立足本地探索"新闻+政务服务商务"发展新路径，充分发挥县级融媒体中心在基层传播与治理层面的核心作用。2023年，欠发达地区的县级融媒体中心也实现持续发展，湖北巴东县融媒体中心以"一体两翼三制四轮"的特色发展模式，以舆论引导为核心职能，串联起政务服务、生活服务等多种功能，实现自身的"造血式"可持续发展。

地市级融媒体建设作为媒体融合的"中间环节"，正在顶层设计的引领下规范化发展[①]。根据《推进地市级媒体加快深度融合发展实施方案》的安排部署，2023年2月，中宣部和国家广电总局联合发布《市级融媒体中心总体技术规范》，还同时发布了技术规范、数据规范、接口规范、网络安全防护基本要求、技术系统合规性评估方法等具体技术标准规范。这一规范与2019年县级融媒体发展的规范文件相衔接，构成了市县两级融媒体建设的框架体系，共同从政策规范角度为市县融媒体建设提供顶层设计指引。2023年4月，襄阳推动改革先行先试，成为中宣部市级媒体融合试点，并在同年12月27日成立襄阳融媒体中心（新闻传媒集团），探索符合本地基层发展的融合创新模式。2023年5月，腾冲市融媒体中心获评2023年云南省广播电视媒体融合先导单位，在坚持"注重央地联动、注重精品驱动、注重营

---

① 黄楚新、郭海威、许可：《多位一体与多元融合：中国地市级媒体融合发展进路》，《新闻爱好者》2023年第3期。

收互动"的发展思路下实现媒体融合的提质增效。2023 年 6 月 28 日，在整合报业广电两大集团资源基础上，温州市新闻传媒中心成立。该中心基于公有云和私有云的混合部署模式，在基本不改变报纸、广电生产流程的前提下，通过优化各自支撑新媒体的生产流程，架构了报台一体化协同生产平台，探索地市级媒体融合新路径。2023 年 6 月 26 日，南昌市融媒体中心正式揭牌成立，并同步上线了"洪观新闻"客户端。南昌市融媒体中心依托南昌日报社的组建，实现南昌日报社和南昌广播电视台的内容整合、服务融合、用户聚合，构建"1+2+12+N"的全媒体传播矩阵，实现地市级媒体融合的集群发展。

（四）跨界融合经营效果显著，数字化营销拓宽市场空间

媒介技术加速演进迭代，传播生态与结构持续发生变化，为应对日新月异的媒体经营环境，我国主流媒体以新的融合经营思路，迈向综合性、数字化、智能化的调整方向。2023 年，我国媒体融合实践在跨界融合经营方面成果显著，这一融合思路成为各级主流媒体探索转型发展的有效方向，并进一步为主流媒体注入新的活力和动力。一方面，我国媒体跨界融合经营不断探索新的路径；另一方面，数字化营销的方式正成为占领有限媒体市场的必要手段。

跨界融合背景下的跨行业、跨平台经营合作。2023 年 3 月 5 日，陕西广电融媒体集团"陕耀文旅"IP 品牌项目正式发布，这一品牌充分面向市场合作，着力推进对外文化交流活动，是推广陕西文旅特色的重要文旅融媒发布平台。在 2023 中国新媒体大会上，由四川广电四川乡村频道运营的"四川乡村"客户端成为全国"媒体+"创新案例库首批上线案例，该客户端聚焦"三农"领域，目前已成为西部首个 1+N 数字乡村视听云综合服务运营平台。2023 年，江阴市融媒体中心积极推进"新闻+政务服务商务"模式建设，集成全市 80 多个部门的 2000 多项功能，增强自建平台的用户活性与黏性。同时，该中心联合本地 5 家国资公司、2 家医疗集团，共同出资 1 亿元，于 2021 年组建成立江阴市大数据股份有限公司。经过两年多运行，

在江阴形成数政局、城运中心、大数据公司的"一局一中心一公司"战略布局，以体制机制改革推动实现跨部门的融合经营。

数字化营销成为媒体深度融合的可持续保障。2023年2月25日，国家市场监督管理总局正式发布《互联网广告管理办法》，以审慎态度推动互联网数字营销的有序发展，也为媒体融合经营提供了规范化的实践依托。2023年，江苏广电同抖音集团合力打造的爆款IP《我在岛屿读书》，为三星手机量身定制的潮流社交新IP《野挺有趣》，灵活发挥自身影响力与数字化营销优势，实现媒体融合经营的高速发展。主流媒体MCN是进行数字化营销与媒体融合经营的重要渠道。在抖音发布的媒体MCN2023年度榜单中，芒果MCN已连续53个月列榜单首位，成为跨界经营与数字化营销实践的标杆之一。芒果MCN旗下拥有偶合MCN、小湖娱乐MCN、奇妙星辰MCN等六大生活方式MCN子品牌。具体到实践中，芒果MCN拥有12000余位的内容创作者，全网签约账号高达1100余个，每月产出3700余条短视频，月播量超15亿，持续深耕母婴、家居、娱乐、运动等垂类领域，以优质内容引领潮流。2023年8月31日，广州广电粤伴湾MCN文化湾区IP项目获评"全国广播电视媒体融合成长项目"，这一年里，粤伴湾MCN围绕红色文化、海丝文化、岭南文化、创新文化四大文化品牌以及精品航拍、本地生活等六大赛道进行内容产品孵化与营销，并取得广泛的社会影响力与传播效果。例如，岭南文化IP"花城环游记"在全网拥有250余万粉丝，在乡村振兴赛道做好精品内容传播。

（五）优秀传统文化赋能深融，贴近Z世代激活内容活力

优秀传统文化始终是我国媒体融合转型的优质资源，也是符合当前传播生态的发展方向。习近平总书记指出："着力赓续中华文脉、推动中华优秀传统文化创造性转化和创新性发展。"[①] 2023年，我国主流媒体充分挖掘优

[①]《习近平对宣传思想文化工作作出重要指示》，新华网，http://www.news.cn/politics/2023-10/08/c_1129904890.htm，2023年10月8日。

秀传统文化内容，运用其中的文化内核生产出诸多高质量、强传播的文化内容产品。

优秀传统文化成为媒体融合转型的要素与突破口。2023 年，中央广播电视总台推出一系列高质量的文化节目，例如《寻古中国·古滇记》《简牍探中华》《中国书法大会》等，着力发掘好中华传统文化故事，传递与时俱进的主流价值，在优质的节目表达中培育认同感与自豪感。2023 年 4 月 4日，河南卫视继续推出文化专题节目《清明奇妙游》，该节目以"网剧+网综"为亮点，并且强调"以品为先"的制作工艺和"以情动人"的 IP 立意，运用厚重的中华历史文化底蕴推动节目内容与形式创新。在短视频传播方面，河南卫视剧综短视频 2 个账号传播量均破亿，在全网形成良好的传播效果与声量。2023 年，山东卫视也发力文化节目创新，从国学、戏曲、诗词等方面构筑文化传播矩阵，其推出的《黄河文化大会》《戏宇宙》等节目均收获全网关注，大屏与小屏两个层面共同助推媒体融合转型。2023 年 6月 29 日，海淀区融媒体中心、丹江口市融媒体中心、中科大脑共同启动"同饮一渠水，共筑文化魂"文化传播平台，这一平台结合科技企业的技术优势与主流媒体的传播优势，以高质量文化产品、多样化传播手段、前沿性传媒科技，推动中华优秀传统文化的传播及发展。

年轻态传播内容与形式提高媒体融合传播影响力。文化节目与年轻态传播内容不是截然分开的，而是相互融合的。综观 2023 年的我国媒体融合传播实践，文化节目本身就意味着具备年轻态的传播形式，这也被称为"新国潮"。例如河南卫视长期进行的文化节目创作实践，在紧抓优秀传统文化的同时，以灵活有趣的方式进行内容呈现，因此在互联网掀起文化节目的新热潮。2023 年，中央广播电视总台的《经典咏流传·正青春》栏目以"正青春"为主题，着力塑造优秀中华传统文化中的"青春力量"，让年轻人成为中华传统文化的传承者与创新者。在节目中，节目组"音乐+书法""音乐+武术""音乐+舞蹈+AR"等混搭艺术形式，在内容与形式两个方面与年轻人的审美产生共振共鸣，实现广泛影响的融合传播。在 2023 年的全国两会报道中，人民网推出《UP 青年·两会有我》《两会·她力量》等节目，采用更加贴近年轻人的视角进行节目生产与报道，展现优质节目的吸引力。央视网也推出创意微视频《VR画两会｜用中国传统色绘就未来图景》，该节目采用前沿技术解读政府工作报告，将多模态的内容要素融入报道全局，在虚实融合中达成面向Z世代的传播效果。

（六）国际传播持续创新发力，各级融媒体共塑中国形象

媒体融合不仅包括面向国内的传播活动，也需要重点关注国际传播的部分，这关乎中国在国际舞台上的形象塑造和影响力提升。得益于顶层设计的重视与融合传播的进展，2023年，我国各级主流媒体持续提升国际传播能力，通过创新的传播内容与手段，推出一系列立足全球内容市场、发挥自身传播优势的国际传播产品。

国际传播意味着主流媒体需要融入全球内容市场，进行高效、精准、创新的传播活动。2023年7月26日，由新疆维吾尔自治区互联网信息办公室、中央广播电视总台国际在线联合主办的"打卡中国·读懂中国式现代化——你好，新疆"网络国际传播活动在乌鲁木齐正式启动。这项活动邀请来自巴西、哥伦比亚等8个国家的网红博主走进新疆，借助海外视角开展中国式现代化的国际传播，另辟蹊径融入全球内容市场。在2023年杭州亚运会期间，中央广播电视总台首次以全球领先的4K/8K标准制作亚运会国际公用信号，首次在开闭幕式中应用AR虚拟技术，以创新的探索行动抢占国际传播话语权，高质量讲述重大赛事中的中国标准与形象。此外，国际传播也包括报刊层面的内容。2023年度中国外文局优秀国际传播作品评选中，《今日中国》西文版2023年第10期《"一带一路"这十年》，紧扣"一带一路"的热点大事，在报道的过程中融入国别特色，用9篇报道分别从不同身份、领域、案例等方面逐层累进，把十年来"一带一路"倡议在拉美地区的发展翔实有力地呈现给拉美读者，发挥主流媒体的国际传播效能。

国际传播是涉及各级媒体的整体性活动，需要共同发挥自身传播优势，塑造可信、可爱、可敬的中国形象。此前的国际传播大多集中于中央级与省

级媒体层面，主要依托其全球广泛分布的新闻记者站进行国际传播的工作。而当前的国际传播需要各级媒体共同参与，从不同的视角展现中国的整体形象。2023年4月25日，柳州市融媒体中心国际传播中心揭牌成立，这一中心设在柳州日报社，整合柳州本地企业资源开展国际传播，以柳州故事描绘好中国故事，在与中央主流媒体合作的过程中，加强与周边及共建"一带一路"国家的文化合作，助力国际传播顺利"走出去"。2023年7月23日，第三届全国市县融媒体中心建设发展论坛成功举办，眉山市东坡区融媒体中心入选2022~2023年度"县级融媒体中心国际传播典型事例"。该中心紧密围绕东坡文化国际传播的工作，积极打造多元融合的国际传播体系，从县级融媒体的特色传播资源出发，借助新华社新闻信息中心实现国际传播与城市品牌传播。总体而言，2023年，我国媒体融合在国际传播方面成果丰硕，以优质的国际传播产品塑造良好的中国国际形象。

二 媒体融合存在的问题及困境挑战

人工智能技术快速发展的当下，我国媒体融合发展已取得显著成果，但同时也面临着诸多不容忽视的困境与挑战。融合实践过程中，部分主流媒体存在形式大于内容的表层化问题，媒体自身改革缺乏内生驱动力。主流媒体平台建设尽管摒弃了部分低效做法，但并未解决其服务属性未充分体现以及缺乏有效竞争力的问题。在不断提升的技术标准中，各级媒体间存在明显的技术鸿沟，部分地区的媒体在智能技术的应用上步履维艰，缺乏前瞻性的技术规划与应用。此外，数字生态的恶化以及不良信息的泛滥也凸显网络治理的严峻性。以上各类问题需要予以梳理、总结以及纠偏，推动中国媒体融合发展行稳致远。

（一）机制束缚仍在：融合浅表化问题长期存在，媒体改革创新缺乏动力

融合浅表化问题长期存在，媒体融合缺乏深入发展。2023年，尽管

我国媒体融合持续受到关注与重视，顶层设计与具体政策不断助推融合转型实践，但在具体执行过程中仍存在难以触及融合底层的问题。例如，媒体深度融合始终依靠媒体领导的自觉性与内驱力，面对媒体发展实际存在的问题难以提出切实有效的解决方案，"等靠要"的思维惯性还存在于部分媒体单位中。此外，融合浅表化还表现在媒体合作与整合的程度不够深入，仅仅停留在表面的资源整合和品牌合作，并未形成有效的协同效应和创新动力。这主要是由于在媒体融合实践中，合作的主体对于融合目标和价值的认识不够一致，缺乏长期的合作规划和战略规划。此外，市场竞争激烈、商业利益冲突等因素也限制了媒体融合的深入发展。2023 年的上海广电（SMG）就在此方面作出有效探索，例如利用其旗下酒店临江地理优势，东方明珠电视塔、浦东美术馆等周边文旅资源以及广播媒体、明星、主持人等资源，开设国内首家"棚店合一"日咖夜酒经营模式的闪电咖啡馆，实现融合经营的协同力与创新力，助力媒体可持续发展。

媒体改革创新缺乏动力也是媒体融合实践中的重要问题。融合浅表化还表现在媒体机制改革方面，部分媒体的融合转型还是热衷于"换牌子"，而非进行协作机制与生产模式的调整，媒体改革创新陷入事实上的停滞状态。在此过程中，尽管政府出台了一系列的媒体改革政策和支持措施，但在实践过程中往往受到区域局限性和执行难的影响。例如，行业内部的门槛和壁垒限制了新兴媒体的发展空间，政策的执行和监管缺乏有效力度，这也导致改革创新无法得到持续有效的推动。浙江长兴县融媒体中心是媒体改革的典型案例，从 2022 年的媒体融合二次改革、二次创业，到 2023 年的改革创新持续深化，长兴融媒体密切抓住媒体转型的自身特点，有针对性地开展改革行动。例如，2023 年 1 月，该中心对传统媒体平台再次做"减法"，正式停刊报纸，对电视频道、广播频率进行整合改版，以改革创新去除此前长期存在的低效媒体存量，进一步盘活自身的传播资源。同年 3 月，长兴融媒体同步实施"薪酬改革+人事改革"双机制，坚定"按岗取酬、按技取酬、按绩取酬"的分配导向，彻底消弭在编与非在编人员之间的待遇差距，以灵活合

理的分配制度调动工作人员积极性与创造力。这一案例深刻说明改革创新在融合转型中的重要性，以机制创新调动媒体良性循环是各级媒体需要探索的核心方向。

（二）关停并转持续：媒体关停并转展现持续性，市场竞争淘汰冗余产能

随着媒介技术的快速更新迭代，我国乃至全球传播生态发生变化，关停并转在中国媒体融合实践中展现了持续性。近年来，中国媒体行业进一步加快了市场化进程，媒体之间的竞争更加激烈，市场运作更加规范。在此背景下，部分媒体机构并未充分抓住融合转型的关键时期，未能在传媒市场建立起自身的核心竞争力，因此逐渐面临基本的生存困境。

通过关停并转，部分冗余媒体机构的资源得到重新分配和整合，更具潜力和竞争力的媒体机构将得到更大的发展空间，同时也能更灵活地调整自身的发展战略。2023 年 5 月 23 日，国家广电总局发布工作动态消息指出，全国广电系统积极推进广播电视资源整合和精减精办。2023 年，我国多个媒体频道陆续关停。2023 年 1 月 1 日，十堰市广播电视台公共频道停止播出。同一天，北京广播电视台故事广播（AM603、FM95.4）、外语广播（FM92.3）等频率停止播出。2023 年 2 月 6 日，江西萍乡市广播电视台教育频道停止播出。2023 年 2 月 28 日，四川内江市广播电视台公共频道停播并撤销，部分节目整合到内江广播电视台综合频道、科教频道继续播出。经初步统计，近两年，经国家广电总局批准已先后撤销 130 余个频道频率，其中 2023 年撤销的频道频率有 20 余个。媒体融合存在的问题需要通过深度融合来解决，借助持续调整优化媒体结构与资源分配，我国媒体在面对转型挑战时也将激活新的发展动力。

关停并转不仅涵盖冗余媒体层面，同时也包括对冗余媒体平台的关停。根据《2022—2023 报业融合发展观察报告》的数据，被考察的 1330 家报纸中，自建客户端的达到 570 个，开通率达 42.9%。实际上，媒体融合过程中的客户端建设需要考虑本地实际情况，粗糙的建设过程往往会导致客户端的

分散化与浅表化①。例如，我国部分媒体的客户端由于用户不足等因素，目前已陷入事实上的关停状态。2022 年底，"浙江宣传"微信公众号发布文章《新闻客户端不能有"端"无"客"》，直指新闻客户端建设的现实问题。在竞争激烈的市场环境下，此类运营不善的客户端难以可持续发展与生存。目前，地市级媒体的"广电+报业"探索可能为新闻客户端的整合与优化提供新的可能性。媒体融合过程中的关停并转也面临着改革阵痛的问题。一方面，关停并转过程中的人员安置和资源整合等问题需要妥善解决，由此以更优的姿态融入数字传播生态。关停机构的员工和资源需要重新分配和利用，这对于媒体自身而言提出一定的新要求。另一方面，媒体内容生成是环环相扣的过程，关停并转的速度和力度需要适度把握。过快的关停并转可能会造成不同媒体部门间的衔接不畅与产能降低，而过慢则可能延缓媒体行业的更新和发展。

（三）平台建设低效：媒体自建平台难以走出去，服务属性并未充分开发

平台建设是我国媒体融合的重要一环，是面对新传播生态与商业平台时的应对策略。经过十年的媒体融合实践，媒体融合的平台建设已逐渐超越早期的传统与新兴媒体竞争的范畴，而是转向对用户注意力的吸引，这种转向需要主流媒体树立起用户思维与平台思维，以此理念逻辑开展平台建设活动。然而 2023 年，我国主流媒体的平台建设还存在低效与被边缘化的问题，主流媒体平台与商业平台之间的差距被持续拉大。

媒体平台的服务属性开发不足，面向本地用户的功能建设不完备。我国主流媒体平台在融合实践中具有承载多样化服务的潜力，例如安吉县融媒体中心就持续立足本土资源与服务需求，展开具有深刻可持续性的县级融媒体2.0 建设，成为全国县级融媒体中心建设的范例。然而在实际运营中，我国

---

① 郭全中、张金熠：《一体化、智能化、服务化：主流媒体平台建设的回顾与展望》，《青年记者》2024 年第 1 期。

部分主流媒体平台的服务属性并未被充分开发，例如客户端的人机交互界面仅为简单排列组合，未针对用户需求进行界面设计与内容有序排布，由此导致信息服务质量欠缺。传统媒体在融合过程中往往只停留在资源整合和传播层面，对其他服务属性的积极开发和创新存在欠缺。例如，在用户参与方面，很多媒体平台仍然采用单向传播和信息推送的模式，缺乏与用户的互动和参与机制。此外，对于商业化和社会公益等服务属性的开发也还存在较大的提升空间。

媒体自建平台难以走出去，缺乏面向全国媒体市场的竞争力。从媒体融合之初到现在，我国主流媒体在媒体融合实践中积极构建自己的平台，但大部分现存平台在全国范围内的市场竞争中不具备充分竞争力。这主要源于平台的服务内容与全国媒体市场的需求存在差距，缺乏创新和多样化的服务属性。同时，媒体自建平台的竞争意识和市场营销能力有待提高，缺乏对全国媒体市场的深入了解和精准定位。这使得媒体平台难以在全国范围内的市场中赢得更多的用户，限制了媒体融合市场影响力的扩展。

（四）智能技术鸿沟：各级媒体存在差异与差距，技术发展缺乏合理谋划

在2023年我国媒体融合实践中，智能技术的应用成为推动行业发展的关键因素。然而，这一过程中出现的技术鸿沟问题，凸显不同级别媒体在技术应用上的差异与隐忧。中央级和部分省级媒体凭借资源优势，能够更加深入地探索和应用生成式人工智能、大数据分析、云计算等前沿技术，这些技术的应用不仅提升内容生产效率、优化用户体验，还能够由此增强媒体的多级市场竞争力。

相比之下，一些地方级和基层媒体在智能技术的应用上则显得相对滞后。这些媒体往往受限于资金、人才和技术积累的不足，难以有效利用智能技术优化内容生产流程和提升用户体验。例如，2023年7月20日，中央广播电视总台联合上海人工智能实验室推出的"央视听媒体大模型"就是一个鲜明的例子，它利用人工智能技术提升了内容生产的智能化水平，而其他

地方媒体由于缺乏相应的技术支持和资源投入，难以实现类似的技术突破。智能技术的应用不仅仅局限于内容生产，它还涉及数据分析、用户行为理解、个性化推荐等多个方面。地方媒体在这些领域的技术积累不足，可能导致其无法充分理解用户需求，进而影响用户留存与满意度。这进一步加剧了媒体间的智能技术鸿沟，使得地方媒体在吸引和保留用户方面处于劣势地位。

技术发展缺乏合理谋划的问题也日益凸显。这不仅关系媒体机构能否有效利用新兴技术，更关系整个社会信息化进程的质量和效率。部分媒体在追求技术创新的过程中，可能过于注重短期效益和表面效应，例如对新兴技术热点的随意跟进，缺乏战略定力，忽视技术的适用性和长远发展的可持续性。这种短视行为可能导致媒体在技术应用上的投入无法转化为长期的竞争优势，同时也难以满足公众对高质量信息服务的期待。此外，技术的适用性不仅涉及技术本身的功能和效率，还包括技术的普及性和包容性。如果媒体技术的发展不能普及更广泛的用户群体，特别是那些处于边缘的弱势群体，那么技术鸿沟将会进一步扩大。

（五）数字生态恶化：内容行业乱象频出，社交机器人"水军"破坏网络生态

当前，内容行业的迅速发展带来丰富多元的网络生态，随之出现的网络空间治理问题也逐渐浮现，成为全社会关注的焦点。2023年，我国网络空间治理面临着更加复杂的挑战，特别是在媒体融合转型的关键时期，如何维护清朗的网络空间与秩序、促进主流价值与优质内容的广泛传播，成为亟待解决的问题。在这一年，短视频以及 AIGC 技术等应用的进一步发展，带来内容生态恶化的显著问题，技术的"双刃剑"效应对网络空间治理提出新挑战。

网络不良信息的泛滥不仅来源于普通用户的无意传播，更有部分公司或个人的有组织散播。2023年，公安部深入推进"净网 2023"专项行动，严厉打击网络乱象，特别是针对"网络水军"的违法犯罪行为。据统计，侦破了"网络水军"案件 130 余起，抓获犯罪嫌疑人 620 余人，有效净化了

网络环境，展现了我国对清朗网络空间的坚定维护。2023年3月，中央网信办宣布开展"清朗·整治短视频信息内容导向不良问题"专项行动，旨在集中整治短视频领域的价值导向失范和不良内容多发等问题。此次行动突出了对短视频传播虚假信息、展示不当行为、传播错误观念等问题的整治，督促平台强化内容审核制度，全面规范功能运行，促进行业健康有序发展。这一举措体现了国家层面对于网络内容生态的重视和对问题治理的果断行动，也反映出网络空间中不良信息传播的严重性及其对社会秩序和公民权益的潜在威胁。

人工智能加持下的社交机器人"水军"通过刷量控评、恶意营销等手段，严重破坏了网络信息内容的生态。2023年，中央网信办也开始重点治理网络水军操纵网络信息内容问题，从阻断招募推广渠道、全面查处实施水军活动工具、严惩违规账号及背后主体、压实网站平台主体责任四个方面进行整治。这些措施旨在有效防范和遏制水军操纵信息内容的问题，保护网络空间的健康发展。社交机器人"水军"的存在不仅扭曲了网络舆论场的真实性，也对网络内容的质量与公信力造成了严重影响，其破坏行为亟须得到有效治理。

三　媒体融合的对策建议与趋势展望

随着新时代宣传思想文化事业的深入推进，2023年的我国媒体深度融合不仅步入高站位的顶层设计阶段，而且更加明确主流媒体建设的提升目标，与国家建设、社会发展的目标实现同频共振。在如此实践背景下，我国主流媒体展现出多方位的发展趋势与路径。在顶层设计的引领下，我国主流媒体转型日趋集约化，涌现出跨区域融媒联盟，集群作战成为新范式。规范人工智能应用，确保科技创新推动媒体转型的原动力安全可控。优化融合经营模式，跨界整合多领域资源，构建全渠道、全媒体传播体系，有力支撑可持续的盈利模式。我国主流媒体正积极向内挖掘枢纽属性，其成为信息与用户、内容与渠道、传统与创新连接的关键纽带。

（一）结合顶层设计要求，助推新时代宣传思想文化事业

在新时代的征程中，宣传思想文化事业承担着塑造社会主义核心价值观、传承中华优秀传统文化、维护国家长治久安的重要使命。2023年，我国媒体深度融合与宣传思想文化事业同向同行，既展现出顶层设计的高站位与系统性，又显著彰显我国媒体转型发展的明确方向。在顶层设计逐渐聚焦的背后，实际紧密伴随着我国媒体实践的鲜活经验，主流媒体正以更加灵活的姿态嵌入社会发展的整体系统中，并逐步赋能国家建设与社会发展。

媒体深度融合是新时代宣传思想文化事业的重要助力，目前正在顶层设计引领下逐步成型。2023年全国两会《政府工作报告》明确指出："发展新闻出版、广播影视、文学艺术、哲学社会科学和档案等事业，加强智库建设。扎实推进媒体深度融合。提升国际传播效能。加强和创新互联网内容建设。"这一顶层设计系统性地呈现我国媒体融合发展的明确路径，为我国主流媒体后续发展提供行动指南。2023年10月7~8日，全国宣传思想文化工作会议在北京召开，并首次提出习近平文化思想。习近平总书记强调："着力提升新闻舆论传播力引导力影响力公信力，着力赓续中华文脉、推动中华优秀传统文化创造性转化和创新性发展。"① 实际上，这四力的培育与提升，关键在于主流媒体能否准确把握时代脉搏，创造性地转化和发展中华优秀传统文化。为此，媒体融合必须走出传统与网络的界限，达到内容生成、传播方式和文化传承的深度结合。

媒体融合领域的顶层设计对应着我国媒体发展的深刻愿景，我国主流媒体将肩负起更强的时代使命与社会责任，并发挥宣传思想文化事业的关键影响力，为塑造和谐社会氛围提供坚实的文化支撑②。一方面，必须加速推进媒体深度融合的助推器角色，使其成为联结社会主义核心价值观与中华优秀传统文化的重要桥梁。这要求媒体在融合发展中既要坚持内容为王的原则，

---

① 《习近平对宣传思想文化工作作出重要指示》，新华网，http：//www. news. cn/politics/ 2023-10/08/c_ 1129904890. htm，2023年10月8日。

② 叶蓁蓁：《2022—2023报业融合发展观察报告》，《传媒》2023年第13期。

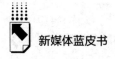

又要不断创新传播形式和手段，以期在促进文化交流共鸣的同时，更好地拓展文化传播的广度和深度。另一方面，针对新时代我国媒体传播的特殊需求，主流媒体应充分发挥其在塑造公共意识形态中的主导作用，着力打造符合社会主流价值取向的高质量文化产品。这将助力巩固国家文化自信，提升新闻舆论的引导力，进一步确保国家文化安全和传播效能。

（二）加强融媒联盟打造，探索集约化的深度融合新路径

集群作战是推进媒体深度融合的重要探索方向，也是我国主流媒体当前与未来需要关注的领域。换言之，2023年我国的媒体深度融合已进入集约化与协同化的新阶段。在此背景下，加强打造融媒联盟成为探索新路径的关键。融媒联盟通过整合不同媒体机构的资源、技术和内容生产能力，实现了优势互补和协同发展，进而推动不同类别、不同区域主流媒体的转型升级。

在顶层设计的指引下，融媒联盟的运作机制主要包括资源共享、技术合作、内容共生和品牌共建等方面。资源共享机制能够降低成本并提高效率，技术合作促进创新和产品质量的提升，内容共生丰富了媒体内容并增强了用户黏性，而品牌共建则提升了整体的市场竞争力。这些机制的实施，为媒体机构提供了更为广阔的发展空间和更多元的盈利模式。2023年的实践中，我们可以看到多个融媒联盟的成功案例。2023年6月16日，为深入推进京津冀协同发展，延庆区融媒体中心与河北省张家口市怀来县融媒体中心、赤城县融媒体中心签署"融媒联盟"协议，围绕京张体育文化旅游带建设，实现媒体合作，推进资源共享、新闻互推、人员交流和平安共建，开展深入合作。2023年11月25日，粤湘桂地区25家县级融媒体在连山壮族瑶族自治县联合成立"鲜莓"联盟，建立联盟成员新闻共享、广告互播、文旅活动互联等阵地、机制，聚力县级媒体平台，助推县域经济社会高质量发展。

融媒联盟在实践中也面临着一系列亟待解决的挑战，如合作机制的构建、利益分配的平衡、版权保护等问题。具体而言，在推进融媒联盟的过程中，各方主流媒体应共同制定合作协议，明确各自的权益、责任以及义务。融媒联盟也应关注区域发展的平衡，通过跨区域合作，促进资源共享和优势

互补。实际上，各家主流媒体具备的媒体资源具有差异，通过系统性的梳理与协商，能够促进不同媒体间的良性合作与错位发展，例如早在 2020 年 5 月，湖北广电"长江云"、北京广电"北京时间"等 12 个省市新媒体就已共同成立全国第一个云上区块链新闻编辑部，并且实现集群作战以及产生良好的合作效益，这是值得我国各级媒体长期关注的融合发展路径。通过联盟，媒体可以实现资源的优化配置和高效利用，推动内容与技术的创新，提升服务质量和市场竞争力。

（三）规范人工智能应用，化技术"黑箱"潜在风险为红利

2023 年，人工智能技术的快速发展为媒体行业带来前所未有的变革，同时也带来新的挑战与风险。为了规范人工智能在媒体中的应用，将"黑箱"潜在风险转化为红利，各国和地区纷纷出台相关政策和管理办法，以确保技术的健康和可持续发展。我国作为智能技术发展的"新高地"，也正结合最新实践逐步推出适配技术健康发展的规范措施。

国家层面的立法和政策引导成为规范人工智能应用的重要手段。例如，中央网信办联合国家发展改革委、教育部、科技部、工业和信息化部、公安部、广电总局公布《生成式人工智能服务管理暂行办法》，该办法自 2023 年 8 月 15 日起施行，旨在促进生成式人工智能健康发展和规范应用，维护国家安全和社会公共利益。这一办法强调，需要采取有效措施鼓励生成式人工智能创新发展，对生成式人工智能服务实行包容审慎和分类分级监管。未来，我国媒体融合转型的过程中离不开对生成式人工智能的开发与应用，这也意味着各级媒体需要提前树立起规范意识与底线意识，在合理有序的范畴中推进人工智能应用，形成主流化、专业化、垂直化的"媒体融合大模型"。

提高智能技术的创新性与透明度是转化风险为红利的关键一环。实际上，早在 2021 年 9 月 25 日，国家新一代人工智能治理专业委员会就发布了《新一代人工智能伦理规范》，这一规范旨在将伦理道德融入人工智能全生命周期，保障透明、可靠的智能技术更好地赋能各行业发展。然而，目前大部分智能技术对用户仍然是不透明的，原因有三，其一，技术提供商很少让

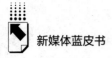
代码可访问，并声称是公司或国家保密的内容；其二，编写和阅读计算机代码是一项专业技能；其三，不透明性源于智能技术系统结构本身，这导致专家也很难从整体上理解智能系统。

基于这些现实问题，在融合内容生产时，主流媒体在使用生成式人工智能的过程中一方面应当严格遵守规章制度，尊重社会公德和伦理道德，另一方面也应当提升技术开发的透明度，避免技术"黑箱"导致过度的技术崇拜。这实际要求媒体机构在进行内容生产、审核以及推荐时，不仅需要考虑人工智能的技术基础与生产效率，还需要兼顾社会责任与专业水平，避免生产和传播因技术"幻觉"导致不良信息，保障主流价值嵌入智能技术的全流程。对于媒体深度融合而言，立法规范、技术创新以及伦理建设等多方面的努力，可以有效降低人工智能技术对媒体行业的潜在风险，并将其转化为推动媒体转型发展的红利。

（四）优化融合经营模式，形成媒体可持续发展的原动力

在智能技术深度渗透传播生态的当下，优化融合经营模式是实现主流媒体可持续发展的关键。在 2023 年媒体融合实践的基础上，通过跨界整合多领域资源和构建全渠道全媒体传播体系，媒体机构能够形成更为强大的内原动力，以适应不断变化的市场和用户需求。

跨界整合多领域资源，构建全渠道全媒体传播体系。随着技术的迅速发展和用户需求的日益多样化，传统媒体单一的收入模式和有限的用户触达能力已难以支撑其发展。主流媒体需要拓宽视野，实现跨界整合，突破原有的业务边界，借助全渠道、全媒体的传播体系以覆盖更广泛的用户群体。这不仅指的是内容传播渠道的多样化，也包括利用大数据、云计算等先进技术，整合来自文化、旅游、教育、电子商务等多个领域的资源，构建覆盖全生态的媒体服务平台。2023 年 12 月 20 日，以"好'视'成双"为主题的 2024 东方卫视·百视 TV 开放大会在上海举行，会上揭晓了东方卫视、百视 TV 的双屏战略，这新一轮的改革举措展现出其融合转型的决心。两大媒体平台未来将由一个管理团队全面统筹大小屏两大平台的内容生产、数字营销、品

牌推广、会员体系、线下活动和电商运营等工作，重新构建新型主流媒体数字商业基座。此外，对于广电媒体而言，也可以尝试针对目前互联网电视的硬件参数、软件生态进行直播电商客户端开发，以用户思维在目前相对薄弱的领域夺取主动权。

创新内容盈利模式，实现媒体收入多元化与持续性。为适应数字化转型的浪潮，媒体必须创新传统的盈利模式，探索多元化收入来源。这不仅包括广告收入、内容付费、版权销售等传统模式的深耕细作，也涉及将技术服务、数据分析、创意设计等新型业务整合入媒体的经营范畴。例如，2023年，以南方报业传媒集团为代表的主流媒体机构，通过提供大数据服务、策划营销活动、提供定制化内容等方式，助力企业品牌建设和产品宣传，从而打开新的利润增长点。2023年，浙江安吉县融媒体中心总营收达到6.67亿元，其自主研发运营县域公共品牌自主平台"安吉优品汇"，通过线上会员推广和线下爆款单品销售，将安吉优质产品推广到全国各地，成为助推其可持续发展的重要平台。同时，对于我国各级媒体而言，融合经营模式的探索不仅需要外部市场的拓展和盈利模式的创新，也离不开内部机制的改革，这包括优化组织结构、改善管理流程、激发创新活力等多个方面，都需要针对自身的特殊情况进行考察并调整。

（五）提升信息服务能力，向内挖掘各级媒体的枢纽属性

在智能传播时代，媒体不再是单向的信息传播者，更应转变为信息服务的提供者。媒体需要通过深度融合，向内挖掘各级媒体的枢纽属性，让其成为连接信息与用户、内容与渠道、传统与创新的关键节点。通过媒体深度融合，各级媒体可以更好地发挥其枢纽属性，整合资源、优化服务并以此扩大影响力，从而更好地服务公众需求和社会发展。2023年，我国主流媒体持续优化自身的服务能力，强化信息服务枢纽的角色定位，实现"新闻+政务服务商务"模式的纵深发展。

媒体深度融合的核心在于提升信息服务能力。信息服务能力的提升，不仅体现在信息传播的速度和广度上，更重要的是体现在信息内容的深度和质

量上。通过媒体深度融合，可以实现信息资源的整合和优化配置，提高信息的准确性和时效性，满足公众对高质量信息服务的需求。在 2023 年的实践中，"人民网·人民好医生客户端"通过整合医疗资源，提供了全方位的健康管理服务，不仅为公众提供了便捷的医疗信息和在线问诊服务，还通过名医直播、科普知识等形式，提升了公众的健康意识和医疗知识水平。这一案例充分展示了媒体融合在提升信息服务能力方面的重要作用。

　　向内挖掘各级媒体的枢纽属性是媒体深度融合的新突破口。媒体作为信息传播的重要渠道，其枢纽属性体现在能够连接政府、企业、公众等多方资源和需求。通过媒体融合，可以实现不同媒体平台之间的互联互通，打破信息孤岛，促进信息的共享和流通。2023 年，受台风"杜苏芮"影响，京津冀地区出现极端降雨，央广网的"北方地区暴雨救助信息上报平台"在实际的公共服务中发挥重要作用，体现主流媒体在紧急情况下的信息服务能力和社会责任感。2023 年的实践经验表明，我国的媒体深度融合不仅提升了主流媒体的信息服务能力，还向内挖掘了各级媒体的枢纽属性。通过不断探索和实践，我们有理由相信，媒体深度融合将为媒体行业发展以及社会进步提供更加强大的动力和支持。

参考文献

　　黄楚新、陈玥彤：《体系化布局与多层级融合——2023 我国媒体融合发展盘点》，《中国报业》2024 年第 1 期。

　　黄楚新、郭海威、许可：《多位一体与多元融合：中国地市级媒体融合发展进路》，《新闻爱好者》2023 年第 3 期。

　　曾祥敏、董华茜：《平台建设与服务创新的维度与向度——基于 2022 年主流媒体深度融合发展的调研》，《中国编辑》2023 年第 Z1 期。

　　方兴东、顾烨烨、钟祥铭：《中国媒体融合 30 年研究》，《新闻大学》2023 年第 1 期。

　　李彪：《主流媒体深度融合与传媒业高质量发展的价值逻辑与实践进路》，《编辑之友》2023 年第 3 期。

B.4
AIGC背景下的新闻生产传播创新发展报告

李明德　李宛嵘*

摘　要： AIGC（AI-Generated Content）即生成式人工智能，是一种利用人工智能技术生成内容的新型生产方式。2023年，AIGC和大模型产业井喷，推动AI加速渗透进百行千业，引发各行业的生产力与创造力革命，新闻业也不例外。AIGC时代，新闻产品的内容生产传播、与用户的交互方式都发生了积极变化的同时，也面临着技术、人才、伦理等方面的困境和挑战。可以预见，未来，AIGC与新闻业的深度融合和协作将从深化内容创新和人机协作、推进跨界协作和产业融合、加强制度规范与伦理约束等方面开展，且AIGC多模态的呈现方式将有望催生不同于传统新闻业的新的新闻业态。

关键词： 人工智能生成内容　新闻生产传播　ChatGPT　人机交互

一　AIGC背景下新闻生产传播创新发展现状

从PGC、UGC到PUGC再到当下最为火爆的AIGC，60多年来，内容生产的进化方式飞速迭代，新一代人工智能呈现深度学习、人机协同、群智开

---

* 李明德，西安交通大学新闻与新媒体学院教授、博士生导师，主要研究方向为新媒体与社会治理、新闻传播与舆论引导；李宛嵘，西安交通大学新闻与新媒体学院博士生，主要研究方向为新闻传播与舆论引导。

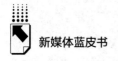
放、跨界融合、自主操控等新特征。①

2023 年是 AIGC 大范围应用的元年，AIGC 从这一年开始真正融入人们的生活。2022 年 11 月，OpenAI 发布自然语言对话应用 ChatGPT，并于 2023 年 3 月推出升级版本 GPT-4，迅速吸引了各行业关注。2023 年，百度"文心一言"、腾讯"HunYuan"、阿里巴巴"通义"、华为"盘古"等基于中文数据训练的大语言模型也相继上线，标志着以 ChatGPT 为代表的 AIGC 已经进入爆发式增长新阶段。每轮技术革新，都将勾勒出一个新纪元。加拿大学者麦克卢汉的"媒介即讯息"理论启示我们：相比传播内容，一个时代所使用的传播工具的性质、它所开创的可能性以及带来的社会变革才是真正有意义的"讯息"，新闻业不可避免地成为受 AIGC 技术革命影响最为剧烈的领域之一。事实上，有研究表明，对于 AIGC 的井喷式发展，与其他领域一样，新闻界也表现出"崇拜""恐惧"等情绪。不过可以确定的是，AIGC 是一项有意义、值得关注的传播科技，必定会从融媒内容生产提供搜索能力、整合能力和定制能力等方面对媒体融合实践发挥更大的积极作用。②

整体来看，截至目前，国内的新闻媒体对 AIGC 的应用还处于初级阶段，对新闻生产实践发挥的作用有限，暂未形成成熟的行业样态。但是已有媒体开始积极行动，写稿机器人、采访助手、自动化视频剪辑工具、人工智能合成主播等新业态不断涌现，并渗透到新闻采访、写作、编辑、分发等各个环节中。可以说，AIGC 为新闻业带来更高效、精准的内容生产和传播方式，已经成为推动媒体融合发展的重要力量。2023 年全国两会期间，数十家国内媒体运用 AIGC 技术，通过自动化文字创作、视频剪辑和升级打造数字媒体人等方式，成功开展了一系列令人耳目一新的新闻实践。诸多案例表明，主流媒体对 AIGC 新业态的反应大大加速，已经建立起一套媒体融合的快速反应机制，有望在最短时间内全面参与到新业态中。

---

① 涂凌波、赵奥博：《作为基础资源的大数据：AIGC 变革下新闻传播活动的再认识》，《未来传播》2023 年第 3 期。

② 谢湖伟、简子奇、沈欣怡：《认知框架视角下 AIGC 对媒体融合的影响研究——对 30 位媒体融合从业者的深度访谈》，《新闻与传播评论》2023 年第 6 期。

二 AIGC 背景下新闻生产传播创新发展特点

AIGC 具有高效搜集海量数据文本和智能化学习等优势，可以更高效、低成本地实现自动化内容创作、精准化新闻触达和个性化用户体验。

（一）自动化内容创作：新闻生产力进一步释放

AIGC 技术的出现标志着 AI 从基础数据分析和对现实世界的模拟，迈向了主动创造和生成新内容的新阶段。[①] AIGC 在新闻内容生产中的作用不断深化，自动化、智能化、多模态成为新闻生产的显著趋势。

相比 PGC、UGC 到 PUGC 等初代人工智能生产方式，AIGC 的内容生产效率、质量、准确度及创新性均显著提升。生产效率方面，AIGC 技术通过自然语言处理、机器学习等算法，进一步优化了信息搜集、价值判断及素材调用等环节，实现了新闻内容的自动生成、筛选和编辑，全面提高新闻生产效率和新闻时效性；内容质量方面，AIGC 能够凭借其在深度学习和数据挖掘方面的优势，挖掘出更多有价值的信息和观点，进一步丰富新闻内容，使得内容生产更具创造性；同时，AIGC 还推动了新闻形式的创新，如虚拟现实新闻、交互式新闻等，个性化的内容创作增强了新闻的传播效果和用户体验；此外，AIGC 在文字创作准确度方面的表现也值得称赞，如新华社写稿AI "快笔小新"、人民网与百度公司合作开发的 "人民网-百度·文心" 大模型、腾讯公司的 Dream Writer 等都在这方面表现优异。

在国内，新华社、人民日报社、中央广播电视总台等主流媒体已经开始走在了 AIGC 技术应用的前列。人民日报社的 "智能数据导图生成" 功能模块中，记者只需上传 Excel 数据表，便可自动生成可视化的动态数据导图；新华社推出时政漫画创作平台、以诗作画平台等；央视网的 "智媒数据链"

---

① 汪聪、张春红、高楠等：《面向人工智能生成内容时代的图书馆服务适应与创新》，《情报理论与实践》http://kns.cnki.net/kcms/detail/11.1762.G3.20240220.1245.002.html，2024年 2 月 20 日。

"智闻"产品可以通过挖掘全网大数据，实现快速分析捕捉全网实时热点信息、追踪热点源头、厘清发展脉络、实时感知变化，帮助记者精准挖掘有价值的素材信息，更好地完成选题策划。①

AIGC技术在视频新闻制作方面的表现也很优秀。早在2022年冬奥会期间，中央广播电视总台就通过AIGC生产剪辑系统产出多个冬奥冰雪项目视频；2023年9月，川观新闻推出10.0版本，建立了数字记者矩阵，为40个真人记者制作数字分身，并通过AIGC的方式实现常态化的视频内容生产。2024年2月，新一代生成式人工智能大模型"Sora"横空出世，该文生视频模型可以根据文本提示创作出最长达60秒、具有多个角色、包含特定运动的复杂场景的流畅超精细视频，这标志着人工智能在理解真实世界场景并与之互动的能力方面实现飞跃，也为AIGC技术在视频新闻领域的应用开拓了更多可能性。

此外，AIGC赋能下，各大媒体打造的虚拟媒体人也在这一年有很多突破。2023年两会期间，各大媒体纷纷推出新的或迭代的数字媒体人参与两会报道，让人耳目一新。AIGC技术通过学习大数据，自动生成并优化虚拟媒体人的形象、性格和行为，使得虚拟媒体人的制作更为快速和高效。另外，AIGC赋能下的虚拟媒体人更具交互性和真实感，为用户带来了更加沉浸式的体验。

有学者指出，AIGC工具属性重构了知识创作类内容的工作流，并为AI行业带来了全新的可能性和商业模式，而对于内容创作的降本提效则为规模化生产构建市场增量。② 对于新闻业来说，AIGC在提升新闻作品的时效性和准确度的同时，也可以将记者从基本、重复的新闻生产过程中解放出来，有更多精力去思考和创作更多高质量、有深度的新闻作品。总而言之，AIGC带来的新闻生产方式的颠覆性变革将促进内容生产力得到进一步释放。

---

① 人民网研究院：《从三大央媒实践看主流媒体智能化发展趋势》，http：//yjy.people.com.cn/n1/2023/0517/c244560-32688609.html，2023年5月17日。

② 《元宇宙概念应用系列报告二：元宇宙概念娱乐场景典型案例报告——体验驱动篇》，http：//finance.3news.cn/gs/2023/0812/1025308.html，2023年8月12日。

（二）精准化新闻触达：新闻分发格局深度重塑

AIGC 正在重塑新闻的分发逻辑和格局。传统的新闻分发过程依赖人工编辑和筛选，而 AIGC 能够实现对新闻内容的自动化处理和分析，大大减少了人工编辑的工作量，缩短了新闻从采集到发布的时间，使新闻分发更加迅速和高效；AIGC 技术能够深入分析用户行为偏好，进行个性化推荐和传播，使新闻内容更加贴近用户需求，提升用户黏性；AIGC 技术还使得跨平台与多渠道传播成为常态。在 AIGC 的推动下，新闻内容可以轻松实现跨平台、多渠道传播，覆盖更广泛的受众群体，有助于提升新闻的传播速度和影响力，增强新闻分发的互动性和社交性。以 ChatGPT 为例，其强大的算法使得新闻推送可以实现精准画像、精准瞄准、精准投喂。同捕捉问题关键词进而直接推送相关信息的搜索引擎不同，它会分析提示词之间的联系，分析人的需求、要求以及指令背后的含义，进行个性化定制，例如调整生成的文本风格、内容和长度，以最大限度满足用户特定需求。

人民日报社"全国党媒信息公共平台"以"党媒算法"为核心，借助 AIGC 构建了主流价值观知识图谱，可以通过自然语言处理、语义分析对入库稿件进行标签提取，并进一步革新了用户画像体系和内容标签体系，在此基础上根据稿件标签和用户阅读习惯实现不同用户不同阶段的稿件智能推送；中央广播电视总台的"总台算法"建立了从细分内容到爆款内容的内容漏斗模型，同时建立从高活用户到低活用户的流量阶梯模型，将可能成为热点、爆款的精品内容逐渐放大人群推送范围，从而有效检验内容传播力。事实证明，"总台算法"有效助力新用户引流、老用户驻留，实现了总台用户数量和活跃度的双增长。

新闻传播格局的重塑，也给数据驱动与精准营销带来了新机遇。AIGC 技术通过收集和分析用户数据，可以更准确地了解用户需求和兴趣，为新闻生产者提供数据支持。这使得新闻生产者可以更加精准地进行内容策划和营销推广，提高新闻的传播效果和商业价值。

（三）个性化用户体验：人机交互与实时反馈

新闻业向服务型、对话型方向转型，是未来发展的一个方向。AIGC技术可以实现24小时全天在线，为媒体与用户深度交互、发展"交互式新闻""对话式新闻"等奠定了基础。

以聊天机器人为代表的AIGC技术应用提升了媒体客户端使用体验感，多模态呈现方式使得新闻不再是单向的信息传递，而变成一种互动式的体验。例如，读者可以通过语音与新闻内容进行交互，或者通过点击图片或视频中的元素来获取更多信息。这种交互式的新闻体验不仅增强了读者的参与感，也使得新闻内容更加易于理解和接受。

AIGC带来的新的新闻生产方式使得用户的参与度和互动性增强。用户可以通过社交媒体、评论区等方式参与到新闻的讨论和传播中，与新闻生产者和其他用户进行实时互动。这种互动不仅有助于提升新闻的传播效果，还可以为新闻生产者提供宝贵的反馈和建议，推动新闻生产的持续优化。

AIGC背景下，新闻生产传播创新发展在自动化与智能化、内容质量与创新性、跨平台与多渠道传播、用户参与和互动性以及数据驱动与精准营销等方面呈现显著特点。这些特点共同推动了新闻产业的进步和发展，为用户提供了更加丰富、多元和个性化的新闻体验。

三 AIGC背景下新闻生产传播创新发展面临的挑战

AIGC时代，新闻业迎来前所未有机遇的同时，也面临着诸多困境和挑战。

（一）技术困境：技术应用与数据安全风险并存

AIGC技术广泛运用于新闻生产目前还面临诸多问题。

首先，是对AIGC技术本身的系统性研究还不够，核心算法不够成熟，距离大面积广泛应用还存在差距。AIGC拥有文本、图像、音频、视频及多模态，目前只有音频技术发展相对成熟，其他各模态技术尚不成熟，在算力成本、生成稳定性、个性化需求满足等方面存在明显短板，尚达不到大规模应用水平。以虚拟媒体人为例，国内大多数媒体打造的虚拟媒体人尚未真正实现智能化和个性化，真正智能化的虚拟主播需要持续的资金投入和更加先进的人工智能技术为支撑，并需要长时间的迭代进化。

其次，是数据质量与准确性问题，AIGC 技术高度依赖于大量的数据进行训练和优化。然而，新闻领域的数据往往存在多样性、复杂性和不确定性，这可能导致 AIGC 模型在理解和生成新闻内容时出现偏差或错误。此外，数据的质量也直接影响 AIGC 模型的性能，如果训练数据存在噪声或偏差，生成的新闻内容可能不符合实际或存在误导性；尽管 AIGC 在文本生成和处理方面取得了显著进展，但在语义理解和深度分析方面仍存在局限。目前的 AIGC 技术可能无法准确捕捉这些细微差别，导致生成的新闻内容在表达和理解上有所欠缺。

再次，在数据安全方面，AIGC 在新闻业的应用也伴随一系列安全风险。一是数据泄露的风险不可忽视。AIGC 大模型需要大量的数据进行训练和优化，其中可能包括个人隐私、商业机密等敏感信息，这些信息可能会被非法获取或滥用。二是算法被对抗也是一个重要的安全风险。AIGC 的算法可能遭受恶意攻击，导致其生成的新闻内容被篡改或误导。这种对抗可能来自黑客、竞争对手或其他恶意实体，他们会利用算法漏洞或弱点来操纵新闻内容，以达到自己的目的；数据毒化也是一个不容忽视的风险。通过在训练数据中加入被精心构造的"有毒"数据，攻击者可以破坏 AIGC 模型的可用性、完整性甚至泛化性。这可能导致生成的新闻内容存在偏见、错误或误导性，从而影响新闻的真实性和客观性。

最后，AIGC 技术在新闻界的应用还会加重"技术鸿沟"和"信息茧房"。AIGC 的效果取决于模型、数据、算力。ChatGPT 等大语言模型的训练对算力资源和高技术门槛的需求也制约了学界对大模型研究的不断深入，未来可能只有极少数的公司和机构才有资格进入这一领域；在信息生产的过程中，算力的垄断还会导致应用市场的垄断，进而影响到信息生产的多元化。大语言模型的开发过程也可能会出现"价值垄断"的风险，其所承载的价

值观偏差与社会刻板印象会被进一步放大。在未来，国家之间的大语言模型的竞争是无法避免的，技术的先发优势因马太效应可能会带来"赢者通吃"的局面，也会进一步加重"信息茧房"效应。

（二）人才困境：复合型专业技术人才缺口扩大

一方面，AIGC 加剧了传统媒体从业者的"饭碗焦虑"。另一方面，AIGC 时代的新闻业急需更多复合型专业技术人才。猎聘大数据研究院发布的《AIGC 就业趋势大数据报告 2023》显示，2023 年一季度，AIGC 人才需求是前三年同期的 5.6 倍，2022 年 6 月至 2023 年 5 月，AIGC 新发职位增长 43.66%，平均年薪达 40.12 万元。这既显示了 AIGC 浪潮下社会对相关人才的需求量大，也体现出相关人才存在巨大缺口。

与之相矛盾的是，目前，国内的学校教育并没有调整人才培养方案以适应新业态的发展。这反映出目前学校教育相对于社会需求严重滞后和脱节。国内高校人工智能专业课程的设置和传统的计算机专业十分相似，学习到的内容相对比较落后和传统。面对飞速发展的人工智能需求，国内大多数高校没有及时调整人才培养方案，培养出的人才很难满足当下和未来的社会需求。反观目前的传统媒体行业从业者，普遍年龄偏大、教育背景单一；国内高校学生学习能力和意愿不高，可以预见未来国家在这一方面的人才缺口将会不断扩大。

（三）伦理困境：新闻真实性和知识产权保护受到挑战

在 AIGC 参与新闻生产传播的背景下，新闻真实性困境将会持续加剧。借助 AIGC 可以生成高度逼真的内容，区分这些内容是否为真实用户生成将变得更加困难，继而导致传播内容的真假更难以辨别，这无疑加剧了新闻真实性困境。因此，相关虚假信息的传播会带来一系列负面影响，尤其是在涉及重大新闻事件时，AIGC 生成的内容可能误导公众，影响社会舆论和社会稳定。

如果说新闻真实性困境可以通过相对简单的技术方式来改善，那么 AIGC 生产的新闻的客观性、平衡性则更难以判断。有学者认为，当机器生成的知识成为公共知识，成为公共对话、讨论和社会运作的资源时，其必然对公共舆论、公共交往与公共生活产生重要影响。[①] 也有学者认为，算法本身及其所采集的信息已经渗透了人的主观意识。算法能够操控社会关系的建构，影响个人生活和工作状况，对他们的社会地位产生制约作用，甚至对其行为进行监控和控制。[②] 由此而创作出来的新闻作品并不是完全客观的，且这种不客观性是隐晦的、难以察觉的，长此以往，这种隐形的"议程设置"必然会对新闻报道的客观性、平衡性造成巨大影响。以 ChatGPT 为例，其数据和算法是人为设定和输入的，因此必然会存在偏颇。

目前，关于 AIGC 工具创作出的新闻作品是否应当受到法律保护、具有独立的知识产权，还存在很大争议，也缺乏相关制度法规的保障。因此，运用了 AIGC 工具的新闻作品很容易陷入知识产权纠纷当中。

此外，与其他领域一样，AIGC 在新闻传播领域的应用也面临用户隐私泄露的隐忧。生成、传播新闻内容必然需要收集用户的更多数据作为基本"养料"，这必然会导致用户的隐私被逐渐侵蚀，进而导致更为严重的信息茧房。Open AI 曾被披露收集了互联网上 3000 亿字符来训练 ChatGPT 的模型，其中就包含了大量个人信息。[③]

因此，AIGC 介入下的新闻的真实性和平衡性、知识产权保护、用户隐私等问题仍然是未来需要重点探索的话题。

四 AIGC 背景下新闻生产传播创新发展的趋势展望

（一）虚实结合：内容创新和人机协作

"AIGC 会取代人类记者吗？""AIGC 时代，新闻从业者应当何去何

---

① 周葆华：《或然率资料库：作为知识新媒介的生成智能 ChatGPT》，《现代出版》2023 年第 2 期。
② 彭兰：《智能素养：智能传播时代媒介素养的升级方向》，《山西大学学报》（哲学社会科学版）2023 年第 5 期。
③ Uri Gal：ChatGPT is a Data Privacy Nightmare, If You've ever Posted Online, You ought to be Concerned, Says, Researcher, https：//techxplore.com/news/2023 - 02 - chatgpt - privacynightmare-youve-online.html，February 8，2023.

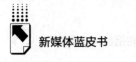

从?"AIGC 的勃兴，令不少媒体从业者产生了"饭碗恐慌"。麦克卢汉媒介理论启示我们，媒介是人的延伸，AIGC 作为一种智能化工具，也应当充当人类智慧延伸的角色。

事实上，AIGC 技术可以帮助媒体从业者处理一些基础性工作，但终究无法完全代替人类，这不仅因为 AIGC 在政治导向、深度理解表达等方面依然存在难以逾越的技术壁垒，也因为新闻业不仅仅是一个技术驱动的行业，更是一个充满人文关怀和社会责任感的行业。记者不仅仅是信息的传递者，更是社会的观察者、记录者和解读者。他们具备批判性思维、丰富的情感和人文关怀，能够深入挖掘新闻事件的内在逻辑和社会影响，能够从人性的角度解读新闻，赋予新闻以温度和深度，这些都是 AIGC 还不能实现的。

可以预见，未来的新闻业，人机协作是大势所趋，AIGC 技术与媒体从业者深度协作，各自发挥所长，才能产生新闻内容生产和传播最优解。

首先，AIGC 可以为媒体从业者提供强大的内容支持。借助自然语言处理、机器学习和大数据分析等人工智能技术，AIGC 可以快速生成新闻稿件、摘要、标题等内容，为媒体从业者节省大量时间。同时，AIGC 还可以对海量信息进行筛选、分类和整理，帮助媒体从业者快速获取有价值的新闻线索和素材。

其次，媒体从业者可以充分发挥其专业优势，扮演好"把关人""核查者"的角色。虽然 AIGC 在内容生成方面具有很高的效率，但在新闻真实性、客观性和深度报道方面，媒体从业者的专业素养和经验仍然具有不可替代的作用。因此，媒体从业者可以对 AIGC 生成的内容进行核实、修改和补充，以确保新闻的质量和准确性。

此外，AIGC 与媒体从业者还可以共同探索新的报道形式和传播渠道。例如，利用 AIGC 技术，可以创作出更具创意和互动性的新闻报道，如虚拟现实新闻、语音播报新闻等。同时，媒体从业者还可以利用社交媒体、短视频平台等新兴渠道，将新闻内容以更加生动、直观的方式呈现给受众。

为此，我们不但需要进一步推动技术创新和应用，也需要鼓励媒体从业者不断学习和掌握 AIGC 技术，关注其发展趋势，积极探索更多人机协同的可能性，以实现更高层次的人机融合，更好赋能新闻生产与传播。

霍克海默和阿道尔诺在《启蒙辩证法：哲学断片》中警示我们，"精神的真正功劳在于对物化的否定。一旦精神变成了文化财富，被用于消费，精神就必定会走向灭亡。"① 因此，让生成式人工智能解放人而非取代人，是我们需要长久思考和探索的问题。

（二）协同创新：跨界协作和产业融合

未来，在 AIGC 应用方面，新闻业可以积极寻求与其他行业的跨界协作，实现融合发展，以创造更多的价值和可能性。这是一个复杂且多维度的任务，涉及政策、技术、市场等多个方面。

首先，宏观层面的政策引导与支持必须跟上。必须从国家层面制定促进 AIGC 跨界协作和产业融合的政策措施，包括税收优惠、资金支持等，培育 AIGC 应用市场，推动产业链上下游企业的紧密合作，以促进新闻业与不同行业、企业之间的交流与合作。

其次，AIGC 在新闻业的应用可以借鉴其他行业的先进技术和管理经验。技术层面，各行业间可以建立数据共享机制，促进 AIGC 技术所需的数据资源的流通和共享，推动数据开放和标准化，降低数据获取和使用的门槛。值得注意的是，在此过程中需要更加注重数据安全和隐私保护，严格遵守相关法律法规和伦理规范，确保 AIGC 应用的合法性和道德性。管理经验层面，互联网行业在用户体验、数据分析和产品创新等方面具有丰富的经验，可以为新闻业提供有益参考。通过引入互联网行业的先进技术和理念，新闻业可以进一步提升 AIGC 应用的水平和效果，为用户带来更加优质的新闻产品和服务。

再次，AIGC 在新闻业的应用还可以通过跨界融合，创造新的商业模式

---

① 〔德〕马克斯·霍克海默、西奥多·阿道尔诺：《启蒙辩证法：哲学断片》，梁敬东、曹卫东译，上海人民出版社，2006。

和盈利空间。例如，通过新闻内容与电商平台的融合，实现内容变现和流量转化；通过新闻内容与社交媒体的融合，提升用户互动和参与度，进而增加广告收入和用户黏性。这同时也要求我们进一步加强 AIGC 技术的标准化和规范化，确保技术的互通性和兼容性。

最后，值得一提的是，促进产业融合还必须重视对复合型人才的培养与引进，加强对 AIGC 领域的人才培养，包括高校教育、职业培训等方面，培养更多跨学科复合型人才。引进具有国际视野和创新能力的 AIGC 人才，建立人才激励机制，激发跨行业人才的创新精神和创业热情。

通过以上策略的综合实施，可以有效推动 AIGC 跨界协作和产业融合，促进相关产业的创新发展，实现 AIGC 更快更好融入、赋能新闻业。同时，需要密切关注行业动态和技术发展趋势，不断调整和优化策略，以适应不断变化的市场需求和技术环境。

（三）完善监管：制度规范与伦理约束

对于新闻业来说，完善 AIGC 在新闻业应用的制度规范与伦理约束需要政府、新闻行业、科研机构和社会各界的共同努力。

制度规范方面，政府应出台针对 AIGC 在新闻业应用的专项法律法规，明确界定 AIGC 生成内容的版权归属、责任主体等问题，为新闻业提供明确的法律指引；新闻行业可以建立 AIGC 行业协会或组织，制定行业标准和规范，明确 AIGC 在新闻内容生产、分发等环节的道德底线、具体要求和行为准则，推动行业内部的自律与合作，确保新闻内容的真实性、客观性和公正性；监管部门应加强对 AIGC 在新闻业应用的监管，对违规行为进行及时查处，维护新闻行业的健康有序发展。

伦理约束方面，首先必须从政策和技术方面强化数据隐私保护，严格规范 AIGC 技术对个人数据的收集、存储和使用，确保个人隐私不受侵犯，加强对数据泄露和滥用的监管，对违规行为进行严厉处罚；其次，强化对新闻机构和从业人员的伦理教育和培训，让他们接受关于 AIGC 技术的伦理教育和培训，提高其对 AIGC 应用中的伦理问题的认识和敏感度，自觉遵守伦理规范；再次，新闻机构应当建立伦理审查机制，对涉及敏感话题、个人隐私等内容进行严格把关，确保新闻内容符合社会伦理和道德标准；最后，在使用 AIGC 技术时，新闻机构在严格把关的基础上，还应公开透明地告知读者哪些内容是由 AIGC 生成的，避免误导读者或引发信任危机。

技术层面，应当促进算法公正性和透明度，要求 AIGC 技术的算法设计具有公正性，避免歧视和偏见；鼓励开发者公开算法的决策过程和结果，提高透明度，便于社会监督；在国际合作方面，应当加强与国际新闻业界的合作与交流，借鉴其他国家和地区的成功经验，共同推动 AIGC 在新闻业应用的制度规范和伦理约束的完善。

通过综合实施以上策略，可以有效加强 AIGC 在新闻业运用的制度规范与伦理约束，促进技术的健康发展并维护社会利益。同时，需要随着技术的不断发展和社会的变化，不断调整和优化策略，以适应新的挑战和需求。

（四）业态革新：多模态呈现方式催生新闻新业态

AIGC 的多模态呈现方式有望催生多种全新的新闻形式。这些新的新闻形式将充分利用文本、图片、视频、音频等多种模态的信息，为用户提供更为丰富、生动和深入的新闻体验。

首先，AIGC 的多模态呈现可以催生出一种全新的"沉浸式新闻"。通过结合高质量的 3D 建模、音频渲染和文本解析技术，AIGC 可以生成具有深度沉浸感的新闻场景。用户通过虚拟现实或增强现实设备，仿佛置身于新闻现场，感受新闻事件的氛围和细节。这种沉浸式新闻不仅提供了更为真实的新闻体验，还有助于用户更深入地理解和感受新闻事件。

其次，AIGC 可以推动"交互式新闻"的发展。通过结合自然语言处理和机器学习技术，AIGC 可以生成具有智能交互功能的新闻内容。用户可以与新闻中的虚拟角色进行对话，获取个性化的新闻解读和观点分析。这种交互式新闻不仅可以提高用户的参与度和满意度，还有助于新闻机构更好地了解用户的需求和反馈，优化新闻内容和服务。

此外，AIGC 的多模态呈现还可以促进"跨媒体新闻"的发展。传统的

新闻报道往往局限于单一的媒体形式，而 AIGC 可以将不同模态的信息进行融合和交叉呈现，形成跨媒体的新闻内容。例如，一篇新闻报道可以同时包含文字描述、图片展示、视频片段和音频解说等多种信息形式，为用户提供全方位的新闻视角和体验。

这些新的新闻形式将为用户提供更为丰富、生动和深入的新闻体验，同时也有助于新闻机构提高传播效果和用户满意度。然而，要实现这些新的新闻形式，还需要在技术研发、内容创作和用户体验等方面进行深入探索和实践。

（五）拥抱机遇：重建新型对外传播体系

AIGC 的广泛应用为我们重建新型对外传播体系，在国际舞台上发出中国声音、讲好中国故事提供了良好机遇。

在国际上讲好中国故事需要注重内容质量、跨文化传播、互动社交、数据驱动和人才培养等方面的工作，而这些恰是 AIGC 所擅长的。通过运用 AIGC 技术，可以实现新闻内容的跨平台、多渠道传播，覆盖更广泛的受众群体；同时，针对不同国家和地区的文化差异，AIGC 工具还可以对新闻作品进行内容定制和本土化处理，使故事更加贴近当地受众的接受习惯和审美趣味；再者，AIGC 工具还可以全面、快速地从社交媒体、评论区等渠道搜集受众关于传播内容的反馈信息，与新闻生产者和其他受众进行实时互动，这种互动不仅有助于提升故事的传播效果，还可以为进一步优化传播策略提供参考；此外，还需要关注数据驱动和精准营销的应用，通过 AIGC 技术收集和分析用户数据，可以更准确地了解海外受众的需求和兴趣，为制定精准的传播策略提供数据支持，这有助于在讲述中国故事时更加精准地定位目标受众，在国际上讲好中国故事，提升中国故事的传播效果和影响力，促进中外文化交流互鉴。

参考文献

黄楚新、张迪：《ChatGPT 对新闻传播的机遇变革与风险隐忧》，《视听界》2023 年第 4 期。

钮迎莹、钟莉、王海东：《"创新驱动"：媒体内容创新的现状与难点》，《青年记者》2023 年第 5 期。

彭兰：《智能生成内容如何影响人的认知与创造?》，《编辑之友》2023 年第 11 期。

陈永伟：《超越 ChatGPT：生成式 AI 的机遇、风险与挑战》，《山东大学学报》（哲学社会科学版）2023 年第 3 期。

邓建国：《概率与反馈：ChatGPT 的智能原理与人机内容共创》，《南京社会科学》2023 年第 3 期。

B.5
2023年中国小镇青年社交媒体使用研究报告*

安珊珊 郝鑫萍 韩晓乐**

摘　要：　小镇青年是中国城镇化发展转型的中坚力量，也是我国社交媒体繁荣的重要基石。这一群体的社交媒体使用偏好、互动实践行为特征及网络公共参与效果，关乎城乡融合发展中媒介生态体系的建构与运转。本研究基于辽宁大学新媒体与社会研究中心"2023年小镇青年社交媒体使用情况"调研数据，围绕1235份小镇青年样本的社交媒体实践展开分析。研究发现，小镇青年群体在社交媒体使用中，呈现资讯类媒体边缘化、个人类媒体单一化、平台认同区位化、展演互动低迷化的典型特征；知乎类具有知识传播倾向的媒体应用被冷落，抖音与小红书为网络展演首选；这一群体与公共信息之间，依然以新型主流媒体为牢固纽带，虽然公共议题的分享讨论多发生于微信群中，但小镇青年反馈了较高水平的公共参与效能感。

关键词：　小镇青年　社交媒体　使用偏好　公共参与

　　随着中国城镇化进程加剧，城乡二元结构逐步向"城市—小城镇—农

---

　*　本文系中宣部（全国）"四个一批"人才工程暨"宣传思想文化青年英才"自主选题资助项目前期成果。

**　安珊珊，辽宁大学新闻与传播学院教授、辽宁大学文科综合实验中心主任，主要研究方向为新媒体与社会；郝鑫萍、韩晓乐为辽宁大学新闻与传播学院2022级硕士研究生，主要研究方向为新媒介传播。

村"三级结构①转型演进。2024年中央经济工作会议将"推动以县城为重要载体的新型城镇化建设，形成城乡融合发展的新格局"②，作为年度重点工作进行了全面部署。至此，中国城镇化转型发展从最初大城市带动发展的上半程，转为中小城市、小城镇自主驱动成长的下半程③，突出"以人为本、以县为重"的社会发展布局。

青年群体是国家的未来，而小镇青年群体是新型城镇的未来。近年来，中国互联网市场不断向三线以下城市沉降，城镇用户的市场价值被不断重视与发掘，县域网络经济悄然崛起。小镇青年成为主导县域新媒体生态的核心势力。他们在社交媒体空间中不断展示着城乡人口流动、地域文化冲击、身份感知认同等结构性压力，在青年群体中促生冲突与矛盾，也持续通过社交媒体互动对抗着社会环境落差、社会支持匮乏、社会身份焦虑等现实问题。社交媒体空间是这一群体突破地域束缚的便捷途径，也是其捍卫身份认同、重建"在地性"的有效手段。可见，小镇青年的社交媒体使用，既关系新型城镇化建设的网络实践，也关乎城乡融合发展格局中的媒介生态体系构建与运转，具有极强的现实意义。

本报告调用辽宁大学新媒体与社会研究中心"小镇青年社交媒体使用情况"数据库，采用2023年12月获得的1235份问卷数据④展开截面分析。本研究重点关注小镇青年社交媒体的使用偏好与行为特质，聚焦这一群体网络环境的身份感知与公共参与实践，以明确在社会融合发展进程中小镇青年的自我角色期待与"可见"行为力量。

---

① 张龙、潘宇峰：《差异化的身份认同：基于小镇青年发展现实的认识》，《浙江学刊》2023年第4期。
② 新华社：《中央经济工作会议在北京举行》，《光明日报》2023年12月13日，第1版。
③ 高远至、孙文豪：《城镇化下半场：转动1866台"发动机"》，《半月谈》2024年第4期。
④ 辽宁大学新媒体与社会研究中心"2023年小镇青年社交媒体使用情况"大型线上调查，通过甄别性问题在18~35岁小镇青年群体中展开问卷发放，共计回收有效问卷1235份，其中男性占比34.4%，女性占比65.6%。

一　中国小镇青年社交媒体使用偏好

社交媒体交往已然成为当下中国青年群体人际互动与社会关系维系的主要渠道。青年群体通过不同类型的社交媒体应用，构建了引领社交网络生态的新型文化与社交伦理，成为中国互联网生态中最具有活力的主导性力量。城市青年与小镇青年群体受地域文化背景、信息需求驱动及社交网络构建等差异化影响，在主流社交网络应用接触与使用依赖上存在一定区别。小镇青年群体对不同社交媒体的使用程度呈现不均衡分布状况。

本研究选择了社群类（微信、QQ）、图文类（微博、知乎）、社区类（小红书、豆瓣）、视频类（抖音、快手、西瓜视频、好看视频）十大主流社交媒体应用，针对小镇青年群体在不同社交媒体使用偏好及程度差异方面进行调研，以期勾勒这一特定群体的社交媒体触媒状况图谱。

（一）资讯类社交媒体边缘化

如表1所示，从整体看，小镇青年对各类主流社交媒体均有涉猎，但如知乎、豆瓣这类具有明确知识传播与分享倾向的资讯类社交媒体，使用频率较低。数据显示接近半数（45.1%）小镇青年从不使用豆瓣，46.6%的小镇青年从不和极少使用知乎。

表1　2023年小镇青年不同社交媒体的使用频率和占比　（n=1235）

频次	微信	QQ	微博	知乎	抖音
从不	8(0.6%)	114(9.2%)	174(14.1%)	325(26.3%)	118(9.6%)
极少	10(0.8%)	210(17.0%)	161(13.0%)	251(20.3%)	59(4.8%)
很少	22(1.8%)	193(15.6%)	166(13.4%)	218(17.7%)	79(6.4%)
有时	70(5.7%)	254(20.6%)	244(19.8%)	205(16.6%)	141(11.4%)
经常	127(10.3%)	190(15.4%)	188(15.2%)	128(10.4%)	222(18.0%)
总是	998(80.8%)	274(22.2%)	302(24.5%)	108(8.7%)	616(49.9%)

频次	快手	小红书	豆瓣	西瓜视频	好看视频
从不	655(53.0%)	139(11.3%)	557(45.1%)	875(70.9%)	928(75.1%)
极少	124(10.0%)	72(5.8%)	219(17.7%)	84(6.8%)	69(5.6%)
很少	105(8.5%)	111(9.0%)	130(10.5%)	73(5.9%)	60(4.9%)
有时	109(8.8%)	205(16.6%)	148(12.0%)	80(6.5%)	74(6.0%)
经常	101(8.2%)	275(22.3%)	93(7.5%)	51(4.1%)	43(3.5%)
总是	141(11.4%)	433(35.1%)	88(7.1%)	72(5.8%)	61(4.9%)

注：各项总和如不为100%系数据四舍五入所致。

在城镇信息资源发展不均衡的大背景下，这一数据分布进一步揭示了小镇青年对知识、资讯类信息的消费动力不足、内驱力欠缺的问题。这一群体通过新媒体获得信息红利的空间被主动挤压，长此以往将影响其社会认知与信息获益。

（二）个人类社交媒体单一化

从微信和QQ这两种个体化社交媒体接触情况看，小镇青年的微信总是使用占比为80.8%，远超其他社交媒体。同样作为个人网络社交媒体，QQ的总是使用率仅占22.2%。作为曾经被城乡青年追捧的互动空间，QQ濒临少人问津的境地。微博与小红书等支持弱关系连接的社交媒体，在小镇青年日常生活中的重要性也相对低迷，经常使用的占比不超过1/4，更多的时间精力被分散至微信、抖音等媒体。

视频类社交媒体走向分流。小镇青年在短视频平台的选择上近半数总是使用抖音（49.9%），从不使用快手、西瓜视频、好看视频等其他的短视频社交媒体的分别占53%、70.9%与75.1%。个人类社交媒体出现了赢者通吃的局面。

（三）社交媒体认同平台区位化

本研究为进一步明确社交媒体平台在小镇青年群体中的评价，就受访者

对不同类型社交媒体互动平台的认同情况进行了考察。通过题设"您所属的社群中哪个平台信息更受认同"的调研，获得如表2所示数据。

表2　2023年小镇青年群体媒体认同情况 （$n = 1235$）

社交媒体	图文类应用		短视频类应用		社区类应用		社群类应用	
	知乎	微博	快手	抖音	豆瓣	小红书	QQ	微信
频数	290	856	273	949	113	732	251	705
占比	23.5%	69.3%	22.1%	76.8%	9.1%	59.3%	20.3%	57.1%

注：本题为多选题。

由表2数据可见，微博、微信、小红书以及抖音在小镇青年中受到广泛接受，认同人数占比均超过半数，其中信任度最高的抖音平台，认同占比接近八成（76.8%）。社交媒体认同呈现明显的区位化特点，即社群类应用以微信（57.1%）为主导，以QQ（20.3%）为补充；图文类应用以微博（69.3%）为主导，以知乎（23.5%）为补充；社区类应用以小红书（59.3%）为主导，以豆瓣（9.1%）为补充，短视频类应用以抖音（76.8%）为主导，以快手（22.1%）为补充。小镇青年群体的媒介认同形成了天然的基于应用功能的分化，其认同程度与媒体地位匹配，且呈现较为均衡的分布。

小镇青年群体呈现迎合社会潮流、积极展演自我的行为趋向，是社交媒体空间最为活跃的一部分用户。作为生活展演代表的社交媒体，小红书和抖音被小镇青年普遍认可。处于同一区位的快手，虽平台发展曾一度定位于三线以下用户，却呈现青年群体认可度低迷的状况。可见抖音平台，正在不断发展壮大为城乡青年集聚的活力空间，是城乡青年文化交融互通的新型平台。

（四）社交媒体展演互动低迷化

伴随着社交媒体生态的持续繁荣，低门槛且便捷的互动方式为青年群体的网络表达提供了更多的可能性。本研究就小镇青年群体社交媒体互动表达的可能性与现实性进行了全方位检验，对这一群体网络展演的动力机制进行充分评估，得到了如表3所示的表达渠道分化程度及表4所示的行为倾向强度。

表3　2023年小镇青年参与互动讨论时媒体选择数量和占比（$n=1235$）

频次	个人类社交媒体（微信、QQ）	论坛类社交媒体（微博、知乎、小红书、豆瓣）	视频类社交媒体（抖音、快手、B站）	资讯类社交媒体（今日头条、澎湃新闻客户端）
从不	156（12.6%）	247（20%）	241（19.5%）	423（34.3%）
很少	148（12.0%）	179（14.5%）	170（13.8%）	181（14.7%）
有时	305（24.7%）	297（24.0%）	293（23.7%）	259（21.0%）
经常	283（22.9%）	267（21.6%）	264（21.4%）	189（15.3%）
总是	343（27.8%）	245（19.8%）	267（21.6%）	183（14.8%）

注：各项总和如不为100%系数据四舍五入所致。

线上参与互动讨论的行为是最直接的"展演性"表达。在不同社交媒体表达渠道上，小镇青年会根据媒体特性采用不同策略。如表3所示，个人类社交媒体中有近半数（50.7%）参与者会"经常""总是"选择这一渠道。一方面，以微信为代表的社交类应用拥有庞大的用户生态；另一方面，微信通过熟人社交所营建的网络私域空间，个体表达相对克制且氛围温和，较少出现冲突与对立，因而此类空间的展演性互动表达更为充分。

论坛类、视频类渠道作为参与互动讨论方式，也未能获得小镇青年的偏爱，"从不"选项的报告率高达20%和19.5%（个人类社交媒体仅为12.6%）。论坛类社交媒体倾向于个人理性的集中输出，论辩氛围浓厚，而视频类社交媒体则倾向于个人情绪自由表达。两类渠道均更推崇个人属性鲜明、个人风格独特的表达，但因需面临互动中的公开性与公共性双重压力，小镇青年群体在这两类平台的互动参与呈现萎缩之势。

小镇青年群体对资讯类渠道的选择更是分化严重，34.3%的受访者报告"从不"利用这一渠道互动讨论，"经常"（15.3%）和"总是"（14.8%）采用这一渠道的情况也相对较少。与表1数据对照分析可见，强信息属性的社交媒体远不如强娱乐属性的社交媒体更受欢迎。

本研究进一步考察了这一群体社交媒体使用行为倾向特征。由表4可见，总体看从关注账号、点赞收藏，到评论转发视频内容，再到二次创作，小镇青年群体的媒体使用行为，具有主动性与积极性。

表4　2023年小镇青年社交媒体使用行为数量和占比　（$n=1235$）

使用情况	我会在社交媒体上点赞、收藏感兴趣的内容	我会在社交媒体上关注感兴趣的账号	我会在社交媒体上评论、转发感兴趣的内容	我会在社交媒体上二次创作并发布相关内容
从不	60(4.9%)	52(4.2%)	108(8.7%)	280(22.7%)
很少	71(5.7%)	49(4%)	132(10.7%)	206(16.7%)
有时	227(18.4%)	186(15.1%)	264(21.4%)	296(24%)
经常	308(24.9%)	296(24%)	291(23.6%)	187(15.1%)
总是	569(46.1%)	652(52.8%)	440(35.6%)	266(21.5%)

注：各项总和如不为100%系数据四舍五入所致。

从行为倾向看，关注感兴趣的账号到二次创作之间的互动行为深度持续递增，但受访者报告的行为频率却逐渐降低（从52.8%到21.5%）。这一趋势基本符合用户基于网络实践投入/产出的效益评估逻辑，也意味着低成本的互动在这一群体中广受欢迎，而高成本的"二创"类的主动表达行为则更弥足珍贵。

从行为频次看，不同类型行为的发生也存在一定程度的分化。"点赞、收藏感兴趣的内容"行为的高频（"经常"和"总是"）发生概率为71%，是成本最低的网络社交行为，也是最浅层次的自我表达。"关注感兴趣的账号"行为高频发生概率为76.8%。这两种行为相比较，前者是单一信息评价认可行为，而后者是账号总体评价认可行为，从中可以体现出小镇青年群体对关注内容的重要性和社交媒体关注对象之间存在一定程度的评估差异。

作为中等层次自我表达的"评论、转发感兴趣的内容"，19.4%的受访者表示此类行为"很少"和"从不"发生，数据占比略有抬升。而"经常"和"总是"进行"二创"内容的高层次自我表达情况仅占36.6%。这说明，小镇青年在社交媒体空间虽互动活跃，但主动创作、自主表达的动力不足。这种不足，可能源于社交媒体互动内容突破城乡区隔后，其眼界、阅历、知识不足以支撑深度表达，抑或因为这一群体无法纾解网络表达引发公众凝视所带来的重重压力，转而放弃。

小镇青年群体的网络展演不足会引发更深问题。青年群体作为网络表达的主体力量，担负着不同社会角色塑造群体文化、维系群体认同、呼吁群体价值的责任。一旦某一社会群体的社会展演渠道缩减，尤其是青年群体的表达动力不足，这一群体会逐渐步入弱势行列，进而被社会结构系统性遮蔽。

二 中国小镇青年社交媒体使用与公共信息接触

小镇青年作为夹在城市与乡村之间具有流动性的社会群体，其生存状态是城乡关系发展的映射，是考察当下我国城镇化发展进程的重要切口。相较于传统的公众参与模式，社交媒体拓宽了小镇青年公众参与的领域空间。本研究将社交媒体上公共信息的获取渠道分为4类，分别是构成"官方渠道"的新型主流媒体（如人民网、新华社、学习强国）和政府新媒体（如政府网站、政务微博、政务微信、政务抖音号、政务客户端），以及新浪、腾讯、网易和微博、微信公众号、抖音等"非官方渠道"，进一步考察受访者对公共信息不同分发渠道的接触情况，获得如表5所示数据。

表5　2023年小镇青年在社交媒体上获取公共信息的渠道情况及占比（n=1235）

获取情况	通过新型主流媒体（如人民网、新华社、学习强国等）官方渠道获取新闻或公共事件	通过政府新媒体（如政府网站、政务微博、政务微信、政务抖音号、政务客户端等）官方渠道获取新闻或公共事件	通过新浪、腾讯、网易等非官方渠道获取新闻或公共事件	通过企业或个人运营的微博、微信公众号、抖音等非官方渠道获取新闻或公共事件
从不	107（8.7%）	105（8.5%）	97（7.9%）	121（9.8%）
很少	105（8.5%）	128（10.4%）	129（10.4%）	151（12.2%）
有时	260（21.1%）	314（25.4%）	329（26.6%）	331（26.8%）
经常	357（28.9%）	356（28.8%）	358（29.0%）	326（26.4%）
总是	406（32.9%）	332（26.9%）	322（26.1%）	306（24.8%）

注：各项总和如不为100%系数据四舍五入所致。

根据表5，从主流媒体（如人民网、新华社、学习强国）和政府新媒体（如政府网站、政务微博、政务微信、政务抖音号、政务客户端等）途径接触新闻或公共事件的数据分布可见，新型主流媒体（如人民网、新华社、学习强国）拥有绝对优势，是61.8%的受访者公共信息接触首选渠道，比政府新媒体（如政府网站、政务微博、政务微信、政务抖音号、政务客户端等）官方渠道要高出6.1个百分点。新型主流媒体渠道获取新闻或公共事件更具有权威性与真实性，其时效性与全面性也要优于各类政府信息发布账号。

新浪、腾讯、网易等非官方渠道与新型主流媒体和政府新媒体相比，在信息的融合传播竞争中三者势均力敌。数据显示，"通过新浪、腾讯、网易等非官方渠道获取新闻或公共事件"的受访者"经常""总是"占比为55.1%，仅低于政府新媒体0.6个百分点。

企业或个人运营的微博、微信公众号、抖音等非官方渠道，与前三类媒体渠道相比，在公共信息传播效果上略显劣势。官方媒体占据了大部分小镇青年的注意力，新浪、腾讯、网易等也因其信息传播全面、专业和及时等优势，成为这一群体公共信息接触较为稳定的补充渠道。

三 中国小镇青年社交媒体使用与公共参与

社交媒体传播生态日益勃兴，小镇青年群体也拥有了参与公共事务并进行互动表达的充分条件。这一群体可通过灵活运用社交媒体，就与自身密切相关的政策话题在线表达自己的意见诉求。公众参与的渠道也在信息技术的支撑下，变得更加多样化、平台化，公共事务的在线监督、线上反馈体系也逐渐完备。

（一）网络公共参与渠道偏好

为进一步考察小镇青年通过社交媒体参与公共讨论的情况，本研究设置了"在微信群、抖音群等社群内讨论时政新闻""点赞网络时政新闻""转发网络时政新闻""评论网络时政新闻""通过官方渠道反映社会问题""通过非官方渠道反映社会问题"等6个题项，考察受访者参与公共话题的方式途径，得到如表6所示结果。

表6 2023年小镇青年在社交媒体上参与社会问题的渠道偏好情况及占比（n=1235）

参考情况	人际交往渠道	公共空间渠道			渠道属性	
	在微信群、抖音群等社群内讨论时政新闻	点赞网络时政新闻	转发网络时政新闻	评论网络时政新闻	通过官方渠道反映社会问题	通过非官方渠道反映社会问题
从不	271(21.9%)	201(16.3%)	305(24.7%)	340(27.5%)	284(23%)	355(28.7%)
很少	194(15.7%)	157(12.7%)	213(17.2%)	217(17.6%)	202(16.4%)	226(18.3%)
有时	306(24.8%)	325(26.3%)	305(24.7%)	303(24.5%)	309(25.0%)	297(24.0%)
经常	257(20.8%)	308(24.9%)	237(19.2%)	226(18.3%)	252(20.4%)	210(17.0%)
总是	207(16.8%)	244(19.8%)	175(14.2%)	149(12.1%)	188(15.2%)	147(11.9%)

注：各项总和如不为100%系数据四舍五入所致。

由表6可知，线上社群参与具有强可及性、即时性和匿名性等特质，通过线上社群参与讨论时政新闻所需社会成本也远低于线下，因而小镇青年经由微信群、抖音群等社群参与时政新闻讨论的情况较为普遍，仅有37.6%的受访者不会（"从不"和"很少"）选择这一渠道进行公共参与。这也意味着小镇青年关注的时政话题，多是在熟人群体中接触并展开讨论，参与的主动性远不及资讯类平台中的公共议题互动。

同时，从对网络时政新闻"点赞""转发""评论"等反馈行为的调查中可见，小镇青年普遍会对网络时政新闻进行正向反馈，44.7%的受访者表示会"经常""总是"通过"点赞"行为对网络时政新闻进行反馈，转发行为的参与率位居第二（33.4%），评论行为的参与率相对较低（30.4%）。一是因时政新闻的专业性和复杂性，评论者往往需要具备一定的专业知识背景；二是时政新闻往往涉及敏感的政治话题和社会问题，为避免争议，多数小镇青年参与互动或发表评论的意愿不强。

本研究还就反馈渠道的性质进行了比对，数据显示官方渠道的公信力优

势显著。受访者中选择通过官方渠道反映社会问题占比为35.6%，明显高于非官方渠道（28.9%）。

（二）网络公共参与的效能感知

为进一步明确小镇青年对其社交媒体参与效果的主观认知与评价，充分评估这一群体通过网络信息接触、网络公共参与而形成的效能感知，本研究就"社会热点感知""社会认知""公共事务参与""诉求满足""舆情引导"五个维度进行测量，得到如表7所示结果。

表7　2023年小镇青年网络公共参与效能感知情况及占比　（n=1235）

感知情况	我对网上发生的热点事件非常关注	我认为我比大多数人更加了解这个社会	我有能力参与社会公共事务	我认为网络热点事件中的民意诉求能得到有关部门的满足	我认为网络舆论能影响有关部门的政策
完全不符合	72(5.8%)	143(11.6%)	122(9.9%)	106(8.6%)	94(7.6%)
基本不符合	79(6.4%)	254(20.6%)	180(14.6%)	164(13.3%)	141(11.4%)
一般符合	266(21.5%)	450(36.4%)	406(32.9%)	381(30.9%)	337(27.3%)
基本符合	422(34.2%)	238(19.3%)	311(25.2%)	378(30.6%)	402(32.6%)
非常符合	396(32.1%)	150(12.1%)	216(17.5%)	206(16.7%)	261(21.1%)

注：各项总和如不为100%系数据四舍五入所致。

据表7，小镇青年认为其"对网上发生的热点事件非常关注"，受访者报告自身行为符合（一般符合、基本符合和非常符合）描述的占比合计高达87.8%，可见社会热点事件是触发这一群体公共关注的关键所在；在对社会了解程度的自我评估中，32.2%的人认为自己并不具有强于他人的社会认知；认为"我有能力参与社会公共事务"的受访者占75.6%，这体现了小镇青年通过网络参与改造现实的能力感知；78.2%的受访者认为网络热点事件中的民意诉求一般可以达成，可见小镇青年群体对政府部门积极回应网络民声怀有充分的信心；而在"网络舆论能影响有关部门的政策"的主观评估中，超过八成（81%）受访者认为可以达成这一监督反馈效果。在网络社会参与效能感的测量中，小镇青年群体在热点事件接触（32.1%）与舆论监督致效（21.1%）两个维度上评价水平较高，参与效果感知强烈。

总体上看，社交媒体是小镇青年群体了解社会热点事件的主要途径，并普遍反映了较高程度对社会公共事务的关心。这一群体认为虽然自身了解社会存在不足，但其具备了通过新媒体渠道参与公共事务的能力，并对网络舆论能够促成民意诉求满足，进而有效影响政府决策充满信心。

四　研究结论

本研究利用辽宁大学新媒体与社会研究中心"2023年小镇青年社交媒体使用情况"问卷调研数据，围绕1235份小镇青年样本展开截面分析，深度观照这一青年群体在网络社交媒介空间开展信息传播与公共参与实践的特质与效果，得出以下结论。

第一，在社交媒体使用偏好方面，小镇青年群体呈现资讯类社交媒体边缘化、个人类社交媒体单一化、社交媒体平台认同区位化、社交媒体展演互动低迷化的典型特征。在社群类、图文类、社区类和视频类媒体间，触媒偏好调研发现，知乎、豆瓣类具有明确知识传播倾向的社交媒体，小镇青年群体接触程度偏低，而QQ互动也面临被弃用的风险。这一群体的社交媒体展演依媒体类型与认同程度而异，尤为偏爱小红书和抖音，但社交媒体信任度并不必然促生小镇青年群体社交媒体展演的主动性。

第二，在社交媒体使用与公共信息接触方面，小镇青年群体反映了对新型主流媒体的高度信任与依赖，官方渠道依然是其获知新闻或公共事件的主要渠道。小镇青年普遍认可新型主流媒体的权威性，新型主流媒体也更容易与小镇青年群体之间建构信任关系。新型主流媒体应注重对小镇青年群体的新闻报道与价值引导，让各类青年亚群都有机会为主流文化所包容。

第三，在社交媒体的公共参与及效能感方面，本研究发现个人类社交媒体仍然是小镇青年讨论时政类严肃议题的首要选择，这一群体偏爱在微信群中讨论时政新闻，其议题互动的深度与广度均较为受限。虽如此，数据显示

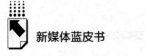
小镇青年网络公共参与的效能感却普遍处于较高程度，无论是对社会热点的关注，还是自身的公共事务参与能力，乃至于通过公共参与进而影响政府管理与民众诉求达成的信心，均呈现积极倾向。

总而言之，小镇青年是我国城镇化发展的中坚力量，是弥合城乡文化冲突的主导力量，肩负着重振乡土文化繁荣、乡村振兴发展的重担。这一群体在网络空间的信息偏好与平台认同、身份认知与协同行动、社交展演与公共表达，均具有极强的现实意义与价值，应成为未来学术研究之焦点与学术成果转化之重点。

参考文献

张龙、潘宇峰：《差异化的身份认同：基于小镇青年发展现实的认识》，《浙江学刊》2023 年第 4 期。

张铮、刘晨旭、邓旸：《多方共构：城乡观念区隔下"小镇"概念的社交媒体意象》，《传媒观察》2023 年第 12 期。

章文宜、骆正林：《社会文化变迁下青年流行话语的建构与传播——基于"小镇做题家"的文本分析与出圈逻辑研究》，《学习与实践》2023 年第 2 期。

高原：《"数字劳工"的呈现与建构——基于小镇青年短视频的拟剧化研究》，《青年记者》2021 年第 10 期。

朱琪：《反抗与收编：基于城乡关系视角的土味视频的文化意义内涵》，《新闻爱好者》2021 年第 2 期。

B.6
2023年网络信息传播公众参与状况研究报告

余新春　戎飞腾　邹晓婷*

摘　要：　2023年是全面贯彻党的二十大精神的开局之年，国内发展凝神聚气，全面复苏活力充沛。在保持战略定力、坚定发展信心的重要时期，网络舆论场主旋律持续唱响，同时由于不稳定、不确定因素叠加，网络信息传播格局也反映出一些新特征和新变化。公众始终是网络传播环境的参与者和建设者，其参与网络信息传播的广度与深度值得持续追踪研究。本报告通过定量调研，分析公众在网络新媒体发展背景下信息关注与传播参与变化情况，并结合2023年度互联网舆论场的新特点、新现象，对推动公众参与高质量、高效率、智能化方向的网络传播予以趋势展望。

关键词：　网络信息传播　公众参与　互联网舆论场

　　互联网时代，信息传播方式与内容生产模式发生了根本变革，新媒体技术的发展为公众广泛参与网络信息传播提供了渠道和平台。2023年以来，经济社会全面恢复常态化运行，舆论心态整体积极乐观，同时，以ChatGPT为代表的生成式人工智能技术正在深刻重塑网络传播格局。鉴于公众参与网络信息传播的即时性与多变性，本研究结合定量问卷的调研方式对新形势下受众侧在传播生态参与层面展现的新特征、新趋势形成年度

---

* 余新春、戎飞腾、邹晓婷，企鹅有调研究员，主要研究方向为网络传播、网络调研、新媒体与互联网。

分析观察，为进一步引导公众理性参与网络传播、形成良好的网络舆论氛围提供经验启示。

数据获取方面，通过在线调研平台"企鹅有调"于 2023 年在全国范围内开展了两期半年度网络问卷追踪调研，收集全国范围内 18 周岁及以上网民的意见及态度。在置信度水平 95%、抽样误差±3% 的标准下，第一期样本为 11301 份、第二期样本为 10278 份，样本符合统计学有效性要求，并采用 SPSS 26.0 进行数据分析。

一　2023年受众参与网络传播的基本态势

网民是参与网络传播的主体之一，网络热点的产生正是网民使用点赞、转发、评论等互动功能表达对特定事件的认知、情绪和态度，并进行传播而形成的。因此，网民的互动参与程度是观察其参与网络传播基本态势的重要视角。

（一）受众网络传播参与意愿有所回升，整体活跃度保持在常态平均水平

2023 年两期追踪调研首先询问网民在网络公开场景中对热点事件进行浏览、点赞、转发及评论等多种行为的频率，再对所有网民样本参与网络信息传播的行为进行聚类分析①。如图 1 所示，从整体分布来看，2023 年网民参与网络传播的行为中，超三成网民表现活跃，"相对沉默者"的类型仍然占据主流地位，表明网络传播在宏观层面仍然存在"沉默的大多数"的现象；从年度对比来看，三类表达状态的平均占比在近两年未出现大的波动，"绝对沉默者""相对沉默者""显著活跃者"在 2023 年的平均占比为

---

① 本研究使用 K-means 聚类算法，经过数据迭代与收敛，将网民参与网络传播的行为分为三类：一是绝对沉默者：此类网民参与热点事件的多种行为频率均很低，是网络空间信息传播中的"边缘者"；二是相对沉默者：此类网民参与热点事件以浏览、搜索居多，偶尔点赞、转发或留言评论，是网络空间信息传播中的"观望者"；三是显著活跃者：此类网民参与热点事件的多种行为频率均很高，是网络空间信息传播中的"活跃者"。

24.0%、41.8%、34.2%，相比2022年的平均水平①，2023年公众参与网络传播的意愿有所回升，"显著活跃者"类型比例增长了1.9个百分点，"相对沉默者"类型与"绝对沉默者"类型比例分别降低了1.6个与0.3个百分点。

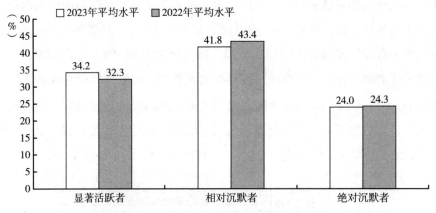

图1　2022~2023年网民参与网络传播的类型变化

资料来源：企鹅有调。

（二）网络热点牵引与表达积极性推升网民参与热情，网络良好氛围也有带动作用

网民在一定时期内参与网络信息传播的意愿和方式受到线上线下、内在外在等多种因素的影响，例如，公众生活状态流变、释放表达欲及寻求归属感、认同感等多层次的内在需求均会对其网络参与行为的机理产生影响；而网络热点事件的演变、网络环境的变迁及其他网络参与主体的行为等外部因素同样会在潜移默化中影响个体在网络信息传播中的表现。调研数据发现，对于2023年网络参与互动增多的网民而言，最主要的原因是网上有了更多感兴趣的热点事件，占比达到45.3%。网络热点来源于实体空间发生的事

---

① 2022年，为长期追踪研究公众在网络公开场合的表达状态变化，通过在线调研平台"企鹅有调"分别于4月、8月、12月在全国范围内开展上万样本网络问卷追踪调研。

情，现实事件随时发生，继而被"即时发布、随地发布"，网络空间信息传播的新模式为网民参与其中创造了更多机会，也极大提高了网民对网络传播活动的热衷程度与参与情况。排在第二位的原因是想要表达自己的观点和看法，占比同样超出四成（42.5%），新媒体时代，受众自我表达的意识更强，互动交流的意愿更高，通过网络参与来表达个性、亮明态度成为网络社会基本的生活方式，网络传播过程中更注重相互沟通。"网络环境的改善与良好氛围的带动"是排在第三位的原因，所占比例为36.4%，可以看出，网络环境健康清朗与否直接影响网民网络参与的体验，如若网络中充斥着各种负能量和乱象，个体参与网络传播遭受到攻击甚至污蔑的风险更大，则可能导致网民表达意愿下降，越来越多的人选择沉默，理性声音被淹没。反之，良好的网络氛围将带动网民更积极地参与网络讨论，形成多元声音（见图2）。

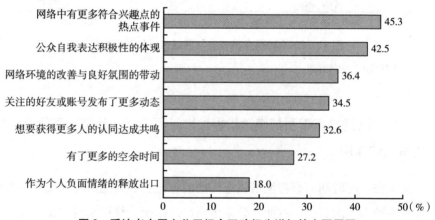

图2 受访者在网上公开场合互动行为增加的主要原因

注：本题为多选题，所有选项之和>100%。
资料来源：企鹅有调。

需要指出的是，有部分舆论认为网络具有匿名性和距离感，使得人们更容易在网络上发泄情绪，从调研结果来看，18.0%的受访者在网络公开场合互动行为增加的原因是释放个人负面情绪，在各项原因中占比最低，这一方面表明网络空间的确为公众舒缓现实压力提供了线上出口和纾解通道，另一方面说明多数网民仍然是出于更理性的考量参与到网络传播之中。

二 受众视角下2023年网络传播生态特征

2023年网络热点频出、话题丰富，在网络传播总体平稳向好的大趋势下，受众参与网络传播的生态特征也出现了许多新的特点。

（一）社会民生与国内时政领域最受关注，经济发展话题同样牵动网民关切

网民在2023年最关注的议题领域中，如图3所示，社会民生、国内时政要闻、经济发展是最受关注的三个领域，占比依次为34.1%、27.0%与24.7%。分不同年龄段来看，年龄段越大对社会民生话题的关注度越高，50岁及以上的老年受访者关切社会民生议题的比例高达46.5%，高出30岁以下青年受访者15个百分点以上；而在国内时政要闻及经济发展领域，不同年龄段的关注程度更为均衡，凸显公众对疫情后提振经济发展的高度关切。结合2023年度热点具体来看，自然灾害、突发负面舆情推高社会民生领域舆论关注度，如"杜苏芮"等超强台风登陆致全国多地受灾、甘肃积石山

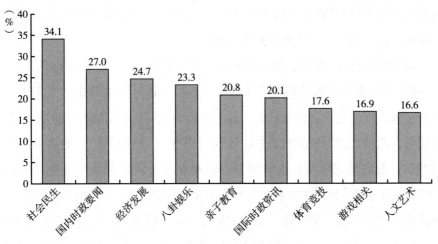

图3 受访者网络关注的议题领域分布

注：本题为多选题，所有选项之和>100%。

资料来源：企鹅有调。

县地震、宁夏银川烧烤店爆炸、黑龙江齐齐哈尔第三十四中学体育馆坍塌、江西"鼠头鸭脖"、四川女童遭恶犬咬伤等。国内时政要闻领域，杭州亚运会、成都大运会、"一带一路"高峰论坛等重大国际赛事、会议的成功举办，激发民众自豪感、自信心。此外，经济金融领域，"五一"国庆假期带动旅游热、淄博烧烤火爆出圈、村 BA 火遍全网等话题提振舆论经济信心。针对经济发展中的突出问题，支持数字经济发展、促进民营经济壮大、加大吸引外商投资力度等政策密集出台，网民对宏观经济走势保持密切关注。同时，华为芯片突破、人工智能大模型等科技热点事件点燃网民对我国科技自立自强的关注热情。此外，知名房企、金融机构"爆雷""跑路"、车企降价潮等话题亦受到关注。

（二）网络热梗迭代更新，网言网语迅速传播传递青年情绪、引发价值共鸣

网络热梗是一种符号，多数源自网民对真实生活、热点议题的再创造、再生产。这些网言网语在网络平台兴起后，由于引发群体成员的深度共鸣，能够在短期内迅速传播，吸引网民特别是青年一代的价值共创和反复引用，不断丰富精神内涵，增添鲜明时代特色。

通过统计计算①发现，如图 4 所示，相较于往年，2023 年网络热梗抛去"苦味"更彰显青年群体幽默、个性一面。"显眼包"被淡化"丢人现眼"贬斥意味，成为年轻人释放真我、敢于表达的代名词，不同行业里的不同显眼包各自散发魅力，成为网络中的气氛调节器。"尊嘟假嘟""哈基米""挖呀挖"等偏向幼态蠢萌的语言风格，前两者既是近年年轻人钟爱"吸猫""撸猫"的直接体现，也折射出年轻人希望通过这一语言风格疗愈自我、加强社交中的亲近感与幽默感；后者则是凭借欢乐的节奏、有趣的动作脱颖而出，让每个人都在童谣里找到了"向往的生活"。但这三个热词也都衍生出

---

① 通过统计 2023 年 1 月 1 日至 12 月 31 日，微信公众平台、新浪微博、新闻网站等公开场景热词传播量并加权计算获得传播热度，分析并总结青年使用网络梗的特点。

不少争议，如"尊嘟假嘟"被指"烂梗"，是语言贫瘠、幼稚的表现，"挖呀挖"除了走红幼师陷入抄袭等丑闻，各行业的改编行动也让词义"走偏"。"泼天的富贵"先是在《封神》等影视剧营销中出圈，后随着花西子的公关危机爆火，老牌国货们在此轮玩梗中迎来巨大关注度，网民纷纷留言郁美净、白象等品牌"这泼天的富贵你可要接住啊"。而"家人们谁懂啊""恐龙扛狼""精神状态良好"是今年发疯文学的代表，表明当下许多年轻人不再压抑生活中、工作中的负面情绪，在网络上大胆开麦"发疯"表达。"泰裤辣""鸡哔你"也有异曲同工之意，不再纠结于事情本身意义，"万物皆可泰裤辣"，让简单重复的词提供积极的情绪价值，便是意义所在。

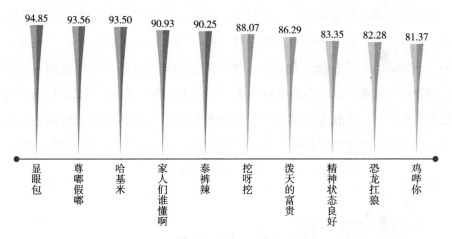

图4 2023年青年群体应用网络梗的热度指数

（三）网络空间中政府机构与主流媒体账号受信任程度高，主流舆论影响力突出

2022年调研已发现，在公众参与网络信息传播的行为渠道中，社交媒体、短视频平台与中央网媒的使用程度相对更高，分别达到26.9%、22.9%与16.4%。网民参与的平台渠道相对稳定，2023年短视频与社交媒体成为信息传播重要阵地的趋势仍在延续。进入全媒体时代，网络传播呈现主体多元化、渠道平台复合化、传播机制复杂化的特征，其中，渠道平台的信息传播模式固然有所差异，但随着媒体融合的深入发展，更值得关注的是不同信息传播主体，既包括政府机构、主流媒体，也包括意见领袖、地方媒体与普通网民等，在受众信息获取习惯中的影响力差异。此处所指的影响力主要体现在网民选择从哪些信息传播主体获取信息及对所获取信息的信任程度两个方面。

调研分析发现（见图5），以政府机构账号与主流媒体账号为代表的主流舆论在网民所选主体渠道占比及信任度方面呈现"双高"特征：在网民了解网络热点话题的信息来源中，政府机构账号与主流媒体账号排在前两位，同时网民对从其中获取信息的信任程度相比其他网络信息来源更高。值得一提的是，不同于其他基于社会身份的信息传播主体，"热搜话题"作为一种信息推荐的聚合功能，已经成为传播社会热点的具有较大影响力的载体，在网民关注热点的信息来源中排在第三位。但是，网民对从"热搜话题"获取信息的信任度评价较低，这与其长期被诟病的泛娱乐化倾向、营销炒作内容占据公众注意力资源，未能为公众提供有价值的、富有启发性的信息有关。另一个信息传播主体"短视频博主"也体现出类似特点，在网民信息主体来源中排名第五，受众信任情况在各信息主体类别中最低，背后

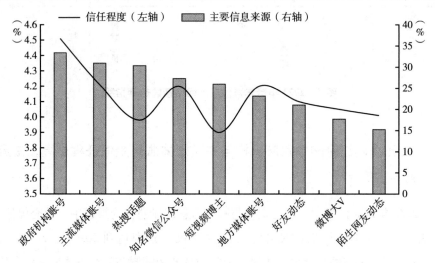

图5 受访者了解网络热点话题的信息来源主体及信任程度

资料来源：企鹅有调。

反映出部分短视频个人账号为博取眼球、赚取流量而哗众取宠，甚至无下限炒作的现象，对短视频传播生态及受众信任都造成了不良影响。

（四）网络舆论生态持续向好，维护健康网络秩序、引导理性表达空间成为共识

互联网是宣传思想文化工作的主阵地，不断健全网络综合治理体系，培育积极健康、向上向善的网络文化，推动形成良好网络生态至关重要。2023年以来，中央网信办组织开展"清朗"系列专项行动，重点聚焦自媒体乱象、网络水军操纵信息内容等九方面问题开展整治。调研结果显示，网民对2023年网络生态整体情况感知良好，平均得分8.39分（满分10分）。同时，30~49岁中青年、大专及以上高学历群体反馈更好，如30~39岁网民得分达8.65分，40~49岁网民得分有8.68分，大学专科和本科的网民得分均超过整体平均水平。更值得关注的是，如图6显示，79.1%的网民认为相较于2022年，2023年的网络生态有所改善，近四成（39.6%）网民认为改善非常多。

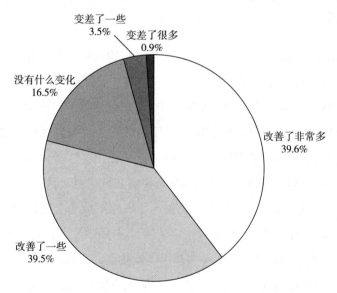

图6 受访者对2023年（相比2022年）网络生态的对比感知

资料来源：企鹅有调。

不仅如此，从公众希望个人参与网络表达和讨论起到的作用来看，54.0%的受访者希望起到维护健康网络秩序和引导理性网络表达的作用，40.5%的受访者希望通过个人的网络表达来帮助更多人了解事情原委，还有40.2%和36.9%的受访者表示想借此强化多元声音推动现实社会的进步和引起更多人关注来推动具体事情的解决。总的来看，公众参与网络信息传播仍主要是出于建设性的初衷，希望通过个人的网络表达来推动事物往好的、积极的方向发展。

三　受众感知中网络舆论生态的主要问题

网络舆论生态整体趋好，但仍需看到，网络生态的污染源尚未根除，局部还存在"唯流量是从"、情绪化传播及信息茧房效应等不时出现的问题，对网络生态的良性循环造成一定干扰。

（一）热点事件发酵过程更加复杂，蹭热点带节奏等"流量至上"现象感知明显

针对认为网络信息传播生态仍有提升空间的网民，本次调研进一步询问了具体需要提升的方向。其中，排在首位的即是"乱蹭热点现象感知突出"，占比达到40.5%。这也反映在2023年的热点舆情事件的传播中，典型如胡某宇失踪事件，部分自媒体、网红臆测杜撰各种噱头式信息博取流量，导致网络一度出现只要提到"胡某宇""致远高中""铅山县"等内容，便会收获关注的现象，部分短视频博主还涌入事发地铅山县城"蹭流量"。猎奇心理驱动下，网民愈加热衷传播离奇信息、阴谋论，失踪案成为全民讨论事件。以博流量为目的的网络传播主体在利益驱使下"不顾事实，只求猎奇，无问对错"，需要引起注意的是，除了一些自媒体蹭热点，有的正规媒体在选题、报道手法及用语上也出现"流量化"倾向，有地方媒体追求"爆款"以达"轰动效应"，对事实进行裁剪、加工，还有媒体采用"定了""重磅"等夸张标题追求点击量，忽略新闻要素与表达规范，在一定程度上误导了公众认知。

（二）非理性情绪化传播带偏网络舆论正常发展路径，易引发争议性舆论风波

除了"流量至上"的问题，公众感知到的第二个需要迫切改善的舆论生态问题是"偏离事实的情绪性言论较多"，占比同样超过四成，达到40.2%。在当前的公众舆论环境中，情绪共鸣是网络事件升级为公众关注焦点的重要驱动力之一。部分网民受到现实生活中的种种压力与不确定性的情况影响，常常以消极的心态看待网络热点事件。这种负面情绪对公众关注事件起到了加速作用，部分事件出现了非理性的情绪释放，过度的情绪化传播在焦点事件中可能引发激烈的公众反应，有研究发现"评论者形成群体情绪和意见领袖的情绪能直接感染受众情绪，促使网民情绪高涨推动舆情事件传播，掀起舆论风暴"[1]。因此，一些原本较小的冲突和纠纷，经过情绪层层渲染导致网络舆论偏离了正常的发展路径，常常陷入了偏离主题的局面。

（三）"信息茧房"效应叠加网民认知结构圈层化，对凝聚社会共识形成挑战

2023年千万粉丝主播秀才塌房事件，一度使与"信息茧房"相关的话题登上微博热搜，年轻网民纷纷感慨，老年群体陷入了"秀才"的诈骗陷阱，困在了信息流的围城。从学术理论而言，信息茧房这一概念由美国学者凯斯·桑斯坦在2006年首次提出[2]，指的是在信息传播中，公众基于自身需求对信息具有主观过滤性，往往只注意自己感兴趣的领域，接触到异质信息的概率较小。长久下来，公众自身就像身处于"茧房"一般的封闭怪圈。同时，网络社会中个体连接形成了更多元的群体传播结构，公众在网络中倾向于寻找与自己兴趣相投的同伴，形成一个个圈层结构，如饭圈、二次元圈、国风圈、模玩手办圈、硬核科技圈、潮流圈等。调研数据亦表明近七成

① 唐雪梅、赖胜强：《情绪化信息对舆情事件传播的影响研究》，《情报杂志》2018年第12期。

② Sunstein C. R. *How Many Minds Produce Knowledge* [M]. Oxford：Oxford University Press，2006.

（66.8%）网民明确表示在网络社交中身处某一圈层。在"信息茧房"效应的加持下，个体对所属圈层的依赖感和归属感加深，但也会由于个体的复杂性、异质性与层级差异而在圈层之间、圈层内部引起矛盾与冲突，不利于多元化观点的碰撞交流与社会共识的凝聚达成。

四　促进网络传播生态健康发展的建议

数字时代，网络公共空间为各方表达提供了新场所，为人们带来信息交流与传播便利的同时，也产生了治理难题和挑战。根据以上问题，为进一步促进网络传播生态健康发展，需从纠正"流量至上"风气、加强自媒体管理、辩证看待信息茧房效应、注重"疏堵结合"等多方面入手。

（一）纠正"流量至上"风气，重塑新闻专业主义理念

随着新媒体的发展，流量成为理解社会舆论方向和网络空间秩序的新型符号。"流量变现"顺势成为不少舆论主体追崇的方向，但流量的真实性、正当性、有效性被有意无意忽视①，"唯流量"势必导致宣传工作原则、新闻传播基本规范被"置诸脑后"。为扭转传播过程中追求流量发生的价值偏离，一方面加强政府和行业的协同管理，借助法治监管规范流量市场秩序，对"蹭热点""吸流量"等破坏网络生态秩序的行为予以严格惩处，对流量的正当获取进行积极引导；另一方面应回归以内容质量为核心的评价体系，对于急功近利、行为失范的媒体，需注重引导其再次聚焦于媒体的主责主业，慎重衡量新闻作品的新闻价值，以唤醒媒体人聚焦公共利益，承担媒体的职责使命。

（二）加强自媒体管理，提升相关人员从业素养

自媒体时代，人人都是舆论的制造者、传声筒，写作水平参差不齐、过

---

①　张树伟：《重塑融合传播时代新闻业的价值取向》，《青年记者》2023 年第 16 期。

度依赖抓人眼球的标题以及刻意挑动受众情绪以换取关注等因素对自媒体生态乃至社会信息环境构成了威胁。针对舆论场信息生产准入门槛低、情绪渲染内容易泛滥等情况，首先依法"他律"，对热点事件中恶意造势、诉诸情感狂欢的行为根据具体情况作出处置，通过有力执法划出红线，震慑治理乱象。同时落实好前台实名制管理，防止违规账号"换马甲"，规范内容发布，打击挑动情绪、放大政策影响等行为。其次加强"自律"，引导自媒体从业者及潜在入场者反思和调整策略，重新审视内容创作的本质，对于舆论关注热点争做"引导员"而非"搅局者"，加强职业道德、专业知识及技能培训，提升媒介专业素养，强化社会责任感。

（三）辩证看待信息茧房效应，更充分地发挥积极作用

信息茧房作为一种在网民获取、交流信息中产生的现象，也是个体在认知偏好的影响下主动选择符合自身预期的信息筛选过程；将这一现象本身定位为网络乱象也有失偏颇，信息茧房仍有提升信息传播效率、推动网络技术创新升级等正面效应，因此需一分为二地辩证看待。在这种情况下，一方面需培育提升公众网络素养，"网络用户对信息茧房现象的产生和发展起着重要作用，其素养高低决定了信息茧房正面效应的强弱"[①]，促进网民尽可能多样化地选择信息来源，不断拓宽自身知识面与思辨能力。另一方面不断优化和迭代算法技术，更好地发挥智能算法在网络与社会治理中的积极作用。如主流媒体可以采用不同的算法推送模型，在尊重个性化定制的基础上，减少或过滤低俗、娱乐化的信息，增加符合社会主义核心价值观的内容比重，促进党和国家的新闻宣传、思想教育工作的精准传播。

（四）注重"疏堵结合"，为营造清朗网络空间打好组合拳

网络舆论生态的健康发展是一项长期性、系统性的工程。在"坚持正

---

① 郝永华、陈建华：《信息茧房的形成机理、效应检视及治理进路》，《中共福建省委党校（福建行政学院）学报》2023 年第 6 期。

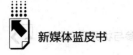

能量是总要求、管得住是硬道理、用得好是真本事"的基本要求下，网络空间生态环境日益清朗，未来的长期发展需持续加强正面引导，更加注重"疏堵结合"。互联网既是情绪池，也是意见场，普通个体的思想情绪与认知判断通过互联网群体传播反映出来，为网民适度的情绪表达给予一定出口，重视及时疏导和综合治理相结合，摸准舆论痛点难点，及时回应公众关切，才能从根本上解决问题、化解矛盾，共筑网上网下同心圆。

参考文献

唐雪梅、赖胜强：《情绪化信息对舆情事件传播的影响研究》，《情报杂志》2018 年第 12 期。

杨慧民、陈锦萍：《网络意见领袖建构网络意识形态的逻辑理路及其应用》，《理论导刊》2022 年第 4 期。

方兴东、钟祥铭：《智能媒体和智能传播概念辨析——路径依赖和技术迷思双重困境下的传播学范式转变》，《现代出版》2022 年第 3 期。

吴阿娟、毕宏音：《重大公共热点事件中的网络表达与社交空间生态优化》，《天津师范大学学报》（社会科学版）2022 年第 2 期。

陈建云：《移动互联时代我国网络信息传播立法考察》，《新闻大学》2023 年第 6 期。

2023年中国媒体人工智能运用
发展报告

黄 艾 张彦华 赵一鸣*

摘 要： 2023年，中国媒体运用人工智能逐渐从固有技术应用进入系统开发布局阶段，人工智能赋能媒体领域的速度之快、程度之深、领域之广达到前所未有的境地。随着生成式对抗网络（GAN）、扩散模型（Difussion）、Transformer预训练大模型的迅速发展，GPT-4、Llama2、Gemini等相继发布，生成式人工智能将进一步与媒体生产接轨，嵌入媒体生产与传播的全流程，行业内外协同联动达成技术层和应用层双向赋能，媒体生产的效率进一步提升。同时，侵权难以界定、内容深度伪造、隐私伦理失范、主体意识危机等成为媒体在运用人工智能中迫切需要建立的规范或亟待解决的问题。中国媒体在未来运用人工智能技术时，要统筹发展战略、业务流程、组织体系、风险管控等四个维度，在数据收集、算法开发、流程规范等布局和治理方面持续发力，坚守并发掘媒体的真实性、实效性和准确性，以前沿技术提升媒体生产效能，优化媒体服务机制，开拓媒体发展新范式。

关键词： 生成式人工智能 智能媒体 全媒体传播体系

---

* 黄艾，传播学博士，新闻传播学博士后，中国社会科学院新闻与传播研究所副研究员，传媒发展研究中心秘书长，主要研究方向为传播与社会发展、新媒体、国际传播；张彦华，传播学博士，中国矿业大学网络风险治理研究中心主任，中国矿业大学公共管理学院副教授，中国社会科学院大学政治传播中心研究员，主要研究方向为传播政治经济学、国际传播、智能媒体与国家治理；赵一鸣，中国矿业大学网络风险治理研究中心助理研究员，主要研究方向为政治传播学、智能传播。

党的二十大报告提出，要"推动战略性新兴产业融合集群发展，构建新一代信息技术、人工智能……一批新的增长引擎。"① 近年来，人工智能作为新型产业变革的核心驱动力，呈现迅猛发展状态并在技术开发和应用落地等方面取得了一系列重大突破。

2023 年，以 AIGC 为主要代表的人工智能技术引发了全球范围内的持续关注。ChatGPT 推出 2 个月之后，在 2023 年 1 月末的月活用户突破 1 亿，成为历史上增长最快的消费者应用程序②；2023 年 3 月 14 日，OpenAI 发布 GPT-4，在知识推理的准确性方面实现了大幅提升，并且支持处理图像内容，进一步扩展了应用场景③；北京时间 12 月 7 日凌晨，谷歌公司推出人工智能多模态大模型 Gemini，在 MMLU（大规模多任务语言理解）测试中 Gemini Ultra 的得分率为 90.0%，是第一个超过人类专家的模型④……国内持续关注人工智能的前沿成果，"AIGC"入选《科创板日报》"2023 年十大科技热词"⑤，"生成式人工智能"入选"2023 年度中国媒体十大新词语"⑥。人工智能在技术层的变革引发应用端的系列更新，媒体行业作为以内容生产为主要任务的代表性行业，受到人工智能技术突破的较大影响。因此，2023 年各级媒体积极探索人工智能在数据处理、内容生产、智能运维、虚假信息识别等媒体全链条的运用，数据要素和技术要素成为媒体转型的重要助推，在带来媒介生态恶化、知识产权隐患、人机伦理危机等挑战的同时，也为媒体发展开辟出新的空间。

① 习近平：《高举中国特色社会主义伟大旗帜　为全面建设社会主义现代化国家而团结奋斗——在中国共产党第二十次全国代表大会上的报告》，《人民日报》2022 年 10 月 26 日。
② 《全球竞相发展 AI 技术｜科技创新世界潮》，中国科技网，http：//www.stdaily.com/index/kejixinwen/202303/ded2876014554d09b9a481932cf1f3b8.shtml，2023 年 3 月 24 日。
③ 《1 秒生成网站！GPT-4"王炸"发布》，上观新闻，https：//export.shobserver.com/baijiahao/html/592835.html，2023 年 3 月 15 日。
④ 《碾压 GPT-4？谷歌发布最强 AI 模型，解读来了》，《中国基金报》百家号，https：//baijiahao.baidu.com/s？id=1784604384447490079&wfr=spider&for=pc，2023 年 12 月 7 日。
⑤ 《2023 年十大科技热词出炉》，科创板日报，https：//www.chinastarmarket.cn/detail/1552106，2023 年 12 月 23 日。
⑥ 《汉语盘点：2023 年度中国媒体十大新词语发布》，人民网，http：//ent.people.com.cn/n1/2023/1218/c1012-40141391.html，2023 年 12 月 18 日。

一 中国媒体运用人工智能发展现状与热点聚焦

2023年，以ChatGPT为代表的生成式人工智能不断取得技术突破并进入公众视线，网络新闻媒体积极跟进布局将其纳入生产流程。人工智能由于在文本生成、逻辑推演、多模态融合等方面的能力不断提升，成为媒体行业新的增长引擎和智能媒体建设的核心驱动力量。

（一）政策导向层面：政策制度初具雏形，多方入局智能媒体建设

智能媒体的发展离不开人工智能技术的更新迭代，更离不开政策与制度建设的指引。在人工智能带来更多新业态、新模式、新服务的同时，我国基于世界各国的实践经验和人工智能产业的前沿成果，积极布局与之相应的制度规则与治理体系，营造良好的发展生态。各级媒体积极探索人工智能在应用端的嵌入机制，与相关产业和机构合作共建，助力智能媒体建设深入发展。

我国国家网信办联合国家发展改革委、教育部、科技部、工业和信息化部、公安部、国家广电总局七部门于2023年7月13日公布《生成式人工智能服务管理暂行办法》，自2023年8月15日起施行；该办法提出国家坚持发展和安全并重、促进创新和依法治理相结合的原则，采取有效措施鼓励生成式人工智能创新发展，对生成式人工智能服务实行包容审慎和分类分级监管，明确了提供和使用生成式人工智能服务总体要求；办法特别指出"国家对利用生成式人工智能服务从事新闻出版、影视制作、文艺创作等活动另有规定的，从其规定"，标志着智能媒体规范在法治体系建设上迈出标志性步伐①。

算法、算力、数据作为人工智能的三要素，其中任一要素的技术突破都

---

① 《生成式人工智能服务管理暂行办法》，https：//www.gov.cn/zhengce/zhengceku/202307/content_ 6891752. htm，2023年7月10日。

将重塑人工智能的技术生态并随之作用于各行业的生产效能。国际上，人工智能的顶层设计层面呈现普遍化、系统化、多样化的特点，出现技术伦理等共性问题，人工智能嵌入经济、军事、教育等细分领域的布局，与各国的研究动态、各行业的应用现状紧密结合，这些都为推进媒体行业与人工智能技术的深度融合提供了行动指南。

在国内，一方面，多家企业和机构持续探索人工智能的应用落地，2023年多家国内企业和机构相继发布大语言模型并向社会开放①。另一方面，以国内 AI 巨头为代表，相关企业和机构针对人工智能的原理、技术、伦理等维度不断推出预测报告和规制建议，引导人工智能生态向上向善发展。

作为以内容生产为代表的重要部门，媒体行业嵌入人工智能提质增效的举措备受关注。各级媒体在国家广电总局等相关部门的领导下积极发力，央视、人民日报社、新华社等主流媒体在顶层战略、技术研发、资金支持等方面持续加强人工智能在媒体建设中的系统布局。例如，央视网早在 2019 年便率先提出"AIGC"相关概念，建设"人工智能编辑部"并开发了一系列产品，从而为主流媒体运用人工智能技术服务提供了参照路径。百度智能云先后与爱奇艺、央视网、人民日报合作，打造出在线服务型智能语音交互产品"AI 帮你找""人民日报创作大脑"等产品，为媒体行业提质增效、流程变革提供了重要助推。人工智能作为内容生产的强有力工具正以不可阻挡的态势嵌入媒体生产，被创新应用于收集、采编、推送等各个环节。

（二）内容生产层面：从人机协作到人机耦合，打造内容生产新范式

媒体行业运用人工智能已有一定历史，素材管理、校对纠错、语音播报等功能的开发应用提升了媒体生产的即时性和服务效能，在信息搜索、整合和核验等方面具有优势，但其承担的大多为机械、单一的重复性工作，在媒体生产的过程中是辅助工具。近年来，人工智能技术在传媒领域的应用愈加

---

① 《财经聚焦丨大模型领域进展不断　多场景应用还有多远》，新华网，http://www.news.cn/fortune/20240111/66aec49acf1e40bb825a30682f469ddb/c.html，2024 年 1 月 11 日。

广泛，能够通过自动化数据分析参与决策，协助内容筛选审核，实现个性化内容精准推送。

2023年，生成式人工智能的技术突破重组媒体市场的资源配置，被运用到内容生产之中，开启了生产范式更新的探索阶段。2023年11月8日，川观新闻携手腾讯云智能，为记者们发放"数智助手"，共建国内最大数字记者矩阵，运用AIGC助力新闻跑快一分钟；真人记者前场采访，数字分身后场出镜解读，由算力驱动进行多线程播报，革新智慧内容生产流程①。

随着多模态大模型的技术突破和AI Agent概念的涌现，多模态和跨模态的应用前景更受资本青睐②。生成式人工智能可以通过融合图像、文本、音频、视频等不同类型的海量、异构的数据，实现更全面、更丰富、更准确、更可靠的信息感知和推理，以"人机耦合"为核心的智能化运营将成为新常态。数字技术与媒体领域不断渗透融合，不仅将更新内容生产形式，改变传统的媒体形式和媒介生态，更将从深层次上改变媒体工作者对媒介的认知模式，推动媒体行业的业态深度重塑及媒体运行机理的深刻变革，高效回应全媒体传播需求。在数据作为新型生产要素且已成为经济发展核心引擎的背景下，2023年7月6日，中央广播电视总台与上海人工智能实验室等多家机构共同发起成立"中国大模型语料数据库联盟"，推动产学研各界共同参与数据生态建设，为生成式人工智能的发展奠定数据基础③；人民网·人民数据打造的第一家全国性的数据要素公共服务平台于2023年9月上线，基于人民云和人民链打通了数据确权、数据授权、数据流通交易的全流程④。

---

① 《国内最大数字记者矩阵亮相，助力新闻跑快一分钟》，"海报新闻"百家号，https：//baijiahao. baidu. com/s？id=1781991782979048291&wfr=spider&for=pc，2023年11月8日。

② 艾瑞咨询：《2023年中国AIGC产业全景报告》，2023年8月。

③ 《上海人工智能实验室单位联合发起大模型语料数据联盟》，"读创"百家号，https：//baijiahao. baidu. com/s？id=1770652302347385176&wfr=spider&for=pc，2023年7月6日。

④ 《全国性数据要素公共服务平台上线》，中国日报网，https：//ex. chinadaily. com. cn/exchange/partners/82/rss/channel/cn/columns/snl9a7/stories/WS64f2f502a310936092f1ff54. html，2023年9月2日。

（三）数字服务层面：拓展多元应用场景，打造沉浸数字体验

人工智能不仅能够重塑生产范式，还可以赋能媒体接收体验，为交互式新闻、视频智能增强修复、沉浸式体验等功能开辟了新的应用场景和发展空间。2023 年 9 月 14 日发布《国家广播电视总局关于开展广播电视和网络视听虚拟现实制作技术应用示范有关工作的通知》，研究基于人工智能方式的虚拟场景生产技术，开展基于人工智能方式的剧本创作、故事板生成、三维数字资产建模、智能语音生成、短视频生成、动作驱动等场景应用，提升虚拟场景生产效率、降低虚拟场景生产成本①。

各级媒体积极探索人工智能在媒体运作过程中的赋能方式，以提质增效为核心进行系统布局。2023 年 4 月，新华社发布"新华融易"下一代融媒体生产云服务项目，围绕"零低代码、协同管理、AI 赋能提效"三个重点，旨在推进非媒体机构的媒体化赋能，优化内容生产流程，降低媒体化门槛，打造未来媒体生态②。湖南卫视运用人工智能辅助内容创新，在综艺节目"全员加速中 2023"首创国内"加速之城元宇宙"，通过技术实现内容的数字孪生。节目嘉宾化身"加速队员"，通过数字人分身在数实结合的模拟世界中展开数字化、多时空、大场面的生存挑战。

（四）运营维护层面：智能媒体加速转型，媒体运维流程再造

目前 AIGC 效率工具的快速渗透加剧了行业应用垂直化发展的趋势。在开源开放的大背景下，新闻媒体作为特定应用场景，需要针对需求和特点进行个性化定制开发，由此提高生产效率，优化组织架构，助推智能运维。例如"AIGC+新闻媒体"可以实现生成新闻报道、摘要和评论，快速发布新闻内容，根据不同受众需求生成个性化新闻推荐；自动生成视频剪辑和音

---

① 《国家广播电视总局关于开展广播电视和网络视听虚拟现实制作技术应用示范有关工作的通知》，https：//www.nrta.gov.cn/art/2023/9/14/art_ 113_ 65545.html，2023 年 9 月 14 日。

② 《智媒融合新发展中国网络媒体论坛举办"八点见"项目发布会》，光明网，https：//digital.gmw.cn/2023-04/23/content_ 36515462.htm，2023 年 4 月 23 日。

频，用于新闻报道、纪录片制作等；自动分析社交媒体和新闻平台上的言论和情绪，了解舆情动态①。

新华报业传媒集团5G超高清暨智能媒资管理平台以建设智慧媒体、实现"内容生产、智能应用、终端设备、流程再造"相互协作为目标，推动视觉内容生产从拍摄、回传、制作、分发、存储到管理的全流程业务链全面信息化，通过搭建"5G超高清平台""智能媒资库"两大平台，全面提升媒体视频化、数字化、智能化水平，实现媒资元素的高清化、视频制作的智能化、直播报道的虚拟化以及生产流程的一体化②。福建省广播影视集团、宁夏广播电视台、成都传媒集团等地方媒体也持续探索运用人工智能等技术构建智能化媒体系统，对海量内容资源实现高效精准管理，实现数据高效汇聚、连接、分析、监控、运用，实现多元化、智能化、个性化用户体验。

在智能校准方面，人民日报社主管、依托人民网建设的传播内容认知国家重点实验室基于实验室算法，发布的涉政论述智能勘误产品"智晓助"，截至2023年2月已经应用于政府机关、企事业单位、媒体行业等诸多场景，在百余家机构投入使用；功能主要涵盖涉政文本内容风控、视觉目标合规检测、涉政人物视频伪造检测和跨模态内容安全雷达等四个方面，具有精准审校、全面核查、深度检测、广泛检测的特点③。12月9日，人民网正式发布"天目"智能识别系统，探索"用AI治理AI"的内容风控新模式，能够对人工智能生成内容进行识别，对深度伪造内容进行检测，对合成手段进行追根溯源④。

---

① 《中国智能媒体创新发展报告（2022-2023）》，https://nmi.cuc.edu.cn/_upload/article/files/0b/44/ff8bd6854fb5a3f1df6c34043952/e2e8d0da-d056-4450-8914-d3d87c9ffe76.pdf，2024年1月22日。

② 余仲侃、徐航：《突破数字媒体资源管理与运用的技术壁垒——新华报业5G超高清暨智能媒资管理平台建设初探》，《传媒观察》2023年第S2期。

③ 《人民网：基于人工智能开发的"智晓助"已在百余家机构投入使用》，36氪，https://36kr.com/newsflashes/2139707925170304，2023年2月20日。

④ 《人民网"天目"智能识别系统发布》，人民网，http://sh.people.com.cn/n2/2023/1210/c134768-40672936.html，2023年12月10日。

（五）信息传播层面：AIGC 赋能重大主题报道，应用实践走进大众视野

2023 年我国媒体持续提升应用 AIGC 制作内容的水平，在全国"两会"等重大的宣传报道中推出了一系列创新成果，受到社会各界的广泛关注。

全国"两会"是我国每年的标志性事件，各大媒体和机构结合自身的内容资源和技术优势推出系列产品，取得了显著的传播成果。其中，中央广播电视总台央视网推出时政 AI 融媒体产品《中南海特刊》，将央视网人工智能编辑部的独家智能生产工具"I 学习""智闻"等应用在两会场景；创意视频《一纸一画一中国》运用智媒新技术 AIGC 生成，70 秒立体呈现《政府工作报告》的民生成绩单，将内容创新与技术应用紧密结合①。央视新闻《开局之年"hui"蓝图》系列微视频，应用"文心一格"AI 创作辅助平台及数字人等智能技术，实现了具有延续性、多样性的批量化叙事生成，生动地描绘了中国在科技发展方面的变化全景②；大众日报客户端推出的全国"两会"特别策划——《AIGC 眺望未来山东新模样》③；《最高人民法院工作报告》解读首次运用超写实数字人"正义"与 AIGC 技术④。AIGC的多元应用场景和发展空间借助全国"两会"的重要平台，得到了大力宣传。

二 媒体运用人工智能的问题与挑战

2023 年 4 月 28 日，中央政治局在会议上强调要重视通用人工智能发

① 谭景瑜、李璇：《以内容为纽带 以技术为驱动——央视网 2023 年两会报道创新应用实践》，《中国传媒科技》2023 年第 4 期。

② 唐铮、林子璐：《生成式人工智能与新闻业：赋能、风险与前瞻》，《新闻与写作》2023 年第 11 期。

③ 《两会特别策划｜AIGC 眺望未来山东新模样》，大众网，https：//sd.dzwww.com/sdnews/202303/t20230308_11516235.htm，2023 年 3 月 8 日。

④ 《〈最高人民法院工作报告〉解读首次运用超写实数字人与 AIGC 技术 实现人机互动产品》，"青瞳视角"百家号，https：//baijiahao.baidu.com/s？id = 1759984036926984382&wfr = spider&for=pc，2023 年 3 月 10 日。

展，营造创新生态，重视防范风险①。虽然人工智能技术的迭代更新速度快，但其催生出的诸多新问题和新挑战已深刻影响到人工智能嵌入媒体领域的体系调整。

（一）信息端：隐私泄露隐患，侵权难以界定

在向人工智能让渡权利和数据来交换便利时，隐私泄露和侵权危机是必须直面的问题。但目前，我国针对生成式人工智能的风险治理尚不完善，且具体的法律保障仍有欠缺，只能依靠现有法规进行推演，因而尚需时间和资源进行系统布局。一方面，如果用户在训练模型或加工素材时没有得到信息源的授权，可能会侵犯他人的知识产权；同时，经过 AI 加工的文本难以被传统的查重方式发现，故对其侵权行为的判断存在阻碍。另一方面，AI 生成内容涉及的著作权归属问题备受争议，数据提供者、模型提供者、加工使用者之间的权重难以界定，容易消解媒体行业运用 AI 进行内容创作的热情。例如，国内一名博主根据网络热门视频"黄龙江一带全部带蓝牙"所作的画作使用了 AI 进行创作但没有如实标明，从而给其他用户带来是手绘的错觉，而此事件也引起了关于 AIGC 著作权及其边界问题的探讨②。

从隐私保护角度来讲，数据隐私性、模型保密性、模型完整可用性是用户和服务提供商最为关心的问题③。相较于其他行业来说，媒体行业接触的信息较多且来自不同的主体，容易涉及个人的隐私信息，故需要经过严格的来源审查或加密处理。但是，目前数据的市场化机制不健全，存在不正当收集行为，信息来源和真假难以判定，故在缺乏人力监管的情况下，比较容易引起知识产权和个人隐私的纠纷。

---

① 《中共中央政治局召开会议 分析研究当前经济形势和经济工作 中共中央总书记习近平主持会议》，《人民日报》2023 年 4 月 29 日。

② 《因未如实标注 AI 作画，一博主致歉！平台早有规定……》，《中国青年报》，https://hqtime.huanqiu.com/article/4GnbKbKtc6z，2024 年 3 月 1 日。

③ 《〈2023 中国联通人工智能隐私保护白皮书〉发布》，https://mp.weixin.qq.com/s/vSiMGUQAZwc8vhfLguku4Q，2023 年 12 月 21 日。

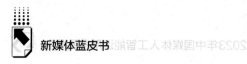

2023年中国媒体人工智能

度，普遍缺乏深度思考能力，其在人工智能技术的迭代、渗透速度
上，也很难跟上的迭代加速和深度触及所带来新挑战和对人工智能技术人才的需求。

（二）加工端：内容虚实混淆，深度伪造风险滋生

从内容生产逻辑看，人工智能主要依赖于数据投喂和算法解析，信息收集和加工的逻辑与人类大相径庭。由于目前人工智能并不具有情感、道德等人性特质与自我意识，其输出结果与整体价值取向取决于数据结构、算法规则与模型训练，因此往往存在算法偏见与歧视、立场与价值观偏差、伦理道德缺位等问题①。此外，人工智能欠缺因果关系的运算能力，只能依靠语料库中的数据进行估计和匹配，不仅天然缺失事实核查能力，还会混淆忽视人类习以为常的细节，这些缺陷可能导致人工智能生成逻辑不通的内容，故在这些技术壁垒未取得突破性进展之前，难以单独承担媒体重要内容的生产工作。

从传播接收层面来看，人工智能生成的内容在形式上具有极高的仿真性，生成虚假信息时极易误导大众；然而，由于目前缺乏辨识人工智能虚假信息的有效手段，故在出现虚假信息时也难以分辨真伪或划定作品归属。全球范围内由人工智能生成的虚假新闻的网站增至957个，且缺乏监管，涉及15种语言，内容涉及政治、科技、娱乐等多个领域②。在对信息准确性和可靠性要求严格、容错率低的媒体领域中，不仅要审慎防范信息偏误带来的高风险，人工智能也可能被用于蓄意生产与传播虚假信息，因此还需要抵抗虚假新闻造成的媒体生态恶化。

（三）接收端：网络群体有极化加剧倾向，价值伦理存在失范风险

人工智能可以增强互联网平台的智能推送能力，并以精准传播等服务来满足多元用户群体的多种需求。但是，部分智能媒体用户容易在个性化信息中陷入新型"信息茧房"，从而导致思维固化，进而容易出现受众群体极化等不良现象。与此同时，由于生成式人工智能对道德伦理和意识形态的内容

---

① 匡文波、姜泽玮：《人工智能时代网络空间治理的框架与路径》，《中国编辑》2023年第9期。

② News Guard：Tracking AI-enabled Misinformation：957 'Unreliable AI-Generated News' Websites (and Counting)，Plus the Top False Narratives Generated by Artificial Intelligence Tools，https：//www.newsguardtech.com/special-reports/ai-tracking-center/，June 10, 2024.

难以进行深度识别，价值判断的逻辑链条较弱，故容易导致 AIGC 出现带有偏见的内容。相关研究报告指出，大模型在生成职业性别描述时，会进一步扩大数据集的固有偏差，存在严重性别偏向[①]。针对此种情况，包括中国、美国在内的 28 个国家和欧盟，在 2023 年 11 月共同签署了《布莱切利宣言》，该宣言是全球第一份针对人工智能这一快速新兴技术的国际性声明，旨在关注对未来强大人工智能模型构成人类生存威胁的担忧，以及对人工智能当前增强有害或偏见信息的担忧[②]。

（四）主体端：生产主体存在被动让渡风险，"智能体"的人文属性有待强化

传播学理论将人类视为传播主体，但随着生成式人工智能（AIGC）介入传播全链条，人类的主体性不断受到挑战。在人机交互的媒体实践中，多元主体不断涌现，人机交互新闻中的主体包括传播主体、实现主体、收受主体、资源主体、影响主体，其核心关系是矛盾的平衡[③]。人工智能逐渐渗入媒体生产全流程，主体关系和人机关系渐趋复杂。模型在解析和生成过程中具有"黑箱"性质，呈现不透明、不可解释性。在人工智能技术架构的支配下，全球数字媒体生态的基本演化趋势是令机器逻辑逐渐取代人本主义成为主导未来信息文明的基础认识论，从而使人类的总体性媒介经验陷入存在危机[④]。尤其是随着数十亿或千亿级别参数大模型的出现，人工智能的运算过程会变得十分复杂且难以解释，技术逻辑跃居价值逻辑的上位，媒体工作者有被排除在直接生产之外或者对人工智能产生过度依赖的风险。

---

① Microsoft Research，"Sparks of Artificial General Intelligence: Early experiments with GPT‑4"（22 March 2023），https://arxiv.org/pdf/2303.12712v1.pdf，accessed 16 October 2023.

② 《首个全球性 AI 声明：中国等 28 国、欧盟签署〈布莱切利宣言〉》，https://www.thepaper.cn/newsDetail_forward_25153617，2023 年 11 月 2 日。

③ 杨保军、潘璐：《论人机交互新闻中的主体构成及其相互关系》，《山西大学学报》（哲学社会科学版）2021 年第 2 期。

④ 常江：《自动化的困境：AI、数字媒体生态与"后人类"的未来》，《新闻界》2024 年第 2 期。

三 媒体运用人工智能的对策建议与趋势展望

2023 年，我国媒体使用人工智能在技术研发、落地转化、运营模式迭代等方面取得了许多开创性的探索成果，在顶层设计、组织变革、范式更新、类型拓展等方面展现出较大潜力；同时，也需要面对隐私泄露、深度伪造、伦理失范、主体危机等维度的风险。因此，亟待以配套的法律法规、运行机制等进行系统规制，持续提升人工智能嵌入媒体运行的转化效能，优化我国媒体的系统布局，防范可能出现的失控风险，并在平衡发展中实现效率和质量层面的持续提高。

（一）人工智能持续赋能媒体行业，提升该领域伦理规范效能

人工智能融入媒体内容生产的全过程，需要充分发挥人工智能技术在采集信息资源、处理数据、内容加工等方面的重要作用，攫取人工智能技术的最新技术成果并即时转化为媒体生产工具，打破以部门、终端、渠道为标准的生产格局，瞄准进行重点布局和全局重塑，推进信息收集、内容生成、校对审核全过程智能化的机制，发展"顶层开发+地方实践"的应用格局，推动形成 PGC（专业机构生产内容）、UGC（媒体用户生产内容）和 AIGC 协同运作的内容生产格局。

媒体行业触及的信息多、领域广，涉及社会的军事、民生、财经、文娱等各个领域，因此在考量资金和可操作性的基础上可以对模型进行层级细化。针对不同领域的信息搭配不同具备专业领域知识的垂类任务模型，由此能够大幅缩减模型从开发到应用所需的算力、数据和时间成本。在人工智能赋能传媒内容生产、传播等时，应深入研究数据确权的机制，明确所有权、使用权和收益权。例如，我国媒体行业应开发系列专业数据库并设立准入和准出规则，为内容生产和责任追溯提供便利，可以引入夏普利值（Shapley value）量化各数据集提供的贡献值，用来解释机器学习中各特征对结果的

贡献度[①]。

与此同时，应将人工智能伦理治理纳入该领域风险治理的重要构成部分，提升该领域以人为本、公平非歧视、透明可解释、责任可追溯的伦理规范程度，完善 AI 的伦理道德判断结构框架，培养并跟踪 AI 研发者的道德规范，及时遏制 AI 实施违反人类伦理行为的可能，为智能社会划出伦理道德的边界。

（二）完善 AIGC 法律规范体系，健全人工智能监管架构

我国相关政府部门需要加快人工智能嵌入传媒产业的法律制度布局，开展与 AI 应用相关的责任划分、隐私保密、产权保护等法律问题的研究，明确不同参与主体相关的条件、权利和义务。

AIGC 相比于 UGC 和 PGC，在主体责任、生成程序、审核手段等多个维度都有较大差异，因此需要尽快确定需要法律治理的重点应用场景，从已有立法中探寻保障各社会主体信息公平及数据信息权益的规范依据，鼓励多元主体共同参与立法研究并进行分类分级监管，出台一系列相互补充支撑、具有可操作性的法律法规。

此外，数字社会形态下的权力技术化、数据资产化，进而导致数字社会治理权力体系的弥散化、数字社会权力形态的扁平化和数字社会权力的虚实交叠，数字社会传统的中心、边缘、半边缘权力格局受到一定程度的冲击，故迫切需要建立与数字社会相配套的现代化风险治理主体架构体系[②]。面对虚假信息、隐私泄露等人工智能运用的突出问题，需要多方主体共同参与优化监管体系。例如，媒体行业在使用人工智能时需要密切关注信息安全与隐私保护等问题，根据信息的重要程度进行分类分级保护，规范产品的数据采集、存储和使用行为，根据应用场景和需求功能定制差异化的隐私保护机制。

---

① CAAI 社会计算与社会智能主编《中国人工智能学会发展报告系列——数字社会的风险挑战与治理应对》，2023 年 9 月。

② CAAI 社会计算与社会智能主编《中国人工智能学会发展报告系列——数字社会的风险挑战与治理应对》，2023 年 9 月。

（三）提升智能媒体的运营效能，建构或优化高附加值的智能生态

人工智能技术的创新突破激活了媒体行业生产范式的新变革，同时也为其在传媒产业的运用提供了新的想象空间。综观媒体行业，关于文本、图片、视频等多模态模型正在全面布局，涌现出巨大新质生产力，并可以在逻辑组织、细节修补等多个环节为媒体生产赋能。受此冲击，传统媒体产业链将加快体系性解构或重塑进程，科技公司、媒体机构等各级参与主体的地位将发生转变，技术主体的地位将逐渐上移，并可能会因在动画、特效等维度的良性运作而直接受益。

受以人工智能等为代表的新质生产力驱动，媒体应强化对构成人工智能的算法模型、算力运用、应用场景等要素的深入挖掘，围绕基础模型开发特有插件，将外部搜索、数据处理等功能与基础模型能力集成，从而进一步丰富模型功能，拓展应用范围，构建具有高附加值的智能传播生态。例如，各级媒体可以持续研发可嵌入 MaaS 和 PaaS 等适合媒体应用的专属大模型，探讨智能媒体内容制作的流程革新，打造内容生产传播新工具，在媒体实践中不断把人工智能的最新技术嵌入媒体运营机制，并以此驱动传媒产业的良性发展。

（四）完善 AIGC 风险管控体系，优化智能传播网络综合治理效能

面对深度伪造、隐私泄露、伦理失范等日益凸显的问题，媒体行业亟须完善 AIGC 风险管控体系，针对全生命周期中不同类型的风险进行针对性治理，建立健全包容审慎、动态敏捷的柔性问责制度和治理机制，规制人工智能技术在媒体领域的向善发展。

其中，人工智能生成的深度伪造信息具有较大的负外部性，故亟须将对信息源的资质审视或对信息内容真实性的核查等要素纳入该领域风险治理的重要环节。例如，在使用 AI 进行创作时，可以自动将数字水印嵌入生成的内容中，与其他信息形成标志性区隔。值得注意的是，国外现已出现在真实信息上标注 AI 生成标签以获得流量的案例，掀起了一场"全员鉴别"的狂欢。

不仅如此，还应持续提升网络综合治理效能，加速布局面向内容安全审核的人工智能应用，充分利用海量的多模态信息和强大的算法算力支撑，提升审核精度与效率，实现确权溯源及版权监控，确保导向和内容安全。

（五）探索技术、人才、制度等要素的协同运作机制，加速智慧全媒体传播体系构建进程

随着人工智能技术向传媒行业的深度渗透，它将引发该领域的结构性变化。面对已经初步具备通用技术潜质的人工智能技术集合带来的重大历史发展机遇，我国传媒产业应将人工智能体系与全媒体传播体系建设有机结合起来，探索技术、人才、制度等要素的协同运作机制，并以智慧全媒体传播体系建设来提升我国传媒产业的国际竞争效能。

首先，我国传媒产业应持续优化新时期智慧全媒体传播体系人才培养效能。生成式人工智能的功能日趋强大，应用领域日渐广泛，倒逼传媒工作者转变职业形态和工作重心，从追求规范性、时效性转向具有深度内容创作和舆论管控等领域，其跨界整合和人机沟通的能力也会受到考验，因而该行业领域以往对不同工作环节的固有认知与评价标准也会有较为明显的改变。国内传媒产业应加快对智慧全媒体传播人才的培养，提升传媒从业人员与生成式人工智能等各种人工智能类型的人机协同能力，进而以人机耦合的高效协作来解放传媒从业人员的生产力。

其次，我国传媒产业应以人工智能等新质生产力来提高本领域资源要素的使用效率，提升智慧全媒体传播体系的运转效能。在人工智能提升传媒行业生产力的前提下，可对传媒行业早期积累的海量知识数据进行挖掘。新型主流媒体可以将人工智能视为支撑自身良性发展和打造自身核心竞争力的重要支点，并以大模型技术等人工智能产品的研发、服务效能的提高，实现对用户群体的细致划分，最大限度地提升用户的个性化需求；在数据、用户等要素的加持下，主流媒体可以发挥人工智能的多模态、跨模态生成能力，实现对数据等资源更为深层、全面的开发，通过对全息、全员、全程、全效媒

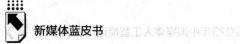

体的立体化探索，打造类型更齐全、内容更丰富的全媒体传播体系，提升自身与商业平台的博弈能力。

参考文献

胡正荣：《习近平文化思想指导下中国新闻出版事业的使命任务》，《编辑之友》2024 年第 1 期。

黄艾：《媒介化治理的基层本土实践：样态、结构与范式》，《编辑之友》2023 年第 12 期。

张彦华、顾秦一：《智能化舆情嵌入意识形态安全的风险、逻辑与治理路径——基于传播政治经济学的分析视角》，《西南民族大学学报》（人文社会科学版）2023 年第 5 期。

喻国明、苏健威：《生成式人工智能浪潮下的传播革命与媒介生态——从 ChatGPT 到全面智能化时代的未来》，《新疆师范大学学报》（哲学社会科学版）2023 年第 5 期。

陈昌凤、张梦：《由数据决定？AIGC 的价值观和伦理问题》，《新闻与写作》2023 年第 4 期。

调查篇 ⧱

B.8
2023年中国短视频行业发展报告

于 烜*

摘 要: 本文从概况、聚焦、问题及趋势四个部分对2023年中国短视频行业进行分析。在数字经济发展的背景下,整体上,2023年短视频行业用户规模小幅增长,时间黑洞优势持续;直播电商增长强劲,短视频商业规模继续扩张;微信视频号突围成功进阶头部阵营,平台寡头格局大势已定;短视频内容被电商化主导,微短剧大火爆款频出。聚焦行业内部,两个特点突出:一是头部平台商,铺全域重品牌,打造超级综合商业体;二是微短剧强破圈,爆发产业新势能。然而,微短剧井喷泥沙俱下,暴露的问题和危害不容忽视。展望2024年,在低成本发展时期,平台将更加聚焦核心业务,谋求现有流量最大变现;短剧发展"精品+主流"趋势会带来"前途+钱途"的繁荣;人工智能AIGC的新进展将推动商业化的应用落地。

关键词: 短视频 短视频平台 内容电商 微短剧 短视频商业化

---

* 于烜,北京广播电视台高级编辑,博士,主要研究方向为视听新媒体、媒体融合、影视传播。

一　2023年中国短视频行业概况

2013年，中国移动短视频大幕在草根的狂欢中缓缓拉开。十年后，这股涓涓细流变成了汪洋大海。这一年，十亿网民在短视频平台"刷刷刷""买买买"；这一年，平台格局完成了从最初的百团大战到如今三寡头竞争的蜕变；这一年，全新的全民短视频商业综合平台拔地而起，空间无限……2023年，短视频行业进入发展新阶段。

（一）用户规模小幅增长，时间黑洞优势持续

继2022年中国短视频用户规模首次突破10亿户大关，2023年短视频行业用户规模保持小幅度增长，用户黏性远高于其他应用继续领先，短视频在移动互联网大盘中居于不可替代的地位。根据QuestMobile的监测数据（以下简称QM）①，2023年短视频行业用户规模月同比增幅在2.3%~5.8%，12月用户规模同比增长率降到2.5%，短视频用户规模增长趋缓，进入低速增长通道，但全年仍呈现高于大盘的稳定增长态势（见表1）。抖音系仍然是拉动短视频用户体量增长的领头羊，2023年12月，在短视频用户规模同比增长率排行中，抖音极速版、抖音火山版、抖音App分别以17.1%、13.7%、6.5%位列前三。在用户黏性上，在移动互联网整体用户使用时长减少的背景下，短视频使用时长增长率也于2023年下半年进入下降通道，全年有4个月出现负增长。尽管短视频用户使用时长有所减少，但在移动互联网大盘中，短视频用户黏性仍然最高，用户使用时长份额占比已经连续三年超过其他各类应用，位于第一。短视频强势挤占即时通讯、综合资讯、在线视频、综合电商等应用的份额（见表2）。

---

① 本文所引用的QM数据，除注明出处以外，均来源于QM数据研究院。此节引用的数据，包括图表均源自QM，后不一一注释。在此感谢QM研究院给予的数据支持。

表1　2019～2023年短视频月活用户与移动互联网月活用户对比

单位：亿户，%

年份	短视频月活用户MAU		移动互联网月活用户MAU	
	数量	同比增长率	数量	同比增长率
2019	8.02	12.6	11.39	0.7
2020	8.50	6.0	11.58	1.7
2021	8.97	5.5	11.74	1.4
2022	9.56	6.6	12.03	2.5
2023	9.79	2.5	12.27	2.0

资料来源：根据QuestMobile数据研究院提供的数据整理。

表2　2020～2023年中国移动互联网细分行业用户使用总时长占比变化

单位：%

行业	2023年	2022年	2021年	2020年
短视频	29.18	30.01	27.07	22.25
即时通讯	21.45	21.78	22.31	24.74
综合资讯	6.91	7.03	6.91	6.76
在线视频	6.59	6.86	6.60	7.20
综合电商	5.57	4.78	5.57	5.30
其他	30.30	29.53	31.33	33.75

（二）直播电商增长强劲，商业规模继续扩张

2023年短视频电商和广告营销规模继续扩大，继2022年之势，直播电商成为2023年拉动短视频商业版图继续扩张的引擎。在数字经济的大背景下，直播电商走向全民化，中国直播电商2018～2021年实现了0到2万亿元飞跃。2019年短视频直播带货异军突起，随着短视频头部平台直播电商基础系统和"人货场"电商生态的日趋完善，抖音、快手成为直播电商的头部力量。2021年抖快GMV过7000亿元；2022年在三个头部直播电商总GMV中，抖快占比72.5%[①]，抖音更是一路高歌，一举突破GMV万亿关

[①] 于炬：《2022年中国短视频行业发展报告》，载胡正荣、黄楚新主编《中国新媒体发展报告（No.14.2023）》，社会科学文献出版社，2023。

口。第三方数据表明，抖音2023年第一至四季度直播电商GMV季度平均增幅高达58%，直播电商在总GMV中占比80%[①]，媒体公开报道抖音电商GMV顺利破2万亿元，达到2.2万亿元。2023年，快手财报前三季度直播电商GMV增长有力，增幅分别为47.4%、38.9%、30.3%，平均增幅39%，如期迈入万亿队列。2023年，微信视频号商业化提速，仅一年时间电商GMV就为1000亿元左右，规模初现。

在整体市场回暖趋势下，2023年短视频广告营销保持增长。作为带动短视频崛起的商业引擎，短视频广告2019~2022年仅3年间就增长1.3倍，尽管自2021年短视频广告增速开始放缓，但是，与移动互联网其他广告类型相比，短视频广告在大盘的份额占比继续提升，2022年超过泛资讯类广告，仅次于电商广告位列第二。2023年，互联网广告市场全年稳步增长，总额7146.1亿元，同比增幅7.6%，短视频广告规模1236.3亿元，份额稳居第二（见表3）。在中国互联网的媒体广告收入中，短视频媒体几乎占领半壁江山，QM数据显示，截至2023年9月，短视频以45.2%的占比遥遥领先于即时通讯、综合资讯、在线视频等其他媒体平台，稳居霸主宝座。其中，抖音App占比近三成，独享最大蛋糕，快手App同比增长3.6%，实现份额占比15.2%，超过微信朋友圈跃升为第二位。

表3　2020~2023年中国互联网广告市场规模及典型媒介类型广告市场占比

单位：亿元，%

年份	中国互联网广告市场规模	电商广告	短视频广告	社交广告	泛资讯广告	在线视频广告	其他广告
2020	5439.28	45.9	15.2	13.1	18.6	4.4	2.8
2021	6550.12	46.5	16.6	13.2	16.6	4.3	2.8
2022	6639.20	49.4	17.0	13.5	14.6	3.2	2.3
2023e	7146.10	50.1	17.3	13.8	13.7	3.3	1.8

资料来源：QuestMobile数据研究院。

---

① 《2023短视频与直播电商生态报告》，飞瓜数据微信公众号，https：//mp.weixin.qq.com/s/-L5yUPKe507RWlf5nEsHOA，2024年1月31日。

（三）视频号进阶头部阵营，寡头格局大局已定

如果说 2022 年的短视频平台是抖音领跑的抖快双寡头格局，那么 2023 年，新兴的微信视频号突围成功，晋级头部阵营，取得与抖快寡头竞争的参赛券。在 2013~2023 年的 10 年间，短视频平台经历了从百团大战到三寡头竞争的格局演变。

2023 年抖音强势领跑的地位无法撼动。在用户规模上，抖音遥遥领先，保持了对快手的绝对优势。QM 数据显示，2023 年 12 月，抖音集团旗下短视频 App 中，MAU 过亿的去重用户规模达 8.92 亿，同比增长 5.5%；快手旗下 MAU 过亿的短视频 App 去重用户规模 5.63 亿，同比微降-2.5%。抖音 App 月活 7.6 亿，同比增长 6.5%，增幅与上年持平，用户规模继续扩大；快手 App 月活 4.5 亿，与上年基本持平。抖快双方极速版的月活体量总体相当，抖音极速版增长强劲，同比保持两位数的增长达到 17%，2023 年再次超过快手极速版。在用户黏性上，2023 年抖快双方仍占据绝对优势，抖音用户黏性继续占优。但是，在移动互联网用户黏性下降的背景下，抖快旗下各平台的用户使用时长都有所减少。从商业化看，2023 年抖快商业营收再创新高。抖音规模优势全面凸显，2023 年字节跳动全球营收额超 1100 亿美元，较 2022 年的 800 亿美元增长近 40%，抖音和 TikTok 是其收入的主要贡献者，抖音完成了从独角兽到巨无霸的演变。

2023 年，被腾讯视为"全场的希望"的微信视频号经过 3 年的强力追赶，终于进入抖快垄断的头部阵营。尽管视频号并未官宣月活和日活数据，但 QM 数据显示，2022 年 6 月视频号 MAU 已达 8.13 亿[①]。腾讯财报披露，上线 3 年来，视频号总用户使用时长已超过朋友圈用户使用时长的 120%[②]，2023 年总播放量同比增长超过 50%。视频号作为"原子化组件"在微信生

---

① QuestMobile：《QuestMobile2022 中国移动互联网年度大报告：总用户超 12 亿、51 岁以上占比 1/4，五大刺激点开启"移动智能钻石时代"》，腾讯调研云网，https：//research. tencent. com/article？id=bJW，2023 年 2 月 21 日。

② 陈国权：《视频号的进化思索与方法论》，《中国记者》2023 年第 11 期。

态中无处不在。而微信这一中国最大的流量池也将源源不断地实现向视频号的流量输送。在内容上，2023 年视频号努力建设内容生态，创作者规模持续增长，头部创作者人数同比增长超过了 20%，每月作品数量同比增长90%。① 随着商业化提速，2023 年视频号已经初步构建了与头部平台几乎相同的商业模式，正在加速完善直播电商基础建设，在广告营销上，财报披露视频号 Q1、Q2 分别为腾讯贡献了 21 亿元、30 亿元广告增量。尽管和抖快相比，视频号还有很大的距离，但它无疑将是未来短视频商业大盘中最值得期待的潜力股。

（四）短视频内容被电商化主导，微短剧大火爆款频出

在短视频内容上，2023 年各平台发文量和活跃度保持上升态势，在内容电商主导下，"无带货不视频"，内容全面电商化。作为内容新增量，微短剧爆火，正在成为娱乐产业的新势能。

从内容发布看，2023 年抖音号、快手号全年呈现增长态势，抖音依然是发布体量之王，新增达人数继续增长，月均发布视频的达人数较 2022 年1 月环比增长 178%，年度发布视频数同比增长 86%②。快手发文频率加快，发文间隔由 8 天缩短为 6 天。视频号崛起迅速，新榜数据显示，从活跃账号月均发布量看，视频号均值已达 10 篇，正在向抖音（14 篇）、快手（13篇）水平靠拢。视频号头部作者人数同比增长超 20%，月作品数量同比增长近 90%。从内容类别占比看，抖快头部集中，排名前三中各类型占比均达到或超过 10%，抖音美食、家居、时尚总占比近 43%；快手时尚、娱乐、情感占比 48%，视频号各类别较为均衡，各赛道都有较大空间。

延续 2022 年直播态、电商化的趋势，全面电商化为 2023 年内容主旋律。无论短视频、直播还是图文，创作者不是在带货，就是在奔赴带货的路

---

① 新榜研究院：《2023 微信视频号年中发展报告》，新榜微信公众号，https：//mp. weixin. qq. com/s/QL-Eze4Sa5pMGpULy01xuA，2023 年 8 月 30 日。

② 新榜研究院：《2023 新媒体内容生态数据报告》，新榜微信公众号，https：//mp. weixin. qq. com/s/ZwX184JDh382T3JwWDaV9Q，2024 年 1 月 30 日。

上。2023年12月，抖音平台人均带货视频数环比增长33%。人均直播场次增长201%，带货直播场次增长62%。热门直播间中，43%属于带货直播。①2023年微短剧狂飙成为各平台的"大热门"。继2022年微短剧兴起，2023短剧迅速火爆出圈。从发文量看，各平台均大幅增长，快手增幅最大达到350.5%，抖音增长287%，视频号增长194%②。快手平台创作者超10万，短剧用户达2.7亿，同比增长3.8%，观看时长同比增加17%，作品爆款频出，2023年播放量3亿+作品20部，5亿+作品11部，2部作品《美颜成真》《一千只千纸鹤》播放量达到10亿+。③抖音平台短剧作品播放热度同比2022年增长180%，短剧关联达人数增幅225%④。2023年被称为"短剧元年"，短剧产业生态逐步形成，短剧正在成为娱乐产业的一个新势能。

二 2023年中国短视频行业聚焦

（一）头部平台深耕电商，铺全域重品牌

2023年抖音全域电商建设一马当先，"短视频+直播"的内容与商城、搜索、推荐、店铺等货架场景协同互通，货架业务高速增长，持续发力自营电商建设，抖音商城生态日益完善，强攻本地生活服务板块，市场份额进一步扩大。抖音发力货架场景，投入100亿元现金到商品卡免佣项目，用真金白银扶持商家做好"全域"，加速货架场景发展。随着搜索功能完善，商品卡渠道的销售额持续上涨，总销售额占比从2021年的5%增长为2023年的16%，第一至四季度抖音商品卡渠道的GMV同比增幅从44%跃升到140%

① 《2023短视频与直播电商生态报告》，飞瓜微信公众号，https://mp.weixin.qq.com/s/-L5yUPKe507RWlf5nEsHOA，2024年1月31日。

② 新榜研究院：《2023新媒体内容生态数据报告》，新榜微信公众号，https://mp.weixin.qq.com/s/ZwX184JDh382T3JwWDaV9Q，2024年1月30日。

③ 艺恩内容智库：《2023快手短剧数据价值报告》，快手微信公众号，https://mp.weixin.qq.com/s/2siOZ_ZAbzwg1SVOApDVw，2024年1月13日。

④ 飞瓜：《2023年度电商观察》，流媒体网，https://lmtw.com/mzw/content/detail/id/231511/keyword_id/9，2024年2月2日。

（飞瓜），① 带来了销售新增量。抖音电商大会官方公布，截至 9 月，货架场景 GMV 同比增长超过 140%，动销商品数量同比增长超过 44%。2023 年抖音自营电商获得新成果。抖音在 2020 年电商业务启动之时就确定了自营电商的战略，在供应链、物流、支付等多方发力，2023 年正式上线的"抖音进口超市"，填补了平台在自营跨境电商的空白，至此抖音已经拥有包括美妆品类、快时尚服装、文创、超便宜小店、农产品、酒水电商，以及抖音超市和抖音进口超市在内的 8 条自营业务线。此外，加码图文带货，进一步做大全域电商蛋糕。2023 年，本地生活服务赛道拥挤，抖音与大众点评的重合用户规模同比增长，拼多多开放了"本地生活"入口，快手也出现"团购优惠"界面，加上小红书等新兴平台的入局，本地生活行业竞争激烈。

快手电商紧跟抖音步伐，2023 年 2 月首次明确了"全域经营"战略，从"短视频+直播"的内容场、"搜索+商城"的泛货架场两方面共同发力，以"低价好物、优质内容、贴心服务"，对标抖音的"好内容、好商品、好服务"。快手电商要在直播电商、泛货架场景齐头并进，迎头追赶。一方面，2023 年快手着力强化直播电商 GMV 规模效益的提升。快手打通达人分销、商家自播的壁垒，通过"达播+店播"组合解决了商家增长的瓶颈以及冷启动困难等痛点，助力经营提效。启动"川流计划"把资源向优质经营者倾斜，将流量扶植从 300 亿增加到 600 亿+；"扶摇计划"，扶植商家和达人进行大场直播，以提升 GMV，共同做大蛋糕。快手电商业务提升也反哺了平台的内循环广告业务。另一方面，小步快跑抓全域，快手正在构建包含商城、推荐、搜索和店铺等多个场景在内的泛货架场域。"短视频挂店铺"视频上线就是要实现内容和货架的打通。8 月上线的核心品牌补贴频道"大牌大补"，则以"大牌正品、好物低价"为核心，在商城频道、搜索、推荐等场景进行分发，进一步提高品牌商品转化率。

视频号也以电商作为商业化的核心，正在倍速补课，补足电商人、货、

---

① 《2023 短视频与直播电商生态报告》，飞瓜微信公众号，https：//mp. weixin. qq. com/s/-L5yUPKe507RWlf5nEsHOA，2024 年 1 月 31 日。

场的建设。在供给侧，视频号扶植品牌商家，对新入驻小店的品牌商家提供冷启动等专享服务，对达人取消挂车限制，对直播达人进行冷启动激励，降低带货门槛。在消费侧，上线"先用后付"以培育用户。视频号通过调整组织机构，将各自为政的微信支付和视频号打通，完善电商基建。视频号电商权重在腾讯内部得到进一步提升。

（二）微短剧强破圈，爆发产业新势能

2023年，短剧狂飙突进、千帆竞发，各方争相入局，内容品质不断向好，用户日益壮大破圈增长，微短剧行业规模、商业市场实现爆发式增长。2023年，国内短剧用户规模超5亿，短剧数量再创新高，短剧备案量近3000部，上线量1400部，连续两年同比增速超过50%，短视频平台是供给主力军和亿级爆款"制造机"。截至2023年12月，快手"星芒短剧"4年间的上线总量达到近千部，播放量过亿的短剧326部，其中2023年播放量3亿+的共有33部，快手短剧用户达2.7亿，同比增长3.8%，观看时长同比增加17%，快手创作者超10万，同比增长10%。[①] 2023年，独立的短剧App纷纷涌现，更有两款短剧App跻身在线视频行业TOP10。除了长短视频平台、影视公司和MCN等以外，短剧吸引了越来越多的玩家入场，2023年国内短剧相关企业数量超30万家，产业链生态逐步形成，推动了供给增长和商业规模扩张，平台付费短剧数量激增，付费用户飙升，快手日均付费GMV同比增长超400%，小程序类短剧日进斗金，极大地推动了短剧市场规模扩张。

在平台方扶持和政府引导下，2023年短剧向精品化、专业化方向发展。2023年抖音与芒果TV合作，发布精品扶植计划，4月抖音联合长信传媒、柠萌影视、正午阳光、华策影视等十家影视厂牌发起"辰星计划"，征集创意短片、打造精品短剧，已有37家影视公司与其达成合作意向。年底，抖音启动"辰星计划"的媒体合作专项，宣布将携手新华社、新华网、央视频等20多

---

① 艺恩数据：《2023快手短剧数据价值报告》，快手微信公众号，https://mp.weixin.qq.com/s/2siOZ_ ZAbzwg1SVOApDVw，2024年1月13日。

家媒体，围绕"向阳、向善、向美"三大篇章，"致梦想、致青春、致温暖、致振兴、致国风、致想象"六个主题方向，共创精品微短剧。抖音积极探索通过二创实现热门影视IP的短剧化，比如《超越吧，阿娟》来源于动画电影《雄狮少年》，《我的归途有风》源自热门剧《去有风的地方》。

短剧繁荣吸引了品牌商的目光，短剧成为品牌方内容营销的新阵地。快手累计上线商业化短剧90+，品牌合作数量35+，2023年第三季度短剧招商收入环比提升10倍，① 行业覆盖食品饮料、美妆等多个行业。京东新百货与《东栏雪》，"快手雪碧酷爽剧场"，飞鹤奶粉与《万渣之璀璨星途》；上海大众与《意想不到的人生》，OPPO手机与《月白之时》，天猫国际与《美颜成真》等的合作案例，均成为年度品牌营销的成功范例，其中商业定制短剧《美颜成真》为天猫国际带来了10.9亿的曝光量，令人称道。除了品牌营销、短剧付费等商业变现模式以外，短剧仍在拓展更大商业版图，比如原创剧本版权二次售卖、短剧出海等。此外，总局发布"跟着微短剧去旅行"创作计划，旨在以"微短剧+文旅"促进文旅消费，在政策引导下，地方文旅的入场会进一步扩大短剧营销规模。

2023年微短剧不仅在短视频平台独领风骚，而且带动一批独立短剧App快速成长，如快手的喜番App，字节集团旗下的番茄短剧App等，且催生了小程序短剧的崛起。2023年短剧类App+小程序短剧的用户规模爆发式增长。截至2023年12月，短剧类App+小程序用户月活近1.5亿，增长率高达783%②，同比上年增长近8倍。小程序短剧主要依靠投流，从抖快等短视频平台获得导流用户，用户点击平台上营销链接跳转到小程序上完成观看，因此小程序短剧也是抖快平台稳定的广告客户。与抖快的免费模式不同，小程序短剧的所有剧目需要付费才能解锁看全集，率先跑通了短剧付费

---

① 艺恩数据：《2023快手短剧数据价值报告》，快手微信公众号，https：//mp.weixin.qq.com/s/2siOZ_ _ZAbzwg1SVOApDVw，2024年1月13日。

② QuestMobile：《2023中国移动互联网年度报告：QuestMobile2023中国移动互联网年度报告：二线以上城市用户占比增10.5%，用户集聚促互联网使用及消费模式三大剧变》，QuestMobile微信公众号，https：//mp.weixin.qq.com/s/Hh5idF2Kxc2Oh_ b-HQOc0w，2024年1月30日。

的通路，实现了规模收入，超出了行业的预期。2023 年的微短剧已经不仅是一个内容赛道，而且随着产业链的形成，正在成为娱乐产业的一股新势能。

三 2023年中国短视频发展中的新问题

原本野蛮生长、杂草丛生的微短剧成为 2023 年当年网红。微短剧的火爆也使得隐藏在黑暗、灰暗地带的污垢、污秽一并暴露在聚光灯下。综观整个行业，关于这个"电子榨菜"的 N 宗罪，至少有以下问题不容回避。

一是内容层面同质化严重。满眼望去，霸总、逆袭、甜宠、穿越等比比皆是，题材雷同重复。二是文化层面价值导向、审美格调的偏离和失范。遭诟病的有毒电子榨菜，缺乏精神营养、艺术内涵，"擦边"成常态，甚至故意传播暴力色情、审美恶俗，不惜违反公序良俗，无视法律红线，这些内容的传播对社会的危害是不言而喻的。三是粗制滥造，胡编乱造，东拼西凑，草台班子"7 天写完剧本""一周拍完 100 集"等。尽管微短剧出现了精品化趋势，但质量普遍不高。四是版权问题突出，盗版、抄袭、侵权严重。五是运营乱象频发，突出体现在小程序类短剧，用户完成付费后却无法解锁全部剧集，类似的欺诈频频发生，侵害消费者权益。

针对微短剧乱象，政府监管方面开展集中专项整治和法规制度建设。2023 年，总局督导多个平台清理低俗有害网络微短剧 35 万余集（条），处置有害网络微短剧小程序 429 个、账号 2988 个。在治理转入常态化后，总局要求平台切实担好主体责任，各大平台纷纷建立微短剧"黑名单"机制。同时，各省级广电局也相继出台政策，对微短剧进行细化规范，并扶植、引导精品生产。2023 年 11 月，总局宣布将进一步完善常态化管理机制，要从 7 个方面加大管理力度，加快制定《网络微短剧创作生产与内容审核细则》。12 月，针对第三方小程序的管理，平台方积极响应，快手公告切断第三方短剧小程序的推广投放，不允许跳转，将所有短剧纳入自有平台。抖音明确表示，所有小程序短剧都要经过平台审核，通过之后才能进行投流推广。

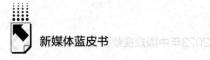

当下，小程序短剧的本质是流量生产而非内容生产，只要能激发足够大的流量，便可用用户付费的钱投流，从而获得更大流量，循环往复，就能割韭菜获利，这是微短剧行业乱象的根本原因。破圈前，短剧用户以"三保"人群（保安、保洁、保姆）作为基本盘，主打中国下沉人群特别是中老年的情感需要。在中国，这一群体基数庞大，他们的情感需要却长期被忽视，短剧提供的情绪价值正好填补他们的情感空白。再者，小程序短剧属短视频平台范畴之外，剧集上架、内容审核都不受平台管理，2023 年之前，小程序短剧是不受约束的一块法外之地，这些短剧的流量生意做得风生水起且肆无忌惮。

为了微短剧行业的规范、有序，使其变流量生产为内容生产，监管方、平台方、制作方应共同努力。在行业常态管理下，政府需要堵、疏结合，缺一不可。一方面对于违规违法的内容要严惩不贷，坚决封禁，另一方面加强正面引导，积极扶植主流精品。平台方需要切实履行管理主体职责，去除内容隐患；制作方需要积极自律，通过行业协会自觉自主地促进微短剧的向善向好，更好地发挥文化引领作用，释放产业发展价值。

四　中国短视频发展的新趋势

（一）平台聚焦核心业务，谋求现有流量最大变现

经过近几年的超高速发展，短视频用户渗透率触达天花板，用户规模增长趋于乏力，活跃用户增长的瓶颈难以突破，头部平台商业化进程面临趋于增长收缩的现状，抖音商业收入增幅由 2021 年的 80% 下降到 2023 年的 30%+，随着互联网产业的"降本增效"和短视频存量竞争的加剧，短视频撒币扩张时代结束了。2023 年抖音先后对教育、元宇宙 PICO 等效益不突出的新兴业务进行大规模的裁员，最终痛下狠手关停、剥离了重金投入的游戏业务，放弃自营游戏，收缩止损。未来，短视频发展的主基调将由高投入高增长转向低成本谋增长。

短视频的商业逻辑是内容流量的变现，新增流量是新增收入的基础，为了突破用户增长瓶颈，抖音持续投入做社交、做搜索，然而借助搜索和社交给抖音注入增量的设想，并未变成现实。在业绩增长趋缓的压力下，必须最大限度谋求存量用户的变现价值，提高单位流量的变现效率。在低成本谋增长的发展阶段，平台要聚焦核心业务，把更多资源投入更容易赚钱的业务中，以谋求现有流量最大收益。

内容电商是实现现有流量最大变现的核心。当短视频平台跑通了内容电商的通路后，在抖快平台上的亿级用户便从"刷刷刷"变成"买买买"，近年来在短视频广告营销增长乏力趋势下，电商 GMV 规模、营收持续增长，成为短视频商业化的新引擎。而电商业务壮大，也驱动平台内购广告业务壮大，商家、达人为了增加直播带货的曝光和转化，向平台投放的内购广告费用水涨船高。因此聚焦电商，发力货架场景，无疑将是平台的重中之重。未来抖音将继续全面建设货架场，同时加速拓展本地生活服务，到家、到店、即时零售齐头并进，实现规模化增长。在电商业务上，快手将跟进发展以搜索为主的泛货架电商，随着用户在本地生活、房产、求职招聘等板块渗透率的持续提升，快手会继续加码理想家和快聘，扩大业务规模，保持垂类领先地位。

（二）短剧的"精品+主流"将带来"前途+钱途"的繁荣

2023 年，微短剧爆发式增长，不仅给短视频平台带来了内容增量和变现价值，而且正在形成一股产业的新势能。在政府的监管、引导和平台的积极推动下，微短剧的精品化、主流化的发展前途光明，未来会释放更大的营销价值增量。

2023 年，政府对微短剧既有清理整顿的监管也有正向引导的扶植，未来，网络微短剧创作生产与内容审核细则的出台以及管理走向日常化，将进一步促使微短剧从野蛮生长的边缘走向健康规范的主流。2024 年不管是微短剧在总局春节档推荐片单中正式亮相，还是"微短剧+文旅"的政策引导，无疑都增加了微短剧精品、主流的基调。

当精品微短剧已经显示了流量变现的商业价值和潜力时，平台方将更加聚焦这一核心业务，集中更多资源，扶植精品、打造品牌，进一步扩大营销规模。2024 年开年，抖音发布"辰星计划"，在之前媒体项目基础上，提出面向影视公司、MCN 机构、个人创作者等全行业，以联合出品、联合运营两大模式，提供 500 万元现金和 1 亿流量，旨在推动精品产出，从而吸引更多品牌预算，抖音上优质微短剧创作机构已超过 300 家，将会涌现一批微短剧制作厂牌。2023 年快手合作的品质短剧共有 30 多部，在 2024 年开年快手官宣将招商短剧扩容到 200 部。未来，品质短剧会使品牌营销的价值进一步凸显。

（三）人工智能 AIGC 的新进展将推动商业化的应用落地

继元宇宙、虚拟人之后，人工智能生成内容 AIGC（AI-Generated Content）引发新热潮。就在人们兴奋地谈论 AI 绘画 Midjourney、Stable Diffusion 等应用时，ChatGPT 横空出世，2024 年 2 月 Sora 的诞生，再次令世界震惊，OpenAI 发布的这一文生视频大模型生成的 60 秒视频，让人们看到了 AI 释放的革命性力量。

缘起于 AI 算法技术的短视频，始终紧跟技术发展。2023 年快手科技研发大语言模型"快意"，用"AI 对话"功能，帮助用户高效搜索主播、视频；依托文生图大模型"可图"，快手在站内短视频评论区内测 AI 文生图功能，这是业内首次在大型 App 核心业务场景中应用 AIGC 能力，此外集成了大语言、文生图的 AI 小快也在内测中。抖音于 2023 年 2 月组建大模型团队，着力语言和图像两种模态，之后发布的"豆包"上线仅仅 3 个月用户就突破千万，用户规模超过百度的"文心一言"，年底在主 App 内测试了搜索产品"AI 搜"。抖音在收缩裁撤 PICO、游戏业务同时成立 AI 创新部门 Flow，负责抖音旗下 AI 业务，意味着抖音将聚焦资源发力这一即将到来的流量风口。未来，相较于 AI 通用大模型，短视频领域将会催生出更具商业落地价值的应用。

参考文献

方兴东、王奔：《中国互联网 30 年：一种网民群体画像的视角——基于创新扩散理论重新发现中国互联网的力量与变革之源》，《传媒观察》2023 年第 1 期。

张志安、田浩、谭晓倩：《专业媒体与互联网平台的"常态接合"——2022 年中国新闻业年度观察报告》，《新闻界》2023 年第 1 期。

沈鲁、乔羽：《以短见长：知识类短视频的内容生产与价值提升》，《编辑之友》2023 年第 1 期。

王建磊、冯楷：《从补偿到泛在：短视频的媒介演进与价值转向》，《中国编辑》2023 年第 Z1 期。

彭兰：《视频号的激活与突破：强社交平台的视频化之路》，《新闻与写作》2023 年第 3 期。

B.9
2023年中国新媒体舆论引导报告

孟威 赵伽东*

摘 要: 2023年,中国的新媒体舆论引导形成了政策助推、思想指引、矩阵效应、地方参与、技术融合、关注国际六大现状,推动互联网舆论生态健康有序发展。然而,部分媒体在工作中也存在舆论导向失焦、反应迟滞落后、未周详考虑言语用词、方法手段欠妥当等问题。对此,主流媒体应扎实推进调查研究,在共情理解中努力弥合共识,即时展开引导工作,让公众在时代发展的浪潮中感受人文关怀与正面力量。与此同时,媒体也要准确洞察未来发展趋势,深入理解智能技术对舆论引导的重塑意义,站在人与媒介深度融合的背景下把握引导思维的变化,确保主流思想舆论的声音唱响整个新媒体网络空间。

关键词: 新媒体 互联网 舆论引导

一 新媒体舆论引导的整体现状

(一)细化新媒体内容监管,直击恶化舆论生态的信息源头

舆论是公众关于现实社会以及社会中的各种现象、问题所表达的信念、态度、意见和情绪表现的总和①。新媒体时代,互联网不仅是公众获知各种

---

* 孟威,博士,中国社会科学院新闻与传播研究所研究员,中国社会科学院大学教授、博士生导师,主要研究方向为网络新媒体与社会发展、伦理文化、媒体融合;赵伽东,中国社会科学院大学新闻传播学院博士研究生,主要研究方向为网络新媒体。
① 陈力丹:《舆论学——舆论导向研究》,上海交通大学出版社,2012,第33页。

社会议题的重要来源，更是展开讨论、形成舆论的公共空间。然而，网络信息的参差不齐使得新闻反转频发，流量逻辑也令内容真假难辨。在2023年的热点舆情事件中，诸如带节奏、"蹭热点"、挑动对立、恶意误导、造谣传谣等现象屡禁不止①。这些不良信息不仅可能诱发偏激、极化的网络舆论，持续破坏网络生态，更对新媒体舆论引导造成挑战，在舆情爆发时产生非常负面的作用。

基于此，中央网信办于2023年1月18日启动"清朗·2023年春节网络环境整治"专项行动。经过1个月的专项整治，重点平台累计拦截清理违法不良信息119万条，处置违规账号、群组16万个，有效净化了春节期间的舆论环境②。2023年3月28日，国务院新闻办公室举行2023年"清朗"系列专项行动新闻发布会。2023年7月5日，中央网信办发布《关于加强"自媒体"管理的通知》（以下简称《通知》），要求网络平台做到严防假冒仿冒、加强真实性管理、规范信息来源标注等13项，持续维护网络舆论生态。整体来看，2023年继续加大了新媒体在线内容监管的力度，并将其逐步细化。一方面，作为国内首个针对自媒体管理的专项治理规定，《通知》的出台标志着监管对象从宽泛的互联网到特定的平台、自媒体转变，更具针对性；另一方面，监管范畴不断细化，致力于全面覆盖新媒体内容生产的诸多乱象，具有多层次、宽领域、强纵深的特征，力求清除网络负面信息、净化网络舆论生态，助推新媒体舆论引导产生积极效果。

（二）重申新媒体舆论引导的重要性，为其提供思想指导

重视新闻舆论工作历来是马克思主义新闻观的重要思想，也是符合中国国情、适应时代发展的必然举措。党的十八大以来，习近平总书记在多个场合重申了新媒体舆论引导的重要性，并提出做好网上新闻舆论工作、形成网

---

① 《2023年度网络舆论场特征分析》，http://www.legaldaily.com.cn/The_ analysis_ of_ public_ opinion/content/2024-02/08/content_ 8960277.html，2024年2月8日。
② 《2023年"清朗"系列专项行动重拳整治9大网络生态突出问题》，https://politics.gmw.cn/2023-03/28/content_ 36460293.htm，2023年3月28日。

上网下同心圆、强化互联网思维等一系列指示。这些表述对新时代舆论引导提出了明确要求，具有丰富的时代价值与实践意义。

2023 年 10 月 7~8 日，全国宣传思想文化工作会议在京召开，会上正式提出了习近平文化思想。其中，"着力提升新闻舆论传播引导力影响力公信力"作为"七个着力"的组成部分位列其中。习近平总书记指出："随着 5G、大数据、云计算、物联网、人工智能等技术不断发展，移动媒体将进入加速发展新阶段。要坚持移动优先策略，建设好自己的移动传播平台，管好用好商业化、社会化的互联网平台，让主流媒体借助移动传播，牢牢占据舆论引导、思想引领、文化传承、服务人民的传播制高点。"① 必须坚持党的领导，坚持以人民为中心，深刻认识新媒体传播规律，准确把握互联网舆情的生成逻辑与内在机理，呵护求真、向善、至美的网络舆论生态，从而让党的声音传得更开、更广、更深入，让党的主张成为时代最强音，凝心聚力，为实现中华民族伟大复兴提供有力舆论支撑②。新媒体舆论引导不仅是国家战略的重要组成部分，更拥有着丰富的思想内涵。

（三）全媒体传播体系初具雏形，舆论引导的矩阵效应显现

2023 年是媒体融合十周年。10 年间，我国建成了一批形态各异、功能多样、覆盖全面的新型主流媒体，逐渐成为新媒体舆论引导的主力军。在建设全媒体传播体系的战略指导下，主流媒体纷纷布局新媒体平台，从"两微一端"向"两微一端+抖音+快手+B 站+头条+小红书"等多渠道转变，在全网构筑起主流舆论的表达空间。

随着全媒体传播体系初具雏形，新媒体舆论引导的矩阵效应也得以显现。一方面，舆情事件的爆发会在各大新媒体平台上引发关注，舆论来源呈现多点扩散的态势。另一方面，主流媒体亦可突破单一渠道的限制，利用多

① 《深入学习领会习近平文化思想》，http：//www. qstheory. cn/2023－10/24/c_ 1129933866. htm，2023 年 10 月 24 日。

② 《【深入学习贯彻习近平文化思想】提升新闻舆论"四力"，巩固壮大主流思想舆论》，https：//politics. gmw. cn/2023－11/06/content_ 36947020. htm，2023 年 11 月 6 日。

个新媒体平台组成的传播矩阵同时发声,从而在互联网上形成一个又一个引导声浪。在杭州亚运会期间,新华社以2023年爆火的"Citywalk"为灵感、以浙江省的六座亚运会办赛城市为对象创作了沉浸式互动产品《3D穿"阅"画卷丨亚"韵"Citywalk指南,请查收》。产品一经发布即在新华社客户端、新华网、新华社新媒体专线、微信公众号、微博、抖音号、快手、视频号、哔哩哔哩等终端平台实现矩阵式传播,相关微博话题浏览量超4300万,新华社客户端浏览量超200万,微信公众号阅读量超30万,全网触达量破亿[1]。作为亚运会期间新媒体舆论引导的一部佳作,该作品借助矩阵效应迅速出圈,在宣传亚运之余激发了人们对中国传统文化的热情与对中国式现代化的信心,营造了向上、健康、光明的舆论氛围。在持续建设全媒体传播体系的背景下,主流媒体的舆论引导将起到"多点开花,集中造势"的效果,推动互联网舆论健康发展。

(四)地方媒体适时而动,借势新媒体平台做好地方舆论引导工作

中央级和省级媒体拥有头部资源优势,在影响舆论、推动话题宏观走向等方面发挥了重要作用。而市县级媒体则更贴近地方,能够有效整合地方区域经济、社会资源,对打通舆论引导的"最后一公里"具有重要意义。面对地方舆情事件,市县级媒体往往有更高的敏感度与接近性,能够通过主动设置议程、遵循网络规律、政媒联合出圈等形式展开舆论引导。

2023年春夏之际,"淄博烧烤"火遍全网。在"大学生组团撸串"初步发酵后,淄博市政府、媒体迅速推出了烧烤地图、公交专列、烧烤小程序等一揽子措施,拉近了外地游客与淄博当地的距离。[2] 在酒店涨价等负面舆情面前,淄博地方主动介入,积极展开调查,及时解决问题,第一时间在网上发布官方公告,平息舆论的同时建立了正面的城市形象,引导网络舆论向

---

① 《体育文化热点引导怎么做?来看新华社的经验与策略》,http://www.zgjx.cn/2023-12/29/c_1310757932.htm,2023年12月29日。

② 孟威:《"媒介化"景观与城市品牌的文化整塑——以淄博烧烤引流出圈为例》,《人民论坛》2023年第12期。

好发展。2023年冬，哈尔滨也凭借冰雪大世界出圈。哈尔滨地方媒体主动回应网络负面舆情，妥善解决群众关切的门票、排队、宰客等问题；在新媒体平台广泛宣传铺设地毯、温暖驿站、"人工月亮"等暖心举措，引导舆论持续关注冰雪旅游等积极话题，成为一大网络热点。较之于国家级、省级媒体关注宏观问题的倾向，市县级媒体可凭借自身优势积极引导地方舆论，形成"新媒体率先引发关注，主流媒体随后接管舆情"的引导模式，借网络平台之势频频出圈，从而配合全国媒体形成错落有致的舆论导向，做好地方舆论引导工作。

（五）创新融媒体内容生产，"技术融合"成为新媒体舆论引导的主要手段

新媒体时代，技术赋能传播已然是共识，以单一文字报道为核心的传统舆论引导方式存在失声失语的可能。随着媒体融合日益深入，近年来，我国媒体逐渐深化对互联网规律的认识，积极推动融媒体产品创新，"技术融合"成为新媒体舆论引导的主要手段。2023年，不少事件的舆论引导离不开融媒体技术的帮助，诸如数据新闻、H5、算法、AI、VR、AR、动画等皆为常用手段，技术思维深入人心。

在2023年的全国"两会"期间，围绕乡村振兴、依法治国、正风反腐、社会治理等舆论关切的议题，新华网制作了《深情系乡村》《中国的民主》《征途向未来》《美丽中国新画卷》《"国家账本"中的国计民生》等一系列融媒体短视频，在全面梳理过去成就的同时，阐释未来发展的远景，焕发公众的信心与活力，在"两会"期间产生了积极正面的舆论引导效果。此外，委员建议一直是"两会"期间的舆情热点。为了拉近公众与委员的距离，人民网打造了"#你好新代表新委员#"等微博话题，网民只需携带标签、发布动态，即可直接与代表委员进行互动①。随着人工智能的不断发

---

① 《多维聚合与深度嵌入：2023年全国两会融媒报道创新探析》，https://new.qq.com/rain/a/20230510A00S0800，2023年5月10日。

展，智能技术也赋能舆论引导工作。"两会"期间，最高人民检察院发布的《AI绘出法治中国》借AI的笔触绘制了一幅未来法治中国的蓝图，持续营造良好的舆论氛围。

（六）持续关注国际舆论，主动发声做好国际传播工作

党的十八大以来，习近平总书记多次强调国际传播的重要性。2023年，中国主流媒体不仅扎实做好国内舆论引导工作，更是持续关注国际舆论环境，主动设置议程，讲好中国故事，展现出可信、可爱、可敬的中国形象。2023年，中央广播电视总台持续做优做强《平"语"近人（国际版）》《经典里的中国智慧》《典籍里的新思想》等一系列外宣新媒体产品，积极借助海外社交平台引导国际舆论①。2023年8月，《平"语"近人——习近平喜欢的典故》第二季英语、法语、阿拉伯语、豪萨语、斯瓦希里语等多语种版本在非洲启播②。该节目增进非洲民众对中国文化、中国思想、中国智慧的认同，成功打造了外界了解中国形象的窗口，引发了国外民众的好评。

此外，我国媒体也在重要国际事件中不失声、不失语，借助互联网平台展现中国立场、发出中国声音。例如，2023年3月，新华网英文版网站刊载了头条文章《沙特与伊朗恢复关系有利于地区安全，体现了中国促进全球安全的善意》，表达了中国提倡互利共赢、和平协商的主张，介绍了国际舆论对中方斡旋的积极评价，有力驳斥了某些西方媒体的"阴谋论调"。2023年8月24日，日本政府决定排放福岛第一核电站核污水入海。面对日本刻意混淆核污水与核废水、随意取舍引用国际原子能组织报告等搅乱国际舆论的行为，CGTN发布《中国强烈谴责日本福岛核电站泄水计划》一文，有理有据阐释了上述行为的不合理性，表达了坚定的中国态度。

---

① 《构建全媒体传播体系　奋力打造国际一流新型主流媒体》，http：//www.zgjx.cn/2023-07/13/c_1310732275.htm，2023年7月13日。

② 《〈平"语"近人——习近平喜欢的典故〉第二季在非洲启播》，http：//www.qstheory.cn/qshyjx/2023-08/21/c_1129813446.htm，2023年8月21日。

二 新媒体舆论引导面临的现实问题

（一）舆论导向失焦，未能抓住公众心理症结

从本质上讲，任何外露的言语、情绪都是一种特殊的态度，而态度是由一定的信念决定的[①]。对于新媒体舆论引导来说，媒体除了要关注外在显露的网络意见外，还要深入探求孕育舆论的内在动因，聚焦公众做出判断、提出观点、产生行为的心理症结，进而对症下药、直击靶心，使之起到预期效果。如若媒体在未曾洞察社会心理基础的情况下就贸然下场，不仅可能难以实现原定目标，还可能引发反作用。以国务院办公厅发布的《关于 2024 年部分节假日安排的通知》为例，该项安排的出发点是在确保合理调休的情况下尽可能多地安排休假时间，但在互联网新媒体中反被流传为"除夕不放假"。这实则反映了不少人深层次的心理认知，即一方面未能理解安排的初衷，另一方面则担心"他人除夕休息而自己未休"会产生公平与否的疑问。然而，在该通知出台后，部分媒体非但没有回应公众的深层诉求和担忧，反而用"用心良苦""精心设计""不得不调""累觉不爱"等貌似俏皮话语反复重申有关话语，更是忽视了公众关切的公平问题。以至于不但没有平息舆论，反而在互联网上引起了新一轮群嘲，舆论导向失焦。这表明，以互联网新媒体为主阵地的舆论引导不能流于表面，而要及时抓住公众的心理症结，关注产生舆论的深层动因，才可能达到预期的引导作用。

（二）引导迟滞落后，折损影响力且失去落点

互联网时代，人人皆可发声。在低门槛、去中心、匿名化的网络格局下，一个热点舆情事件的出现会立刻引发全网关注。众声喧哗在一定程度上体现了个体表达的自由，然而，诸如把关消失、责任欠缺、流量至上等问题

---

① 陈力丹：《舆论学——舆论导向研究》，上海交通大学出版社，2012，第 35 页。

的出现也给新媒体舆论生态造成了负面挑战。对此，主流媒体必须主动出击，特别要争取赶在自媒体之前发出权威声音，抢占舆论引导的第一落点。但是，在互联网裂变式传播已成普遍现象的当下，有不少媒体在舆论引导的时效性方面出现问题。这表现在：一方面，在舆情爆发的初期，由于事件尚未水落石出，部分媒体习惯性选择不发声。惯于保守的主流媒体不敢越雷池半步，往往会选择回避性沉默，等待观望官方正式发布权威消息①。另一方面，在有关部门已经发声但并未平息舆论的情况下，部分媒体"怕担责""怕犯错"，把调查结果或政府文件当结果了事，全然不顾舆论仍然沸腾，从而失去了舆论引导的最佳时机。新媒体时代从来不缺观点，在众生嘈杂中，主流声音更要及时发出。如果舆论引导迟滞落后、主流声音失去第一落点，不仅可能折损媒体的影响力，还可能引发不良后果，影响舆论环境的健康发展。

（三）内容考虑不周，舆论引导反致次生舆情

随着改革开放的日渐深入，信息传播已进入多元团体相互竞合的时代。在互联网上，不同利益群体依据趣缘结成圈子，以新媒体为平台充分表达自身诉求。与此同时，不少舆情事件的出现都会同时涉及大大小小的圈层，并能够引发全网讨论热潮。这意味着，新媒体舆论引导必须透过多元找到共识，审慎考量传播内容，尽可能选择各个群体更能接受的话语展开对话。倘若媒体未曾妥善考虑引导内容和对话的方式，那么原本正向的舆论也可能走向反面，甚至导致次生舆情的出现。在哈尔滨文旅出圈之际，媒体广泛使用的"南方小土豆"一词即一例。"南方小土豆"原本是到达哈尔滨的南方人对自己的描述。但被主流媒体挪用成为普遍采用的话语后，该词逐渐变成了北方人对南方人的称呼，由此引发了部分网络圈子的反感。这使得后期的舆论走向转为争论"南方小土豆"的用法是否合适，甚至引发了网络上的诸

---

① 沈正斌：《新型主流媒体舆论引导的策略传承、手段创新及其效度量化——基于新媒体内容治理为中心的考察》，《江淮论坛》2022年第1期。

多"骂战"。诚然，该词是否带有偏见暂且不论，但媒体过度使用这一可能引发歧义的词语体现了对内容考量的不周。媒体的出发点或许没错，但"说什么话""怎么说话"必须考虑到新媒体场域中多元主体的利益诉求，要寻求凝聚舆论共识的"最大公约数"。而随意使用争议性内容可能引发次生舆情、使舆论引导产生不良反应。

（四）方法手段欠妥，片面追逐爆点引发争议

新媒体时代，流量成为衡量事物能否出圈的一个重要标准。一些反常、夸张、出人意料的表达很可能成为引发舆论的爆点，进而受到全社会关注。媒体若能适当运用流量逻辑，在收获注意力的基础上创新引导方式，蕴主流思想舆论于现代网络话语中，那么舆论引导可能会取得更好的效果。然而，容易吸引关注的事件往往也有引起争议的风险。如果只是一味求新求异而未考虑内容后果的话，好的起点可能导致不好的结果。2023 年 3 月，一则名为"95 后夫妻摆摊日入九千"的事件引爆网络舆论。在该事件中，媒体用了"95 后""摆地摊""日入 9000 元"等具有刺激性的符号，引发了高度关注。媒体本意是引导舆论思考地摊经济、创新就业形式、尊重劳动者等积极话题。然而，此事一出即受到争议，不少网友表达了"收入 9000 不等于日赚 9000""是否依法纳税"等质疑，也有一些媒体发出了"莫被幸存者偏差蒙蔽""不要盲从"等观点，使舆论引导产生了不良效果。流量是把双刃剑，超出寻常认知范围外的地摊收入本就是聚拢流量的网络爆点，媒体如果采用反差性的网络话语引导舆论，应在准备阶段就尽可能消弭话题中的潜在矛盾，在运用流量逻辑的同时做好舆论失焦的应对准备。否则，就可能被认为有一味追赶流量、片面追逐爆点之嫌，因为方法手段的欠妥将带来新的问题。

三　新媒体舆论引导问题的解决对策

（一）调查研究，促进新媒体舆论引导更紧密结合实际

"调查研究是谋事之基、成事之道，没有调查就没有发言权，没有调

查就没有决策权。"① 新媒体时代，尽管舆论以互联网平台为主要表达阵地，但针对网络舆论的引导仍然不能脱离实际生活。媒体只有深入实践考察民情民意，在调查研究中了解社会风貌与时代特征，才能聚焦焦点、直击要害，从而达到最大化舆论引导的效果。对此，媒体一方面要深度了解我们党深入基层调查研究的优良传统与工作作风，掌握科学的调查方法与严谨的研究态度，为具体的调查实践奠定基础。另一方面，媒体也要在广泛实践中触及社会生活的各个角落，着重关注群众关心的热点话题、难以解决的困难问题、意义重大的时代主题，透过网络表达的表象看到产生舆论的现实基础，在实际中理解网上网下的辩证关系，进而有的放矢地做好新媒体舆论引导工作。只有这样，互联网舆论引导才不会是空中楼阁，主流思想舆论也才能更紧密结合实际，并传得更远、传得更广。

（二）共情理解，促进新媒体舆论引导契合情感需求

互联网时代传播的一大特征是情感先行。有时，网络舆论的爆发只是基于公众朴素的情感诉求，反映了公众面对特定事件的心理认知与经验感受。对此，媒体除了要摆事实、讲道理外，更要与民众切身共情，理解舆论背后的情感动因，设身处地关注公众的心理状态。2023 年开学季，关于"预制菜进校园"的话题频上网络热搜。其中，一些家长认为"预制菜不好吃""餐品缺乏营养""预制菜缺少锅气"，并以此作为反对预制菜进校园的依据。细察不难发现，家长们很难有理有据地给出中央厨房式预制菜存在食品安全问题的证据。对此，围绕此事展开报道和舆论引导的一些媒体并未展开说教，而是站在这些家长角度看到了反对态度背后的社会心理动因，抓住了社会尚未完全接受预制菜这一更为深层的问题，在肯定预制菜制作工艺的同时，发出了"预制菜不宜进校园"的声音。这样，既没有损害预制菜行业的发展，又安抚了家长情绪，很快平息了舆论。可见，新媒体时代的舆论引

---

① 《在深、实、细、准、效上下功夫——学好调查研究这门必修课》，https：//www.gov.cn/zhengce/202305/content_ 6875617. htm，2023 年 5 月 23 日。

导绝对不能只做一方的逻辑推演，也要注重从对方角度想问题、争取契合互联网公众的情感需求，做到共情理解、情理结合。

（三）即时有效，促进新媒体舆论引导占领第一落点

早在十年前，习近平总书记就在全国宣传思想工作会议上提出了舆论引导的时效性要求。他指出，"舆论引导关键是要提高质量和水平，把握好时、度、效"①。从速度的角度看，新媒体时代的舆论引导需要从及时向即时转变。在舆情爆发后，媒体要尽快给出应对策略，即时展开舆论引导，助推新媒体舆论引导抢占第一落点。拿"鼠头鸭脖"为例，2023年6月5日，在南昌市市场监督管理局宣布异物为"鸭脖"后网络舆论仍未平息。对此，不少主流媒体第一时间下场发声，主张有关单位进一步提供详细调查过程与检测依据，在快速回应民众诉求的同时也挤压了谣言传播空间。6月17日，在江西省联合调查组通报"鼠头鸭脖"事件调查结果后，"侠客岛"于1小时内推出"岛叔微评"《一颗老鼠头为何要省级调查组才能查清》，较好地呼应和放大了江西省官方的调查和处理结果，在央媒中稳妥而响亮地发出第一声②，广泛凝聚了群众共识。互联网时代，主流媒体不一定滞后于新媒体。媒体要具有网络思维与舆论敏感，在热点事件引爆全网前做好应对应急预案与响应机制，及时跟进热点舆情，尽力让主流舆论的引导声音第一时间传遍网络。

（四）人文关怀，促进新媒体舆论引导回应时代呼声

舆论的本质是人的信念，舆论引导的本质也是在影响人的思想。尽管新媒体场域中的公众言论充满了戏谑、娱乐与偏激，但背后体现的是活生生的现实感受。对于媒体来说，舆论引导不能只看到表面的喧嚣，更要看到网络

---

① 《如何把握舆论引导"时、度、效"的有机统一？》，http：//www.zgjx.cn/2020-04/08/c_138957188.htm，2020年4月8日。
② 《戳破"指鼠为鸭"！侠客岛这样引导热点舆情》，http：//www.zgjx.cn/2023-10/13/c_1310745171.htm，2023年10月13日。

背后的人的诉求。媒体要以主流价值观为出发点，以关怀人民的生存境遇为落脚点，把舆论引导同正面宣传、舆论监督结合起来，既传递健康的、积极的、光明的价值观念，又致力于消弭社会冲突、化解生活矛盾，要让公众感到诉求有所回应、观点有所反馈，激发起正面昂扬的积极精神，营造团结向上的舆论氛围。媒体要把舆论引导与时代背景结合起来，立足于百年未有之大变局的世界局势、中国式现代化的现实使命与中华民族伟大复兴的宏伟蓝图，做好新闻舆论引导工作，把宏观叙事与个体生命感受结合起来，为公众注入源源不断的信心与活力。事实上，舆论引导并不只是平息争议的工具性举措，它更有提振士气、温暖人心的价值性功能。一个风清气正的网络舆论环境，不仅有助于现实社会的发展，更对人的全面发展有积极的促进作用。媒体要站在时代的角度回应诉求，把公众感受、日常生活与时代发展结合起来，从而进一步深化舆论引导的意义。

四　新媒体舆论引导的发展趋势

（一）智能化：未来新媒体舆论引导的核心驱动

2023 年火爆全球的生成式人工智能发展昭示了一个事实：未来社会将是一个智能化社会，技术逻辑将渗入社会各个角落。在智能技术的加持下，新媒体舆论引导工作将进一步更新，形成"事前预警、事中参与、事后监测"的新的常态化循环引导体系。具体而言，在舆论爆发前，媒体可通过成熟的数学模型、自然语言识别、多语言搜索、语义分析、图像识别、数据监控等技术对互联网上的海量信息做甄别处理，关注数据流动、聚合走向，在舆情爆发前做好应急预警。在舆论爆发后，智能技术一方面将优化媒体引导形式，使之能够借助 AIGC、虚拟主播、生成式人工智能等最新成果展开新闻舆论工作；另一方面，也可凭借"用户画像""主流算法"等技术精准分发，在提升内容针对性的同时，确保引导效果最大化。在媒体下场后，网络舆论监测、大数据研判等技术可实时跟踪舆情发展状况，检验引导效果的同时追踪新的潜在舆情，使舆论引导进入新的循环。智能技术不仅可以赋能舆论引导的方式方法变革，也可以革新它的运作逻辑与底层架构。因此，媒体务必深入发展、理解技术逻辑，不仅要明白技术如何使用，更要了解技术运作的思维内核，以智能技术为核心做出传播引导的驱动升级，适应新时代的变革与要求。

（二）媒介化：未来新媒体舆论引导的方式走向

随着媒介与社会的融合程度日益加深，人类已然进入媒介化社会，并朝向深度媒介化的方向发展。其中，媒介化既指媒介的社会化，即媒介逐渐超越原有角色定位、不断拓展自身功能以至与社会深度融合的过程；同时也指社会的媒介化，即人与社会在媒介逻辑的影响下改变认知、思维与习惯，进而与媒介高度依存的状态。未来，媒介将在持续开拓边界的过程中成为集成信息、服务、治理、文化、娱乐的"新闻+"平台，人们也愈加会根据媒介来形塑、建构对现实世界的认识，促进媒介起到联通虚拟平台与物质世界的居间作用。这意味着，今后的新媒体舆论引导不再只是新闻生产和话语分发，而是"赋导向于媒介之中"，公众将在使用媒介的无形过程中感受到舆论引导的效果。在2023年暑期的华北大水中，北京日报策划的"京津冀暴雨互助"服务在社交媒体广泛流传。一方面，该服务本就是一次"润物细无声"的舆论引导工作，在为京津冀居民互助搭建平台、为搜索队伍提供线索的同时聚合新闻和暖心故事，令公众在无形中感受到中国人民互帮互助、齐心协力、共克时艰的精神[①]。另一方面，不少人也将互助文档中的信息增减视为灾情变化的"晴雨表"，并以此作为现实行动的指南。这表明，媒介化逻辑不仅会改变媒体定位与社会生态，也会影响舆论引导的方式变革。媒体必须深刻理解媒介化社会的基本特征与内在机理，突破原有认识，积极探索未来新媒体舆论引导的功能走向，推动舆论引导取得新的成效。

---

① 《网络舆论引导应该"说什么"？又该"如何说"？》，http://www.zgjx.cn/2024-01/03/c_1310758521.htm，2024年1月3日。

参考文献

孟威：《网络互动：意义诠释与规则探讨》，经济管理出版社，2004。

彭铁元：《新时代融媒体舆论引导力提升的内在逻辑及路径》，《传媒》2023年第22期。

曾祥敏、李佳佳：《全媒体时代主流媒体舆论引导创新路径——以长城新媒体集团〈百姓看联播〉栏目为例》，《传媒》2023年第24期。

金玉萍、刘建状：《新型主流媒体舆论引导力提升的理念革新——网络生态系统视域下》，《中国编辑》2021年第12期。

B.10
2023年中国地市级媒体融合发展报告

许 可*

摘 要: 2023年,中国地市级媒体融合已经从政策导向的先导期转向全面推进的迭代期。2023年度的地市级媒体融合发展,在国家战略导向下形成了相对完善的政策规范体系、各具特色的媒体融合模式。地市级媒体在技术系统与数字平台的赋能下实现了内容生产的共享协同、传播渠道的移动优先、表达方式的视听优先,并在央地合作模式的基础上不断提升国际传播能力。但是,地市级媒体仍然面临着多样的资源整合困境,包括机构改革困惑、渠道建设重复、人员调配不足等问题。处在全媒体传播体系建设关键区位的地市级媒体,未来可以尝试垂类布局产业发展、跨界汇聚数据资源、服务拓展治理方式,全方位推动地市级媒体融合创新发展。

关键词: 媒体融合 市级融媒体中心 资源整合 社会治理

2023年,"扎实推进媒体深度融合"首次被写入全国"两会"政府工作报告,曾经被视为"腰部塌陷"的地市级媒体,也在政策统一部署与自主融合行动的共同推进下展现出新的发展特征。但在媒体融合进入深水期的背景下,地市级媒体融合同样在体制机制、资源整合、传播模式、人员结构等方面存在显著问题。在机遇与挑战并存的社会环境下,地市级媒体融合也在网络传播向好、数字社会建设、国家治理健全的过程中探索创新。

---

* 许可,博士,河北大学新闻传播学院副教授,主要研究方向为新媒体、媒体融合。

一 地市级媒体融合的发展概况与热点聚焦

2023 年，我国地市级媒体融合呈现多元发展与系统推进的特征，在国家政策统一部署后各地方逐渐开始结合自身特点开展媒体融合行动，采取"报业+广电"报台合并等各具特色的融合模式。在媒介技术赋能传播体系的过程中，地市级媒体融合技术系统逐渐完善，自主可控平台建设开始助力内容生产环节与移动传播环节。伴随媒体融合中的国际传播趋势，地市级媒体纷纷通过央地合作的模式建设地市级国际传播中心，探索新的融合范式。

（一）战略导向持续深化，政策规范系统布局

地市级媒体融合，处在国家媒体融合战略布局的重要区位，既是政策传导的中枢，又是媒体贯通的纽带。2022 年以来，中宣部、国家广电总局等部门联合发布《推进地市级媒体加快深度融合发展实施方案》，并首先进行全国 60 家试点单位建设；国家《"十四五"文化发展规划》也首次提出将"市地级媒体建设"纳入全媒体传播体系建设，要求地市级媒体因地制宜加快探索形成适合自身的融合发展模式。从中央和国家层面，地市级媒体融合成为重点工作方向。战略导向下，具体的政策规范也陆续出台。2023 年 2 月，中宣部、国家广电总局组织编制并发布了市级融媒体中心系列技术标准规范，包括总体技术规范、数据规范、接口规范、网络安全防护基本要求以及技术系统合规性评估方法等 5 项文件。[①] 具体建设标准包括地市级融媒体中心建设的框架结构、技术支撑、数据服务、平台搭建及网络安全等全方位角度，既强调了规范性和统一性，又突出了实操性和指导性。

基于国家政策的宏观布局，2023 年我国地市级媒体融合的另一个显著特征是地方积极的自主行动，各省区市适应国家政策纷纷推出响应式策略。

---

① 《市级融媒体中心系列技术标准规范发布实施》，国家广播电视总局网站，https://www.nrta.gov.cn/art/2023/2/1/art_113_63326.html，2023 年 2 月 1 日。

例如，在国家层面发布建设规范之外，我国地方媒体管理机构也对媒体深度融合发展进行政策指导与战略赋能。2023年底，江西省融媒体推进中心以清单式、项目化的形式开展工作，中心领导班子成员，每人蹲点江西一个地级市的融媒体中心，以挂职指导形式推进地市级媒体融合纵深发展，部分地市党委政府将本区域地市级媒体融合工作纳入意识形态考核范畴，为地市级媒体融合提供全方位要素保障。与此同时，在中宣部全国首批60家地市级媒体深度融合发展试点之后，目前全国已经开展第二批试点建设工作。总体来看，与2022年相比，2023年我国地市级媒体融合的战略导向在持续深化，各地方也在逐渐制定并完善符合自身发展的具体融合实施方案，政策规范呈现体系化、完备化的发展趋势，融合动向呈现自主式、响应式的积极布局。

（二）体制机制不断完善，融合模式各有特色

战略导向持续深化中最为直观的表现，就是地市级媒体融合体制机制变革。2023年，是我国地市级融媒体中心试点建设工作启动后，地市级融媒体中心机构组建的关键之年。全国范围内江西、浙江、内蒙古、甘肃、湖北等省份的地市级融媒体中心建设步伐较快，区域内设区市均基本完成了市级融媒体中心的挂牌组建工作。2022年国家《"十四五"文化发展规划》针对地市级媒体融合提出了具体意见，即地市级媒体要因地制宜，加快探索形成适合自身的融合发展模式，可以各自建设融媒体中心和传播平台，也可以加强资源统筹和机构整合，共同打造市地级融媒体中心。① 整体来看，目前全国范围内地市级媒体融合机构组建的模式大致分为三种。

一是比较典型、运用较多的"完全合并型"，即"报业+广电"形式，以报台合并为特征，地市级报社与地市级广播电视台完全打破既有单位属性，完全合一为一个新的融媒体中心（见表1）。国内典型的有荆州市融媒

---

① 《中共中央办公厅　国务院办公厅印发〈"十四五"文化发展规划〉》，中国政府网，https：//www.gov.cn/zhengce/2022-08/16/content_ 5705612. htm，2022年8月16日。

体中心，早在 2019 年荆州市广播电视台就承建了市级融媒体中心，但当时并未形成独立建制的媒体机构，是基于媒体内部的融媒体采编机构，在 2023 年 12 月荆州市广播电视台与荆州日报社真正机构融合组建了新的荆州市融媒体中心，这才形成了独立运行、具有社会机构属性的媒体机构。二是报台并未完全合并，但通过内容整合、内容融合的形式开展合作，可以称为"部分合并型"，比如江西南昌市，南昌日报社和南昌广播电视台虽然机构未完全合并，但 2023 年 6 月由南昌日报社为主体结构组建了南昌市融媒体中心，推出"洪观新闻"客户端，以内容融合为核心，将南昌市日报、晚报、广播、电视等媒体机构进行资源整合，实现集中调配和生产流程重构，成立采编调度中心，实现内容共享与数据共享。三是机构依然并未合并，业务也继续独立运行，即"独立运行型"。不论采取何种方式，各地市级媒体均适应国家战略导向与区域社会发展，寻找适合自身发展实际的媒体融合模式。

表 1　2023 年国内地市级融媒体中心机构组建情况（不完全统计）

时间	地市级融媒体中心名称	移动客户端建设
1 月	内蒙古呼和浩特市融媒体中心	青橙融媒
	江西新余市融媒体中心	新余发布
	江西景德镇市融媒体中心	景德云媒
	浙江嘉兴市新闻传媒中心	读嘉
	浙江丽水市新闻传媒中心	源新闻
2 月	江西吉安市融媒体中心	吉安号
	河南驻马店市融媒体中心	驻马店融媒
	广西来宾市融媒体中心	来宾融媒
	浙江金华市新闻传媒中心	金华新闻
3 月	广东佛山市新闻传媒中心	佛山+
4 月	云南普洱市融媒体中心	景迈山
	江西上饶市融媒体中心	上饶新闻
6 月	江西南昌市融媒体中心（依托日报社）	洪观新闻

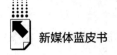

续表

时间	地市级融媒体中心名称	移动客户端建设
6月	浙江温州市融媒体中心	温度新闻
9月	内蒙古通辽市融媒体中心	通达融媒
12月	内蒙古赤峰市融媒体中心	红山融媒
	湖北襄阳融媒体中心	汉水襄阳
	湖北荆州市融媒体中心	江汉风
	云南玉溪市融媒体中心	玉溪+

地市级媒体融合的机构组建工作属于媒体机构内部的结构调整，当然体制机制创新并不局限于内部结构，部分地市级媒体在2023年也注重拓展社会资源，广泛开展机构外部的协同发展，在一定意义上不断推进地市级媒体融合在体制机制层面进行全方位变革。外部机构的协同发展，是指地市级媒体融合中，地市级媒体与其他纵向媒体机构贯通、横向社会机构合作，探索协同发展的新模式。纵向媒体机构贯通方面，2023年1月成立的嘉兴市融媒体中心与下辖区县合作，挂牌成立了融媒体合作中心，充分利用自身平台的宣传优势，结合下辖区县融媒体中心的题材资源，建立健全市县一体化信息共享和资源沟通机制；横向社会机构合作方面，2023年6月成立的温州市新闻传媒中心，成立初期就与社会商业平台广泛合作，包括饿了么、支付宝、巨量引擎等网络平台，引进外部平台打造自由移动客户端，从而聚合政务、商务、服务等数据和用户资源。

（三）技术系统多元对接，平台建设迭代升级

从地市级融媒体中心机构成立情况看，各地市级融媒体中心均拥有独立的移动客户端。移动客户端属于地市级媒体传播渠道建设，而这种传播渠道建设首先需要技术体系的完善，即利用新一代信息技术，支撑地市级媒体在重构采编流程、建设平台终端、优化管理手段、推进内容供给、拓展多元服务等方面升级革新。

2023年2月，中宣部、国家广电总局发布了市级融媒体中心系列技术标准规范，要求市级融媒体中心建设技术系统，加强针对基础数据、媒体数据和系统数据等的数据库建设，由此提高内容采集、编辑制作、智能分发、媒资管理、数据收集运用分析等能力，从而打造新型传播平台。[①] 新型传播平台依托技术架构，运行模式在于整合数据资源，核心是以数据接口为导向，实现与上级或下级平台的对接。这种接口分为三类，一是与省级技术平台、县级融媒体中心之间的接口，二是与外部平台之间的技术接口，三是对外提供支撑能力的开放接口。总体来看，接口的作用就是资源对接、技术应用和资源输出。通过接口建设，地市级融媒体中心的技术系统均向着移动优先、功能齐全、自主可控的"超级移动客户端"方向打造。

综观国内地市级融媒体中心的技术平台建设，其大致可以分为两种模式，一是建设自主可控平台，二是依托第三方平台，这些举措为推动媒体资源向移动端倾斜、增强连接能力奠定了相应的发展基础。[②] 在自主可控平台建设方面，江西南昌日报社推出的"洪观云"平台便属于自主研发平台，作为南昌市融媒体中心的采编技术系统，其拓展了融媒体采访、编辑和技术平台，同时又搭建统一指挥调度平台，融合报社、广电及县级融媒体多元内容，形成融媒体数据库。

（四）内容生产共享协同，移动优先视听为主

通过智能技术的支撑、综合平台的搭建，地市级媒体已经初步具备了内容生产和信息分发的技术手段。在技术与平台的双重赋能下，地市级媒体的内容生产逐步进行结构创新，2023年我国地市级媒体融合创新中，内容融合方面呈现以下新的热点特征，即内容生产的共享机制、内容分发的协同机制、内容表达的移动优先。

地市级媒体融合，首先要解决不同媒介形态之间的内容结构融合难题。

---

① 《市级融媒体中心系列技术标准规范发布实施》，国家广播电视总局网站，https://www.nrta.gov.cn/art/2023/2/1/art_ 113_ 63326.html，2023年2月1日。

② 杨驰原等：《我国地市级媒体深度融合发展研究报告》，《传媒》2022年第22期。

大部分地市级融媒体中心成立初期，传统报业的内容生产模式与传统广电的内容采编体系不能完全有效融合，因此建立完善内容生产的分享机制至关重要。其次，地市级媒体也要在共享基础上建立内容分发的协同机制。地市级媒体的内容分发中，一方面是基于地市级媒体自有传播平台的完善和拓展，包括报纸、广播电视台、网站的基础，拓展到网络平台如微信、微博、抖音、快手、今日头条等进行官方认证账号发布；另一方面是地市级媒体建设自主可控的传播平台，即移动客户端将全部的内容资源整合到移动客户端中呈现与传播，并采取多品类、多栏目、多形态的垂直应用与传播方式。这里，全部的内容资源不仅指媒体的专业媒体生产内容（PGC），还包括党政机构生产内容（GGC），同样更需要在移动互联网环境下的用户生产内容（UGC）。传统地市级报社或广播电视台以权威信息发布为主体，普通用户来源信息内容占比较少。2023年，佛山市新闻传媒中心推出"佛山+"移动客户端7.0版本，其中对原有UGC社区进行升级，推出"友趣社区"和"活动中心"线上线下互动板块，用户可以进行充分的内容生产、社群聊天和活动咨询等。

（五）国际传播能力提升，央地合作拓展影响

党的二十大报告明确提出，"加强国际传播能力建设，全面提升国际传播效能"。在媒体深度融合进程中，2023年地市级媒体也注重完善国际传播能力建设，通过成立国际传播中心，利用地域资源优势，辅以央地合作拓展传播效能，实现了"内容+渠道""央媒+市媒"的合作方式探索地市级媒体深度融合的国际传播新范式。

2023年，是我国地市级媒体集中建设国际传播中心的关键之年。2023年2月，服务"一带一路"倡议的泉州海丝国际传播中心成立，以国际友人为泉州推荐官，将泉州文化传播到世界各地；2023年4月，广西柳州市国际传播中心成立，柳州市融媒体中心依托"柳工"大国重器的名企外宣和"柳州螺蛳粉"的国潮模式进行城市国际传播；2023年6月，兰州日报社与中国日报社合作共建兰州黄河国际传播中心，通过黄河文化传播、"一

带一路"重镇城市传播提升兰州国际传播能力；2023 年 12 月，山东烟台国际传播中心、江苏南通国际传播中心等又陆续成立。

总体来看，地市级国际传播中心均作为地市级融媒体中心的媒体内设机构而存在，主要依托地市级融媒体中心的内容优势、传播效能和资源整合能力。从地市级国际传播中心的建设与运行模式看，央地合作是典型特征，新华社新闻信息中心目前已经参与陵水、台州、武汉等地方国际传播中心建设，同时中国日报社、人民日报社等中央级媒体也多有参与。中央级媒体在国际传播中具有丰富的传播优势和经验优势，建立国际传播矩阵、建立海外社交平台传播矩阵，能为地方城市形象传播、地方城市 IP 打造提供基本思路、构建传播通道、创新传播模式。地市级融媒体中心的国际化，是通过自身内容挖掘、央地合作加持与多元路径探索相结合而实现的。

二　地市级媒体融合存在的问题与困境挑战

资源整合是贯穿地市级媒体深度融合各个发展环节的核心，在内容、技术、数据等资源外，机构、渠道与人员已经成为目前地市级媒体资源整合的重点方向，其中组织机构调整是基础、传播渠道整合是关键、人员协同创新是重点。但从全国范围内看，部分地市级媒体在资源整合过程中仍然存在一定的思想理念误区和偏离初衷行动。

（一）机构改革仍需推进，资源整合能力有待提升

从 2023 年的地市级媒体融合模式看，虽然"报业+广电"成为机构改革的重要趋势，全国范围内大部分地区采取的是多元机构的合并与重组，但这种机构改革在某种程度上依然是政策导向下的地市级媒体的响应式行政动作。虽然机构首先实现了合并，但融合之后的市级融媒体中心依然存在组织架构冗余、部门职能重叠、资源分配不均等问题，影响媒体机构的整体运行效率，也阻碍媒体内部的创新活力，总体而言仍然制约地市级媒体深度融合进程。

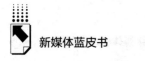

地市级融媒体中心的组织架构存在问题，多个媒体机构整合过程中部门职能重叠、部门利益交织、部门人员复杂，导致合并后没有明确的部门分工、没有形成高效协同的运行流程。当然，在这个方面也有部分地区取得了一定的改革成效，江西赣州市融媒体中心成立后内设机构由原来的67个整合到40个以内，减幅40%以上，实现机构"瘦身"，同时进行人员"松绑"；辽宁营口新闻传媒中心以节目的内容、属性和功能为改革依托重新设置部门，组建融媒直播、融媒产品、传播推广等部门；河北邯郸新闻传媒中心的机构改革模式将行政、采编、经营三线重新划分，行政序列实行业务合并与精简分流，采编系列按照新闻生产性质和工作流程，设置指挥调度、新闻采集、内容编发、技术保障、产业发展五大中心，经营序列根据市场现状和自身基础，以行业特点和项目开发的形式精细布局。在机构改革的过程中，目前大部分地市级融媒体中心基本处于机构重组、部门整合与设置的探索期与试错期，虽然大部分采取报台合并的融合模式，但在具体操作中报社编辑部门、电视栏目、广播频率等由于媒介属性和业务特征，并未找到达到最大公约数的融合互动方式。

（二）传播渠道重复建设，移动优先策略亟待调整

在不同媒体形态的组织架构调整后，便要考虑不同媒体的传播渠道和平台。从目前地市级融媒体建设看，移动客户端是重点建设方向，因为移动优先策略对于地市级媒体将资源向互联网主阵地汇聚至关重要。

报社、广播、电视台均拥有独立运行的客户端，在深度融合过程中，很多城市因媒介资源分散而出现了多个媒体客户端并存的现象，各个媒介平台又"单打独斗"无法集中资源、集聚用户，以至于媒体投入回报率较低。[①]因此，对于移动客户端的整合，如何对媒体融合中的传播矩阵做"减法"来提高资源利用效率显得更为关键。地市级媒体之前热衷于以"跑马圈地"

---

① 郭全中、苏刘润薇：《承上启下、联通左右：地市级媒体深度融合未来发展研究》，《媒体融合新观察》2024年第1期。

形式发展壮大传播渠道，这样既浪费了有限资源，又不能促进用户汇聚，融媒体中心陷入了有"端""户"少甚至有"端"无"户"的状态。虽然国家战略、媒体发展趋势、用户需求等都在强化移动优先策略，但部分地市级媒体将这一发展策略局限在大力打造移动客户端、打造传播平台的怪圈中，甚至还要引用、嫁接中央级、省级技术平台的力量和端口，并未真正认识如何利用移动客户端提升传播力和影响力。

因此，移动客户端建设要注重资源有效利用，避免资源浪费和重复投入。当然，在发展中部分地市级媒体注重转变这种局面。江苏无锡广播电视台曾经打造了"无锡博报"与"智慧无锡"双平台格局，但在深度融合中逐渐转变为集约发展，集中精力壮大一个平台，现在整合媒体内容资源全力构建"无锡博报"，平台整合后粉丝增长超过40%；江西赣州市融媒体中心在机构重组后关停了市政府、日报社、广播电视台三个原有App，整合资源建设一个"赣南红"客户端，实现地市级媒体移动客户端的"三合一"，整合提升后"赣南红"客户端用户总量远超原有三个客户端的用户总量；河北邯郸新闻传媒中心同样以一个"新邯郸"移动客户端为依托打造"1+20+N"的融媒体生态传播系统，聚合区域20家县级融媒体中心和多家市直部门、区域优质自媒体，在传播渠道和平台建设中不断瘦身提质，将移动矩阵平台数量由60多个减少到30个，整合后粉丝量也由1800万跃升到2000万以上。

（三）人员整合能力不强，人才支撑体系尚未形成

媒体融合的资源整合与创新发展，关键在于人才资源。不论是开发内容产品、建设技术平台，还是探索运营模式，都需要对地市级媒体机构内部的人员进行整合与调配。地市级媒体融合在人员整合方面要破解人才身份困境、转变身份管理结构、促进人员自由流动、探索绩效改革创新。

在人才队伍管理创新亟待加强的背景下，我国部分地市级媒体也进行了与互联网趋势适配的人才管理模式，目前地市级融媒体中心改革中推行的团队制、项目制和工作室制等模式，以项目开发或行业运营为核心，改变传统

事业与企业的严格区分，将人员统一"解绑"，挖掘人员的自身优势，促进人才跨媒体、跨部门融合流动，制定年薪、奖励、人才计划等扶持政策，营造良好的改革氛围。山东青岛市广播电视台融媒体中心打造"青骑兵"尖兵团队和工作室，挖掘不同行业的潜力空间，通过打造多元产业集群、发挥不同人员的优势，打造开放、包容、多元的人才结构。

但是，我国地市级媒体相对上级中央、省级媒体，下级县级融媒体中心而言，改革起步晚，对人员整合仍然长期实行的是身份管理传统机制，即区分事业与企业，主要人事任免和用人方式仍然是结合学历、职称、职级等传统因素，难以形成激励创新的人才支撑体系，因而也难以与当下商业平台中开放协同的用人机制相比。在缺乏内部竞争机制、激励机制的情况下，地市级媒体的内部活力难以激发，甚至会陷入人才引进不畅、人员流失严重的困境。因此，地市级媒体融合的人员整合中，尚未真正形成创新性强、活力迸发的人才支撑体系。为了适应行业发展趋势和媒体深度融合的改革方向，人员整合将是地市级媒体长期和持续的改革方向，首先需要打破身份属性、打破职称职级限制，其次建立人员整合创新和人才流动机制，最后以竞争合作、绩效考核等方式激发人员活力。

三　地市级媒体融合的对策建议与趋势展望

面对传媒生态发展和市场结构变化的新机遇与新挑战，地市级媒体融合需要更加适应移动互联网趋势、数字化发展方向与社会产业结构调整，从垂类布局的产业生态化、跨界融合的文化数字化、服务升级的治理媒介化等几个维度进行创新，积极探索地市级媒体融合的新模式。

（一）垂类拓展，探索产业生态化布局

在媒介生态不断迭代、平台服务不断完善、用户需求不断增加的背景下，媒介生态的垂直化趋势不断加强。地市级媒体也需要抓住发展契机，不断拓展盈利模式与综合运营方式，将传统粗放式、规模化的产业布局转为精

细式、垂直化的产业生态发展。

当前，主流媒体与社会垂类平台处在竞争发展阶段，社会垂类平台通过专业化、个性化、便捷化的服务模式，为用户和企业提供全方位的信息服务和精准化的个性服务，其正在渗透和抢占主流媒体的数据资源、媒体用户与产业资源。对于地市级媒体而言，地市级区域的用户资源具有可挖掘的潜力，将传统的"媒体+"服务深化为垂类服务，将进一步提升自身的影响力和辐射范围。在这个过程中，已经有部分地市级媒体进行了探索。辽宁营口新闻传媒中心通过对传统的少儿、老年、农业、旅游、汽车等行业栏目改版，以"精品内容+垂类产品"的方式创新运营模式，提供更为精准的场景服务、建构更为多元的社群服务，使得区域多层次的用户群体再次增强与媒体交互的体验。河北邯郸新闻传媒中心更是以市场结构和区域经济特征为出发点，按照行业模式和产业项目的形式设立 18 个运营平台和若干个产业公司，集中进行垂类产品布局。

（二）跨界融合，适应文化数字化战略

在数字媒体发展、数字社会建设的过程中，国家提出了文化数字化战略。《关于推进实施国家文化数字化战略的意见》也明确提出了利用文化数据服务平台、探索数字化转型升级、发展数字文化消费新场景、增强公共文化数字内容的供给能力等具体要求。对于地市级媒体而言，其处在市域公共文化服务体系的范畴内，是提供公共文化服务的重要主体之一。

媒体对文化发展至关重要，其不仅可以为社会公众提供公共文化内容，更能通过自身的媒介平台汇聚包括文化数据在内的社会多元数据，以媒体的数字化转型推动社会系统的数字化转型。未来的地市级媒体，要深入把握文化、数字、数据的关系，以自有平台的数字技术为支撑，汇聚社会多元数据，积极开拓信息数据化产业，利用舆情监测、调查研究、决策咨询、数据库搭建等形式探索文化产业数字化建设。目前，部分地市级媒体基于数据处理与文化传播优势建设多元智库，湖北三峡新闻传媒中心基于数据分析能力成立三峡智库研究院，致力于舆情分析和信息化、政经服务；南京日报政务

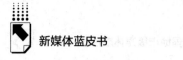

舆情研究院同样聚焦数据服务，将自身数据整合能力作为运营模式创新的突破点。地市级媒体以媒体资源建设研究智库，其核心就是适应国家发展战略，为国家发展、社会发展贡献媒体力量。

（三）服务升级，推动治理媒介化创新

从媒体融合的"新闻+政务服务商务"运营模式出发，地市级媒体要在服务升级和模式创新中探索新的发展点，更多融入区域城市发展和社会综合治理，提供政务、党建、民生、教育、文化、交通、企业、增值等服务类型。特别是在国家治理现代化的背景下，国家治理水平的提升需要作为多元社会主体之一的主流媒体，聚焦到地市级区域，地市级融媒体中心要从嵌入社会转向融入社会，积极尝试以服务升级推动市域治理媒介化创新。

地市级融媒体中心的功能定位是主流舆论阵地、综合服务平台和社区信息枢纽。从这个角度看，服务至关重要。目前，我国地市级融媒体中心更多以政务服务为切入点，探索多元社会服务模式。部分地市级媒体通过创新政务服务、打造用户社群、提高互动效果，拓展融媒问政、做优本地服务等形式，逐渐融入城市综合治理。① 一种形式是通过自有传统节目开展舆论监督、参与社会治理，河北邯郸新闻传媒中心广播节目《清晨热线》、湖北荆州市融媒体中心电视节目《e线民生》与广播节目《行风热线》等以传统媒体节目为出发点，做好舆论监督，积极搭建政府服务群众"上情下达、下情上达"的中枢与纽带；另一种形式是通过自有移动平台搭建政民互动平台，以移动客户端为入口，以社情民意反映项目的形式进行探索，比如江苏南京报业传媒集团"听语+"平台、江西抚州市融媒体中心"问政抚州"平台、浙江湖州市新闻传媒中心"看见"全媒体监督应用平台，均是在传统媒体的舆论监督基础上，充分利用数据驱动、人工智能、基层网格管理等方式，以媒介为主体实现网络"接诉即办"闭环，实现全媒体形态的监督体系。

地市级融媒体中心完全可以发挥沟通"政府—公众"关系的治理主体

---

① 许可：《地市级媒体融合的模式创新》，《中国社会科学报》2023年9月28日，第3版。

作用，并在融媒问政等政务服务的基础上，探索建设社区服务平台、数字乡村平台、智慧城市平台等社会治理的综合超级平台，通过"平台+服务"的融合模式推进社会治理的媒介化进程。

参考文献

黄楚新：《全方位融合与系统化布局：中国媒体融合发展进路》，《现代传播（中国传媒大学学报）》2023年第7期。

朱春阳、刘波洋：《媒体融合的中国进路：基于政策视角的系统性考察（2014-2023年）》，《新闻与写作》2023年第11期。

黄楚新、郭海威、许可：《多位一体与多元融合：中国地市级媒体融合发展进路》，《新闻爱好者》2023年第3期。

赵瑜、张婵、石梦欣等：《从技术转型到融合创新——基于全国地市级媒体从业者的实证研究》，《新闻与传播研究》2023年第11期。

付卫东：《地市级媒体融合如何走深走实——济源新闻媒体融合发展的实践与思考》，《新闻爱好者》2023年第1期。

B.11
2023年江西地市级媒体融合发展报告

罗书俊　李玉冰　李梦婕　张宇喆*

摘　要：　自2022年4月中央提出建设市级融媒体中心以来，江西省加快推动地市级媒体深度融合，仅用一年多时间便实现市级融媒体中心全覆盖。目前，江西省市级融媒体已基本建成以客户端为龙头的"全媒体"传播矩阵，并采用"中心+集团"模式，实现事业产业"双轮驱动"，在顶层设计、队伍建设、服务供给等多维度体现"江西特色"。未来，江西省应进一步完善市级融媒体"腰部"功能的建设、增强市级融媒体服务体验和用户黏性、提升市级融媒体全业态布局的"造血能力"，进一步做大做强主流舆论阵地，打造市级媒体融合的"江西样板"。

关键词：　融媒体　媒体深度融合　江西省

为持续推进我国媒体融合中央、省、市、县的四级布局，江西省依托新华社"新华智云"、江西日报"赣鄱云"、江西广播电视台"赣云"等技术平台逐步构建起"1+2+11+105"的省、市、县三级融媒体联动智慧体系，以推动全省形成"一盘棋、一张网、一体化"媒体融合发展格局。

2022年4月，中宣部、财政部与国家广电总局联合下发《推动地市级媒体加快深度融合发展实施方案的通知》（以下简称《通知》），抚州市、赣州市、萍乡市3地被列入全国首批60家市级融媒体中心建设试点单位名

---

* 罗书俊，江西财经大学人文学院教授、硕士生导师，主要研究方向为新媒体；李玉冰、李梦婕、张宇喆，江西财经大学人文学院新闻传播学硕士生，主要研究方向为新媒体。本文数据均来自江西省融媒体推进中心和江西省各市级融媒体中心。

单，从而掀起了江西省市级融媒体中心的建设浪潮。2023 年 6 月，江西实现全省市级融媒体中心挂牌全覆盖。2023 年 12 月，江西省实现了市级融媒体中心人员、业务、流程融合的全覆盖。目前，江西省的市级融媒体中心建设居全国前列，江西省市级融媒体发展的模式与经验具有一定借鉴意义。

一　江西省市级融媒体发展概况

（一）坚持移动优先，全媒传播矩阵不断壮大

1. 集中力量打造好全新移动客户端

在市级融媒体建设初期，常出现客户端建设分散或重复建设的问题，造成媒体资源浪费。此外，功能单一、缺少政务服务等便民功能，使得市级融媒体的用户黏性不强，且难以获得较高的用户活跃度。

集中力量才能办"大事"。目前，江西省各市级媒体均已关停冗余客户端，集中精力打造"精品"客户端，省内 11 个市级媒体客户端已全部上线。例如，赣州市关停"赣南日报""赣州播报"等客户端，集中力量和资源建设全新的赣州市新闻客户端"赣南红"；南昌市以"南昌头条"客户端为基础，整合"爱南昌""掌上南昌"客户端资源，打造出"洪观新闻"客户端。

总体看来，将多个客户端平台优化整合、关停并转后，江西省各市级融媒体移动客户端的用户数量实现快速增长。在江西省 11 个市级融媒体中心客户端中，已有 7 个客户端下载量超出市域常住人口 30%。同时，江西省高度重视客户端的高质量发展，不以客户端的下载量与注册用户量"论英雄"，而是将"日活"指标作为客户端传播效果的考核标准。赣州市融媒客户端"赣南红"自上线以来，下载量突破 430 万，平均日活达 1.2 万人次，日活指数长期居全省前列，成为省内市级客户端建设的样板。

2. 构建移动化、社交化和视频化的传播矩阵

江西省各市级融媒体坚持"移动优先"战略，基本建成以客户端为

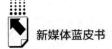

龙头、以"两微一抖"为主线的全媒体传播矩阵。江西省各市级融媒体中心在把媒体资源向客户端倾斜的同时，全面入驻微信、微博、抖音等第三方平台，着力打造移动化、社交化、视频化的全媒体传播矩阵。其中，南昌市级融媒体中心打造以"洪观新闻"客户端为核心的新媒体传播矩阵，将其微信公众号、微博、抖音账号统一更名为"洪观新闻"，以此形成"内外统一"的传播矩阵，持续加强市级融媒体传播力和影响力。

江西省各市级融媒体传播矩阵建设成效初步显现。自2023年6月挂牌以来，南昌市级融媒体中心实现移动客户端、微博、微信、抖音等多平台覆盖，短短5个月时间，新媒体矩阵总体粉丝数量突破2400万。抚州市级融媒体中心在做稳报纸、广播、电视等传统媒体阵地的同时，依托微信公众号、抖音等平台，打造以"抚观天下"客户端为核心的媒体矩阵，23个主要媒体平台粉丝总量达1000万，把移动化阵地做优做强。赣州市以"赣南红"客户端为龙头，构建"一报两台一端一网多平台"全媒体矩阵，媒体矩阵粉丝量累计超2000万。

（二）树立精品意识，优质内容产能显著提升

优质内容始终是媒体融合发展的重中之重。江西省各市级融媒体中心坚持"内容为王"，立足于群众关切、社会关注的热点内容，持续提供具有本地特色的原创内容产品，涌现出一批新闻精品与融媒爆款，市级融媒体优质内容产能显著提升。

1. 聚焦市域特色，对内打造本土内容

内容地方化，打造原创精品。江西省各市级融媒体中心通过挖掘本土特色文化资源，对本地民风民俗、非遗文化、市区历史等资源进行创造性生产，打造出众多独具本土特色的原创性新闻精品。例如，为纪念南昌起义96周年，南昌市级融媒体中心推出大型直播节目——《已如您所愿——来自八一起义参加者家乡的主题报道》，被全国10余家媒体同步转播，节目总播放量破百万。同时，江西省各市级融媒体以镜头为笔"书写"本地人、

本地事，持续打造"沾泥土""接地气""有温度"的新闻作品，拉近媒体与用户的"心灵距离"，不断增强用户黏性与阅读体验。萍乡市级融媒体中心紧扣高考热点，聚焦当地"渐冻"症考生，推出《"渐冻"少年圆梦高考》系列图文短视频，全网浏览量过亿。

2.树立精品意识，对外讲好本地故事

注重对外宣传，讲好本地故事。江西省各市级融媒体打造诸多内容精品，不断提升市级媒体的传播力、引导力、影响力与公信力。景德镇市级融媒体原创制播《听御窑讲景德镇故事》等系列专题节目，不仅对内凝聚了"景德镇力量"，吸引本地群众对景德镇文化产生自豪感与认同感，更对外传播了景德镇市的独特魅力，进一步深化了景德镇作为现代国际瓷都的形象。扎实推进国际传播，实现内宣外宣双循环。江西省各市级媒体吹响外宣"小喇叭"，同时"借船出海"，利用省媒、央媒的"大喇叭"，实现对外报道量质齐升。2023年，赣州市级融媒体在央媒外宣发稿1500余篇，其中在《人民日报》《解放军报》《光明日报》《新华日报》发稿800余篇，并先后策划了"老外说赣州"系列视频、客家文化双语短视频等精品内容，在江西省市县融媒体优秀原创作品双月赛中，多次获评一等奖。

（三）坚持"双轮驱动"，激发自我"造血"机能

为实现"采编经营两分开"，打造市级媒体融合的"江西样板"，江西省各市级媒体采用"中心+集团""事业+企业"双线发展的融合模式，即市级融媒体中心与市级传媒集团一体化运行。不同于县级融媒体中心大部分采用的"公益一类事业单位+企业"模式，市级融媒体中心普遍以"公益二类事业单位+企业"模式为主。随着江西省"中心+集团""事业+企业"体制改革的积极推进，省内各市级融媒体中心纷纷成立传媒集团，积极发展会务会展、电子商务、文化教培等多项产业，以集团的产业收入反哺中心的新闻事业发展，推动市级融媒体的可持续发展（见表1）。

表 1　江西省市级融媒体中心基本情况一览

地市	成立时间	客户端	传媒公司
萍乡市级融媒体中心	2021 年 8 月	今彩萍乡	萍乡市传媒集团有限公司
抚州市级融媒体中心	2022 年 6 月	抚观天下	抚州市传媒集团
赣州市级融媒体中心	2022 年 9 月	赣南红	赣州文化传媒集团
鹰潭市级融媒体中心	2023 年 1 月	鹰视天下	鹰潭市广播电视传媒集团有限责任公司
新余市级融媒体中心	2023 年 1 月	天工新余	新余市文化传媒旅游集团
景德镇融媒体中心	2023 年 1 月	景德云媒	景德镇新闻传媒集团有限责任公司
吉安市级融媒体中心	2023 年 2 月	吉安号	吉安市传媒集团有限公司
宜春市级融媒体中心	2023 年 2 月	宜春潮	宜春市文化传媒有限公司
九江市级融媒体中心	2022 年 10 月	掌中九江	九江市传媒集团有限公司
上饶市级融媒体中心	2023 年 4 月	上饶新闻	上饶市传媒集团有限公司
南昌市级融媒体中心	2023 年 6 月	洪观新闻	南昌日报传媒集团有限公司

目前，江西省各市级融媒体中心与市级文化传媒集团正持续探索行之有效的商业盈利模式，实现事业产业"双轮驱动"，充分激发自我"造血"机能。各市大力支持文化传媒集团承接公共服务项目。由文化传媒集团优先承接政府性项目，拓展了地市级媒体产业的发展空间。例如，宜春市传媒集团2023 年承接 20 余起大型活动，在"宜春市首届双扶双进购物节"活动中，当地农副产品和土特产的累计销售额高达 5000 余万元，有效促进当地商贸流通，激发消费活力。市级融媒体在创收的同时，切实扛起了媒体的社会责任。此外，抚州市传媒集团瞄准市场新形势，聚焦旅游研学、素质提升等教育产业，打造青少年课外实践组织，推出"红领巾阅读计划""行走的阅读课"等活动，开展一系列涵盖播音主持、国学、传统文化亲子研学等特色实践活动，年经营收入达 5800 余万元，开创产业发展新格局，促进了社会效益与经济效益的协同提升。

二　江西省市级融媒体发展特色

2022 年 4 月，抚州、赣州、萍乡 3 市跻身全国首批 60 家市级融媒体中心建设试点单位。江西省从顶层设计入手，规划全省市级媒体融合发展道路，形成自身的发展特色。

（一）注重顶层设计，创新体制机制

1. 明确发展路径，高效推进市融中心建设

一是明确发展路径，保障多元化发展需求。江西省市级融媒体坚持走"中心+集团"改革路径，立足于事业和产业发展的不同需求，推进市级媒体融合发展，不仅要不断提高市级融媒体新闻专业团队的新闻生产能力，还要不断提升市级融媒体促进本地政务服务、群众服务、文化教育等质量与水平；既实现了报台优质资源的全面整合，又落实了"采编经营两分开"要求，充分保障"新闻+政务服务商务"的多元化发展。

二是建立"四个优先"，做到"全方位"要素保障。各区市各单位重大信息发布、重要政策解读优先在市级融媒中心客户端播发，可公开的政务服务等公共服务资源优先向市级融媒体中心开放，云网资源优先向市级融媒体中心免费分配，政府项目优先选择市传媒集团开展政务服务和商务合作，地市范围的各类资源向市级融媒体中心倾斜、流入确保其"优先权"。

三是省市协同推进，建构多层级、多部门协调机制。江西组建省融媒体推进工作组深入各地开展蹲点指导，建立"一市一策""每周一调度、每月一推进"工作机制，各市因地施策、经验共享，整合优势资源，着力打造市级融媒体发展的"江西样板"。

2. 强化技术支撑，优化内容生产全流程

创新生产流程，以技术赋能全省市级融媒体中心的新闻生产、分发与监测，重构采编流程，重塑"策、采、编、审、发"工作流程，实现一体化传播。如抚州市级融媒体中心聚合全平台人才优势，设立融媒体"指挥中心"，以记者打通、编辑打通、编委打通为抓手，推动"声屏报网"全流程深度融合，形成"一体策划、一次采集、多种生成、多元传播、全天滚动、全媒覆盖"的调度机制，严格落实"三审三校"节目审播管理制度。就"抚观天下"融媒体平台来看，平台记者、各县区供稿员会将文字稿、视频

稿全部上传至中央厨房。对于客户端原创稿件，一审编辑在中央厨房平台取稿后，按新媒体要求进行编辑，放入相应频道，稿件再经二审复审、三审终审后发布；非原创转载稿件则由一审编辑进行编审，经二审审核后发布。

3. 完善考评机制，激励向上发展

江西省高度重视融媒体的高质量发展和考评机制的完善，自 2024 年开始，推出江西省市级融媒体发展排行榜，包括客户端融媒指数、微信公众号传播力指数、微博传播力指数和抖音传播力指数等多个类别。以客户端融媒指数为例，该指数聚焦融媒体的传播力、引导力、影响力、公信力，突出对日活、阅读量、原创稿件等指标的评估，强调用户黏性的重要性，鼓励优质内容生产。

各市级融媒体你追我赶、比学赶超，比日活量、比新媒体排名、比爆款产品，互相学习、共同进步蔚然成风。抚州市级融媒体在各平台发布的原创短视频数量同比增长，抖音平台浏览量"1000 万+"的视频超 100 条。赣州市融媒客户端"赣南红"自上线以来，用户量超 430 万，平均日活达 1.2 万人，超过多家省级媒体客户端，媒体矩阵粉丝量超 2000 万，较融合前增长 800 万，成为江西省内市级客户端建设的样板，其推出《融湾桥头堡》等系列原创短视频总阅读量过亿。南昌市融媒客户端"洪观新闻"13 个小时直播青海 6 岁烧伤男孩转运全程，视频全网点击量过亿。"赣南红""抚观天下""洪观新闻""吉安号""天工新余"等媒体品牌知名度持续上升，其中，7 个市客户端下载量超市域常住人口 30%。

（二）强化育才用才，打造全能型采编队伍

1. 完善育人体系，激活队伍内生潜能

一方面，各市级融媒体中心坚持组织内部培训，开展业务骨干的拔尖培训，引导采编人员树立互联网思维，推动现代传播理念转型，根据岗位需求培养一专多能的精通型、专家型人才，推动现有人才队伍向全媒记者、全媒编辑与全媒管理人才转型。例如，抚州市级融媒体中心创新开设一周三次的夜校实训班，包含摄影、写作等多领域课程，培育"提笔能写、对镜能讲、

举手能拍"的全媒复合型人才。九江市开展"一对一"帮带服务，为每位新入职员工建立成长档案，并邀请中层以上干部以及专业技术骨干担任新人帮带导师，激发人才潜能，加强梯队建设。

另一方面，各市级媒体定期组织外出学习、开展学习交流，借鉴其他市区融媒的先进经验。赣州市级融媒体采用"走出去，请进来"的人才培育机制，挑选优秀媒体工作者外出学习，前往人民日报社、"学习强国"总平台等中央级媒体、粤港澳大湾区等先进地区媒体进修深造，全面提升骨干人员的业务技能与综合素质。上饶市级融媒体中心先后开展6次外派，共30多人赴广东、深圳、绍兴等省外融媒体中心及抚州、赣州、萍乡等省内融媒体中心进行实地交流，充分提升了融媒体队伍的整体素养。

2. 创新用人机制，保障队伍可持续发展

首先，灵活人员聘用机制。坚持以岗定人、以岗定责、以效定薪。江西省各市级融媒体中心按照"竞争上岗、双向选择"原则，全体人员竞聘上岗，实现人员的优化整合、全面融合。同时，建立岗位系数管理机制，全部岗位实行任务量化管理，新闻产品实行量化计分考核，编内编外绩效考核一体进行，促进员工积极性有效提升。

其次，重视人才梯队建设。各市级融媒体坚持因材施策、人尽其用，结合员工特长，灵活调配岗位，实行动态管理机制，做到"人岗相适"，人才队伍潜能得以充分激发。抚州市级融媒体中心坚持首席记者、编辑制度，将业务过硬的员工引到关键岗位，充分发挥优秀采编人员的引领作用；打造了全媒采编、技术研发、视觉设计、政务服务、群众工作、创意策划、文化教培等七大团队；同时，深化"一对多"人才培养，积极推动资深专家"传帮带"，补全人才短板，有效提升整体水平。

最后，改革动态考核机制。将工作岗位与工资收入挂钩，做到以业绩论英雄、让实干者得实惠，最大限度地让采编人员心无旁骛地发挥专长和优势，鼓励新闻工作者向专业化、专家型人才转型。破除人员身份界限，实行同工同酬、多劳多得的薪酬制度，树立"以作品论英雄""以业绩排座次"的鲜明用人导向，建立以流量、质量、效果为核心的绩效考核体系，激发内生动力。

（三）聚合服务功能，满足本地群众需求

1. 拓展服务板块，延伸服务场景

江西省市级融媒体致力于满足群众需求，积极探索"新闻+政务服务商务"模式，拓展服务功能板块，延伸服务场景。目前，江西省各市媒体客户端平台的服务板块已覆盖公共服务、政务服务、增值服务等多个领域。在公共服务方面，各客户端普遍提供社保查询、在线问诊挂号以及线上缴费等便民功能；在政务服务方面，设立问政留言、问政回复等渠道，部分市域客户端还设置问政黑红榜，公示本地各政务部门问题数和回复率；在增值服务方面，媒体客户端平台通过积分商城、在线抽奖等功能提升用户参与度，同时，开设电子商城、助农商城等板块，服务本地产业与经济发展，实现了本地群众与优质产品的供需匹配。

2. 聚合媒体资源，做好特色服务

在保持现有服务的基础上，江西各市级融媒体突破传统模式，针对不同用户群体，推出个性化的特色服务。景德镇市融媒客户端"景德云媒"接入外卖服务功能，切实满足了市民的外卖需求；南昌市"洪观新闻"客户端抓住市民出行停车需求，开设便民停车功能；抚州市"抚观天下"客户端围绕市民出售与购买特色农产品的需求，开设电子商城和直播带货等功能，打通省内特色农产品购买渠道；宜春市传媒集团承接大型活动，举办了"宜春市首届双扶双进购物节"帮助销售农副产品和土特产，销售额达5000余万元，极大地提升了经济效益。总体而言，江西省各市级融媒体依据本地市民的多样化、差异化需求，将客户端打造成具有本地特色的综合服务平台，在承办本地活动的同时，提升了综合服务水平，增强了用户黏性。

3. 联结引导服务，助推社会治理

各市级融媒体中心不仅拓宽了服务板块，做好本地化的特色服务，同时也帮助本地政府进行社会治理。以"服务群众、引导群众"为理念，各市级融媒体中心主动融入当地社会治理工作。在引导群众方面，借助融媒体平台传播优势，向广大群众快速准确传达党和政府的声音，弘扬正能量，守好

舆论阵地。在服务群众方面，微信公众号、官方网站及客户端都开设了政务服务板块，提供政务资讯、网络问政与政务办理等服务，为广大人民群众参与社会治理提供便捷途径。群众参与本地社会治理的热情度迅速提升。"问政抚州"客户端平台已督办解决约 1.5 万件问题，帮助挽回各类经济损失 1100 多万元。"今彩萍乡"客户端平台开发"最美绿道"评选系统、"市老旧小区加装电梯"在线征询系统等服务项目。"掌中九江"客户端开发市文明创建群众监督平台和不文明行为随手拍应用平台，受理诉求 5420 件，群众满意率超 99%。

三　江西省市级融媒体发展的未来思考

（一）完善市级融媒体"腰部"功能的建设

市级融媒体处于省、市、县三级传播的"腰部"位置，起着上联下通的关键作用。但由于我国县级融媒体建设在前且普遍与省级融媒体平台直接相连，市级融媒体"腰部"功能缺失、有"端"无"客"等问题较为突出。市级融媒体未来应充分发挥自身资源优势，贯通三级传播体系，加强与上下级媒体、同级政府部门的协同合作，构建高效的、同频共振的一体化传播。

首先，要完善市级融媒体的"腰部"功能建设，扩大其传播影响力。要借助全省统一的技术平台实现全省信息、数据等资源的实时共享与互通，通过信息共享实现资源互通。要建立有效的领导协调机制，明确各级融媒体中心的职责分工，避免职责不清、负重前行等问题；要建立省市县媒体的三级联动机制，实现信息共享、资源互通，形成传播合力，共同推动传播体系的高效运转。

其次，要充分发挥各市级融媒体客户端的引领功能。要明确客户端在全媒体矩阵中的核心地位，将其作为信息发布、用户互动、服务供给的主要平台。要建立统一的内容管理系统，实现市级融媒体中心"报、台、网、端、微、号、

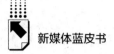

频"等不同平台的内容共享，通过统一策划进行多平台、多形式的内容生产，扩大传播合力。要充分利用数据共享等技术手段，实现客户端与其他媒体平台之间的信息互通，确保内容可以在不同平台之间无缝流转、提高传播效率。

最后，要建立跨媒体业态的多主体协同机制，实现资源共享、优势互补。市级融媒体中心与政府等多主体部门应形成明确的合作机制，共同推动媒体发展和政务服务、公共服务和综合服务的发展。应建立有效的沟通协作机制，比如采取定期召开联席会议、建立信息共享平台、开展联合调研等方式，促进双方之间的信息交流和协作配合。同时也要通过跨平台的数据联通、服务融通、业务融合和资源整合，夯实"新闻+政务服务商务"的基础能力。

（二）增强市级融媒体服务体验和用户黏性

技术是媒体融合发展的重要驱动力，为提升媒体服务水平注入源源动力。以技术创新赋能智能化生产服务、个性化交互服务、场景化生活服务，是提升市级融媒体服务体验和用户黏性的主要途径。

首先，要推进智能化生产服务以满足用户信息需求。一是要充分发挥"媒体云"赋能内容创新的引擎作用，采用"公有云+私有云"混合云模式，提高资源利用率，打造内容合作生态圈，提升触及多平台、多终端的内容生产能力[①]；二是要利用智能技术提升内容可读性，推动数据新闻、互动新闻、虚拟主播等新传播样态走向常态化报道，打造优质数字作品，拓展内容创意空间，提升沉浸式视听体验感，满足用户的观感需求。

其次，要增强个性化交互服务以优化用户体验。目前，受制于前沿技术薄弱、技术支撑力不足，部分市级融媒体呈现平台服务形式单一、个性化需求难以满足、用户体验感欠佳等问题。市级融媒体要持续关注平台用户浏览量、互动率以及转化率等数据，积极探索服务领域的应用创新。根据不同用户的个性化需求，通过对本地群众的浏览历史、评论互动、实时位置等信息

---

① 章劲松、孙甲飞：《媒体云：传媒领域技术赋能内容的新引擎》，《南方传媒研究》2023年第4期。

进行分析，构建用户画像与行为特征，并推出与用户需求适配的服务与内容，不断进行个性化服务的优化升级。

最后，要创新场景化生活服务以强化用户黏性。生活化服务是黏合用户的关键，场景适配性是创造服务价值的重要因素。江西省各市融媒体未来应在保留社保查询、线上缴费、助农商城等已有服务功能的基础上，进一步丰富高频应用场景，并深挖与本地生活并行的服务场景，着力将客户端打造成为百姓解决问题的服务平台，实现吃、住、行、游、购、娱等"一端就行"①。例如，南昌市"洪观新闻"客户端抓住市民出行停车需求，开设便民停车功能。以全方位精准服务，增强服务供给与用户场景的连接性与匹配性，最大限度盘活客户端用户存量，增强用户黏性。

（三）提升市级融媒体全业态布局的"造血能力"

市级融媒体中心作为连接省县的中间环节，在打造本土品牌与汇聚丰富资源方面具有天然优势，可以打造本土品牌与扩展媒体新业态为途径探索多元经营模式，以产业"反哺"中心，实现"事业+产业"双线发展。

要用"精品意识"引领产业发展。地市级融媒体中心应充分利用"近民"与资源优势，整合地方特色资源，打造深耕本土的融媒品牌，实现经营创收良性循环。一是充分利用主流媒体优势。通过策划会展、举办论坛、开展培训等形式，将媒体影响力转变为"现金流"，实现影响力变现。二是深挖政务资源。利用本地政务、公共服务资源，发挥市级融媒体的人才与技术优势，开展政务新媒体代运营，承包政府大型活动，提供策划—执行—宣发的全包服务，贯彻"精品精神"；打造品牌活动，通过优质内容生产增强市级融媒体影响力，以良好口碑稳定老客户、吸引新客户，同政府、企事业单位、行业机构等保持长久合作，实现经营创收的可持续性。三是用活社会资源。发挥信息服务平台的作用，强化媒体经营转型的"平台化思维"，可

---

① 黄楚新、张迪、田锋、植勇、董毅恒：《州市媒体融合如何推进？——对云南省五个州市媒体融合的实地调研》，《中国记者》2023 年第 8 期。

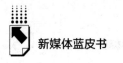

尝试通过 MCN 模式探索网红经济，拓展营收渠道。①

要推进多元经营，实现全业态布局。市级融媒体应强化用户思维，提升媒体传统业务的服务质量，延长传统业务的服务链条。直播带货、广告植入、品牌定制等越来越多的业态逐渐呈现视频化转型趋势，这是以视频宣传为主要形式的融媒体中心的机遇。市级融媒体应抓住机遇，做大做强新媒体平台，从内容生产转向内容运营，增强内容变现能力，提升新媒体经营能力，与电商直播、广告营销相关单位协同生产，创新推进"新闻+政务服务商务"运营模式，拓展全媒体营销服务模式。同时，以新技术升级为契机发展增量业务，通过数据驱动和科技赋能助推传媒经济转型；充分利用媒体资源优势，积极探索电商经济、数字经济、版权经济等多种业态，不断延长产业链以提升自我"造血"能力，增加经营性收入以优化服务供给，最终形成良好的产业生态循环。

于江西省市级融媒体而言，不断壮大全媒体传播矩阵，坚持提升优质内容产能，充分激发自我"造血"机能，发挥体制机制为首要、服务功能为关键、育人用人为基石的本土特色，切实以深度融合完善立体化传播体系、以创新经营强化自我"造血"水平、以先进技术赋能媒体服务升级，将互联网这一最大变量转化为最大增量，既是推动媒体融合向纵深挺进的内在要求，也是满足民生需求、协同社会治理的实践落点。市级融媒体的发展不仅要从既有经验中找方法，更要从理论创新中找思路，加快推进媒体"真融""实融""深融"，真正实现高质量媒体融合。

参考文献

黄楚新：《推动地市级媒体在整合融合上迈出新步伐》，《传媒》2022 年第 22 期。

---

① 章丹、刘莲珍：《市级媒体深度融合发展的问题及对策——以鄂州市融媒体中心为例》，《新闻前哨》2023 年第 13 期。

郭海威、王晓红:《全媒体传播体系下地市级媒体融合发展研究》,《中国广播电视学刊》2023年第8期。

曾祥敏、刘日亮:《"生态构建":媒体深度融合发展的纵深进路》,《现代出版》2022年第1期。

杨驰原、鲁艳敏、左志新等:《我国地市级媒体深度融合发展研究报告》,《传媒》2022年第22期。

郭全中、朱燕:《系统化、智能化、协同化:媒体深度融合的"江西现象"》,《新闻战线》2024年第4期。

B.12
2023年中国县级融媒体中心发展报告

李一凡[*]

摘　要： 2023年，我国县级融媒体中心紧随国家政策方向，不断完善顶层设计、强化内容创新创优、重构社会治理场景，推动改革走深走实。然而仍存在技术水平参差不齐、多级协同能力较弱、用户黏性亟待强化、专业人才缺口较大等问题难点。步入深融阶段，县级融媒体中心应把握数字化发展机遇，在内容监管、服务生态、技术创新、人才创优、特色经营方面持续发力，为全媒体传播体系建设和基层经济社会高质量发展积蓄数字动能。

关键词： 县级融媒体中心　媒体融合　技术赋能　数字化

2023年是我国推进传统媒体和新兴媒体融合发展的第十年。自2013年8月，习近平总书记在全国宣传思想工作会议上作出"加快传统媒体和新兴媒体融合发展，充分运用新技术新应用创新媒体传播方式，占领信息传播制高点"的重要指示。十年间，我国主流媒体深入落实各项政策规定，以技术要素为内核、以市场要素助力，推进各级媒体融合转型，建强建好主流舆论阵地，推进全媒体传播体系建设，并在顶层设计之下实现升级转型与体系化发展，成为社会治理不可或缺的一环[①]。其中，作为基层舆论宣传主阵地的县级融媒体中心坚持"引导群众、服务群众"的目标定位，为全媒体传播体系筑牢了底层支撑力，成为我国媒体融合

---

[*] 李一凡，中国社会科学院新闻与传播研究所博士后，主要研究方向为新媒体、媒体融合。
[①] 黄楚新、陈玥彤：《媒体融合发展十年纵览》，《视听界》2023年第6期。

进程中的亮点之一。当前阶段，县级融媒体中心在顶层设计不断完善引领之下，扎实推进深度融合和全媒体传播体系建设，强化在地化、智媒化优势，在内容创优、技术创新、基层文化建设、基层公共服务等方面不断深耕，为基层数字化建设、基层社会治理、乡村振兴持续发展注入动力和活力。

一　我国县级融媒体中心发展现状

（一）顶层设计持续优化完善，县级融媒改革走深走实

在国家层面，2023年政府工作报告中再次强调"扎实推进媒体深度融合"①，凸显推进媒体融合在我国高质量发展大局中的重要性和紧迫性。2022年12月，财政部印发《中央支持地方公共文化服务体系建设补助资金管理办法》，明确收听广播和观看电视服务补助资金用于融媒体中心建设，其中包括全媒体传播所需设备购置等②。国家广播电视总局印发的《全国广播电视和网络视听"十四五"人才发展规划》中提出，鼓励支持加强县级融媒体中心人才队伍建设，充实人才力量，加大专业技术人才培训力度，提高基层广播电视人才队伍的质量和水平③。从总体来看，2023年有关县级融媒体中心的政策规划和顶层设计更加趋于精细化、垂直化、落地化，国家在财政支持、人才培养等关键领域给予了县级融媒体中心更多的扶持和引领。值得注意的是，2023年10月，习近平总书记在全国宣传思想文化工作会议上强调"各级宣传文化部门要强化政治担当，勇于改革创新，敢于善于斗

---

① 《政府工作报告——2023年3月5日在第十四届全国人民代表大会第一次会议上》，https：//www.gov.cn/zhuanti/2023lhzfgzbg/index.htm，2023年3月5日。
② 《关于印发〈中央支持地方公共文化服务体系建设补助资金管理办法〉的通知》，https：//www.gov.cn/zhengce/zhengceku/2023-01/20/content_5738185.htm，2022年12月29日。
③ 《国家广播电视总局关于印发〈全国广播电视和网络视听"十四五"人才发展规划〉的通知》，https：//www.nrta.gov.cn/art/2023/1/10/art_113_63176.html，2023年1月10日。

争，不断开创新时代宣传思想文化工作新局面"①，会议首次提出习近平文化思想，为新时代意识形态工作和社会文化建设提供行动指南，也为县级融媒体中心进一步做好基层宣传思想文化工作把脉定向。在地方层面，各省级广电局、省委宣传部扎实推进省内县级融媒体中心高质量发展。河北、云南、江西、山东、浙江等各省广电局从省域共享平台搭建、评估体系建设、人才技能培训、内容资源共享等多维度为县级媒体融合提供资源和服务。例如云南省委宣传部、省广电局联合新华社信息中心云南中心、云南日报、云南省广播电视台等单位共同组成工作专班开展县级融媒体中心综合成效评价工作，并将结果纳入各级意识形态工作责任制年度考核，助力县级融媒体中心高效运转。

（二）传播体系建设扎实推进，新型视听平台赋能助力

面对国家高质量发展需求，加快推进媒体深度融合，加强全媒体传播体系建设，以内容建设为根本、先进技术为支撑、创新管理为保障，构建网上网下一体、内宣外宣联动的主流舆论格局，是当前阶段县级融媒体中心推进高质量发展的重要任务。从纵向来看，2023 年，县级融媒体中心在政策所引和自身之需的双重驱动之下积极融入中央、省、地市、县区四级媒体协同联动的传播架构。例如新华社新闻信息中心为云南、江西、山西、河北等省份的县级融媒体中心提供技术、平台等方面的支持，并定期发布全国县级融媒体中心综合传播力影响力调研报告，为县级融媒体高质量发展提供智库支持。浙江依托省级媒体融合平台"传播大脑"，以 AI 技术打通数据资源、内容资源、技术服务，聚合各市县媒体新闻、政务、服务，再通过技术集成中心、数据交互中台与融合传播中枢，构建省市县上下贯通、内外联动的传播体系和生态。从横向来看，县级融媒体中心广泛吸收政务新媒体、商业化平台、个体内容生产者、地方自媒体、网络社群等海量的社会媒体资源，搭

---

① 《习近平对宣传思想文化工作作出重要指示》，https：//www.gov.cn/yaowen/liebiao/202310/content_ 6907766. htm，2023 年 10 月 8 日。

建多方竞合的体系网络，持续激发和挖掘县域资源赋能内容生产、技术开发、产业经营等各环节。例如浙江省安吉融媒体中心不断拓展内容生产理念，在客户端开放 PUGC、UGC 供稿通道，打造用户"参与式聚合"模式，将全媒体信息服务延伸到县域最基层。

在广播、电视等传统媒体平台之外，抖音、快手、视频号、云听等互联网新型视听平台成为县级融媒体中心的重要传播阵地。2023 年，中国广播电视社会组织联合会县级融媒体中心委员会联合视频号发布"新时代小乡风"计划，依托县级融媒体中心在地化优势，引导本地用户通过视频号展示家乡美景、物产、文化，提升县域融媒体传播力、影响力和美誉度，助力县域文化传播、产业发展。

（三）基层主流舆论持续壮大，优质内容供给日渐丰富

2023 年，县级融媒体中心深入学习贯彻习近平文化思想，守好基层主流舆论阵地，不断发力内容创优、融合传播，输出了一批兼具思想性、艺术性、创意性的精品内容。据统计，在 2023 年公布的第三十三届中国新闻奖评选结果中，有 6 件区县级融媒体中心的原创作品获评三等奖，获奖作品覆盖评论、重大主题报道、融合报道、消息、新闻摄影等 6 个不同项目品类。在重大主题报道作品中，青海省海东市循化县广播电视台融媒体中心的作品《锦绣山河看变化》打破了这一类目常年被中央级和省级媒体"垄断"的局面。作品从黄河、草原、森林、山脉以及城市发展、惠民利民等多个方面，突出循化县环境保护成果和牧民生活变化，反映国家生态保护、脱贫攻坚等政策的影响，创作中还引入了 3D 建模和二维特技，将青山绿水、城市建设和牛羊湖泊搬到实景演播室，兼具思想性和创意性。在发挥基层新闻媒体功能的同时，县级融媒体中心还挖掘文化创意方面的优势，在互联网内容创作方面呈现突围之势。在国家广电总局公布的 2023 年优秀网络视听作品推选活动评审结果中，有 4 家县区级融媒体中心的作品被推优，作品覆盖网络纪录片、网络微电影、短视频等不同类型。近年来，福建省尤溪县融媒体中心深耕内容生产，作品多次获得全国大奖。这些作品以充满现实感、泥土味的

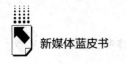

温情表达，有效传播了本土文化，助力地方形象传播和基层精神文明建设。

党的二十大报告明确提出，"加强国际传播能力建设，全面提升国际传播效能"。以此为目标，2023 年，部分县级融媒体中心依托当地独特的区位优势、文旅资源等优势推动国际传播平台搭建和传播能力建设，呈现诸多亮点。作为海南首个县级国际传播中心，文昌国际传播中心向上联动新华社、海南国际传播中心等平台，探索"媒体融合+国际传播"运营模式。在 2023 年春节期间，策划开展"兔年城市家书"国内外传播活动，通过美国纽约时报广场路透屏、新华社海外社交媒体账号、海南省内户外大屏等全媒体联动推广，活动触达人次超过 1.5 亿，向世界广泛传达了海南声音。浙江绍兴柯桥区融媒体中心依托自身"国际纺织之都"的资源优势，推出"IN KEQIAO"栏目向世界全方位、多角度、立体化展示柯桥形象，并为当地外国客商和外企提供政务、商务和生活等信息服务。总体来看，县级融媒体中心以小切口展开叙事，以全媒体矩阵营造共情传播，通过精细化的内容表达和贴近性的活动运营更加契合精准受众人群的需求和审美习惯。

（四）基层公共服务质效升级，重构社会治理路径场景

随着我国经济社会发展水平的不断提升，社会公众对公共服务的需求日益增长，基层公共服务供给主体愈加呈现多元化趋势。数字技术的快速发展和数字化公共服务平台的出现，打破了政府、市场、社会组织等公共服务供给主体之间的信息壁垒和协同局限，有效提升公共服务的效率和质量。2023 年，各县级融媒体中心联动当地政府、政务服务部门、大数据局等推动搭建本地化数字公共服务平台，推动基层公共服务质效升级。福建尤溪县融媒体打造的乡村数字服务平台，将老百姓的急难愁盼问题通过网络分发，实现网格化管理，使问题在第一时间得到解决，极大满足了老百姓的需求。

随着新一轮科技革命到来，数据要素已经并继续重构人类社会的生产生活方式，推动社会治理走向数字化、精准化、高效化。2023 年，县级融媒体中心积极助力地方政府搭建社会治理的数字基建，打造涵盖交通出行、风险预警、环境卫生、社会治安等应用场景的数字化终端平台，同时广泛吸纳

社会力量参与，推动构建共建共治共享的基层社会治理新格局。如安吉县融媒体中心承接当地数字政府、数字社会等数字化改革门户建设，构建多个数改项目，有效实现政务宣传在村社一级及目标群体的匹配送达。

（五）智媒技术助推平台升级，多措并举助力乡村振兴

技术创新是媒体深度融合的重要驱动力。随着5G、人工智能、大数据、区块链、VR/XR等技术深度嵌入新闻传播领域，打造智能化、高效化、交互性的融合传播生态和服务场景成为县级融媒体中心技术创新的重要方向。一方面，生成式人工智能（AIGC）在县级融媒体中心的内容生产环节正崭露头角。2023年3月，浙江长兴县融媒体中心客户端"掌心长兴"成功完成了百度"文心一言"内测，成为全国首个将AIGC技术融入内容生产的县级融媒体中心。湖南省委宣传部为全省84家具备条件的县级融媒体中心统一配置"5G智慧电台"系统。另一方面，县级融媒体中心的技术创新呈现出全流程化的特征，有效提升媒体内容传播、信息服务的效果效能。据统计，在2023年度"王选新闻科学技术奖"名单中，江西共青城、浙江温岭、福建尤溪、浙江德清、江苏张家港等6家县级融媒体中心项目获奖。这些项目涉及融媒体客户端、智能化内容生产、数字服务平台等诸多领域。例如温岭市融媒体中心与浙江传播大脑联合申报的"村社传播通"聚焦基层数字化改革，以掌上温岭App为主平台建立多维度用户标签库，精准匹配用户，在提升传播效能的同时推动了基层善治。德清县融媒体中心的XR演播室借助多面LED屏幕组成的三维显示空间，运用视角差异与图像透视关系呈现可视化的三维场景，大大缩减了节目制作时间，提升了新闻的时效性。

2023年1月，中央一号文件《中共中央 国务院关于做好2023年全面推进乡村振兴重点工作的意见》中指出，深化农村群众性精神文明创建，拓展新时代文明实践中心、县级融媒体中心等建设，支持乡村自办群众性文化活动。全面推进乡村振兴，加快农业农村现代化，是推进中国式现代化建设的关键面向。2023年，县级融媒体中心扎根基层群众所需、所想、所盼，

拓展"媒体+"运营模式赋能乡村文化建设、产业发展,多维发力推动乡村全面振兴。例如,围绕火爆互联网的"村超",贵州省榕江县融媒体中心专门成立"村超"宣传专班,自建传播流量池,汇聚当地的新媒体产业和3.5万名农民主播,通过融媒体内容分发和自媒体跟进,将"村超"策划出一系列热点爆点,使"村超"成为展示贵州文化和贵州人精神风貌的重要窗口,有效助力乡村文化振兴。除此之外,各县级融媒体中心还借助短视频、直播等新媒体传播方式,促进农民增收致富,开展文旅推广活动,助力乡村产业振兴。例如浙江安吉融媒体中心打造的安吉优品汇,开展智慧媒体服务乡村振兴专项行动,开设助农直播间,以"公益广告、节目+消费帮扶""短视频、直播+"等模式推动农产品营收,助力产业振兴。湖南省冷水滩区融媒体中心搭建"新闻+图文+短视频+直播"的全媒体传播矩阵,助力当地水稻等农产品生产的融合报道,赋能乡村文旅产业发展,做好乡村振兴推介。

二 当前县级融媒体建设存在的问题及挑战

2023年,我国县级融媒体中心在政策强力引导之下,扎实推进深度融合改革和全媒体传播体系建设,并在内容创新创优、平台技术升级、创新社会治理等方面实现了阶段性进展。随着改革步入深水区,县级融媒体中心面临的问题和挑战愈加凸显,亟待理清发展困境,探寻针对性的解决方案。

(一)融合发展步伐不一,技术水平参差不齐

从全国范围来看,各县级融媒体中心在融合程度和发展速度上的差异依然明显,尤其改革力度、技术水平、人才实力、产业发展、经营规模等方面存在较大差距。例如安吉融媒体中心发力产业经营,近年来集团营收以10%以上的速度增长,2023年更是达到6.67亿元。福建尤溪县融媒体中心虽处较偏僻的山区,但通过发展文化产业,如短视频内容变现,2023年实现营收3000万元。相比之下,仍有一大部分县级融媒体中心的经营板块处

于从零起步的阶段。此外，各县级融媒体中心的技术水平也参差不齐。2023年，一些县级融媒体加速布局数智化发展，一面以 5G、大数据、人工智能等新兴技术赋能内容生产和传播的智能化转型，一面还深度嵌入智慧文旅、智慧医疗、智慧教育等领域，助力打造基层社会智慧体系。而放眼全国，仍有大多数的县级融媒体中心在技术开发和技术服务能力上存在明显不足。例如在调研中发现，江西省 105 家县级融媒体中心中有 72 家没有专业的技术人员，主要依托赣鄱云、赣云两个省级平台提供技术服务，因各县级融媒体中心的技术基础以及对技术的需求存在差异，"两朵云"所提供的技术服务未能完全满足县级融媒体客户端功能的持续开发优化，在服务本地群众个性化需求方面依然存在欠缺。

（二）多级协同仍需强化，服务效能有待提升

依照中央对媒体深度融合的政策指引，县级融媒体中心要积极融入国家、省级、市级、县级四级媒体格局，加快构建全媒体传播体系，建立覆盖全域、面向全国的跨界跨域融合机制[①]。当前，各县级融媒体中心围绕技术平台、内容生产与传播等维度积极同上级媒体建立协同合作，但合作的广度和协同的深度仍需进一步加强。例如，相比技术共建、内容共享等模式，经营领域和人才领域的合作较少涉及，未能充分发挥全媒体传播体系的协同效能。

在数字化发展进程中，助力基层公共服务走向数字化是县级融媒体中心深度融合的应有之义。而基层各机关部门与县级融媒体中心协同不畅的问题，正影响着基层公共服务效能的提升。目前，基层各机关部门在信息化建设方面均有一定基础，但各单位、各主体之间尚未实现数据资源的有效对接、联通和共享。例如在一些地区，县级融媒体中心与各委办局打通线上公共服务渠道，在融媒体客户端提供多样化的服务种类，但其他部门本身可能

---

① 黄楚新、李一凡：《县级融媒体提质增效赋能中国式现代化推进》，《新闻春秋》2023 年第4 期。

自建了线上服务平台，导致各部门的客户端与县级融媒体客户端存在数据的共享联通不彻底等问题，各部门之间的协同联动存在一定壁垒。这样一来，用户在使用县级融媒体中心客户端的相关服务功能时，可能会进一步跳转到其他部门的政务 App 或服务网页，跳转延迟以及闪退等情况也掺杂其中，不仅造成操作的复杂化，影响了用户的使用体验，还对用户的留存造成很大的影响。

（三）内容生产能力不足，用户黏性亟待强化

目前，县级融媒体中心依照"引导群众、服务群众"的目标，积极打造涵盖新闻、政务、商务、服务、民生、娱乐等多样化板块的融媒体客户端。丰富的内容板块和服务功能，就意味着需要填充更为丰富的内容以支撑日常更新，从而吸引用户的注意力，延长用户停留时长。但从实际来看，融媒体中心人员的内容生产力与内容需求量之间存在差距，导致内容单一化、更新不及时的问题在县级融媒体中心客户端中较为多见。一些融媒体客户端中除了每日更新时政新闻、民生信息之外，其他服务板块更新频率较低，内容多以板块介绍或陈旧通知填充。内容更新不及时、可看性不强的情况难以保证用户高频率、长时间地浏览和使用客户端，一些服务板块甚至长期面临用户用完即走的局面。

在内容产量和内容吸引力有限之外，融媒体平台互动性弱的问题亦普遍存在，严重影响政民互动的频率和基层公共服务的质量，降低了用户黏性。例如一些县级融媒体中心虽在客户端设置了互动投诉的板块，但为防范负面舆情，简单粗暴地关闭评论功能，导致用户只能点赞不能留言反馈，这样的做法非但未能达到管控和引导网络舆情的目的，还阻断了政民沟通互动的通道，大大削减了用户的信任度和忠诚度。

（四）人才需求趋于多元，专业人才缺口较大

媒体竞争归根结底是人才的竞争。随着县级融媒体中心步入深度融合阶段，"媒体+"不断拓展主流媒体的功能边界，伴随而来的是对专业型、复

合型人才的需求持续提升。通过调研发现，无论是处于何种发展阶段的县级融媒体中心，人才问题始终是制约其发展的关键因素之一。一方面，伴随着融合的深入，传统的新闻生产流程和内容产品正面临着数字化重塑，这考验着一线内容生产人员的专业素质和创新能力。熟练应用数字技术并掌握创意内容生产、新媒体运营的全媒体人才成为县级融媒体中心的紧缺资源。尤其在推进基层社会治理走向智能化、高效化、人性化的过程中，作为重要参与主体的县级融媒体中心，迫切需要增加熟练掌握社会救助、卫健服务、纠纷调解、应急处理等专业能力的复合型人才，为提升平台服务效能、推动基层治理现代化提供人才支撑。另一方面，依照强化自身造血和助力基层经济社会发展的双重目标，县级融媒体中心不断增加其业务板块，助力地方文化、健康、旅游、生态等各类产业发展。在这一过程中，对优秀的经营人才、管理人才、法律人才等复合型人才的需求也不断提升。

三　县级融媒体中心深度融合的发展趋向和实现路径

（一）强化网络内容监管，优化基层文化生态

当下，基层社会的传播生态和文化环境在新技术推动下发生了颠覆性的变化。尤其新媒体带来的传播权下放使基层网络空间充斥着来自官方和民间的海量且多元的网生内容和智能生成内容，亟待强化内容审核和监管，匡正价值导向。作为基层主流舆论阵地的县级融媒体中心，要强化优质内容输出，强化内容审核，助力打造健康、清朗的基层网络空间。尤其在"追热点"的过程中，要摒弃"流量至上"思维，将热点话题融入主流价值观引导的主业上来，生产出热度与品质兼具的优质内容，切实发挥主流媒体的舆论引导作用。与此同时，县级融媒体中心应深度融入地区数字化建设大潮，以数字化技术重塑基层文化生态。要借助虚拟现实、AI、全息成像等突破时空的影像技术打造3D实景等数字化内容产品，提升数字化公共文化产品的供给量，满足基层群众不断提升的文化需求。要参与基层文化数字化基础设

施建设，打造扎根群众的数字影像馆、数字展览馆、文化书屋等沉浸式、高品质的文化消费新空间，提升基层公共文化服务的数字化水平，为基层群众提供高质量、多样化的文化产品和文化服务。此外，拓展跨界融合模式，以提供信息传播、数据服务、人力支持等方式助力地方实施"文化+科技""文化+健康""文化+农业""文化+旅游""文化+生态"等发展战略，推动地方文化事业和文化产业繁荣发展。

（二）构建开放服务生态，打造网上超级入口

构建开放、包容、共享的媒体生态系统，打造服务县域用户的互联网超级入口，是县级融媒体中心深度融合发展的必然选择。首先，打造包容的内容生态。步入数字媒体时代，内容的开放生产成为传媒业的核心特征之一。面对基层群众日益增长的信息消费需求以及县级融媒体中心自身内容产能不足的问题，建立 UGC 模式，吸纳县域多元的内容生产者，建立开放包容的内容生产系统，有助于丰富县级融媒体中心的内容供给。广州市黄埔区融媒体中心招募并培育"融媒小记者""社区新闻官""幸福黄埔体验官"，这些内容生产者为融媒体中心提供了丰富鲜活的优质内容，还借助新媒体、线下活动等多渠道扩大了基层主流声音。其次，打造共享的数据系统。想要更好实现县级融媒体中心服务基层群众的目标，必须坚持从用户需求出发，打破县党委政府、各组织部门以及企事业单位之间的数据壁垒，建立数据共享平台，实现县域数据资源的互联互通，使县级融媒体中心真正成为服务基层群众的"超级入口"。最后，构建开放的资源系统。锚定县级经济社会高质量发展目标，县级融媒体中心应深入基层群众生活的方方面面，盘活优质的公共服务资源、文化资源、产业资源等地方资源，推动社会各项资源与用户需求的精准匹配，打造为县域用户提供一站式服务的互联网服务端口。

（三）持续强化技术赋能，培育发展新质生产力

随着数字技术深度融入大众的日常生活场景，传媒业的数字化、智能化转型也迎来了高速发展阶段。2023 年 9 月，习近平总书记在黑龙江考

察调研时首次提到"新质生产力"，将其视为推动高质量发展的关键因素。放眼当下，以人工智能大模型为代表的人工智能技术以及基于技术创新而搭建的全媒体传播体系正成为推动主流媒体走向高质量发展的新质生产力。

2023 年 7 月，国家互联网信息办公室等部门发布《生成式人工智能服务管理暂行办法》①，鼓励生成式人工智能技术在各行业、各领域的创新应用，生成积极健康、向上向善的优质内容，探索优化应用场景，构建应用生态体系。基于新技术带来的业务拓展和场景升级，县级融媒体中心应紧随技术创新步伐，加速推进汇集内容生产、渠道分发、管理经营、用户管理等多功能的数字化平台建设，培育新型主流媒体的新质生产力，应对智能时代的挑战。同时，紧密联动上下级媒体以及商业平台，助力全媒体传播体系建设，打造全程、全效、全局联动的智慧全媒体传播生态，以全媒体生态建设赋能自身高质量发展。正如浙江省媒体融合统一技术平台"传播大脑"研发媒体专属的"传播大模型"，借助生成式人工智能技术，有效提升了融媒体中心的日发稿量和稿件质量，解决了县级媒体的人力资源紧张问题。

（四）深入优化体制机制，建强建优人才队伍

推动县级融媒体中心走向高质量发展，需不断深化体制机制，创新人才管理制度，坚持人才驱动媒体深度融合的战略地位。首先，要优化管理评估机制，注重评价的科学性、公平性和导向性，打通人才晋升通道，实现人尽其才、才尽其用。黑龙江宝清县融媒体中心将绩效考核分为新媒体平台贡献、对上发稿绩效、广告绩效三种类型，有效提升评估的精确性和精细度，为人才考评和晋升提供依据。其次，要创新人才引进机制，加强高层次人才、急需紧缺人才、青年创新人才的引进、培养和使用，建设一支讲政治、

---

① 《生成式人工智能服务管理暂行办法》，https：//www.gov.cn/zhengce/zhengceku/202307/content_ 6891752. htm，2023 年 7 月 10 日。

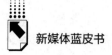
会创作、擅运营、懂经营、善管理的经营管理人才队伍。同时创新使用特约记者等流动用人方式，充实人才储备。湖北省鹤峰县融媒体中心聘用 450 余名新闻爱好者为签约摄影师、特约记者等，与融媒体中心新闻工作者共同组成新闻生产团队，有效补充了人才缺口，还给新闻作品增添了浓浓的烟火气。再次，要完善创新激励机制。打造融媒体工作室等多元化的创新创业孵化模式和创业空间，为创新创业营造宽松的制度环境，培养员工创新意识，同时加大对创新人才激励力度，拉开创新人才与普通员工的工资差距，营造内部创新氛围。最后，面对新一代技术革命和媒体产业变革加速演进，要推动传统人才培养体系进行信息化、智能化、数字化的转型升级，推动传统媒体人才转型为创新型、复合型的数字化人才、全媒体人才，助力县级融媒体中心步入智能化时代。

（五）探寻特色经营路线，充分激发"造血"机能

步入深融阶段，县级融媒体中心必须增强"造血"机能，方能为下一步深化改革和业务拓展积蓄能量动力。为此，县级融媒体中心应深挖本地特色资源，探索延伸多元化的经营模式和产业发展路径，构建融媒体产业新业态和地方产业发展新路径，助力县域经济高质量发展。一方面，县级融媒体中心应发挥基层主流媒体的专业内容生产力和传播力优势，通过全媒体传播推广、直播带货等方式为本地特色产品打造知名度、打通销售渠道，助力县域产业资源转变为经济效益。例如，福建沙县区融媒体中心依托沙县小吃这一知名产业品牌，打造集"网红推手培训—网红直播带货—网红选品超市—网红旅游路线—企业孵化赋能"于一体的"闭环式"产业链和示范直播基地，以"融媒+电商赋能"特色发展路径深度融入区域产业发展版图。另一方面，县级融媒体中心还可以为地方特色产业发展打造销售平台、用户反馈平台、售后服务平台，推动生产端、销售端、消费端建立良性沟通，实现需求的精准对接，这样不仅有利于拓宽融媒体产业经营版图，还为地方特色产业发展聚势赋能。

参考文献

黄楚新、郭海威：《县级融媒体参与乡村治理的内在机制与创新路径》，《青年记者》2022年第7期。

曾祥敏、刘思琦：《媒体融合十年考：传播体系、社会治理与自主知识体系现代化的实践路径》，《现代出版》2024年第1期。

曹素贞、段卫里：《县级融媒体中心建设：模式、路径与前瞻》，《青年记者》2023年第12期。

常凌翀：《嵌入与重构：县级融媒体中心赋能基层治理的生成逻辑、功能转向与实践进路》，《中国出版》2022年第12期。

曾润喜、杨璨：《重建本地用户连接 融入基层社会治理：县级融媒体发展路径研究》，《新闻与写作》2021年第5期。

B.13
地方特色与价值创造：短视频赋能
基层文旅的热点与趋势

龙 瀚 张娇龙 刘 进*

摘 要： 当下短视频正成为媒体内容形态变革的主流趋势，为赋能基层文旅经济发展提供潜在价值。在经历爆发式增长后，短视频出现了共情标向、社交入场与经济撬点的变革转向，媒介技术中的感知价值成为连接红利，呼应价值创造的文化情境内涵。本文通过地方感嵌入价值创造的相关研究，运用"价值主张—价值创造—价值获取"的理论模式，探索地方文化、社会与经济价值的融合路径，期望为基层文旅发展提供借鉴参考，实现地方文旅良性互动，提升地方产业竞争力，构建发展新格局。

关键词： 价值创造 文化认同 情感传播 短视频 基层文旅

党的二十大报告指出，要坚持以文塑旅、以旅彰文，推进文化和旅游深度融合发展。近年来，以"贵州村超""淄博烧烤""天水麻辣烫"等为代表的现象级传播事件在助力区域品牌建设的同时，不断推动基层文旅产业发展。"淄博烧烤"成为爆款后，当地统计局数据显示全市现代服务业增加值增长

---

* 龙瀚，腾讯数字舆情部研究员，主要研究方向为新媒体与互联网；张娇龙，中山大学新闻传播学院硕士研究生，主要研究方向为新媒体；刘进，腾讯数字舆情部研究员，主要研究方向为新媒体与互联网。

7%，对经济增长贡献率达到 35.1%。[①]"贵州村超"联赛举办期间，当地累计接待游客超 519 万人次，实现旅游综合收入 59.86 亿元。基层文旅借助短视频走红正在成为重要的出圈途径，第 53 次《中国互联网络发展状况统计报告》显示，截至 2023 年 12 月我国短视频用户规模已达到 10.53 亿人，占网民整体的 96.4%，广泛的受众基础为地方文旅带来巨大的流量价值。

价值创造是数字经济时代的核心概念，包含提高价值量、增加新元素两个基本释义[②]，当前学界关注短视频商业模式及其价值创造的实现过程，生产者和消费者的连接转换构成双边市场[③]，成为价值共创的基本前提，数字经济平台能够通过资源整合、供需匹配和共创驱动创造价值[④]。前述研究聚焦企业—用户场景，在短视频赋能文旅发展的过程中，地方感体现了人在情感上与地方的深切联结，是一种经过社会文化改造的特殊人地关系[⑤]，当前正在成为受众感知价值中心，构成流量变现的重要内容。短视频改变了受众参与和体验环境的方式，以再部落化的方式表征乡土价值信仰、打造狂欢广场以及弥合地方文化[⑥]，具身实践和媒介漫游均能够重塑人地情感[⑦]，因此本文将地方感作为短视频价值创造的核心要素，结合经济理论进行系统分析，通过"价值主张—价值创造—价值获取"的模式，回答"短视频如何赋能基层文旅发展"。

---

① 《淄博上半年 GDP 同比增长 5.3%，社零总额增长 9.7%》，澎湃网，https://m. thepaper. cn/ newsDetail_ forward_ 24054837，2023 年 7 月 31 日。

② 谢卫红、林培望、李忠顺等：《数字化创新：内涵特征、价值创造与展望》，《外国经济与管理》2020 年第 9 期。

③ Rong K., Xiao F., Zhang X. Y., et al., Platform Strategies and User Stickiness in the Online Video Industry, Technological Forecasting and Social Change, 2019.

④ 王水莲、李志刚、杜莹莹：《共享经济平台价值创造过程模型研究——以滴滴、爱彼迎和抖音为例》，《管理评论》2019 年第 7 期。

⑤ 朱竑、刘博：《地方感、地方依恋与地方认同等概念的辨析及研究启示》，《华南师范大学学报》（自然科学版）2011 年第 1 期。

⑥ 刘娜：《重塑与角力：网络短视频中的乡村文化研究——以快手 App 为例》，《湖北大学学报》（哲学社会科学版）2018 年第 6 期。

⑦ 曾一果、凡婷婷：《重识"地方"：网红空间与媒介地方感的形成——以短视频打卡"西安城墙"为考察中心》，《新闻与传播研究》2022 年第 11 期。

一 2023年基层文旅传播热点现象解析

（一）呈现文化特色、传递好客态度成为地方感的价值主张

《2022国民专注力洞察报告》显示，当代人的连续专注时长，已经从2000年的12秒，下降到了8秒①，注意力经济的转向构成互联网的时代关注。面对海量内容呈现，在最短的时间内调动受众注意力是文旅发展的题中应有之义。媒介技术的发展使受众得以观看远方，在远程漫游中体验别样的经验。榕江、淄博、天水和理塘等地通过短视频，在数秒钟内借助显著的文化符号吸引着受众，构成全新的媒介传播，驱动文旅发展的注意力价值。

以"贵州村超""天水麻辣烫"等传播现象为例，"贵州村超"TOP20热词数据表明，"乡村足球""榕江足球""村BA"等带有足球特征的单词热度最高，与常以城市联赛形式出现的足球不同，"乡村+足球"成为鲜明的文化特色。此外，"贵州美食""民族舞蹈""乡土文化""人间烟火气"等凸显当地特色与文化的词语亦具有较高热度。相比于一般的足球赛事，"贵州村超"实则是通过短视频打通地方文化、地方风情与外界的交流渠道，对榕江空间生活进行媒介化呈现。"天水麻辣烫"TOP20热词数据也显示，"莫高窟""麦积山""甘谷辣椒面"构成独特的地域经验，唤起受众对远方的渴望和向往。短视频中的地方生活经验冲击着受众认知，甚至可能形成地方文化震撼，因而能够在信息过载环境中捕捉注意力，让基层文旅资源被前台看见。受众潜意识接触到地方文化，植入对符号的理解和想象，"远方奇观"也成为价值主张的初始因素，成功抓住信息社会稀缺的注意力资源（见表1）。

---

① 《网络时代，专注力为何成了"稀缺品"》，光明网，https：//news. gmw. cn/2022-04/18/content_ 35665812. htm，2022年4月18日。

表1 "贵州村超"与"天水麻辣烫"传播 TOP20 热词

"贵州村超"传播 TOP20 热词	"天水麻辣烫"传播 TOP20 热词
贵州村超	宝藏莫高窟
乡村足球	甘肃人民
榕江足球	甘肃天水
村 BA	天水人民
民族舞蹈	中国人寿
贵州美食	天水本地人
人间烟火气	天水姜伯约
最炫民族风	麦积山石窟
超经济	历史文化底蕴
幸福生活	甘谷辣椒面
村超收视率	全国人民
贵州村超联赛	浆水面
乡土文化	广东人
中国经济	网红城市
人情味	波流量
财富密码	斌斌老师
乡村传统	秦安花椒
乡村振兴	兰州牛肉面
文化自信	外地游客
旅游业	旅游资源

　　全球化背景下，地方的意义正在被全球性力量中和与消解，保存地方意义的情感认同被不断加强①。短视频的地方文化特色能够捕捉受众眼球，热情好客的真诚态度则吸引网民的持续注意。"淄博烧烤"出圈过程中，短视频平台的网民评论主题词关系和 LDA 文本聚类结果显示，"服务"、"求真"和"诚信"构成淄博地方感的三大维度，是网民在烧烤饮食之外对地方态度的真切感受。"热情好客"是淄博市的文旅招牌，评论文本内容包含38.65%的正面情感，平均情感得分大于 0 值，处于基本满意水平，齐鲁地

---

① 钱俊希、钱丽芸、朱竑：《"全球的地方感"理论述评与广州案例解读》，《人文地理》2011年第 6 期。

方的真诚态度在出圈中得到网民认可。"贵州村超"高热内容也不仅包含足球赛事本身，亦包含榕江县迎接远客、积极交流的真诚态度。从表象上看，足球和烧烤是长时间沉淀所孕育出的产物；但从内核上看，地方文旅走红后所表现出的热情好客、开放包容与亲和真挚，符合中国文化的深层精神。短视频中的地方感通过唤醒和激活远方的美好情感，打造受众对基层文旅的持续认同①，在文旅出圈中植入"真善美"基因，在捕获受众注意力后持续提升审美情趣价值，促进受众对地方文旅的持续关注，完成文化价值主张过程（见图1、图2）。

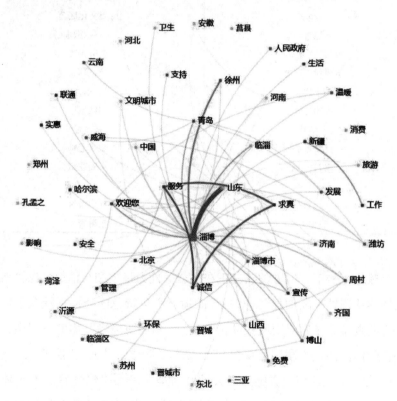

图1　"淄博烧烤"短视频传播评论主题词关系

---

① 曾一果、时静：《从"情感按摩"到"情感结构"：现代性焦虑下的田园想象——以"李子柒短视频"为例》，《福建师范大学学报》（哲学社会科学版）2020年第2期。

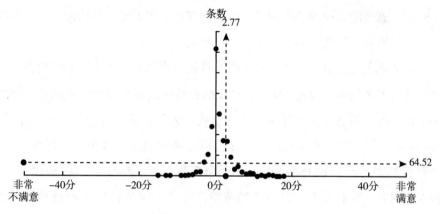

图2 "淄博烧烤"短视频评论文本情感分布

（二）生活化底色，民间视角"冷启动"促成地方感的价值创造

乡土生活持续存在，短视频带动地方文化的爆火和走红却存在明显的时间节点。"冷启动"是指没有用户、没有内容最开始需要做的事，综合媒体报道发现，当地政府、媒介及新闻工作者为文旅现象走红提供了注意力的"冷启动"且在形式上超越了传统范式。"贵州村超"出圈与贵州榕江县融媒体中心的内容策划不无关系，据人民网报道，2023年1月，该中心在榕江新媒体内容流量测试中发现，接地气的乡村足球颁奖仪式受到网民欢迎和点赞，获胜队员们抬着作为奖品的猪脚的画面迅速传遍网络。在5月13日"村超"开赛后，榕江县融媒体中心每次比赛日会提前策划好约50个选题，研判可能出现的热点。

尽管官方在"冷启动"中扮演着重要角色，但在地方文化的流量运营上，生活化的民间视角却成为短视频价值创造的底色基因，成为地方感的重要传播策略。研究发现，"贵州村超"在举办过程中几乎没有新闻发布会，也很少有官方发声，而是选用了民间视角呈现真实现场的隐性叙述，通过自媒体分发，用内容打动观众。如微信视频号中，"贵州村超推荐官"和"贵州村超纪实"等账号记录了台前幕后的精彩时刻，从万人现场到美食攻略、从高龄球员到米酒侗歌，凸显接地气的乡村生活。同样，淄博本地文旅博主

在云端复刻淄博烧烤的热闹现场，搬运烧烤店老板繁忙的日常故事，用最接地气的叙事吸引受众，极尽朴实的本真生活。

生活化底色的呈现创造了地方情感价值，当地官方则进一步培育发展民间视角的主体优势，通过 UGC 与 PGC 结合的形式持续输出优质内容。据媒体报道，榕江县通过官方开展的"村寨代言人""千人行动""万人计划""致富带头人"等培育培训活动，在当地已孵化出 1.2 万余个自媒体账号、培育了 2200 余个网络直播营销团队。开幕赛当天，榕江县"村寨代言人"和直播团队，共收获 500 万以上的流量。在"云南生活"出圈过程中，官方通过"#有一种叫云南的生活#"系列互动话题的运维和系列短视频征集大赛等网络活动，广泛调动自媒体与普通网民等多元主体参与，充分发挥了官方在地方形象塑造中的牵头作用。

本地官方融媒体在地方感培育环节进行有力的征召和动员，在媒体与网民间扮演关键的调和角色①，推动文旅数字化进程。从价值创造的机理来看，地方感通过"生活化共情—官方强化与过滤—生活化再共情"嵌入流量运营，不断通过短视频媒介带来视觉与文化享受，加大生活化底色的出圈力度，官民一体共创地方感，最终实现基层文旅的价值创造。

（三）短视频"打卡"推动流量变现，实现地方感的价值获取

网红目的地成为短视频的重点关注对象，"打卡"式的媒体参与促使受众来到地方进行具身实践，体验地方感的切实意义②。在场接触和行动反馈推动地方资源转换为变现流量，最终实现基层文旅的价值获取。在地方价值得到关注和创造后，游客为了参与地方感叙事，怀着极大的敬意和强烈的参与欲望，奔赴实际地点进行象征性旅游③，走向极致化的视觉景

---

① 谢胡伟、胡君晓、王卓：《融媒体行动者在文化数字化网络中的作用研究——基于贵州"村 BA""村超"火爆出圈的分析》，《融媒》2024 年第 3 期。

② 蒋晓丽、郭旭东：《媒体朝圣与空间芭蕾："网红目的地"的文化形成》，《现代传播（中国传媒大学学报）》2020 年第 10 期。

③ Nick Couldry, *The Place of Media Power*, London：Routledge，2000.

观、充满烟火气的城市生活、具有丰富生活表意的媒体叙事，勾连起虚拟与实地的特殊地方感①。目的地"打卡"通过具身地方感与受众建立强关系，网民自我呈现的获得感、故事感是地方文旅的生动注脚，不断创造人与地方的互动价值。

传播数据显示，2023 年 8~10 月"贵州村超"的视频号"打卡"总量约 134 万条，2024 年 2~3 月"天水麻辣烫"的视频号"打卡"总量约 203 万条，目的地"打卡"获得海量关注。在村超现场，榕江生活被网民剪辑记录，投射自我与地方的相遇，甚至大量名人也到贵州"打卡"，点燃球场热情；在天水街头，网民不惜排队也要"打卡"美食，精心整理地方攻略，为观众分享幸福瞬间。可以看到，具身游走的亲历者形成了对地方生活的独特感知，回应"生活在远方"到"当下即远方"的审美转向②。对于受众而言，短视频中的地方感使线上受众向实地空间聚拢，以媒体参与和具身实践完成旅行；对于当地政府而言，巨大的网络流量最终转化为真实客流，为基层经济发展快速提供增量市场，短视频的地方感价值得以变现。

为实现媒体"打卡"的客流变现，基层文旅动作迅速，借势流量红利推出配套措施。天水通过举办麻辣烫"吃货节"和打造"麻辣烫一条街"等活动，让麻辣烫的热度持续升温，部分景区中心开始实行免门票政策，周边停车场也对外全部免费开放，倾力打造了多元服务模式，持续提升游客的地方感。贵州黔东南州已打造出以"贵州村超"为纽带的多条特色旅游线路，充分发挥短视频流量的经济效应，大力促进了区域内经济、信息与人才的交流，甚至辐射至贵州全省，有助于形成高度一体化的经济带。

二 从文旅传播热点看短视频的变革趋势

基层文旅现象级传播反映着短视频深层的变革趋势。生活化底色叙事出

---

① 马琳、颜彬：《媒体朝圣与共情传播：新媒体背景下城市形象建构的沟通机制与优化路径》，《宁夏大学学报》（人文社会科学版）2023 年第 6 期。
② 马琳、颜彬：《媒体朝圣与共情传播：新媒体背景下城市形象建构的沟通机制与优化路径》，《宁夏大学学报》（人文社会科学版）2023 年第 6 期。

圈，表明民间视角下的共情效应成为未来传播策略之一，基于微信生态的短视频入场文旅传播，印证社交化的媒体转型路径①，文旅流量的价值创造促进短视频从地方经济"门面"升级为"撬点"。总体来说，共情标向、生态调节和经济撬点构成短视频新的变革趋势，为赋能基层文旅提供有力支撑。

（一）共情标向释放传播热度，中长尾博主成为新的破圈点

短视频极大的包容性打破了内容行业的束缚，一方面，由普通用户所创作的内容不断涌现，大众的热情参与和丰富的想象打破了限定性；另一方面，从订阅分发到推荐算法、社交分发，从离线视频到实时直播，围绕着受众不断变化的喜好和潜在的市场需求，平台功能的迭代行业业态成几何级数地丰富起来。在头部大 V 取得绝对关注的前提下，中长尾账号博主以深耕作品内容和形式的群体标向吸引粉丝，成为不可忽视的新兴力量。克劳锐指数显示，微博、抖音、快手、B 站、小红书平台腰部账号体量占比均数超过 70%，其中短视频平台的内容互动比其他平台更加深入②。飞瓜数据显示，2023 年快手"双十一"GMV 排名 TOP20 的主播，总计贡献 GMV 达 91.32 亿元，比 2022 年同期的 111.35 亿元下降近 18%。Fohr Later 的影响者营销报告也称，10 万粉丝以下的自媒体拥有最高的粉丝参与率，短视频行业的聚焦点或正在由头部博主向中长尾博主转移。

情感价值是社群运营的核心，用户基于移动社交建立的信息分享和情感信任释放了巨大的商业价值，聚合兴趣需求和信任合作的垂直领域是中长尾博主吸引粉丝的重要手段③。分析微信视频号 5 月 13 日"村超"开赛到 7 月 29 日总决赛期间的高热作品发现，基层文旅出圈的表现依赖于短视频中长尾博主。在"村超"5 月至 6 月中旬走红初期，鲜有头部博主身影，以贵

① 彭兰：《移动化、社交化、智能化：传统媒体转型的三大路径》，《新闻界》2018 年第 1 期。
② 消费站：《内容平台的砥柱中流——TOPKLOUT 2021 百大腰部达人数据分析》，https：//www. cbndata. com/report/2916/detail？isReading＝report&page＝4，2022 年 5 月 10 日。
③ 金韶、倪宁：《"社群经济"的传播特征和商业模式》，《现代传播（中国传媒大学学报）》2016 年第 4 期。

州本地媒体报道为主。"村超"开赛当天高热内容均来自"贵州村超纪实""贵州村超推荐官"等账号的现场报道，部分短视频点赞超过 10 万+，综合各方影响力发现头部大 V 仅有范志毅、陈百祥等人参与"村超"文旅互动。6 月下旬至 7 月，水木年华、黄健翔、王志纲等部分大 V 介入"村超"的后期出圈，但此阶段传播量基本与走红初期持平，更多起到加速剂的催化作用，有别于过往热点事件中头部账号的关键引擎效能。同期，在"天水麻辣烫"出圈传播中，原始博主"一杯梁白开"2 月 14 日发布的"天水麻辣烫视频"点赞超百万，但其本身粉丝仅 4.4 万。

在网络意见领袖的发展变迁中，资本驱动的流量网红偏向"非人格化"，网民的审美心态趋于同质[1]。与意见领袖的专业能力相比，平民化中心重新发现了人的价值，借助结构型社会资本和情感认同发挥营销影响力[2]。综合两个现象级传播数据案例，可以发现由中小博主引发的、具有原始生命力、能最大范围引发社会共情的短视频传播，正在成为赋能基层文旅发展的重要力量。

（二）分发机制趋向成熟，强社交模式成为新的媒介传播路径

分发机制是短视频运行的基本规则，当前共分为中心化和去中心化两种模式。中心化机制以流量为主，通过曝光高热内容实现推送；去中心化机制以社区为导向，将平台聚合为兴趣和需求社群。在短视频弱社交分发机制趋于成熟的情境中，2020 年微信视频号推出短视频应用，展演"后台生活"的强社交模式受到学界关注，成为观察媒介化生存空间的新窗口[3]。

基于微信生态的视频号通过关注、朋友、推荐三种分发机制，分别对应订阅、社交、算法三种后台逻辑，"社交推荐+算法推荐"组合为短

① 吴志远、江潞潞：《身份的"转场"：中国文化类"网红"的嬗变与更替——基于互联网史与社会心态的质性研究（1999-2019 年）》，《新闻与传播研究》2021 年第 6 期。

② 吴瑶、肖静华、谢康等：《从价值提供到价值共创的营销转型——企业与消费者协同演化视角的双案例研究》，《管理世界》2017 年第 4 期。

③ 彭兰：《视频号的激活与突破：强社交平台的视频化之路》，《新闻与写作》2023 年第 3 期。

视频的优质生态提供发展可能，强社交属性的平台优势将进一步助力公共传播。

具体到赋能基层文旅发展过程，视频号营造了地方文化传播的良性生态。在媒体融合及短视频平台的助力下，"贵州村超"现场鲜活、有趣的内容不断被网民接受，并激发了网民转发的欲望，而随着传播过程的不断发酵，网民在各自的社交圈中又不断形成新的裂变。"贵州村超"裂变性特点主要表现为从初始传播力的弱小到后来各类资源的倍增、从微弱反应到火爆反响的倍增、从初始人数小众到关注人数的倍增，最终在强社交模式下实现其传播内容、范围、深度、广度和效果的裂变式传播。在功能特性方面，视频号的工具属性、服务特性更为突出，是进入视频化表达的时代后，微信为丰富用户交流方式而提供的基础能力，也是用户获取定向内容的渠道之一。在好友裂变和情感因素的引导下，视频号用户之间的黏性极大增强，情感维系的成本降低，互动范围更广、强度更大，构成助力地方文化发展的平台优势。

（三）实体营销推进产业发展，撬动区域经济强力增长

短视频本身的高度迭代与延展，使其发展进入了与现实互嵌的"生态论"阶段，视频成为一种粘连生活与媒介的界面，平台则通过趣味、利益、互动与个性原则实现短视频的实体营销[①]。从直播电商的渠道经济，到微短剧的内容经济，短视频与实体经济的触点随着短视频行业的变革呈现多发的趋势。文旅经济是短视频行业又一次深层次的变革，在线上流量的带动下，人、信息、资金、技术等要素可以快速集聚整合。线上受众持续涌入所带来的线下收益使区域相关产业收入井喷式增长，短视频的热度所带来的效应正成为推动区域经济发展新的增长极。

从微观的实体产业来看，庞大的数据不仅停留在线上，对于线下也拥有

---

① 单文盛、黎蕾:《移动互联网时代短视频营销策略和价值研究》，《长沙大学学报》2015 年第 4 期。

更为丰富的意义，背后代表着一条条实际存在的产业链，数字信息成为产业链的流通媒介①，短视频则是这些产业链的"门面"。以微信视频号为例，2023 年腾讯公布两批视频号产业带服务商名单，包括 28 大产业带 47 家服务商，覆盖服饰配件、陶瓷、海鲜水产和紫砂等业务。在短视频热度的实体变现过程中，地方视频号电商规模同比大幅增长，GMV 接近 2022 年的 3 倍，供给数量增长 3 倍，订单数量增长超 244%，有效推动实体产业发展。

从宏观的区域经济来看，短视频对于区域经济的带动有别于依靠大量资源投入、高度消耗资源的发展方式，具备高效能、高质量的特征，成为助力地方经济发展的新质生产力，构成基层文旅由虚向实的有力"撬点"。"贵州村超"短视频走红后，2023 年端午节期间，280 余万人次深入黔东南州各县（市）过端午，全州实现旅游综合收入 28.62 亿元，其中接待外省入黔游客 17.33 万人次，占比达 43.05%。"淄博烧烤"走红后，淄博市政府发布《致广大游客朋友的一封信》，在建议游客错峰出游、纾解淄博市客流压力的同时，大力推介了山东省内各地市的旅游资源。"五一"节假日期间，山东省内重点监测的景区共接待游客 1916.3 万人次，门票收入 3.4 亿元，均比上年同期大幅增长。

三 地方感赋能基层文旅发展的启示建议

出圈难折射出基层文旅发展的隐痛，为赋能地方文化传播，响应短视频深层变革，本文基于地方感与价值创造的研究结果提出启示建议。

一是呈现基层文旅的特色符号，打破形象传播的同质困境。在短视频批量生产的媒介环境中，同质化形象容易引起受众审美疲劳，无法有效感知地方价值，难以完成价值主张过程。基层文旅应采用差异化策略，深耕地方文化的独特竞争力，用地方特色吸引受众，在信息过载环境中初步抓取注意

---

① 李春发、李冬冬、周驰：《数字经济驱动制造业转型升级的作用机理——基于产业链视角的分析》，《商业研究》2020 年第 2 期。

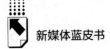
力，制造需求点和引力点。同时，要有效传递地方的真诚态度，在好客欢迎的过程中植入"真善美"的文化基因，促进受众对基层文旅的持续关注。

二是展示生活化底色的日常内容，借力中小博主的共情标向。"烟火气"是基层文旅出圈的形象概括，生活化、接地气的传播内容更能拉近受众距离，产生精神共鸣和地方认同，实现地方感的价值创造，要接入生活视角，全方位展示地方的日常生态。因应泛生活类主题的兴趣和信任需求，中小博主的共情效应正成为基层文旅新的破圈点，给地方感传播带来新的契机，要重视中小博主的传播潜力，借势高热内容的共情效应，打造文旅出圈的传播重心。

三是提升地方账号的专业属性，研判文旅传播的热点趋势。地方生活内容往往是碎片化、个人化的叙事，要结合自媒体风格和专业推广的双重优势，通过培训和指导，打造具有品牌效应的地方账号，拓展传播基层文旅的主体力量。官方"冷启动"的经验证据表明，要综合传播趋势和网民需求进行热点研判，洞悉地方感出圈的可能路径，找寻短视频流量增长的切入点，为地方文旅传播提供数据和案例支撑。

四是升级实体营销的产业链，发挥文旅出圈的外溢作用。地方文旅能够借助短视频完成实体营销，打通产业链的上下游，因此要运用短视频升级营销手段，推动线上资源向线下经济的纵深发展。基层文旅走红后，从点到面的区域经济增长明显，要充分发挥短视频赋能的外溢作用，配套相应措施完成旅游资源的良性转化，带动地方及周边的文旅产业共同发展，联动区域文旅创新优化。

参考文献

柴冬冬：《话语生产、视觉建构与再媒介化——当代中国短视频文化的乡村叙事实践》，《同济大学学报》（社会科学版）2022 年第 6 期。

孙信茹、王东林：《作为记忆的地点——数码时代中社交媒体与地点互构研究》，《新闻与传播研究》2021 年第 5 期。

赵晖、鲍妍：《短视频应用场景下的文旅资源深度融合》，《当代电视》2023 年第 10 期。

覃若琰：《网红城市青年打卡实践与数字地方感研究——以抖音为例》，《当代传播》2021 年第 5 期。

贾金利：《移动短视频的后现代文化特质》，《青年记者》2020 年第 12 期。

传播篇 ⟨⟨

B.14
2023年中国视听新媒体技术
应用创新发展报告

高红波　郭　京*

摘　要： 2023年，中国视听新媒体技术应用创新兼顾速度与质量，用全新的视听技术赋能产业转型升级。当前我国信息基础设施与算力网络建设步伐保持稳步提升、适度超前的良好状态，相应技术的研发更加侧重用户端的落地，技术标准制定方面积极与国际接轨。广电网络公司尝试利用有线网络"闭环"优势，着力打造多张"广电专网"，传统广电行业的差异化转型发展之路初见成效。网络视听领域转变技术先行思维，以优质内容IP为主、AIGC技术为辅，"AIGC+IP"成为网视领域全新的竞争象限。面向未来，我国视听新媒体技术应用创新将围绕加快技术落地应用、强化技术问题治理及推动技术产品向善等方向不断深化，以促进和维护视听新媒体行业的持续健康发展。

---

* 高红波，河南大学新闻与传播学院教授、副院长，硕士生导师，传播学博士，艺术学出站博士后，主要研究方向为广播电视与新媒体、传媒经济与文化产业；郭京，暨南大学新闻与传播学院博士研究生，主要研究方向为视听新媒体传播。

关键词： 视听新媒体 5G AIGC

2023 年，中国的视听新媒体领域的技术应用与创新实践呈现前所未有的活力。这些技术层面的变革不仅影响媒体行业自身，也深刻影响着公众的日常生活和各行业的数字化发展。本报告通过对行业内关键技术发展进程，以及这些技术如何在不同领域中得到创新应用的现实案例的分析，深度剖析 2023 年中国视听新媒体技术应用的最新进展，并结合相关资料对其未来发展趋向予以研判。

一 科技创新夯实视听媒体发展新基石

2023 年，我国 5G 基础网络建设愈加成熟，建设速度与覆盖范围稳步提升，千兆网络部署步伐明显加快，具备实际服务能力的端口数量较之上年成倍增长，由基础电信运营商所主导的算力网络建设实现高效跃升。与此同时，各大科技公司积极响应政策号召、践行社会责任，着力推动新兴科技融入百业，我国新媒介技术也在与国际专业协会的合作与交流中凸显自身的潜力与价值。

（一）适度超前的新型基础设施建设

数字新型基础设施建设是助推传媒业转型升级走向数字化、网络化与智能化发展的基础性动能，也是推动现代经济与社会发展的关键动力。截至 2023 年底，我国三家基础电信企业对于 5G 网络建设的总投资金额为 1905 亿元，在电信固定资产投资总金额中占比依旧保持在四成左右。与之相应的是全国 5G 基站数量建设速度也步入平稳提升阶段，总数达到 337.7 万个，在全国移动基站总数中占比为 29.1%，5G 基站的总体占比提升幅度为 7.8%，与 2022 年 7% 的提升幅度较为接近。[①] 从数据中能够感受到的是，我

---

① 《2023 年通信业统计公报》，中华人民共和国工业和信息化部网站，https：//www.miit.gov.cn/gxsj/tjfx/txy/art/2024/art_ 76b8ecef28c34a508f32bdbaa31b0ed2.html，2024 年 1 月 24 日。

国在 5G 网络建设中已明显找到适合自身发展的"节奏"，进入成熟推进的新时期。

随着 5G 网络的广泛部署，5G 赋能各行业的数字化转型已取得显著成效，6G 开始成为全球信息产业科技创新竞争的新高地，中国已经开始尝试对下一代通信技术 6G 展开前瞻性研究与探索。作为面向 2030 年的新一代通信网络，6G 将在 5G 的基础上提供更高的数据传输速率和更广泛的现实应用场景，巨容量、超链接、泛应用……6G 展现出广阔的发展前景，具有建设海陆空全场景一体化覆盖网络的巨大潜力。[①] 中国移动自 2018 年起便启动了面向 6G 的科技研发项目，主要围绕"基础通信""无线组网""整体架构"三大核心领域布局开展 6G 技术的研发工作，时至 2023 年已在诸多领域取得了重要科研进展，包括但不限于"新型无线传输设备""空天地一体网络""内生 AI 技术"等。[②]

作为支撑数字化发展的另一重要基石，算力网络的基础设施建设和网络升级工作在中国也正以前所未有的速度和规模向前推进。2023 年，我国新建光缆线路长度达 473.8 万公里，全国光缆总长度达 6432 万公里。截至 2023 年底，我国互联网宽带接入端口数量已达 11.36 亿个，相比 2022 年总数量提升 6486 万个，其中千兆光网部分，光纤接入（FTTH/O）端口[③]数量上升至 10.94 亿个，占比高达 96.3%，具备实际千兆网络服务能力的 10G PON 端口[④]数量为 2302 万个，较 2022 年增幅高达 51.2%。[⑤]

①　林碧涓：《6G 未来将至　2024 年研发提速正当时》，《通信信息报》2024 年 1 月 3 日。

②　中国移动：《中国移动全力发展 6G 技术　助力数字经济发展》，https：//www.10086.cn/aboutus/news/groupnews/index_ detail_ 47142.html，2023 年 9 月 20 日。

③　光纤接入（FTTH/O），意为光纤到户（FTTH，Fiber to the Home）或光纤到办公室（FTTO，Fiber to the Office）。FTTH/O 是光纤宽带网络的重要组成部分，主要作用在于将高速的光纤网络直接引入用户的家庭或办公场所，此种接入端口能够为用户提供比传统线缆更快、更高效的数据传输服务。

④　10G PON（10 Gigabit Passive Optical Network）是一种高速的光纤接入技术，可以提供高达 10Gbps 的上、下行宽带，主要优势在于提升数据传输速度，能够支撑高清视频直播、大规模数据传输和高速云计算等对网络速度需求较高的活动。

⑤　《2023 年通信业统计公报》，中华人民共和国工业和信息化部网站，https：//www.miit.gov.cn/gxsj/tjfx/txy/art/2024/art_ 76b8ecef28c34a508f32bdbaa31b0ed2.html，2024 年 1 月 24 日。

此外，三家基础电信运营商积极响应国家"东数西算"战略布局，不断完善全国范围内的算力网络。工信部数据显示，截至 2023 年底，三大运营商面向公众提供的数据中心机架数量提升至 97 万架，净增数值约为 2022 年的 2 倍。可直接对外提供的公共算力规模达到 26EFlops（每秒万亿亿次浮点运算），能够承载跨网络算力的调度工作和多样化发展的需求。[①] 在具体实践中，三家运营商纷纷发挥各自优势，设立数据中心、推出解决方案、发布智算平台等，以积极的行动服务国家算力网络建设发展大局。适度超前的新型基础设施建设步伐，为我国视听新媒体技术发展和经济社会的智能化转型提供了坚实的基础性支撑。

（二）面向百业的关键智能技术研发

2023 年，我国诸多科技公司推出的各项产品已明显表现出其面向市场的倾向和实际应用的价值。科技推广所带来的经济效益并非科技公司的第一考虑要素，比如作为中国最重要的搜索引擎之一的百度，同时也是我国领先的科技公司，在 2023 年 8 月 31 日正式宣布旗下的生成式 AI 产品"文心一言"面向全社会开放，所有用户均可通过登陆文心一言官网或在应用商店下载 App 的形式使用该产品，并表示后续还将面向广大用户开放其他 AI 原生应用。[②] 在"双十一"购物狂欢节前，百度还发布了低价使用大模型的相关信息，企业和个人最低仅花费 6.5 元便可以使用百度大模型产品。[③] 这些新闻公告意味着百度致力于通过"好用"且兼具"性价比"的产品和服务，使智能技术切实走入千家万户。

2023 年，在各大科技公司的共同努力下，也涌现出大量具有行业针对性应

---

① 《2023 年通信业统计公报解读：通信业全年保持稳中有进发展态势》，中华人民共和国工业和信息化部网，https：//www. miit. gov. cn/gxsj/tjfx/txy/art/2024/art_ c3f0194a3a814148888 5fc26ca5c98fd.html，2024 年 1 月 24 日。

② 《文心一言向全社会开放》，百度智能云，https：//cloud. baidu. com/news/news_ 8e4bb2cc- 7971-4c52-99f6-e6e6eb1a01c1，2023 年 8 月 31 日。

③ 《百度智能云 11. 11 智惠上云节，最低 6.5 元用上大模型产品》，百度智能云网，https：// cloud. baidu. com/news/news_ fab29a0c-6f27-45d2-be03-d09d52f84ac0，2023 年 10 月 31 日。

用价值的科技产品，覆盖了教育、工业、医疗等诸多领域，以高新科技为各行业发展赋能。比如在2023年6月，中国广电宣布与阿里巴巴达成合作，于北京签署了"广电云"发展战略合作协议，双方表示将共同开展技术与产品创新，在资源互补中共同推动 To B 领域业务的进展，目前"广电云"一期已上线40多类云服务产品，具备较强的安全防护能力。① 人工智能领军企业科大讯飞创新产品不断，除了发布大量辅助办公的智能录音、翻译等设备外，还针对科研工作者发布了"科技文献垂直领域大模型"及其相关应用，这一大模型能够摄入海量学术性文献，高效提取其中的信息并进行智能化处理，成为科研工作者的有力帮手。② 在2023年9月21日，华为也发布了"华为云 Stack 8.3"，与之匹配的口号是："让每个企业都拥有专属大模型"。③ 除了以上详述的创新产品外，2023年各大公司还发布了面向民航局、人社局、证券金融等各领域的科研产品，这些案例用实践证明着信息科技是推动社会发展的重要力量。

（三）接轨国际的核心技术标准制定

作为国际社会中重要的互联网市场之一，中国不仅在视听新媒体内容生产创作、分发平台建设、用户体验优化等方面取得巨大进展，更在 4K/8K 超高清视频、5G 网络建设、人工智能及大数据应用等关键技术相关标准的科学制定与准确实施方面迈向国际前列。

2023年，中国视听新媒体领域的多项技术标准被国际专业组织或协会采纳。2023年3月，在 ITU④ 第六研究组的会议上（SG6），中国广电所提交的关于修改"通过手持机移动接收多媒体和数据应用广播"的建议书，

① 《中国广电与阿里云签约！ "广电云"一期已上线44类云产品》，广电网，http：//www.dvbcn.com/p/139843.html，2023年7月3日。
② 《科大讯飞"科技文献垂直领域大模型及其应用"入选2023AIIA人工智能十大先锋应用案例》，科大讯飞官网，https：//www.iflytek.com/news/2677，2023年12月13日。
③ 《让每个企业都拥有专属大模型，华为云 Stack 8.3 正式发布》，华为官网，https：//www.huawei.com/cn/news/2023/9/huaweicloud-stack，2023年9月21日。
④ ITU（国际电信联盟，International Telecommunication Union），成立于1865年，最初名为国际电报联盟。是联合国的一个专业协会，主要负责处理全球范围内的信息和通信技术（ICT）相关事务。

被纳入由中国提出的 5G NR 广播系统的文稿。这是继 2022 年 10 月 5G NR 广播由国际移动通讯标准组织（3GPP）标准成为 ITU 国际无线移动电视标准之后的新推进，意味着由中国广电主导的 5G NR 广播快速进入 ITU 多媒体标准程序批准流程，并立项制定全球通信标准，有望提速升级为移动多媒体接收国际标准。[①] 2023 年 3 月，华为与 Analysys Mason[②] 公司联合发布了《5G 新通话产业发展白皮书》，在报告中详细论述了 5G 新通话的中国优秀案例，为全球产业发展和业务创新提供了重要参考。[③] 除了无线网络传输以外，频段标准方面也有新进展，2023 年 8 月法国召开的 3GPP RAN4#108 会议，成功通过了由我国多家通信单位共同参与推广的 n104 频段标准，正式将其列为全球 IMT 频段标准。[④] 我国自主研发的与视听新媒体内容呈现直接相关的技术标准也备受国际认可，2023 年 7 月，完全由我国自主研发的视音频编码解码标准 AVS3，被欧洲电信标准化协会（ETSI)[⑤] 正式批准成为新一代的视音频标准之一，[⑥] 中国标准的国际化推广将会为我国视听媒体领域内的国际化合作与产业化协同赋能。

除了参与国际专业标准制定以外，我国也积极通过项目合作、倡议呼吁等方式主动加入视听媒体领域的全球化发展浪潮中。例如在 2023 年 8 月，我国未来通信论坛（FuTURE）发布了"6G 国际合作项目申报"通知，以

---

① 通文：《最新：中国 5G NR 广播国际标准化再提速》，通信产业网，https://www.ccidcom.com/yunying/20230324/ns9jsNzrjE4vLbZAe19xv28x16bpk.html，2023 年 3 月 24 日。

② Analysys Mason 成立于 1985 年，是一家总部位于英国的全球知名咨询公司与研究公司，专注于电信、媒体和技术（TMT）行业。该公司拥有丰富的行业知识与专业的项目经验，被视为信息通信技术（ICT）领域内的权威咨询机构。

③ 《Analysys Mason 与华为联合发布〈5G 新通话产业发展白皮书〉》，华为官网，https://www.huawei.com/cn/news/2023/3/5g-newcalling-whitepaper，2023 年 3 月 21 日。

④ 《中国广电等国内代表在 3GPP 成功推动 n104 为全球 IMT 频段标准》，广电网，http://www.dvbcn.com/p/141210.html，2023 年 9 月 5 日。

⑤ ETSI（欧洲电信标准化协会，European Telecommunications Standards Institute)，成立于 1988 年，总部位于法国。ETSI 是一个非营利组织，负责制定全球范围内信息通信技术（ICT）领域的专业标准，该组织通过提供高质量的执行标准、技术规范及指导手册等内容来促进全球电信产业和网络服务的互联互通。

⑥ 《欧洲电信标准化协会（ETSI）正式批准 AVS3 成为其下一代超高清视频编码标准》，新一代人工智能联盟微信公众号，2023 年 8 月 7 日。

促进全球范围内行业同仁对于 6G 这一关键技术的认知与进步。① 面对技术的快速发展，中国始终秉承着"全球命运共同体"的核心理念，重视技术所带来的各项风险和挑战。2023 年 10 月 18 日，中央网信办发布《全球人工智能治理倡议》，呼吁各国重视人工智能技术风险，倡议发展人工智能要坚持"以人为本"的理念、坚持相互尊重的基本原则，并真诚邀请各国政府、国际组织及科研人员等各主体单位协同开展人工智能治理工作，为技术健康发展凝聚全球共识。② 通过积极与国际接轨，中国视听新媒体不仅提升了自身的业务能力和国际竞争力，也为全球视听新媒体的发展贡献了中国智慧与中国方案。

二 "5G+专网建设"绘就广电网络发展新格局

与新媒体端用户数量飞速上涨同步发生明显转变的是传统广播电视业态的艰难前行，但这个问题并不局限于我国，世界范围内的传统广电企业都面临着相似的转型升级困难、用户流失明显等问题。国家统计局数据显示，2023 年我国有线电视实际用户数量为 2.02 亿户，有线电视数字实际用户数量为 1.93 亿户，与 2022 年相比用户数量稍有回升，但综观十年间用户数量的总体变化趋势，清晰可见的是传统广电用户数量呈逐步流失的态势。③

构建"新型媒体传播专网"与"新型基础设施专网"，是广电网络行业向内调整业务结构的重要体现。一方面是对于基础性视听业务的提质升级，改变旧思路，用丰富的视听内容和高质量的视听感受凝聚用户。另一方面是提升全国性场景连接的支撑能力，发挥广电 5G 网络优势，建设跨域融合的一体化专网。

视听业务升级方面，截至 2023 年底，我国地级及以上播出机构共开办

---

① 未来移动通信论坛：《关于发布 6G 国际合作项目申报指南的通知》，http：//www.future-forum.org.cn/cn/notice.asp，2023 年 8 月 8 日。

② 《全球人工智能治理倡议》，中央网信办网站，https：//www.cac.gov.cn/2023-10/18/c_1699291032884978.htm，2023 年 10 月 18 日。

③ 《中华人民共和国 2023 年国民经济和社会发展统计公报》，国家统计局网站，https：//www.stats.gov.cn/sj/zxfb/202402/t20240228_ 1947915.html，2024 年 2 月 29 日。

1115 个高清频道、10 个超高清频道，省级以上频道均已完成高清化变革，全国地、县级频道高清化程度分别达到了 96% 和 52%。[①] 2023 年，国家广电总局相继开展了"高新视频创新应用大赛""人工智能应用创新大赛"等全国性赛事活动，通过评优形式激发行业活力，凝聚并展示行业技术应用先进案例。广电网络上市企业中，华数传媒的诸多举措较具代表性。例如，华数传媒上线了求索 4K 超高清频道、央视 4K 轮播频道、4K 超高清点播专区等丰富且优质的媒体服务，为用户提供了多样化的收视内容。

全国性场景连接方面，广电网络公司致力于借广电 5G 发展之势，努力建构一个不同于互联网的、天地一体全场景连接的广电"新型基础设施专网"。目前我国互联网骨干网、内容集成播控平台已成功上线并投入使用，对于我国的基础性业务支撑起到重要作用。截至 2023 年底，我国已建成的各级应急广播平台共计 1970 个，在 2023 年内所发生的地震、雨雪等灾害天气期间，各省、市、县级应急广播在信息预警、救灾宣传等方面起到了重要作用。[②] 各广电网络公司也在用实际行动协同推进传统广电的一体化转型，比如江苏有线在 2023 年半年度报告中提出，江苏有线将集全公司力量加快推动国家新型基础设施网的建立工作，以"文化+科技+通信"的融合发展范式，积极参与广电网络 IP 化、智能化改造工作，通过加速广电 5G 和千兆光网的建设，夯实行业内云网边端一体化发展的广电算力网络"地基"，与此同时，将充分发挥广电网络全省覆盖的独特优势，提高在应急、交通等关键场景中的利用率和实际使用价值。

推动形成"国家文化数据专网"和"国家政务服务专网"，是广电网络行业利用自身优势，向外延伸行业价值的关键一步。一方面是出于对新时代背景下的社会责任考虑，开展文化资源收集与文化数据整合工作，使得广电网络行业在文化传播方面的独特优势与潜在价值凸显。另一方面是以"智慧广电"建设为引，协同各级政府、企事业单位构建信息传输网络或平台，

高效搭建"国家政务服务专网",使广电网络深度嵌入各行业并为社会发展赋能。

文化数据收集与资源整合方面,继 2022 年中共中央办公厅、国务院办公厅发布《关于推进实施国家文化数字化战略的意见》及《"十四五"文化发展规划》等重要指示性文件后,中共中央、国务院又于 2023 年 2 月发布了《数字中国建设整体布局规划》,这份文件明确提出各地区各部门应重视文化数字化发展,深入理解并积极建设国家文化大数据体系,为构建完善的中华文化数据库贡献力量。① 有线网络是"闭环"系统,这种"闭环"属性恰好能够为数据运转提供"安全屏障",文化数据是国家、民族的关键信息,保护文化数据便是守护我国的文化基因。2023 年 12 月,我国国家数据局面向社会公开发布《"数据要素×"三年行动计划(2024—2026 年)(征求意见稿)》,希望能够协同社会各界共同探索公共文化大模型相关应用,并提出构建"中华文化数据库"的方向与目标。② 广电网络公司中的贵广网络积极响应国家政策号召,深入发展广电大数据中心建设,重点推进国家文化大数据项目进程,完成了一系列可行性分析与项目备案工作,为建设国家文化专网做好充分准备。广电网络公司也在文化数字化业务方面取得突破性进展,围绕西北地区建设中华文化数据库、陕西一体化文化数据资源平台,成功推动首批陕西省文化资源入库,并提出后续将深入文化资源数字化转化、优秀文化全景呈现等方面,争取早日将优质文化资源变现。

智慧广电建设与政务服务方面,广电网络公司始终遵循着近几年所发布的各类规划文件精神,构建"服务专网"不仅为社会发展提供便利,也为广电行业的升级和转型开辟了新的路径。广西广电强调,报告期内公司着力建设"智慧广电"网络,公司的主要收入也来源于公众客户和政务服务两

---

① 《中共中央 国务院印发〈数字中国建设整体布局规划〉》,中华人民共和国中央人民政府网站,https://www.gov.cn/zhengce/2023-02/27/content_5743484.htm? eqid = f00424 e10002111f00000006646491f2,2023 年 2 月 27 日。
② 《国家数据局首次公开征求意见:探索公共文化大模型应用,关联形成中华文化数据库》,广电网,http://www.dvbcn.com/p/143265.html,2023 年 12 月 19 日。

个板块，通过智慧政务、智慧党建、智慧文旅、智慧城市等不同维度，不断布局并完善"智慧广电+"的应用生态体系。东方明珠也表示将紧跟全国广电"有线+无线"融合发展的大格局，以广电5G网络为核心载体，不断提升C端用户的信息通信和娱乐体验，积极为各类党政企业单位提供有效的行业解决方案。

三 "AIGC+IP"构建网络视听竞争新象限

随着互联网技术的快速发展和移动设备、智能电视的普及，网络视听平台凭借着便捷的接入方式、优质的内容资源、丰富的用户体验等优势，吸引了大量用户，尤其是年轻群体，这使得网络视听越来越成为主流的视听娱乐消费形式。网络视听行业同时也是数字技术创新的前沿阵地，各平台通过使用大数据、人工智能等技术，完成内容制作、分发的全流程优化，以提升用户体验。爱奇艺、优酷视频、腾讯视频、芒果TV四家网络视听平台，在中国的网络视听行业中占据着重要地位，被业界和广大用户戏称为"爱优腾芒"。

一直以来，"爱优腾芒"四大平台凭借其不断创新的优质内容和持续迭代的技术应用，积聚了庞大的用户基础和强大的品牌影响力，这种竞争力甚至已不仅仅局限于国内。2023年10月，知名调研机构Digital TV Research[①]发布了"亚太地区OTT TV未来发展趋势报告"，报告推测，到2029年除美国之外的大型OTT平台中营收排行前四名均为中国的网络视听企业，这四家企业分别为腾讯、爱奇艺、优酷和芒果TV。

研究通过观察各平台企业所公布的相关资料，分析和梳理了四个平台2023年的内容及技术创新方向。整体而言，四大平台依旧重视技术的创新与应用，尤其是人工智能技术，借用爱奇艺副总裁谢丹铭的话，对于网络视

---

① Digital TV Research 成立于2001年，总部位于英国，是一家专注于全球电视行业和数字广播市场的研究咨询公司。

听而言"AI 正如百余年前的'电'一般，已然成为能够重塑行业生态的'新能源'"。① 但与以往稍显不同的是，2023 年，四大平台均表现出"避免技术优先"，更加强调视听内容要回归优质内容本身的倾向，具体体现为四大平台纷纷围绕文旅、动漫、影视、文化、虚拟偶像等诸多领域开发优质 IP，并适当使用 AIGC 相关技术提升内容生产、制作传播的质量与效率，进而形成"AIGC+IP"的全新竞争象限。

"中国领先的在线视频媒体平台"是腾讯视频一直以来面向社会打出的"招牌"和"口号"，这种领先既是内容层面的，也是技术层面的。2023 年，腾讯视频围绕动漫、文化等方向，推出了诸多惠及行业发展的 AI 技术，并创新开发了若干个优质 IP，试图构建一个线上的东方文化宇宙。2023 年 10 月，腾讯公司副总裁、腾讯视频首席执行官孙忠怀表示，由腾讯自主研发的"腾讯混元大模型"已于 2023 年 9 月正式对外开放，该模型拥有强大的中文解析及创作能力，同时也提出腾讯视频仍在继续深化基于 AIGC 技术的 2D、3D 动画创作辅助技术，未来将把动画制作作为腾讯重要的增长空间。② 此外，经过长时间的规划与努力，由腾讯视频制作的《王者荣耀：荣耀之章碎月篇》于 2024 年 1 月宣布开通观看预约，该剧采用 3D 技术制作，是王者荣耀游戏的首部 3D 动画剧集作品，成功吸引了数千万人的关注。③ 培育优质且具有生命力的内容 IP 是确保平台用户具备长期黏性的关键，孙忠怀表示腾讯正在布局开发长线 IP，强调"艺术+科技"是腾讯视频将长期投入的重要战略方向，并将以开放合作的态度和对科技的长期关注，促进艺术与科技的双向互动与相互赋能。④

---

① 《爱奇艺副总裁谢丹铭出席新内容探索者大会，畅谈 AIGC 如何赋能内容制作全生命周期》，爱奇艺官网，https：//pages.iqiyi.com/p/zbs/news20240122.html，2024 年 1 月 22 日。
② 《腾讯孙忠怀戛纳演讲：内容进入 AI 时代，人仍是万物的尺度》，腾讯视频微信公众号，https：//mp.weixin.qq.com/s/Ncz48BiCesNa_ CinZg3crw，2023 年 10 月 17 日。
③ 《刷新全网历史预约纪录！2500 万人期待的国漫巨献开播！》，腾讯视频微信公众号，https：//mp.weixin.qq.com/s/FUI19yN4DlZ14aaDI7Z6QA，2024 年 1 月 13 日。
④ 《艺术+科技驱动好故事，腾讯视频长期主义找到落地关键》，流媒体网，https：//lmtw.com/mzw/content/detail/id/223568/keyword_ id/9，2023 年 4 月 3 日。

作为网络视听领域四大平台之一，优酷对于自身的定位是"为好内容全力以赴"。2023年，优酷专注于传统文化的传播与优质海外作品的引入，以"文化+内容+技术"的思路为平台寻找新的增值维度。2023年9月，优酷宣布与英国BBC Studios达成合作，在纪实类内容制作与播出方面展开丰富的对话交流与资源交换，并表示将联合制作并推出科幻类纪实作品《月球旅店》。在《月球旅店》的制作中，优酷运用AIGC技术丰富、还原了宇宙和月球旅行的壮观场景，这项技术的加入能够帮助观众沉浸式感受更加宏大且壮丽的宇宙景象。① 同样使用了AIGC技术的还有优酷自制的传统文化纪录片《中国史》，在这部作品中，优酷精选了上百位对历史传承与文明发展产生重要影响的关键人物，以AI之能助力重要历史场景的美术设计工作，确保能够在最大程度上还原出历史中的"名场面"。② AIGC技术除了可以"生成"爆款，还可以高效率、高质量地为原本就是爆款的内容IP进行创意宣发，延伸IP价值。2023年7月，优酷将平台五部爆款"甜剧"中的"名场面"进行拆解与融合，五对男女主和他们的情感高光片段在AIGC技术加持下，实现了一次流畅且无违和感的跨时空"团建"。③

芒果超媒2023年度业绩报告显示，芒果超媒2023年全年运营业务收入27.7亿元，截至年底，芒果TV平台的有效会员数高达6653万个。作为湖南广播电视台直属的新媒体业务平台，芒果TV能够直接利用湖南卫视丰富的内容资源，其运营收入与会员数量均较为稳定。2023年，芒果TV也和其他的网络视听平台一样，高度重视AIGC技术带来的发展机遇，将技术与优质内容结合，为平台发展赋能。2023年9月15日，芒果TV在其官方微信公众账号中发布了一组AI生成的与郴州山水相关的宣传海报，为次日举办的湖南旅游发展大会进行推介和预热，AI通过分析韩愈、徐霞客等著名文

① 《进一步开拓国际传播领域 优酷与BBC Studios达成全新纪实内容合作》，优酷微信公众号，https：//mp.weixin.qq.com/s/Y8ixLZmhQp3ni8cedZAilg，2023年9月3日。

② 《"技术+内容"双创新：优酷纪录片2024片单发布》，优酷微信公众号，https：//mp.weixin.qq.com/s/_g2ya_hB-YKlq8HPIc_xHw，2023年12月9日。

③ 《AIGC解锁宠爱剧场新玩法，来优酷宠"AI"一夏!》，优酷微信公众号，https：//mp.weixin.qq.com/s/_h84aMlvqY8plyFzdTGIiw，2023年7月29日。

人关于郴州的诗句，用水墨画般的笔触"再现"了诗人眼中美丽的郴州。[①] 用户互动方面，芒果 TV 也在积极探索技术赋能的方式与方法。2023 年 8 月，芒果 TV 推出了首个以剧作 IP 角色为原型的 AI 互动对话产品"七斋六子"，在平台首页通过摇一摇的方式便可以成功进入七斋茶话会页面，"群聊"页面回复角色信息可以触发与角色的直接对话，也可以点击角色头像，与角色进行一对一"私聊"，AIGC 的全链路加持使平台剧粉们感受到更立体的人物角色，有效增强了观剧沉浸感。[②] 另外，在平台运营与资源管理中，芒果 TV 引入 AI 技术能够从人物、音乐、文本等方面对内容进行结构化分析与标记，以便后续使用时快速定位，大大降低了平台运营的人工成本。[③]

四　中国视听新媒体技术应用创新发展趋势

通过综合考察我国广电行业的具体实践和部分发展规划，笔者认为，我国视听新媒体技术应用创新已从"初步尝试""全力推进"阶段进展至"基本健全"、亟待"日益完善"的阶段。未来，视听新媒体技术应用创新，将围绕技术落地、技术治理及技术向善等方向深入发展。

（一）加速应用拓展，增强技术感知

在视听新媒体领域，每年的 5G 基站建设数量、人工智能创新应用、虚拟现实设备生产等与媒体技术相关的诸多数据和案例显示着中国的视听新媒体技术正在全速前进。然而，尽管这些技术被证明具有颠覆性的创新潜力，当下用户端的实际使用和体验感知程度却相对有限。例如，在 5G 技术的应

---

① 《AI 邀您与诗中的郴州相见！》，芒果 TV 微信公众号，https：//mp.weixin.qq.com/s/mL0UJvd0qBSkwufJnywCnA，2023 年 9 月 15 日。

② 《芒果 TV 首个「AI 角色对话」产品发布，快来与"七斋六子"嗨聊》，芒果 TV 微信公众号，https：//mp.weixin.qq.com/s/kgJVtEGeiFZ8fzwUVOFl7Q，2023 年 8 月 4 日。

③ 《芒果 TV 携手华为云与全球媒体平台畅聊数字化转型之路》，芒果 TV 微信公众号，https：//mp.weixin.qq.com/s-fADE7TTXfd5cvGH1MM5A，2023 年 6 月 3 日。

用方面，截至 2023 年底，三家电信运营商合并的 5G 套餐用户数量为 13.74 亿户，其中中国移动的 5G 套餐用户数为 7.95 亿、中国联通的 5G 套餐用户数为 2.6 亿、中国电信的 5G 套餐用户数为 3.19 亿。① 但工信部数据显示，截至 2023 年底，我国 5G 移动电话用户数为 8.05 亿户，② 这表示 5G 套餐用户中有很大一部分并未实际使用 5G 网络。与此同时，2023 年内，多家手机生产厂商开始取消手机设置中的 5G 开关，用户默认只能被动使用 5G，这种方式虽然能够在短时间内快速提升 5G 网络的实际利用率，进而提高用户对 5G 网络的感知度，但这并非最合适策略。为尽快解决这一问题，各主体单位已经有所行动。2023 年 12 月，我国工业和信息化部等 11 部门，联合发布了《关于开展"信号升格"专项行动的通知》，表示决定开展"信号升格"行动，力图通过弥补和完善政务、文旅等重点场景的网络覆盖率和业务服务能力，实现 4G、5G 网络信号的增强，为我国广大用户提供良好的信号网络和优质的业务服务。③ 从上述各单位的具体行动中能够感受到，加快提升新兴技术的"社会化"程度，开始成为各单位技术应用创新发展之路上新的关注方向。

（二）重视问题治理，规避恶性竞争

技术发展的速度永远是先于社会适应和规范制定步伐的，随着视听新媒体技术的快速发展，行业内各平台在为保障自身经济效益而不断追求用户增长的过程中，可能存在忽视或低估技术应用风险和不当竞争对行业造成负面影响等问题。2023 年政府及行业的诸多举措已凸显视听新媒体领域内各主体对于技术治理问题的重视。2023 年 12 月，工业和信息化部、

① 《三大运营商披露 2023 年成绩单 5G 套餐用户数合计超 13 亿户》，证券日报网，http://www.zqrb.cn/gscy/gongsi/2024-01-23/A1705941436918.html，2024 年 1 月 23 日。

② 《2023 年通信业统计公报》，中华人民共和国工业和信息化部网站，https://www.miit.gov.cn/gxsj/tjfx/txy/art/2024/art_76b8ecef28c34a508f32bdbaa31b0ed2.html，2024 年 1 月 24 日。

③ 《工业和信息化部等十一部门关于开展"信号升格"专项行动的通知》，中华人民共和国中央人民政府网站，https://www.gov.cn/zhengce/zhengceku/202401/content_6924256.htm，2023 年 12 月 27 日。

教育部等七部门联合发布《关于加快推进视听电子产业高质量发展的指导意见》，意见明确视听媒体行业将开展电视收视体验优化行动，集中针对电视"套娃收费"及互联网电视操作复杂等问题开展治理工作，以提升电视用户满意度，促进"电视自由"的回归。[①] 针对新媒体环境下视听主体多元化给行业版权管理带来的一系列问题，2023 年 9 月，国家广电总局办公厅发布《关于规范电视直播频道业务秩序的通知》，指出包括电信运营商、互联网集成平台等在内的各类主体不得违规开展"互联网电视直播"业务。[②] 此外，为降低行业防范技术负面影响，爱奇艺自主研发了"爱奇艺主动式合规风险处置平台"和"爱奇艺全生命周期隐私保护方案"。[③]在技术相对成熟的关键阶段展开理性、审慎的技术"善后"工作，通过技术创新和模式创新避免恶性竞争、寻求长期发展，是促进行业健康成长的重要维度，也将成为领域内各主体不懈努力的方向之一。可以预见的是，未来视听新媒体领域将会出现数量更多、内容更具体、技术性更强的各类治理策略和相关应用。

（三）聚焦现实问题，关照特殊群体

视听新媒体不仅是信息传播的重要渠道，还拥有借助技术创新力量解决现实社会问题、提升人们生活质量的巨大潜力。与经济飞速发展相伴的是我国日益突出的人口老龄化状况，国家统计局数据显示，2023 年我国全年出生人口共计 902 万人，而死亡人口高达 1110 万人，人口自然增长率呈负增长，人口老龄化问题逐渐凸显。[④] 另有数据显示，截至 2023 年，我国残疾

① 《七部门：针对电视"套娃"收费等开展优化电视收视体验行动》，国家广播电视总局网站，https：//www.nrta.gov.cn/art/2023/12/16/art_3927_66458.html，2023 年 12 月 16 日。
② 《广电总局继续剑指 OTT 直播：要求不得再发展互联网电视直播新用户》，广电网，http：//www.dvbcn.com/p/142110.html，2023 年 10 月 27 日。
③ 《工信部发布 2023 移动互联网应用服务能力优秀案例 爱奇艺两项目入选》，新华网，http：//www.xinhuanet.com/fortune/20240201/1758d07bd8fb421ebe9278ce35e0826d/c.html，2024 年 2 月 1 日。
④ 《中华人民共和国 2023 年国民经济和社会发展统计公报》，国家统计局网站，https：//www.stats.gov.cn/sj/zxfb/202402/t20240228_1947915.html，2024 年 2 月 29 日。

人人口总数达 8591.4 万人，约占总人口数的 6.34%，其中听障人数为 1700 万，视障人数为 2000 多万。① 老年群体与残疾群体等特殊人口的数量与比重之大，使得视听新媒体技术的研发与应用推广，需要在"适老化改造"和"无障碍视听"等能够为特殊群体提供实际帮助的方面加大投入力度。从各单位 2023 年的部分实践中已能初步窥探视听新媒体深入社会现实、真切关照特殊群体生活这一发展趋势。2023 年 4 月，芒果 TV 在 CCBN 2023 大会上集中展示了适老化项目，芒果 TV 主要围绕能看清、看得懂、好操作三个方面对自身经营的大小屏平台进行了适老化改造，其中芒果大电视还获得了大屏行业内首个适老化功能完备性测评证书。② 腾讯也在老年群体福利建设方面表现突出，2023 年 10 月 24 日，腾讯与广东佛山南海区签订合作协议，宣布将在智慧养老、社区老人服务等方面展开深入合作，探索并实施"银发共同守护计划"，让更多老人享受科技带来的便利。③ 面向残疾群体的应用开发也是行业重点关注的领域，例如，科大讯飞在其开展的"听见 AI 的声音"公益活动四周年之际带来了更多服务听障人士的便捷应用，如讯飞听见 App、讯飞听见小程序、讯飞听见同传等，为听障人士开放免费权益，让他们能够更好地"听见"世界，也能够被世界"听见"。④ 面向未来，我国视听新媒体技术应用创新，将在各类产品及应用的适老化改造和无障碍内容建设方面贡献更多力量，对于特殊群体的关照使得他们能够真切感受到科技的"温度"，同时也彰显了视听新媒体行业在促进社会包容、推动科技向善方面所发挥的积极作用。

---

① 苏墨：《【民声】让文化无障碍赋能残疾人》，《工人日报》2023 年 12 月 9 日。
② 《芒果 TV 参加 CCBN2023，以新技术推动内容创新与产业变革》，芒果 TV 微信公众号，https：//mp.weixin.qq.com/s/z-taXGrCvkRk6_aICeE9kg，2023 年 4 月 26 日。
③ 《智慧养老新探索 腾讯"银发共同守护计划"落地佛山》，新华网，http://www.news.cn/tech/20231024/456ca308522244ceb7de6da38ea26362/c.html，2023 年 10 月 24 日。
④ 《"听见 AI 的声音"4 周年温暖升级!》，科大讯飞官网，https://www.iflytek.com/news/2656，2023 年 5 月 22 日。

参考文献

高红波：《电视媒介进化论：新技术应用对视听媒介的影响》，社会科学文献出版社，2023。

祝歆、王森、宋丽萍：《广播电视和网络视听产业基地高质量发展策略研究》，《中国广播电视学刊》2021年第5期。

周昱瑾、秦枫：《AIGC应用于网络视听内容生产的思考——基于技术哲学视角》，《青年记者》2024年第3期。

姬德强、蒋效妹、朱泓宇：《AIGC与视听传播研究新议题》，《新闻与写作》2024年第4期。

张军华：《新技术条件下视听媒体传播的嬗变与前景》，《中国新闻传播研究》2020年第3期。

B.15
区块链技术应用于网络不实信息
治理研究报告

雷霞　刘宇馨*

摘　要：　区块链技术作为新兴数字技术，凭借其去中心化、不可篡改等优势逐渐应用于不实信息治理。2023 年，区块链技术作为电子取证存证手段更加普及，学界研究也开始向实证研究和效果研究转向，行业内不断扩展其应用场景。跨链协议、BSIM 等 Web3.0 技术迭代升级，使得应用区块链技术识别、应对和治理网络不实信息更加简单方便，加之国家层面对区块链和网络生态治理高度重视，这些为区块链治理网络不实信息夯实基础。在未来发展中，企业要利用好政策文件支持，主流媒体要抓住发展机遇进行业务创新，多方共同推进国家治理能力现代化。

关键词：　区块链　Web3.0　网络空间治理

治理网络不实信息、建设清朗网络生态环境是当下的重要任务之一。Web3.0 时代的到来为治理网络不实信息提供了新机遇，区块链技术具有信息不可篡改、全流程信息溯源等优势，可以实现治理的安全性、高效性、透明性。

---

* 雷霞，博士，中国社会科学院大学新闻传播学院教授，中国社会科学院新闻与传播研究所网络信息与智能传播研究室主任，研究员，主要研究方向为新媒体传播、谣言传播和智能传播；刘宇馨，中国社会科学院大学硕士研究生，主要研究方向为新媒体传播。

一　区块链技术应用于网络不实信息治理的现状

区块链技术可以用于管理数据的安全性和透明度，并通过数字签名和去中心化编程等技术，保证数据的可靠性和数据源的安全性。随着区块链进入3.0行业应用阶段，该技术在网络不实信息治理领域的作用越来越凸显。

（一）从顶层设计出发提供支持

2021年，工业和信息化部发布的《关于加快推动区块链技术应用和产业发展的指导意见》中指出："区块链技术有望解决网络空间的信任和安全问题，推动互联网从传递信息向传递价值变革，重构信息产业体系。"其中发展目标部分提到"要有效支撑网络中国、数字中国战略，为推进国家治理体系和治理能力现代化发挥重要作用"。① 2023年5月，我国首个区块链领域国家标准《区块链和分布式记账技术参考架构》正式发布。网络不实信息治理是网络强国战略中的重要任务之一，维护网络清朗环境也是提升国家治理能力现代化中的重要一环。对于探索以区块链技术为支撑的网络不实信息治理路径，顶层设计已经包含了相关内容并提供了支持。

（二）媒体尝试技术创新

在数字技术日新月异的时代，媒体常常会成为新技术的尝鲜者。区块链技术在打击假新闻、遏制不实信息等方面有着天然的优势，可为媒体赋能。《纽约时报》的研发团队在2019年启动了"新闻来源计划"（The News Provenance Project），其中就运用到了区块链技术。他们希望通过这一计划使读者可以对网上看到的新闻做出更理智、更自信的判断，从而减少对错误信息的传播。该项目主要研究用户对于网站上新闻图片的判断。在项目的研

---

① 《工业和信息化部　中央网络安全和信息化委员会办公室关于加快推动区块链技术应用和产业发展的指导意见》，工业和信息化部网站，https：//www.miit.gov.cn/jgsj/xxjsfzs/wjfb/art/2021/art_ aac4af17ec1f4d9fadd5051015e3f42d.html，2021年6月7日。

究阶段，研发人员构建了一个原型，即在社交媒体中，利用区块链将新闻照片的背景信息显示在提要上，来观察这类背景信息是否能帮助读者更好地辨别社交信息流中新闻照片的可信度。研究发现，这一原型可以有效帮助用户对社交媒体中的照片做出更明智的判断。2020 年开始，这一项目从研究阶段转向了执行阶段。

（三）跨学科学术研究赋能技术发展

运用区块链技术治理网络不实信息，既需要技术层面的创新，也需要对其传播规律等进行研究。因此，相关的研究涉及学科领域比较广泛，包括新闻传播学、区块链工程学、情报学等。区块链工程学界多从模型构建、系统创新入手研究可行方法，例如宾晟等以 SIR 传染病模型为基础，通过引入新的节点状态，建构了基于区块链技术的社交媒体舆情传播模型，并引入了代币奖励机制对用户转发概率的影响。[1] 王晰巍等从舆情发酵期和区块链审核、舆情爆发期和区块链过滤、舆情扩散共识形成三个阶段来构建网络谣言甄别模型。[2] 还有学者在以太坊开发框架 Truffle 下开发基于区块链激励机制的 TRUE 系统，将用户连接到链上，该系统可以实现多用户同时报告谣言，并且可以满足自动执行智能合约、全程留痕、智能高效识别谣言等需求。[3]新闻传播领域的研究更多是从区块链技术特点和谣言传播规律来综合分析区块链技术应用于不实信息治理的可行性。

（四）去中心化网站上线

以区块链技术为支撑的去中心化网站具有数据安全、用户身份可信、信息可溯源等特点。随着人们对于个人隐私、数据安全以及内容质量要求的不

---

[1] 宾晟、孙更新、周双：《基于区块链技术的社交网络中舆情传播模型》，《应用科学学报》2019 年第 2 期。

[2] 王晰巍、张柳、黄博、韦雅楠：《基于区块链的网络谣言甄别模型及仿真研究》，《情报学报》2021 年第 2 期。

[3] 白杰、杜彦辉、芦天亮：《基于区块链激励机制的网络谣言举报系统构建》，《西安理工大学学报》2022 年第 2 期。

断提升，以区块链技术为支撑的去中心化网站逐渐涌现出来。例如 Steemit 是建立在 Steem 公链上的社交媒体平台，2016 年 7 月 4 日由 Steemit 公司推出，是到目前为止运营最为成熟的区块链新闻平台之一。在 Steemit 上，发布优质内容的用户会得到代币奖励，反之则会被禁言或是得到代币贬值的处罚。该平台上的信息处于一种完全透明、可追溯的状态。除此之外还有利用区块链技术跟踪假新闻的公司 Trueinchain，将区块链技术与人工智能结合的 Mindzilla 以及 Nwzer、Pressland 等。2020 年，我国的新兴科技公司链飞科技也开始了利用区块链技术治理不实信息的初步实践，正式推出全国首个区块链疫情监测平台，对相关疫情数据进行上链登记，实现数据不可篡改、可追溯，初步建立了可监督、可追责的数据链条。

（五）Web3.0新阶段为区块链治理网络不实信息提供新可能

2023 年，在全球主要国家加快 Web3.0 战略布局、基础建设趋于完善的情况下，区块链技术应用场景和产业发展都迎来新机遇。数字身份、智能合约、数字签名等都为建设更加可信、安全、高效的网络生态环境提供了新的可能。

1. 跨链融合发展，治理更高效

据《区块链白皮书（2023 年）》，当前全球正在运行的公有链超过 100个，我国的区块链服务网络（BNS）以及星火·链网等都在加快推进服务广大区域的基础建设。① 在多条链共存的情况下，不同区块链之间交互的传输系统就显得更为重要。在多链生态系统中，跨链协议就是连接各个链之间的通道，使得数据、信息等可以跨链流转。在多链生态系统中，不实信息可能进行链间交叉流通，跨链协议则使得不实信息溯源的通道更加畅通。

2023 年 9 月在上海召开的"第九届区块链全球峰会"中，Chainlink Labs 解决方案架构总监 Roger Brogan 提到了他们的跨链互操作协议 CCIP，这些协议是构建区块链抽象层的基础，允许传统后端和 D App 通过单个中

---

① 中国信通院：《区块链白皮书（2023 年）》，2023 年 12 月 7 日。

间件解决方案与任何区块链网络进行交互。CCIP 是可扩展的，将随着时间的推移继续更新，以支持新的区块链增强功能和其他深度防御方法。实际上，跨链互操作协议可以应用到各个行业和领域。跨链用例中包含"Web3 用户名"，当在不同的链上实现用户名互通、可追溯时，就可以对造谣、传谣的行为实现更强约束，并对不实信息进行追责。

2. 数字身份确认，追责更精准

在 Web2.0 时代，互联网为用户赋权的同时，其匿名性也促使网络内容参差不齐，谣言频发。区块链数字签名和 BSIM 等技术为网络追责难的问题提供了新的解决方案。ECDSA 可以为文件添加数字签名，以便在用户安全性不被损害的情况下验证其真实性。该技术的原理和算法所提供的支持使得 ECDSA 的签名几乎不可能被伪造，在支持数字签名的平台，可以高效、精准地对不实信息传播者追责。BSIM 是区块链技术公司 Conflux 和中国电信联合推出的基于区块链的 SIM 卡，是一种跨链基础设施。2023 年 2 月 15 日 Conflux Network 在官方推特上宣布已与中国电信达成合作。BSIM 卡整合了 Conflux 的 Tree-graph、双重 PoS 和 PoW 技术，可为任何区块链提供高系统性能支持，可以降低 Web3.0 和元宇宙的用户准入门槛。BSIM 卡将用户的公钥和私钥在卡内进行管理和存储，还可以进行加密存储、密钥检索和其他操作。当 BSIM 这样的 Web3.0 基础设施建设完备并投入应用后，监管部门可以更好地实现信息溯源与追踪，精准定位虚假信息的发布者和传播者。并且当使用门槛降低时，用户也可以更好地使用工具进行信息核查。

3. 去中心化发展，颠覆传统社交媒体

Web3.0 是运行在区块链技术上的去中心化互联网，用户通过具有唯一性的数字身份在 Web3.0 的各个去中心化平台上进行活动。去中心化是整个 Web3.0 时代的大趋势，相比 Web2.0 阶段，去中心化不仅对用户赋权程度更大，在保证数据安全的基础上，将用户数据的主动权交到用户自己手上，同时可溯源、可追责也对用户行为进行了隐形约束。《全球 Web3 技术产业生态发展报告（2023 年）》提到，去中心化社交生态发展势如破竹，成为 Web3 发展的新重点，重构用户对于传统社交媒体的认知，社交领域的发展

或成为第四大 Web3 爆款应用。① 传统社交媒体平台上信息庞杂、传播迅速，其成为不实信息滋生的温床。DePIN（Decentralized Physical Infrastructure networks，去中心化物理基础设施网络）概念是 Messari 在 2023 年初发布的研究报告 The DePIN Sector Map 中正式提出的。DePIN 通过代币奖励机制鼓励用户参与建设物理基础设施网络，同时也可以通过在去中心化社交媒体上引入代币奖惩机制激励用户生产更高质量的内容，约束低质量、虚假信息的产生。

（六）城市区块链基础建设初见成效

随着数字中国建设的不断推进，区块链技术助力城市公共性服务应用优势逐渐显现。2023 年，已有超过 10 个地区的城市区块链投入应用，例如江苏无锡的"太湖链"、江西赣州的"赣州链"、福建福州的"福州数字区块链城市管理平台"等。2023 年 1 月 1 日，"北京市目录链 2.0"正式上线。依托该链，北京市 80 余个部门、16 个区及经开区、各个领域之间的信息公开、数据共享都更加有迹可循、全程留痕，确保了信息的可靠性，也使得信息溯源更加透明、便捷。城市区块链基础设施的应用意味着区块链技术可以在更大范围内帮助治理不实信息，为城市提供一个更大更可靠的信息平台。更多节点的加入，能够间接提高整个系统的信息质量，建设更有序的生态环境。

（七）区块链技术作为电子存证手段投入应用

在社交媒体时代，网络平台上不计后果的发言可能会引发谣言、网络暴力等情况，而在网络空间中对于谣言传播者和网暴实施者的追责却成为难题。区块链可追溯与全程留痕的技术特点使得其成为司法取证与存证的有力工具，也是解决网络不实信息和网络暴力的有效司法手段。早在 2018 年，《最高人民法院关于互联网法院审理案件若干问题的规定》第十一条就已经

---

① 中国信通院：《全球 Web3 技术产业生态发展报告（2023 年）》，2023 年 12 月 29 日，第 37~38 页。

明确，当事人所提交的电子数据，通过电子签名、可信时间戳、哈希值校验、区块链等证据收集、固定和防篡改的技术手段或者通过电子取证存证平台认证，能够证明其真实性的，互联网法院应当确认。① 我国区块链存证"第一案"于 2018 年 6 月 28 日宣判。笔者以 2019 年 1 月 1 日为起始时间，2023 年 12 月 31 日为终止时间，以"区块链存证"为关键词，在中国裁判文书网上进行检索，共检索到 913 篇相关文书；以"区块链取证"为关键词，共检索到 114 篇文书，发现在司法层面利用区块链存证取证的方法虽然已经投入使用，但在司法实践中应用并不广泛，且在 2023 年存在减少的趋势，详情见图 1。2023 年 7 月，抖音百万网红小雪使用区块链取证存证应对被恶意造谣的网络暴力事件使得区块链作为电子存证手段进一步进入公众视野。

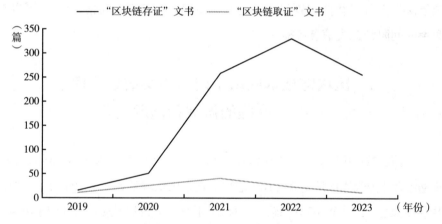

图 1　2019~2023 年中国裁判文书网"区块链存证取证"文书数量

资料来源：笔者根据中国裁判文书网（https：//wenshu. court. gov. cn）数据整理，搜索日期为 2024 年 2 月 29 日。

（八）数字科技公司扩展应用场景

我国市场化的区块链技术的应用主要集中于几家领先的数字科技公司所

---

① 《最高人民法院关于互联网法院审理案件若干问题的规定》，国家法律法规数据库网，https：//flk. npc. gov. cn/detail2. html？MmM5MGU1YmE2NWM2OGNmNzAxNjdmMmU1NDRmZjUwMTI，2018 年 9 月 6 日。

开发的技术产品，其中包含与不实信息治理有关的应用场景。例如蚂蚁链的数据保护伞在遵守相关法律法规的基础上，可以为用户提供数据安全服务。其中的数据水印溯源功能可以根据数据访问和导出行为生成不易被察觉的水印，一旦数据出现问题，则可以准确溯源，精准追踪到账号，甚至可以查到发生改变的时间及操作行为的记录。蚂蚁链还推出了区块链高速通信网络BTN，可以实现实时通信、消息聚合等功能，是支撑区块链规模化、生态化发展的公共网络基础设施。腾讯云区块链针对传媒行业提出了智慧传媒解决方案，面向国内各级媒体机构，致力于打造智能化、高安全、高扩展、可维护的智慧传媒平台，解决技术、运维等综合需求，是传媒行业的区块链基础设施。该方案包含智慧传媒云三大模式：公有云、专有云以及深度定制云。该解决方案可以智能识别暴恐、色情、敏感、AI 剪辑等危险内容，可以在第一时间阻断此类信息传播。

二 区块链技术应用于网络不实信息治理中面临的挑战和问题

目前，数字中国的建设正在如火如荼地开展，利用数字技术赋能国家治理，推动治理能力现代化是当今时代的重要命题。区块链是数字中国建设中重要的数字技术之一，是 Web3.0 基础建设的支撑技术，其发展及应用受到国家政策的大力支持。但区块链技术应用于不实信息的治理，还存在一些挑战和问题。

（一）区块链技术在不实信息治理方面的应用缺乏有针对性的政策指引

中国信息通信研究院在其《区块链白皮书（2023 年）》中提到，区块链技术与实体经济、民生服务等领域的融合逐渐深入，且逐渐渗入各个领域，[①] 但整个报告并未直接提到新闻传播或是舆情治理领域。从顶层设计出

---

① 中国信息通信研究院：《区块链白皮书（2023 年）》，2023 年 12 月 7 日。

发，虽然有关区块链的发展意见中都有涉及网络强国、数字中国以及推进国家治理能力现代化等方面的内容，但没有具体针对不实信息或谣言、舆情相关处理方向的指引。从实际应用层面出发，一些去中心化的区块链网络部署分布式应用程序（DApp）目前已在金融、文化、社交、音乐等领域投入应用，但没有明确其在事实核查、不实信息治理等领域的应用。

（二）企业、行业投资热情不高

2023 年，受到整个行业监管收紧的影响，区块链行业企业融资脚步放缓。《区块链白皮书（2023 年）》显示，截至 2023 年第三季度，全球区块链融资笔数较 2022 年同期下降 32%，融资金额下降 77%。① 随着区块链进入 3.0 行业应用阶段，欧洲基于区块链技术的新闻平台和社交媒体初创公司如雨后春笋般涌现，如 Mindzilla、Popula、Nwzer 等，而在国内类似的公司则寥寥无几。中国区块链行业对于不实信息的治理热度不高，大部分是围绕信息安全、风险监测、取证存证等方面展开应用，这就成为学界构建的模型转换成实际运用的阻碍。虽然一些学者开发了基于分布式账本、代币奖惩、用户上链等方案的不实信息治理模型，但难以应用于现有的网络空间，形成学界与业界之间的鸿沟。

（三）媒体层面相关计划缺乏

2023 年，运用区块链技术治理网络不实信息的实践大部分存在于企业、网络平台，关于区块链在 Web3.0 时代的发展趋势也聚焦于社交媒体领域，相比之下主流媒体层面公布的相关计划和实践寥寥无几。早在 2019 年，《纽约时报》已经有专门的研发团队启动关于区块链的相关计划，而我国媒体在这一方面的计划则相对比较缺乏，我国媒体在利用区块链技术治理不实信息方面积极性不高。然而提升主流媒体主体性、权威性、公信力，应该抓住区块链发展的机会，利用主流媒体自身技术优势、资金优势、人才优势等成为区块链治理网络不实信息的领头者。

---

① 中国信息通信研究院：《区块链白皮书（2023 年）》，2023 年 12 月 7 日。

（四）技术门槛高，普及度低

作为新型数字技术，区块链技术的接入门槛较高，在公众中的普及度较低。所以虽然目前相关企业已经发布有关功能，但是并没有被广泛使用。

1. 技术应用成本高

当前区块链技术的应用成本相对比较高，需要大量的资源和人力进行技术架构搭建和建立规则，这对于不具备足够资金和技术的个体、企业和机构来说存在较大的难度。

2. 技术本身存在局限

虽然分布式、不可篡改的特性使得区块链被广泛运用，但是目前仍存在一些技术问题，如共识机制存在问题、存储容量有限等，在处理不实信息时如果用不适合的技术架构可能会带来风险。

3. 信息识别和分类难度较大

虽然通过机器学习等辅助手段，可以对大量信息进行处理，但无论采用何种先进技术，要对海量的、复杂的信息进行处理和分辨仍具有一定的难度。

4. 治理和规则制定难度高

由于存在分布性和去中心性，因此区块链技术在不实信息判定和处理方面仍面临规则制定等难题，再加上某些信息的甄别本身存在一定程度的主观性，这会使得对于不实信息的认定和判定更加复杂。

三　区块链技术应用于网络不实信息治理的建议及展望

Web3.0进入发展新阶段，区块链技术作为Web3.0背后的支撑技术，凭借其去中心化、不可篡改、可溯源等优势逐渐扩大应用领域。随着新技术的发展，以数字化技术赋能虚假新闻和不实信息的治理，成为数字化赋能网络治理和数字化赋能宣传思想工作的重要一环，利用区块链技术赋能不实信息治理，成为可行路径。目前学界已对区块链社交媒体用户上链、代币奖惩机制、区块链溯源等模型进行了开发，且欧洲部分初创公司开始尝试将模型运用于实践，初具成效。随着技术越来越成熟，相关法律法规更加完善，区块链技术在未来势必会对不实信息治理产生积极影响。目前，我国学界和业界已经开始在区块链技术应用于不实信息治理领域进行了初步的探索，未来可以在以下方面进行发展完善。

（一）利用政策支持扩展区块链治理不实信息场景，提升公众认知度

2021年，工业和信息化部发布《关于加快推动区块链技术应用和产业发展的指导意见》，布局到2030年区块链产业的发展规划、重点任务、保障措施，目标是推动区块链技术成为"建设制造强国和网络强国，发展数字经济，实现国家治理体系和治理能力现代化的重要支撑"。① 我国互联网事业日益发展，为保证网络环境安全平稳有序，网络信息内容生态治理成为国家治理的重要任务之一。为了维护网络环境、打击虚假信息、保障网民权益，国家网信办及相关涉网管理部门自2021年开始组织实施"清朗"系列专项行动，2023年"清朗行动"以"推动形成良好网络生态"为工作目标，主要聚焦于难以攻破的瓶颈难题。无论是区块链技术产业发展还是网络信息内容生态治理，都是新时代提升国家治理能力现代化的重要发展领域，顺应国家发展大方向，有着丰厚的政策支持。因此，在未来的发展中，有关主体应该更好地利用相关政策和文件支持，不断扩展区块链治理不实信息场景。在未来区块链平台提供可信存证取证的服务过程中，可以加大宣传力度，降低技术门槛。

（二）加大对区块链技术相关领域科技公司的支持

与发达国家相比，我国涉及不实信息治理、舆情治理的区块链公司较

---

① 《工业和信息化部　中央网络安全和信息化委员会办公室关于加快推动区块链技术应用和产业发展的指导意见》，工业和信息化部网站，https://www.miit.gov.cn/jgsj/xxjsfzs/wjfb/art/2021/art_aac4af17ec1f4d9fadd5051015e3f42d.html，2021年6月7日。

少，许多技术设想难以落地。因此应该加大对于区块链技术相关领域企业的扶持，并且推进其与社交媒体平台、媒体之间的合作。在人人都是传播者的时代，不实信息往往滋生于社交媒体平台，而且辟谣速度远远不及造谣速度。如果平台和区块链企业合作，那么将会使平台信息环境更加透明，对于不实信息的监管和溯源也更有迹可循。

（三）把握发展时机，提升主流媒体主体性

在 Web2.0 时代，互联网为用户赋权，用户生成内容海量，形式丰富多样。在这个碎片化的信息时代，注意力更容易分散，主流媒体的主体地位受到威胁。可想而知，在 Web3.0 时代，信息技术发展更加迅速、网络平台内容更加丰富的同时，数字技术也会给信息世界带来更多的威胁。因此，在这个时代转变的节点，主流媒体应该抓住时机，积极转型发展，做 Web3.0 时代的发展引领者，而不是被动接受者，巩固主流媒体主体性、权威性、可信度。

1.持续推进技术创新，提升技术优势

主流媒体应该持续推进技术创新，发展自己的技术优势。在 Web2.0 时代，主流媒体紧跟技术发展步伐，AI 技术、移动传播技术、VR/AR 技术等都被不断应用到新闻传播行业当中，丰富新闻产品形态。在 Web3.0 时代，主流媒体应该继续做技术的尝鲜者和发展的引领者。《纽约时报》的"新闻来源计划"早在 2019 年就开始了自己的区块链打击假新闻探索。我国主流媒体除了报道新闻、舆论引导等功能之外，也肩负着维护网络舆论生态、打击治理不实信息等职责。着力推动区块链技术在新闻媒体业务中的应用、搭建主流媒体区块链基础设施可以使媒体向高度智能化发展，提升内容真实性，提高工作效率。除此之外，还可以加强与区块链等 Web3 技术公司合作，开展业务融合。利用好区块链技术进行数字治理，可以有效提升主流媒体公信力、权威性。

2.引进技术人才和复合型人才

主流媒体应该大量引进技术人才和复合型人才。区块链技术具有准入门

槛，需要具有一定区块链工程基础的人才来进行应用创新，传统的新闻传播学科人员难以实现。因此，主流媒体应该扩大人才招聘范围，吸纳有相关背景的人才开展业务创新。

3. 成立研究团队，共建可靠信源计划

在自媒体时代，主流媒体的话语权在一定程度上被解构。舆情反转、虚假报道等情况屡见不鲜，公众对媒体的信任度也有所降低。区块链技术可以为主流媒体重塑话语权、进行舆论引导工作提供新机遇。在网络谣言蔓延之时，主流媒体承担着公布权威信息、进行舆论引导、维护社会稳定的重要职能。区块链的去中心化、不可篡改性不仅可以帮助媒体在获取信息时选择更可靠的信源，同时还可以标明信息来源以帮助用户进行客观判断。而成立研究团队，共建可靠信源计划，是一个"功在当代，利在千秋"的工程，长远来看，有助于提升主流媒体的"四力"建设，有利于党的新闻宣传思想工作的有力推进和舆论引导工作的有效开展。

（四）大力促进区块链技术在社交媒体领域的应用

实际上，网络不实信息的重灾区是社交媒体，而社交媒体目前并没有很完善的区块链基础设施，难以支持信息溯源。社交媒体企业应该加强平台与技术的融合，大力发展区块链技术在社交领域的应用，为建设数字中国做出贡献。首先，做到平台上链，使得社交平台上的信息链全程可追溯；其次，可以引入分布式身份，在发现不实信息时易追责；最后，可以增加平台信誉奖惩机制，对于内容高质量用户给予代币奖励，对于传播不实信息者进行扣除代币惩罚。区块链取证、存证的普及和应用可以在很大程度上解决社交媒体上内容易逝性的问题，即使造谣内容被删除，也可以永远留在取证链条上。如果整个社交媒体平台依托于区块链技术存在，那将使得取证更加方便，也会促使用户在发表内容时更加谨慎。

（五）跨学科、跨平台合作，搭建完善的区块链技术基础设施

利用区块链技术进行不实信息治理不仅是区块链技术开发的重要任务，

也是新闻传播领域的重要发展方向，需要进行跨学科合作。在实践层面，则需要新闻机构与区块链技术开发机构合作，搭建完善的区块链基础设施。

1. 加强技术创新和标准化

区块链技术在不实信息治理中的应用需要创新技术和标准。区块链技术在应对不实信息方面，需要结合实际情况，加强技术研发、设计合适的区块链应用方案和架构。同时，建立可行标准，便于不同平台更好地交互与合作，提高区块链技术在不实信息治理中的效果。

2. 建立规范与标准化的管理体系

为增强现行管理体系的协同性和整合性，相关管理者和政府部门应建立规范和标准化的管理体系，做到不断堵塞漏洞、人性化处理和公信力赋能。

3. 保护信息交互的安全和隐私

区块链技术使用密码学保护用户的隐私，可以保护用户、组织和政府信息交互的隐私和安全，避免信息被篡改和泄露，保障信息发布方和接收方的信息安全。

4. 强化系统辨识、溯源和追踪能力

区块链技术可以提高数据真实性和完整性，通过记录不实信息来源和传播路径，加强数据辨识能力。同时，可以提高分析溯源能力和追踪能力，建立防范措施和追责机制。

5. 建立自我强化机制和应对机制

区块链技术应用于不实信息治理还需要建立应对机制，提高区块链技术自身的一体化应用能力，加强区块链技术的自我强化机制，进一步保护社会正常的信息交流和信息治理。

6. 收集相关资料，分析隐患

收集在不实信息治理中出现的数据和信息，以便于分析不实信息的根源和隐患，以及合理应对方式。要将数据和信息进行分类、处理和分析，以便于处理不实信息的控制和分析。

（六）利用区块链上的代币激励机制鼓励真实信息的发布和传播

区块链技术可以将信息交互记录在不可篡改的分布式账本里，保证信息的真实性和完整性，鼓励信息发布者信守真实和公正的原则，发布真实性和可信度高的信息，阻止谣言和假新闻的产生和散布。区块链技术可以基于激励机制和奖励措施来鼓励真实信息的发布和传播，以及打击虚假信息的制造和传播，应加强对激励机制和奖励措施的探索和运用，确保不实信息治理系统的有效运行。与此同时，区块链可以记录信息的来源和传播路径，便于相关部门和人员进行查询和排查，追溯源头，严惩传播虚假信息的人员，加强制度安排。在区块链上的代币激励机制或智能合约可以奖励判断真相的用户，惩罚制造不实信息的用户，让用户能够全方位了解和认识信息的重要性，增强信息发布者的社会责任感和公众参与度。

（七）依靠社会共治和多方合作共赢

区块链技术是一种协作的技术，适用于多主体、多方参与，在不实信息治理方面，应该鼓励社会共治和多方合作，可以建立数据的可信管理和共享机制，让各方意见可以相互汇合、共同管理和决策，进一步加强治理和追责。基于此，组织、个人和机构相互之间可以更加紧密地连接，可依托公共组织和个体的力量，建立公共的平台和机制，加强多层面交流和支持，提高社会共治的参与度和质量，各方应合理分配资源、合作共赢，形成生态共建、合力打造的局面，从而提升不实信息治理的效果和效率。在提升区块链技术应用于不实信息治理方面，需要整合不同科研和技术的融合优势，尤其是吸收各方需求，将技术和社会现实相结合，实现技术在现实中的有效应用。同时，还需要不断探索相应策略和方案，以便于实现不实信息治理全面协调、统筹处理和多方共赢的局面。

参考文献

张英培、王登洋：《NFT：技术逻辑、价值风险与监管路径》，《当代传播》2023 年

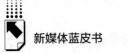
第 6 期。

聂智、羊江瑶：《区块链与网络舆论引导的耦合机理及赋能进路》，《思想教育研究》2024 年第 2 期。

王瑜、张慧萍：《"链上传媒"：区块链赋能传媒业变革》，《中国广播电视学刊》2023 年第 3 期。

张荡：《区块链算法下网络谣言治理的新可能》，《中国记者》2020 年第 10 期。

丁晓蔚：《基于区块链技术的网络谣言防控和治理研究》，《南京社会科学》2020 年第 12 期。

2023年中国乡村"新农人"短视频传播发展报告

郭　淼　陈昕怡　郭倩倩　李昀格*

摘　要： 党的十九大以来，精准扶贫与乡村振兴同频共振，农村地区的生产生活风貌得到极大改变。一批媒介素养较高、掌握专业农业技能和知识的"新农人"，逐渐利用多元短视频平台分享乡村生活、乡村美食、农业技能和农业知识。本报告从创作主体、创作内容、生产特点等方面对比分析抖音、快手两大代表性短视频平台2023年乡村新农人短视频传播情况，总结归纳新农人短视频的破圈密码，并进一步分析新农人短视频赋能乏力的原因，包括但不限于视频同质化、低俗内容与伪新农人、乡村的片面化呈现等问题。并有针对性地提出策略建议，包括融入主流叙事、社区与矩阵协同联动、打造乡村自主品牌等，共同推动新农人短视频的良性发展，激活乡村依托短视频赋能振兴的内生动力。

关键词： 新农人　乡村短视频　媒介赋能　数字乡村

一　新农人短视频发展的政策背景与总体概况

（一）新农人发展的政策背景

2023年，各级政府为全面、及时掌握新农人的发展动态，更好开展新

---

* 郭淼，法学博士，国家信息中心博士后，西北政法大学新闻传播学院副教授，主要研究方向为环境传播、网络政治传播；陈昕怡、郭倩倩、李昀格，西北政法大学新闻传播学院研究生，主要研究方向为环境传播、网络政治传播。

农人服务与扶持工作，培育壮大新农人队伍，开展了新农人认定登记与跟踪帮扶工作，在各级政府公开的认定政策文件中，多次提出了"新农人"的认定标准。狭义的新农人是指具有一定科学文化素质、掌握现代农业生产技能和服务工具、具备一定经营管理能力，以农业生产、经营或服务作为主要职业，以农业相关收入作为主要生活来源，居住在农村或城市的新型农业从业人员。新农人的"新"可体现为具有新思维、新理念、新知识，能运用新方法、新技术、新品种、新设备，会利用新平台、新媒体，从事现代农业产业。广义的新农人是指具有新思维、服务三农领域的群体。[①] 新农人群体其实由来已久，早在 2022 年，农业农村部、财政部就印发了《乡村产业振兴带头人培育"头雁"项目实施方案》的通知，其中提到自 2022 年起每年为每个县培育 10 名左右"头雁"，用 5 年时间培育一支乡村产业振兴带头人队伍，带动全国新型农业经营主体形成"雁阵"，夯实乡村产业振兴人才基础。[②] 2023 年 1 月 2 日中共中央、国务院发布的《关于做好 2023 年全面推进乡村振兴重点工作的意见》的一号文件中，再次指出要加强乡村人才队伍建设，实施高素质农民培育计划。新农人本质上就是乡村人才，各地政府在党中央政策的引领下积极开展充实乡村人才的工作，随着培训工作和帮扶政策的落实，各地的"新农人"如雨后春笋般成长。一批高素质农民紧跟数字乡村建设的战略步伐，充分把握数字化时代机遇，不断更新乡村生活"打开方式"，将互联网与农业、农村衔接，加快农业农村的信息化发展，推动形成乡村新质生产力，让数字技术在乡村的广阔天地发挥更大作用，为乡村振兴注入澎湃动能，绘就了宜居宜业和美乡村建设的新画卷。

（二）新农人短视频全平台发展现状

在接续推进全面脱贫与乡村振兴有效衔接中，纳入了文字、图片、

---

① 《2024 年肇庆市新农人认定登记工作开始啦》，http：//www. zhaoqing. gov. cn/zqnyncj/gkmlpt/content/2/2957/mpost_ 2957684. html#215，2024 年 2 月 28 日。
② 《农业农村部开展乡村产业振兴带头人培育"头雁"项目启动培训》，http：//www. moa. gov. cn/ztzl/xccyzxdtrtyxm/tzgg/202211/t20221104_ 6414770. htm，2022 年 11 月 4 日。

声音、综合视频等前置媒介的短视频，以充分的内容可供性和关系可供性，打通了传播媒介参与乡村振兴的实践路径。让短视频变成新农具、让数据变成新农资、让直播变成新农活，农村产业从传统农业转向数字农业，新时代新机遇也呼唤更多的"新农人"。"新农人"演绎的和美乡村，让越来越多的人开始关注农业、农村和农民的生活，展现了乡村的更多可能性。

1. 内容主题

新农人短视频围绕农业生产、乡村生活、三农电商、乡村美食四大主题展开。乡村用户把短视频平台作为分享和社交的平台，乡村短视频丰富性、趣味性、吸引力不断上升。与过去的乡村创作者相比，新农人短视频内容呈现更细化、更优质、更具独特性。村 BA 实力破圈，把西南乡村 16 个少数民族的多彩文化、特色美食，带给了全网用户；"龙腾虎跃（龙兽医）"展示给牛看病的短视频吸引超 300 万网友追更，乡村兽医的治愈之路不仅治愈了十里八乡的生灵，也治愈了千万网友。新农人短视频不断拓展乡村边界，展示更为真实、全面、鲜活的乡村。

2. 表达形式

新农人短视频立足于乡村，创作者以农技科学家、农村实用人才、返乡青年三类人群为代表，围绕特定主题进行内容生产。从传统农民第一视角的个体拍摄，逐渐向新农人出镜的第三视角拍摄转换，在视频的音乐、文字、特效处理上都更贴近互联网短视频的风格，可观赏性更强，专业化程度更高。同时新农人博主在话语表达、文案表达上，积极回应网友提问，增加了更多互动。他们既奔走在乡村一线，也活跃在互联网浪潮中，新农人的形象在多元表达中更丰富、更饱满。

3. 传播规模

在国家政策的引导下，快手、抖音两大短视频平台都结合自身优势进行资源整合，给予新农人短视频流量扶持，为他们提供电商合作、平台认证等多元的变现机会和扶持通道。新农人博主自主搭建多平台新农人传播矩阵，基于平台的用户和流量优势、移动互联网传播迅速的特点，新农人

短视频结合其视频本身的内容优势，在互联网上不断扩充影响力。专业的MCN 机构也入局农业领域，操盘流量、孵化农业新人，让"新流量"赋能"新农业"。2023 抖音三农创作者大会公开的数据显示，共有 1.76 亿用户在两大短视频平台记录三农生活，累计点赞超 500 亿，累计观看超 1000亿人次。①

4. 受众群体

根据抖音、快手三农报告数据，乡村生活的受众多为一线城市用户，乡镇用户更关注农业、农技内容，年轻群体是村超、非遗等趣味性乡村短视频的忠实粉丝。快手 App 的使用者中，三线及以下城市用户居多，是新农人短视频展演的重要舞台。被认为很难被互联网连接、记录的"农民"，通过快手，被接入了这个时代。乡镇受众更爱科普博主"水稻一朵 er"接地气的农业知识讲解；年轻受众通过"村超推荐官阿毅"搭建的视频矩阵了解"村超"的更多有趣信息；城市受众是乡村生活博主"东北雨姐"的忠实粉丝。新农人博主在与受众的互动与反馈中成长，中国农民也正通过短视频的窗口与世界从容对话。

（三）研究选择

内容形式多样化的快手和抖音平台，拥有超十亿的活跃用户，产生了海量的数据内容，聚集了大量的新农人博主。快手和抖音是发展路线不同的两个平台，快手兼容并包，以淳朴的乡土气息为底色，主要面向下沉市场；抖音创建伊始的用户画像精准锁定的是在一二线城市的年轻人，潮酷、年轻化是抖音最鲜明的标签。以抖音、快手两大平台中的头部新农人视频博主作为研究样本，可以较为全面地展现当前短视频平台新农人短视频传播的发展现状。

---

① 《科学家组团在抖音教农技！来看 2023 抖音三农创作者大会》，抖音微信公众号，https：//mp. weixin. qq. com/s/VXnUSu8F8r4Fj7drSboBKw，2023 年 12 月 22 日。

二 用户下沉的代表性平台：快手的新农人短视频

以"记录普通人的生活和日常"为定位的快手崛起于下沉市场，同时也覆盖了下沉市场。根据《2023 快手三农生态数据报告》，2023 年快手三农视频年发布量达 2.7 亿，三农万粉创作者数量达 10 万，三农创作年涨粉量 19 亿，是乡村用户创作的"新舞台"。本文根据"2023 快手新农人"官方发起投票评选中诞生的"十佳新农人"和"十大农技人"，结合平台中符合"新农人"特征的创作者，将按照粉丝量、视频风格等综合梳理出的具有明显特色的"十位头部新农人代表""十位特色新农人代表"共 40 位新农人作为分析主体，从创作主体、创作内容、生产特点等方面进行分析。

（一）创作主体：作为主力军的"东北老铁"与返乡青年

快手新农人创作者多数出生、成长和生活在农村，在获取的 40 位新农人博主数据样本中，返乡创业青年有 10 位，当地村民有 19 位，是"2023 快手新农人"的主要构成人员。这些创作者中，东北地区的内容创作者占比最多，黑吉辽三省的创作者有 14 位，占样本主体的 35%（见图 1）。在年龄构成上，快手新农人集中在"80 后""90 后"的青壮年群体，普遍年龄在 30~40 岁。2023 年，"95 后"的返乡青年涌入快手，成为三农创作领域的新秀之星。一部分返乡青年主动选择新农人标签将自己打造为有别于传统农民的乡村建设者，作为新农人本人出镜，以"新农人×××"为账号 ID，以"返乡创业"为简介以及开场白中"大家好，我是新农人×××"的话语呈现在短视频中，主动建构自己的"新农人"身份。另一部分返乡青年以幕后工作者的身份，加入新农人队伍中来。例如，由返乡青年拍摄、农民出镜的搞笑姥姥"八〇徐姥姥"、顶流姥姥"潘姥姥"、治愈兽医"龙腾虎跃（龙兽医）"等。以返乡青年为主要创作者拍摄的视频占据了三农领域的头部，他们依据自身需求有选择性地借官方赋能，建构了自身在快手平台的主体性。

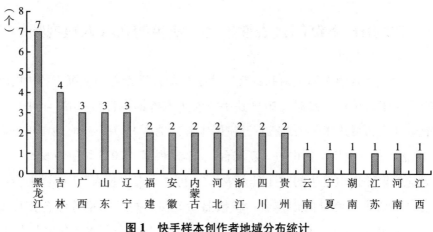

图1 快手样本创作者地域分布统计

资料来源：写作团队自行整理。

（二）创作内容：原汁原味的乡村风貌与农技发展

"2023快手新农人"内容创作主要分为"田园生活类"和"农业技术类"两大方向，在40位新农人样本中，有22位的内容为记录乡村生活，他们创作的短视频结合图文、音乐、剧情等元素，真实记录了乡村风貌、农家生活，2023快手"#我的乡村生活#"话题播放量高达1102亿。[①] 其中，日常生活和乡村美食类的内容发布量高、播放量大（见图2）。此类乡村生活、田园风光类视频也是返乡创业者的首选，10位返乡青年中，有8位创作内容为记录乡村生活，占比高达80%。同时，作为中国农技短视频领先平台的快手，对农技视频进行了扶持，一批有农业技术的创作者也加入新农人的队伍中来，2023年农技创作人达21.6万，年视频发布量5556万。[②] 在所选

---

① 快手大数据研究院：《〈2023快手三农生态数据报告〉发布：打造有生命力的新农人社区》，快手大数据研究院微信公众号，https：//mp.weixin.qq.com/s/40mL3O-qkiNg_Gm1WL6BCQ，2023年10月26日。

② 快手大数据研究院：《〈2023快手三农生态数据报告〉发布：打造有生命力的新农人社区》，快手大数据研究院微信公众号，https：//mp.weixin.qq.com/s/40mL3O-qkiNg_Gm1WL6BCQ，2023年10月26日。

样本中，农技类新农人共18位。在农技领域，养殖类、种植类、机械类农技知识是热门创作点（见图3）。在"十大农技人"中，农技知识分享占70%。聚焦乡村、内容新颖使得新农人短视频在快手平台圈粉迅速。

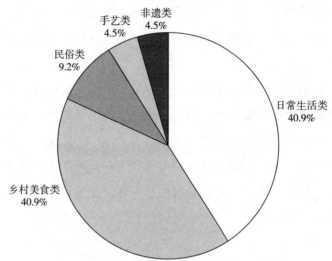

图2　快手田园生活创作分类

资料来源：写作团队自行整理。

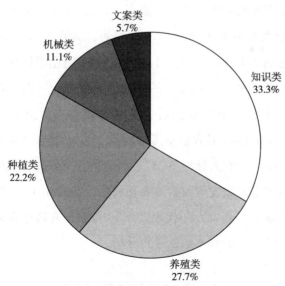

图3　快手农业技术创作分类

资料来源：写作团队自行整理。

（三）生产特点：观赏性和实用性并存

快手新农人短视频的创作题材丰富多元，能满足不同省份、城市、职业等受众的观看需求。当人们在快手讨论乡村生活时，"乐趣、生活、向往、真实、风景"是出现频次最高的词语。从一家三口农村生活到乡村风俗习惯再到非遗手艺人的传承，田园生活类内容既有诗情画意的隐居生活，也有淳朴的乡土日常，满足城市用户对乡村生活的向往。在观赏性之外，实用的农技内容是聚集人气的另一传播密码，不论是"春季仙人掌果子不会摘"还是"秋天如何修葡萄才能提高产量"，又或是"冬季果园里的寒霜如何控制"等，农业人在不同季节遇到的问题均能在快手中找到答案。集生态、生产、生活、文化等属性于一体，成为快手新农人短视频的生产特点。

三 全品类的潮玩社区：抖音的新农人短视频

抖音是专注年轻人的潮玩社区，根据《2023 抖音三农生态数据报告》，2023 年抖音平台共发布了 2.78 亿个农技视频，共有 1.76 亿用户记录三农生活，播放量达到了 1206.2 亿次，视频发布总量同比增长 97%，发布内容的创作者同比增长 52%，万粉以上的创作者 7.96 万。[①] 创作者不仅仅有农民和返乡青年，农技专家和农技员也是抖音新农人队伍中的成员，截至2023 年 12 月，已有 1840 名农技员入驻抖音，发布了超过 4.3 万条农技视频。结合抖音 App "新农人计划 2023"、抖音后台三农粉丝数据，根据新农人个体影响力及主题关联度等因素综合比较后，筛选出 15 位具有较大影响力且个人风格明显的"新农人"代表以及 10 位创作有特色视频内容的"新农人"特色性代表，对此样本数据进行分析。

---

① 《科学家组团在抖音教农技！来看 2023 抖音三农创作者大会》，抖音微信公众号，https://mp.weixin.qq.com/s/VXnUSu8F8r4Fj7drSboBKw，2023 年 12 月 22 日。

（一）创作主体：高学历年轻化的专业创作群体

2023年在抖音平台中，三农领域视频创作的主力军已经不局限于"80后"与"90后"，"00后"也逐渐崭露锋芒，成为后起之秀（见图4）。如创作者"小周说农资"，毕业于中国农业大学的他在抖音上分享专业的农业知识，帮助农民更好地科学化生产，被网友称为"教160万观众种地"。更多年轻人的涌入，更优的教育背景，更广阔的知识视野，让乡村以更加生动、鲜活的形象展现在世界面前，也为农村农业发展引入新的农业技术、管理方法和市场营销策略，为农村经济注入创新活力，推动传统农业向现代农业转型发展。

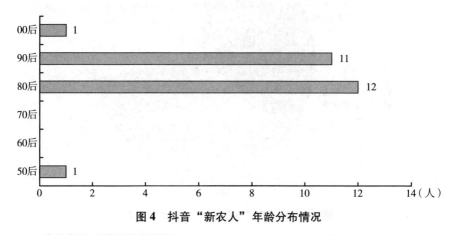

图4　抖音"新农人"年龄分布情况

资料来源：写作团队自行整理。

（二）创作内容：沉浸式的田园生活展示乡村之美

《2023抖音三农生态数据报告》显示，抖音上最受欢迎的三农热点话题前五名分别是："记录我的乡村生活""记录农村的幸福生活""沉浸式体验农村简单快乐的生活""又是羡慕农村生活的一天""我回农村建房了"。[1]抖音新农人的内容生产也主要围绕乡村生活展开，乡村的日出日落、美食佳

---

[1] 《科学家组团在抖音教农技！来看2023抖音三农创作者大会》，抖音微信公众号，https://mp.weixin.qq.com/s/VXnUSu8F8r4Fj7drSboBKw，2023年12月22日。

看、务农劳作、文化传承，接地气、有心意的乡村让用户爱上新农人短视频。"蜀中桃子姐"用一餐餐乡村美食，勾起人们灶台上的乡愁；"闲不住的阿俊"为照顾母亲放弃导演梦回村养猪，将家乡美食和风土人情看作"演员"的他，展现乡村之美的同时收获了千万粉丝。展现了农业和乡村生活的多元化面貌的"新农人"视频，以创新的表达和丰富的主题体现当代农业和乡村文化的多样性，让更多人的"自然乡村梦"找到了归宿（见图5）。

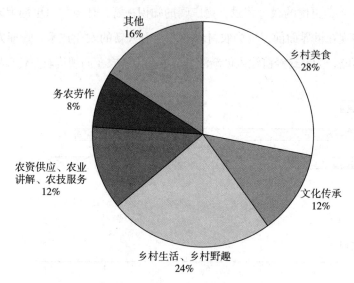

图5 抖音"新农人"视频内容类型分布

资料来源：写作团队自行整理。

（三）生产特点：个性化与专业化的创作

在"新农人"的头部账号中，拥有爆款视频和高频流量的"新农人"都拥有独特的个人特点或专业化的创作风格。一部分创作者通过个性化的叙事方式来表达自己的观点和故事，比如浙江"新农人""帅农鸟哥"采用幽默诙谐的方式讲述日常农活；"石村小月"则选择深情叙述，强调与土地的情感联结；具有差异性和个人特点的视频趣味性和可观看性都较强，传播也更为广泛。另一部分创作者的传播突出性体现在专业化的视觉表现中，包括视频的拍摄角度、色彩处理、剪辑节奏等。抖音"新农人"头部主播"张同学"在他的视频中展现了从早上起床到晚上睡觉的流水账式乡村真实生活，但在短短几分钟的视频中，涉及了两百多个镜头切换，网友在评论区直呼"不亚于好莱坞镜头"，专业的镜头对切和高频快剪等技术让他的视频观赏性更强。

四 新农人短视频的破圈密码

新农人短视频的爆火绝非偶然，在我国数字乡村建设发展的道路上，新农人短视频的现象级传播与平台的流量扶持、社会文化自信的提升、视频的专业化发展息息相关。

（一）平台新农人计划的流量助力

响应国家乡村振兴的号召，快手和抖音都出台了相应的流量扶持计划，流量助力将新农人博主"扶上马，送一程"。"快手新农人扶持专区"设置了"红人计划"和"耕耘计划"，针对新入驻的乡村创作者和独家优质创作者给予专项培育、提供流量补贴和现金奖励等扶持权益，给返乡创业年轻人带来了新的乡村职业可能性。

（二）根植本土的文化自信产生的情感认同

用户对新农人短视频的喜爱，是对中国乡村的喜欢和认同，更是对中国文化的喜爱和情感认同。习近平总书记在多次讲话中都指出："乡村文明是中华民族文明史的主体，村庄是这种文明的载体，耕读文明是我们的软实力。"[①]"新农人"视频通过抖音、快手平台为乡村文化和传统农业技艺的展演与传承提供了新途径，来自大瑶山的瑶族姑娘"远山的阿妹"将古法瑶浴带出深山，将非遗文化以数字化的方式传承；拥有多个爆款视频的非遗传

---

① 《习近平同志〈论"三农"工作〉主要篇目介绍》，中华人民共和国中央人民政府网，https：//www.gov.cn/xinwen/2022-06/06/content_ 5694316. htm，2022 年 6 月 6 日。

承人"山白"独具匠心，高度还原了中国传统技艺，干净精美的画面展示了传统技艺所蕴含的文化价值；古法手艺传承人彭传明，自制文房四宝、十里红妆，五千年的中华文化，穿越历史、穿透荧幕，来到用户眼前，述尽中华悠久文化。新农人短视频的不断"破圈"，"中国式浪漫"频频刷屏，冷门变为热门、"曲高"不再"和寡"，根植本土的文化自信以润物无声的方式托举起新农人短视频。

（三）年轻力量的涌入和专业孵化团队的入局

出圈的新农人短视频大多制作精良，拍摄角度、色彩处理、剪辑节奏等都呈现专业水准。一方面是有知识有理想、敢闯敢干的青年变成了扎根乡村的新农人，另一方面是平台与专业的 MCN 机构合作，更熟悉流量逻辑的专业化团队，为没有能力生产但又期望表达的新农人提供策划制作、宣传推广、粉丝管理等各类成熟的包装服务。在以竖屏为主要展示界面的情况下，新农人视频在有限的取景框和有限的时长中，以上百个镜头充分表现视频主题，精益求精，给予用户充分的视觉享受。

五　新农人短视频发展中存在的不足

依托抖音、快手等平台发展起来的新农人短视频，确实在一定程度上改善了乡村印象，改变了农产品销售模式，推动了数字乡村的发展建设。但也需要正视新农人短视频中存在的问题，看到短视频与真正乡村生活的距离，警惕短视频中的伪乡村和猎奇乡村。同时，基于商业平台以逐利为目标的流量逻辑，部分内容生产者刻意迎合用户、迎合流量，导致同质化内容泛滥的现象也需要重视。只有真正把握新农人短视频的根基与脉络，才能让新农人短视频真正连接城市与乡村。

（一）同质化内容的泛滥

国家对农业政策的大力支持以及快手、抖音平台的扶持计划让越来越多的"新农人"入局，短视频平台中关于农业生产、乡村生活的内容逐渐增多，导致一定程度的内容同质化，这种现象使得原创和高质量内容的创作变得更加困难，同时也降低了用户的观看兴趣和互动率。在乡村生活、乡村美食的创作中，同质化现象尤为严重，同类创作者会多次反复使用同一背景音乐、使用相似的视频文字排版方式、雷同的蒙太奇剪辑等，用户的第一视觉体验相似度较高，易造成审美疲劳。如何在众多类似的农业和乡村生活内容中保持原创性和创新性、避免陷入模仿和重复的困境，是新农人创作者当下需要面对的重要挑战。

（二）博眼球的伪新农人与低俗内容

在平台流量利好"新农人"的背景下，在快手、抖音平台的巨大生态圈中，许多人打着"新农人"的旗号，本着"黑红也是红"的原则进行博眼球的拍摄，特别是在快手平台中，存在大量文化素质和文化程度普遍较低的小镇青年，其中不乏一些衣着暴露主播、装疯卖傻式直播、低俗恶搞剧情等。一些劣质、不正确的风俗被包装成传统文化传播出来，偏离了新农人短视频传播的初衷，破坏了新农人的正能量风尚。此外还有一些"伪农人"短视频创作者，通过衣着朴素的乡村装扮，以杂乱的乡村环境为背景，嵌套在"农民"角色外衣下，把乡村烙印视作流量密码，利用平台对乡村题材作品的扶持而谋求私益。

（三）被片面呈现的乡村和被遮蔽的真实农民心声

新农人短视频是对乡村的他者化表达，他们在视频中呈现的是相对片面的乡村，特别是备受用户关注的乡村生活、乡村美食，乡村记忆、田园牧歌式的画面展示，将乡村社会置于一个单一的场域，与真实的乡村社会有所割裂。诸如，顶流姥姥"潘姥姥"、手艺人山白、非遗人彭南科等，其视频中的乡村在拍摄镜头的处理下呈现如画卷般的艺术感，遮蔽脏乱环境和单调生活的影像建构了乌托邦式的乡村。同时，目前的新农人短视频的呈现仍以趣味性、观赏性为主，忽略了现实乡村中广大以耕种为主的农民，新农人短而快的视频真正反映农民农业生活、发展困境的内容仍有欠缺。

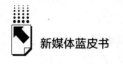
（四）商业资本逐利性导致的不良竞争

在商业利益驱动下，"乡土化"逐步被"商品化"，"新农人"模式下，越来越多的新农人博主通过抖音、快手进行直播带货。过度商业化的倾向可能导致新农人短视频的内容背离初心，原生态乡村内容出现异化。比如为了迎合广告商或获得更好的产品销量，一些传统习俗和生活方式可能被过度包装甚至曲解，从而失去新农人短视频传播和发展乡村的功能。同时，定位为"帮助发展农业""帮助农民发展"的新农人，应当是乡村的领头雁、带头人，是能把流量化为经济效益、联农带农、带领乡亲们一起奔康致富的先进群体。但新农人电商的挤压可能破坏农村原有的经济发展秩序，"新农人"与"新农人"之间、"新农人"与传统农民之间形成竞争而非合作的关系，这种分裂可能削弱农村社区的凝聚力和抵御外部风险的能力，对农村社会结构和文化传统造成负面影响。

六 新农人短视频传播策略的优化建议

2023 年是新农人短视频蓬勃发展的一年，伴随平台的日益崛起、数字乡村建设的推进，越来越多的农民参与到新农人队伍中，在数字化转型中或主动或被动实践探索。为更好地规范新农人短视频的传播，展示更真实的乡村生活，政府、平台、新农人意见领袖等多元主体需要承担起相应的责任。

（一）融入主流叙事，讲好中国乡村故事

新农人短视频的蓬勃发展，是以国家乡村振兴战略、乡村人才工作的机制体制为指引的。新农人创作者要想"长红"，必须警惕追逐流量这种涸泽而渔的短期行为，只有坚守积极、正向的创作方向，深耕有内涵、有意义的内容才能行稳致远。正如习近平总书记所言，要"传承发展提升农耕文明，走乡村文化兴盛之路"，新农人创作者个体故事的书写应根植于乡村文化，

无数发生在田间乡野的家常故事汇聚成历史悠久的中国乡土文明，无论是农村生活、农村美食还是农技分享，都是"讲好中国故事""讲好中国乡村故事"的一环，也是展现全面的中国农村新形象的重要组成部分。要在新时代描绘好美丽乡村的图景，就应该将个体叙事融入国家主流叙事，通过家国同构扩大短视频影响力。

（二）社区与矩阵协同联动，整合资源实现破圈传播

平台立足于创作者个体，平等地给任何人提供机遇，新农人进入受众视野后，分散的传播个体、混乱的竞争使其没有很好地发挥新农人短视频的作用。平台应充分发挥渠道的作用，对新农人短视频进行资源整合，强化目标受众对新农人和农村的认知，让新农人短视频真正助力乡村振兴。目前头部账号都建立了自己的个体矩阵，以多平台发布的方式为自己引流，平台也应打造更多的新农人集合社区，把同主题差异化的内容集合在一起，实现内容互补、流量互动。如快手新农人扶持计划，推出"红人计划"和"农技大赛"等官方活动，凝聚技术化、潮流化、年轻化的不同主体，吸引返乡知识型青年和某一领域专业的技术型人才加入，共同组成了一个具有"生命力"的快手新农人社区，让新农人具备更强的商业价值和服务价值，让新农人短视频成为农村发展的新业态。

（三）打造乡村自主品牌，实现流量的良性转化

2023年伴随着新农人短视频的繁荣发展，新农人直播赛道展现出强劲的经济价值，新农人短视频既展现乡村风貌也发展乡村经济。头部新农人博主"蜀中桃子姐""潘姥姥""东北雨姐"等均开设了自己的品牌，这其中，不乏外来商业资本入局新农人短视频、乡村特色产品被掩埋、"新农人"与传统农民不良竞争、新农人产品影响视频内容创作等情况。因此要加大新农人品牌性视频产业的审核与监管力度，特别是要关注优质的头部新农人博主的带头作用，严厉打击不良资本收编与过度的商业包装，因地制宜地开发、深耕和重组各类特色农业资源，既抓乡村经济，又抓乡村品牌，让

新农人视频流量转变为农民的实际收益，助力新农人短视频实现线上繁荣、线下经济效益与社会效益的丰收，形成流量与效益的正循环。

"新农人"爱农村、懂农业，是建设现代化农业强国的重要力量，新农人短视频也绝不是昙花一现，而是乡村振兴的新路径。那些怀揣梦想、扎根农村，致力于农业、农村发展的新农人将城市和乡村连接，推动新知识、新技术向乡村汇聚。做好新农人的价值引导工作，鼓励新农人创作者脱离简单粗放的生产桎梏，深入挖掘和呈现更优质的乡村文化与乡土资源，让乡村生活多元丰富地呈现。引导新农人创作者拓展农技视频、农业生产等切实为农民、农业服务的内容，发挥新农人对农民群体的传帮带作用，让新农人短视频为传统农业注入活力，引领农业、农村现代化的新潮流，带动当地农民共同致富。呼唤更多新农人创作者扎根农村，争做乡村振兴的"行家里手"，在乡村发展的广阔舞台上放飞梦想、贡献力量，让"希望的田野"未来可期。

参考文献

汤文靖、胡妍、鲁晓雨：《"新农人"在短视频中的媒介形象呈现》，《中国出版》2023年第11期。

王国霞、孙亚琼：《基层泛话语时代：短视频创造新农人》，《中国广播电视学刊》2022年第11期。

孟威：《"新农人"短视频出圈与土味文化传播——"张同学"短视频现象级传播背后的理性思考》，《人民论坛》2022年第4期。

袁宇阳：《短视频平台新农人助力乡村振兴的实践探索、现实困境与推进路径》，《电子政务》2023年第10期。

肖荣春、邓芝祺、陈孝琳：《助农短视频的信息认同、影响力差异及传播策略——基于抖音"新农人计划"的考察》，《电视研究》2021年第9期。

2023年中国出版融合发展研究报告

曹月娟　龙学聪　陈泓儒*

摘　要： 　随着新媒介技术的发展，2023年，"数字化""智能化"成为各行业发展的关键词，出版行业也从传统出版继续向数字化转型。出版行业从简单相加到深度相融、从行业内部转型到产业跨界融合，在不断完善自身、努力实现全面数智化转型的过程中，带动相关行业协同发展，业务范围也逐步走向国际化。但与此同时，出版行业数字技术应用人才短缺，出版行业融合缺乏相应的监管，出版行业融合转型发展仍面临挑战。因此本文建议，一是建构高质量出版人才培养体系，二是加强对相关数字技术应用的监管，三是以精品内容增强市场竞争力，四是强化顶层设计驱动出版深度融合，以实现出版行业的高质量转型发展。

关键词： 　媒体融合　出版融合　跨界融合

一　前言

2022年4月，中宣部印发《关于推动出版深度融合发展的实施意见》（以下简称《意见》），从六个方面提出了20项出版融合发展主要措施，对新时代推进出版深度融合发展做了全面部署与安排。[①]《意见》指出：出版

---

* 曹月娟，时代出版传媒股份有限公司博士后，浙江传媒学院新闻与传播学院副教授，主要研究方向为媒体融合、传媒经济；龙学聪，浙江传媒学院新闻与传播学院硕士研究生，主要研究方向为广播电视与融合新闻；陈泓儒，浙江传媒学院新闻与传播学院硕士研究生，主要研究方向为智能传播。

① 李淼：《赋能新时代出版业深度融合发展——基于〈关于推动出版深度融合发展的实施意见〉的观察与思考》，《中国出版》2022年第10期。

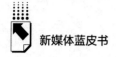
深度融合发展就是要将传统出版与新兴出版"融为一体，合二为一"，在融合发展的过程中坚持新的发展理念，进行内容创新与制度创新，推动出版行业进行数字化转型，实现传统出版业务与数字出版业务的深度融合，同时也鼓励数字出版领域与其他社会各领域进行跨界合作，实现"1+1"大于2的效果。2023年，出版行业不断探索出版融合发展新模式、新路径，在内容、渠道、平台、经营等多方面进行深入探索与思考，初步形成新型出版融合组织架构与管理体系。

2023年，出版行业进入深度融合发展关键时期，在中央顶层设计的推动与地方出版行业的努力下，我国出版行业发展驶入了一条快车道，涌现了一批优秀的出版融合作品，目前在数字出版内容、智能技术应用与出版融合产业发展上都取得了不错的成绩。有声读物、电子书、短视频等新型阅读形式的兴起，元宇宙、VR、AR、AIGC、Sora等智能技术的应用，打破了传统出版物的时空界限，延伸了读者的感官，增强了读者的体验感，临场化的阅读模式改变了纸质出版物的阅读方式，使内容更加具象化，增强了内容的趣味性与可读性。

出版深度融合是我国出版行业实现产业化发展的基础，运用新技术加快传统出版的数字化转型是出版深度融合发展的关键。2023年，出版行业管理部门大力推进出版行业数智化转型，一方面，出版行业紧随数字技术发展步伐，不断深化数字技术应用，另一方面，出版行业与其他行业在内容生产、技术服务、市场营销等方面开启合作。总的来说，出版融合转型主要向两个方向发展：一是传统出版在数字技术的赋能下焕发出新的活力，在内容、形式、渠道、技术、管理等多方面不断探索深度融合未来发展之路；二是出版行业作为子系统与社会其他子系统之间相交相融。对于出版行业来说，未来要由单向、线性的发展模式走向多向、发散性的发展模式，真正实现出版深度融合发展。①

---

① 黄楚新、曹月娟：《以融合出版高质量发展推进全媒体传播体系建设》，《中国编辑》2023年第6期。

二　2023年中国出版融合发展现状

2023年，出版行业在国家政策扶持下，在经济向好大背景下，得到了更大的发展空间，在多元化产业融合发展中不断进行着新的尝试，涌现出了一大批优秀的出版作品，为出版行业的融合发展提供了前行的动力，加速了出版深度融合发展的步伐。2023年，出版融合转型主要体现在主题出版、大型出版、大众出版、教育出版以及专业出版五个领域的出版物与数字技术的融合，以及出版物市场的数字营销方面。

（一）突出主题，与数字技术融合，去精英化展平实化

出版行业在主题出版和大型出版领域，主要采用音视频融合的形式，让重量级内容实现轻量级传播。所谓主题出版，主要是指围绕党和政府的重大决策、重大部署、重大活动以及相关社会热点所展开的具有深度和广度的规模化宣传内容，是出版内容中最为重要的一部分。传统的主题出版常常会采用较为宏大的叙事方式，用高屋建瓴的语言表达来彰显出版内容的"分量"，然而正是因为出版内容过于严肃，且呈现形式单一，充分体现精英文化特征，大多数读者丧失阅读兴趣。当下的主题出版更加具有融合性与交互性，出版内容更加强调非线性与去中心化，利用移动端小屏，将文字版内容转换成音视频同步，提升用户感官体验。在2023年中宣部主题出版重点出版物选题名单中，音像电子出版物选题多达20种，相较于2022年增加了10种，并且我国多家出版单位均开始开发短视频、有声读物、电子书等数字化的内容，不再是单一的文字内容。以辽海出版社推出的《洪流放歌——我写雷锋60年》为例，其改变以往文字出版的内容，加入了音频内容，并且邀请了专业的配音演员参与作品录音，力求还原创作者的真情实感。

（二）贴合大众，内容化繁为简，形式由单一化变多样型

在大众出版领域，出版行业主要采用以用户为中心的发展模式，了解用

户需求，全方位定制出适合用户的内容。大众出版物的用户人群是普通公众，而当下的阅读环境使读者需求发生变化，传统的纸质阅读对于大多数公众来说缺乏一定的吸引力。而大众出版贴合用户心理，在内容上作出适当调整，以满足用户需求为目标，将大信息量进行浓缩，再利用短小、省时、高效的传播形式进行传播。因此，微短视频、H5、有声语音等集文字、动画、音视频于一体的出版内容成为大众出版的主流内容呈现形式。比较具有代表性的是重庆出版集团推出的"渝书坊"项目，其场景化、沉浸式的阅读模式为读者创造出一个全新的阅读空间，通过内容上的革新吸引了大量公众前来阅读，激发了全民阅读的兴趣。

（三）系统建设，提升服务力，由业务型向系统化转变

在教育出版领域，主要在系统服务能力方面发力。教育作为我国的立国之本，与政治、经济、文化等各方面都有着极为紧密和深刻的本质联系。教育不仅包括学校教育，还有家庭教育与社会教育，随着社会现代化进程不断加快，教育方式也需适时做出调整。教育出版作为学校教育、家庭教育和社会教育的内容提供者，对我国教育体系健全、教育领域健康发展具有重要作用。新时代的教育出版集团不仅要做文教内容供应商，还要做文教服务提供者。如今的教育输出框架不能仅限于枯燥的文字导出，而要建立健全教、学、考、评、管全方位一体化输出模式，教育出版要提供一个拥有教学内容、学习规划、考试设计、教学评价与评估管理的多功能系统，通过算法、人工智能等数字技术收集教学过程中的相关数据，深度管理教学过程，对教师的教学进行评估，以此来提升教学课堂的质量。例如，广东教育出版社推出的"南方E课堂"，实现了教、学、考、评、管一体化，有助于学生明确学习目标、提高教学质量，教师实现专业化发展，推动了教育出版的进步。

（四）解读难点，转换诠释方式，增强内容可读性

在专业出版领域，主要体现在创新方面。专业出版物的读者用户大多为各专业领域的从业人员，与其他出版领域不同，专业出版领域的内容更偏向

专业性、研究性，其准入门槛较高。以金融、科技、医疗领域为例，这类专业出版内容有大量的数据积累，并且有相关数据分析以及数据图表等，对于普通读者用户来说，具有一定的理解难度，因此，专业出版的用户人群较为固定，这在一定程度上限制了专业出版的转型发展。在专业出版读物中，数据占据了大部分版面，扩大专业出版的用户面，让普通用户群体愿意去读这些专业类读物，是目前专业出版所要努力达到的目标。2023年，在专业出版领域具有创新性举措的是古籍出版，大多数古籍由于历史久远、字义复杂而深邃难懂，大数据库、有声读物、短视频等技术的应用，使古籍呈现形式更加丰富，增强了内容的可读性。如中国书店出版社的融媒体出版项目《千家诗选读吟诵》，在形式上融合了纸质书、诗集卡片以及微信小程序，读者可以在线上观看诗歌的动画短视频，并根据视频中标注的平仄进行学习和吟诵。

（五）智慧转型，技术深度融合，开启数字经济时代

以大数据、人工智能为代表的数字技术开始在各个行业崭露头角，出版行业走向深度融合也要以数字技术为基础，从简单的技术叠加走向深度的技术融合。目前，出版行业的技术融合主要体现在两个方面。首先，出版内容的数字化呈现。VR、AR等虚拟技术的应用给予传统出版新的生机，相较于以往纸质版内容，数字化是出版行业一次全新的升级。[①] 一方面，数字版面是顺应新媒体时代的产物，手机成为内容传播的主要终端，四川人民出版社联合数传集团合作推出的《瓷器改变中国》，结合虚拟人数字技术，以数字化形式呈现传统文字内容，提高出版物的阅读量。中信出版集团使用AI技术出版的近70万字的"血与锈"经典科幻系列作品上线，该作品应用AI技术参与文本翻译、图片生成、营销素材生成，大大简化了出版产品的制作流程，缩短了生产周期，"AI+出版"成为新型创作模式。另一方面，数字

[①] 曹月娟、黄楚新：《数智化与多元化：2022年我国少儿融合出版发展》，《出版发行研究》2023年第4期。

化的出版形式有利于对数字版权的维护。数字出版是以技术开发与版权增值为核心的产业，版权保护是数字出版行业发展的重要问题，传统纸质出版的版权难以保护，而数字出版则可以借助区块链技术在网络上溯源追查。其次，随着元宇宙技术的不断成熟，不少出版商选择与科技公司合作，将元宇宙技术应用于线下书店的建设中，为读者提供一个沉浸式的阅读场景，让更多读者愿意走进线下实体书店。元宇宙在线下书店中的创新应用场景包括"阅视""阅听""阅触""阅界""阅知"等，全方位的感官体验让读者从文字阅读迈向音视频阅读，虚拟现实技术实现了全真阅读。尽管如今数字技术已经与出版业紧密结合，但实际上，在过去近 20 年的时间里，线下实体书店的生存境遇一直十分艰难，互联网的兴起带给实体书店巨大的冲击，越来越多的读者选择网购或是线上阅读，而元宇宙书店则是线下实体书店一个新的发展方向。数传集团在 Meta 旗下 Oculus 平台上线"元宇宙书店"应用，打造了沐然星元宇宙图书商场，利用 3D 扫描技术完整复刻了武汉钟书阁书店的外形、结构以及陈列。

（六）数字营销，丰富商业模式，拓展国际出版业务

媒介技术的发展，推动出版行业向数字化转型，丰富了出版营销模式，借助场景化传播实现目标受众的裂变。2023 年，在传统出版业务的基础之上，数字出版加强与国际出版之间的交流与合作，其主要方式有两种。

1. 打造出版物品牌

以原创 IP 拓展业务范围，丰富商业模式，深入挖掘品牌的内在商业价值。2023 年，沉浸式、互动式的传播场景逐渐走进大众的视野，"剧本杀"这种休闲娱乐活动成为人们消遣的新兴方式，出版物的营销模式也在不断发展和完善。

2. 网络出版物"出海"

出版融合发展的目标之一就是提升中国文化的国际传播力及影响力，在网络时代，网络出版物的出海能有效助力中华文明、中国文化的对外传播，实现出版产业的转型升级，加强国际交流合作。2023 年，网文"出海"进

入了全球共创 IP 的新阶段。《网文报告》显示，截至 2023 年 10 月，阅文集团海外门户网站"起点国际"已经累计培养 40 万名海外网络作家，他们在海外网站连载更新自己的网文作品，传播中国的知识与文化。另外，网文"出海"还将带动新的商业模式走向海外，如知识付费已经在海外网站开启应用，用户可通过订阅、打赏等方式支持出版物的海外发行。随着网络文学逐渐走向国际市场，我国的出版融合发展将进入新的阶段。

三 中国出版融合发展面临的问题

随着我国出版融合逐渐向纵深发展，数字技术逐步赋能融合出版产业，技术在给行业未来发展带来机遇的同时，也不可避免地带来了问题与挑战。2023 年，出版融合发展继续面对变革，迎接挑战，多元化尝试的背后意味着出版行业会面临人才、技术、市场、服务等方面的问题。

（一）缺乏出版融合专业人才

人才是出版融合发展的动力与基础。目前，出版融合发展已经进入全新阶段，这需要具备专业能力与融合思维的出版人才来参与，而人才短缺，无法满足出版行业融合转型发展的需求，这导致出版行业前行的动力不足。

1. 技术人才紧缺

深度融合背景下，技术融合是数字出版的基础，需要通过大数据、人工智能以及元宇宙等数字技术实现，传统业务人员无法应对相关技术带来的问题，部分出版传媒集团会选择与技术公司合作进行数字出版建设，包括数字图书、元宇宙书店等。出版行业内部缺乏精通元宇宙、人工智能、区块链等新兴技术发展思维及技术应用思维的人才，人才短缺，人才队伍建设不足，阻碍了出版行业技术变革的脚步。

2. 出版融合人才紧缺

除了技术人才外，出版融合跨学科专业人才也是行业转型发展的关键。

从顶层设计到融合实践，出版行业内部缺乏具有融合转型发展思维的管理人才，无法从行业发展转型及产业生态建设角度对出版行业发展提出有力建议。出版融合跨学科专业人才的缺乏使出版行业内部发展参差不齐，少部分出版集团已经组建起自身的专业人才队伍，而大部分的出版集团仍然停留在传统的组织架构中，缺乏动力目标，难以形成聚合效应。

（二）缺乏健全的技术监管条例

技术是一把双刃剑，技术的深度应用既能促进出版行业的发展，也会阻碍出版行业的进步。2023年，随着AIGC的广泛接入，生成式人工智能使出版行业实现了跨越式的变革，一方面，AIGC为出版融合带来了一种全新的内容生产范式，促进出版行业的转型与发展；另一方面，AIGC作为人工智能，不可避免地带来了技术的副作用。①

1. 数字版权的侵犯与归属

随着数字技术发展及应用全球化进程加快，数字出版产业的规模也不断扩大，数字版权保护是其发展的核心问题。2023年11月27日，在"AI文生图第一案"中，法院针对原告李某所使用开源模型Stable Diffusion生成的图片进行了宣判，判定其为美术作品，而被告刘某未经授权使用该图片的行为造成了版权侵犯。该起案件从根源上判定了"AIGC生成的图片、文字为作品"。在我国，数字技术对传统版权保护的冲击，导致数字版权无法得到充分的保护，著作权人的权益每每受到侵害都是对出版融合进程的阻碍。

2. 数据的真实与准确难以保证

2023年，以Sora、ChatGPT为代表的生成式人工智能技术对各个行业的内容生产都产生了重大影响，生成式人工智能在本质上是依托于大数据、算法等技术对收集到的数据进行分析，再通过已经提前输入的一套算法逻辑进行内容的自动化生成。这类生成式人工智能技术可以运用于出版业务中最基

---

① 朱军、张文忠：《AIGC时代下出版编辑工作转型的逻辑、策略与路径探析》，《编辑学刊》2024年第1期。

础的文字排版与文章创作等，但对于精确度高、逻辑性强、特殊性大的内容来说，生成式人工智能技术还是无法代替人力自身的识别及分析能力，会造成数据缺失，存在不准确性。另外，生成式人工智能背后的算法逻辑也存在被不法分子窃取或篡改的可能性，这将会导致内容上的失真，破坏出版市场的稳定。

（三）缺乏相应的市场竞争力

当前，出版融合已经走入"深水区"，从整个行业出发，出版融合需要走出一条市场化发展之路，然而，现有的出版体制在一定程度上限制了出版融合发展进程。如今，数字化转型发展迫在眉睫，如何在数字化发展浪潮下，找到适合出版行业融合转型发展之路，增强中国出版行业市场竞争力，迎接国内国际市场双重考验，是中国出版行业亟须解决的问题。目前，从国内市场和国际市场两方面来看，我国出版行业存在两个较为明显的问题。

1.出版物同质化问题严重

要在中国市场占据自己的一席之地，就要使出版物在内容、技术、渠道、服务等方面具备独特性和个性化。但目前中国出版市场的很多出版产品都陷入了数字化发展困境，数字出版物没有自身特色，无法形成个性化产品，导致市场竞争力不足，无法获得良好收益。透过出版产品的问题，也可以看到出版行业发展模式与机制体制存在的问题，包括在产品差异化生产过程中缺乏创新思维，部分出版产品甚至与出版集团自身基调不匹配，不具备代表性，没有记忆点，无法给受众留下深刻印象。

2.参与国际市场竞争准备不足

我国出版融合要走向深度发展，国际出版市场是中国出版行业必定要涉足的竞技场。数字时代，相较于以往，国内出版物"出海"渠道更加便捷，数字技术的应用也使出版物文化融合创新成为可能，以挖掘国际市场更多的潜在用户。但就目前来看，我国出版行业还没有做好参与国际市场竞争的准备，出版物"出海"前期应建立的内容创新、营销体系、联营机制、宣发团队还不健全，国际市场竞争力明显不足。

（四）缺乏相应的服务意识

出版行业是新时代建设文化强国和建立文化自信的重要领域。出版社是连接作者与读者的桥梁。目前，我国出版行业缺乏相应的服务意识，无法很好地将服务社会、服务作者与服务用户联系起来，导致出现了出版作品发行难、出版内容传播难的困境。

1. 缺乏出版物双重属性认知

出版物除了内容属性还具备商品属性，在出版物发行过程中，出版社应考虑出版物的经济效益和社会价值，实现与作者的交流，兼顾与读者的互动。如果无法实现属性平衡，与作者之间没有建立起良性可持续的合作关系，与读者之间也没有建立良好的多元需求服务体系，会导致好的作品没有被发现，优质作者没有被挖掘，营销渠道没有完全开发，与用户的连接出现断层。

2. 缺乏用户中心思维

服务社会、反映时代主旋律是出版业必须肩负起的责任，同时也是出版社的生存法则。我国出版社缺乏用户中心思维，以用户为中心进行融合出版产业发展体系建设意识不足。

四　中国出版融合未来发展之路

2023年，流量争夺趋势愈加明显，面对图书用户，出版社要在出版技术人才引进、数字技术应用以及出版内容创新上下功夫，以此更好地与中华文明、中国文化传播传承，国际国内市场营商环境适配，实现出版行业的高质量转型发展。

（一）建构高质量出版人才培养体系

科技飞速发展，出版行业生态变革，融合出版产业业态升级，需要新鲜血液不断注入出版行业，以专业的业务能力在内容上满足图书用户的个性化需求，同时，以多学科、跨专业思维满足市场用户的多元化需求，以此激活出版行业融合转型动力，使融合出版产业发展更具活力。建构高质量出版人才培养体系主要分为外部吸纳与内部培训。[①]

1. 多学科跨专业人才引进，激活产业升级活力

对于出版行业来说，"00后"大学生在内容创作、技术应用、渠道开发、服务供给等方面都有自己的个性化认知，是出版行业具有创造力、想象力与表达力的新成员。另外，具有相关专业及业务工作经验的优秀人才，也可按人才类别分级引进，以此推动出版社融合转型发展，激活融合出版产业升级活力。

2. 内部人员专业培训调研交流，提升行业认知

除了从外部引进"一专多能"的多学科、跨专业人才，出版行业还需要在内部开展一系列的专业培训及调研交流活动，不仅要提升新时代下出版人的技术应用能力，更要提升他们的技术素养与融合素养，从思维上和实践上实现提高。现在，各出版社已经开始进行员工的系统性培训，如2023年9月，中国出版集团就开启了"名社助学"的员工培养模式，借助品牌大社的优质资源，开展资源共享的培养模式，助力员工快速成长。

（二）加强对相关数字技术应用的监管

以ChatGPT为代表的生成式人工智能技术在我国各个行业开始推广应用。以人工智能为主题的出版论坛和研讨活动也在相继展开，学界及业界专家代表就如何安全、有效地利用人工智能赋能出版行业进行了深入的探讨和研究。网络是数字版权侵权行为发生的高频地，我国应当建立起相应的法律保障体系，制定出相应的法律规范条款，对数字版权侵权行为进行遏制。出版社也应当提升自身的管理水平与技术应用水平，从根源上杜绝技术滥用。

2023年，多地相关部门积极解决数字版权侵权问题，并出台了相应的

---

① 黄楚新、陈伊高、曹月娟：《论数字中国战略下的媒体深融新势能》，《中国传媒科技》2023年第7期。

数字版权保护条例与监管细则。例如，上海市人民检察院知识产权办公室、上海市版权协会、普陀区人民检察院、普陀区文旅局共同发布上海市首份《企业数字版权技术措施保护与合规指引》，此项举措主要围绕数字版权的保护以及数字版权存在的漏洞和维护方式进行探讨，并针对相关问题提出相应对策，有效解决对于数字版权的争议，为企业的数字版权保护提供了坚实且有力的保障。出版行业要加强对智能技术的监管，提高版权意识，将智能技术置于伦理和法规约束之下，技术与出版的融合才能真正实现"融"而不"溶"，作者的权益才能真正得到保护。

（三）以精品内容增强市场竞争力

根据开卷报告统计，2023年上半年大部分上市书企营收较同期相比有所增长，少部分上市书企营业收入较同期相比有所下降。作为上市书企，中文在线在2023年半年报中显示，其营收增长幅度达到了34.54%，该公司在数字内容出版上全面布局，构建起了以数字内容生产、版权分发、IP衍生与知识产权保护为核心的产业生态链，相较于其他上市书企，中文在线更加具有活力与创新力，其数字内容资源累计超过550万种，而网络原创驻站作者超过450万名。该公司还利用AIGC实现多模态融合，参与研发多个AI产品。在数字化发展的今天，中文在线实现了文化与科技的深度融合。

2023年，出版市场面对出版规模、利润的持续挤压，产品同质化严重，市场主体分化加剧，各出版主体都应从内容出发，守住核心竞争力。内容创新主要从以下两个方面实现。

1. 呈现形式多样化

在出版行业近几年的发展中，调整最多的就是营销与发行两大核心岗位，随着市场竞争加剧，"营"与"销"的界限越来越模糊，编营发一体化将成为出版行业新的业务模式。出版行业从业者在进行内容创作的同时，要考虑未来出版物的营销与发行问题，针对目前用户的个性化阅读需求，内容出版要有匹配的载体。如少儿出版领域，可以选择有声阅读的形式来承载内容，既能保护少儿视力，也能实现内容传播；在大众出版与专业出版领域，可以选择视听结合、虚拟呈现的形式承载内容，以 AR、VR、元宇宙等虚拟现实技术将枯燥的文字内容转化为虚拟场景，从身体感官上激发读者的阅读兴趣，例如果麦文化与爱漫阁合作创造的 AI 漫画，利用 AI 将漫画内容呈现，大大提升了内容的趣味性。

2. 打造原创 IP 形成跨界合作

图书 IP 的打造有利于出版行业与其他行业的跨界合作，出版社深入挖掘和开发优质图书 IP，能够吸引影视业合作。出版与影视在本质上都是在做内容输出，要想最大限度地开发出版内容的潜在价值，就需要找到出版内容的独特性与原创性，形成自己的 IP，从而打造系列衍生产品，实现市场裂变。如"哈利·波特"系列图书最初是以纸质图书出版，之后被华纳兄弟电影公司改编成电影，成为超级 IP，出版与电影通力合作，成就了"哈利·波特"的神奇。

（四）强化顶层设计驱动出版深度融合

随着数字技术的不断更迭与发展，出版行业在内容、形式、营销以及服务等方面都面临着巨大挑战，推动出版深度融合必须从国家政策出发，强化顶层设计，驱动出版深度融合。[①]

1. 以政策为指导，密切关注市场

出版行业要根据国家政策，掌握自身优势，密切关注市场，加强与相关部门的调研、交流和协作，紧随融合出版产业发展步伐，为融合出版产业生态健康发展贡献力量。

2. 做好顶层设计，推进出版服务系统升级

出版社要围绕用户与产品调整内容生产、技术应用、营销渠道、个性服务，打造兼具社会效益与经济效益的产品，加快推进出版服务系统升级与改造。

[①] 朱军、张文忠：《AIGC 时代下出版编辑工作转型的逻辑、策略与路径探析》，《编辑学刊》2024 年第 1 期，第 18~23 页。

3. 发挥自身优势，实行差异化竞争

各出版社要进一步明确自身在专业、区域等方面的特点与优势，全力聚焦优势板块，在巩固发展现有业务板块的同时，拓展新型优势业务，提升核心竞争力。

五 结语

回望 2023 年，中国出版融合取得了较为明显的成果。出版业在高质量发展征程上不断努力，勇往直前，在数字技术应用及数字技术推广方面都实现了新的突破。未来，出版业融合发展将踔厉奋发，以创新破局，在融合中前行，在政策指导下、在技术加持下、在数字经济时代呼召下，创作出更多具有新时代特色的作品，以契合融合出版产业生态发展，从简单的技术相加走向真正的深度融合，实现中国出版的跨越式发展。

参考文献

徐丽芳、罗婷：《面向数字出版的深度融合：背景、演进与策略》，《编辑之友》2024 年第 2 期。

宋吉述：《建立全方位推动体系 打造数字出版新生态——关于推进出版深度融合发展的思考》，《科技与出版》2022 年第 11 期。

杜方伟、方卿：《从"相加""相融"到"深融"——出版融合发展战略历程与展望》，《出版广角》2022 年第 5 期。

戚德祥：《"十四五"时期中国出版走出去：融合创新 提质增效》，《中国出版》2022 年第 15 期。

付文绮、张新新：《出版深度融合发展：内涵、机理、模式与路径分析》，《出版发行研究》2023 年第 1 期。

B.18
北京经开区融媒体中心深度
融合发展报告

陈伊高*

摘　要：　北京经开区融媒体中心是先行先试的探路者，通过成立全资国有企业的形式，将融媒中心整建制转企，探索了"国有文化集团办媒体"的全新道路和科文融合的多元运营模式。融媒体中心在统筹改革发展和运营管理的过程中，始终致力于做大做强主流舆论、更好地引导服务企业群众。在媒体深度融合时期，北京经开区融媒体中心持续优化"主流舆论阵地、综合服务平台、社区信息枢纽"的各项功能建设，塑造了具有经开区特色的区级融媒体中心建设模式。其发展历程和突出特色为我国各地区县级融媒体中心提供了新的思路、经验和模式。

关键词：　媒体深度融合　机制创新　数实融合

北京经济技术开发区（以下简称"北京经开区"）是北京市建设国际科技创新中心"三城一区"主平台，也是全国唯一集国家级经开区、高新区、中关村自主创新示范区、服开区、自贸区"五区合一"政策优势于一体的经济功能区，在国家级经开区的综合排名中处在第四位。北京经开区独特的产业优势与创新文化，为区融媒体中心的建设提供了得天独厚的资源和条件。2018年，北京经济技术开发区融媒体中心（以下简称"经开区融媒体中心"）正式挂牌成立。2020年，北京经济技术开发区积极推进体制机

---

*　陈伊高，中国社会科学院大学新闻传播学院博士研究生，主要研究方向为新媒体、媒体融合。

新媒体蓝皮书

制改革，决定由北京经开区工委宣传文化部指导，注册成立尚亦城（北京）科技文化集团有限公司，全面负责融媒体中心的建设和运营工作。由此，北京经济技术开发区融媒体中心成为首家从事业单位整建制转变为企业方式运营的区级媒体机构。

一　北京经开区融媒体中心建设轨迹

（一）发轫：北京经开区新闻宣传工作的历史积淀

北京经开区的新闻宣传工作始于 1992 年，1994 年北京经开区升级为国家级开发区之后，经开区管委会同步成立新闻小组，负责对外对内的宣传工作。2000 年，经开区工委宣传部组织成立宣传部直属的副处级规范管理事业单位——北京经济技术开发区新闻中心。

在近 20 年的建设发展中，北京经开区新闻中心深度参与区内政治、经济、文化和社会生活，逐步建设起了由一报、一视、一网、一情、两微等组成的经开区媒体矩阵，基本实现了全区重点领域全覆盖，协调报道资源配置，形成稳定的内容生产机制和传播策略。

2018 年，为全面贯彻全国宣传思想工作会议有关推动县级融媒体中心建设的战略部署，北京经开区融媒体中心正式成立。此时，融媒体中心作为北京经开区工委、管委会的下属部门，挂牌至经开区新闻中心，为公益一类事业单位。

（二）转变：率先探索"整建制由事转企"的发展路径

为持续深化体制机制改革，激发媒体发展活力，2020 年起，北京经开区坚持"党管媒体"，率先在体制上开始了以国有独资文化企业模式运营融媒体中心的改革。

2020 年 7 月，北京经开区工委借大部制机构改革的契机果断决策，同步加速推进媒体融合发展，注册成立尚亦城（北京）科技文化集团有限公司（以下简称"尚亦城集团"）。半年时间内，集团完成了架构重建、制度建设、人员融合、薪酬重构等改革事项，在充分考虑个人意愿的前提下全体人员完成了向尚亦城集团聘用制员工的身份转变，实现了统一身份、同工同酬。与此同时，在试运营期间，尚亦城集团重点确立了中心建设发展路径，并对本地自主可控平台——"尚亦城"客户端完成了改造升级，致力于打造一个区域级客户端样板工程。

2021 年，北京经开区工委深改委会议正式通过了融媒改革方案，工委授权尚亦城集团探索实践"政府指导企业主导的管理方式、政企校三位一体的用人育人、央市区企四级融通的内容生产、事业产业双向滋养的商业运营"融媒范式，尚亦城集团由此开始全面负责融媒体中心的建设和运营工作。北京经开区融媒体中心成为北京首家由事业单位整建制转为企业方式运营的区级媒体，为区域媒体生态、社会经济等发展提供了有力支撑。

（三）革新：形成以数字技术牵引闭环的融合模式

一是再造内容生产流程机制，内容生产规模与质量显著提升。中心组建"产业创新、城市服务、政务管理" 3 个生产兵团，基于新技术组建新视听研究中心，实施"策—采—编—发—馈"一体运行的"兵团作战"模式，逐步实现跨媒体的采编业务流程再造。

二是媒体触达率大幅提升，连接本地用户能力逐步增强。截至 2024 年 5 月底，中心官方微信、微博累计阅读量达到 1.7 亿次，微博粉丝量过百万，微信公号粉丝数突破 20 万，同比增长 13%。更值得一提的是，"尚亦城"客户端总注册用户突破 110 万人，年增长近 300%，总发布量增长超过40%，阅读量增长 251%。从现有媒体矩阵体系建设来看，媒体的触达率及日活量稳步上升，为进一步聚集用户、增强用户黏性奠定了基础。

三是强化新媒体运营，探索赋能基层治理新模式。"尚亦城"已具备240 项政务服务功能和 136 项高频审批事项，并将"数字孪生社区"应用覆盖至区内 34 个小区，助力经开区融媒体中心高效服务区内企业与百姓生活；打造园区空间超市，打通与经开区大中小企业融通发展服务平台，实现数据

共享；上线"亦城优品"商城，为对口援助地区农产品销售提供新渠道与新模式。

二　北京经开区融媒体中心深度融合特色

北京经开区融媒体中心建设探索的实践路径为"产品创新与管理创新协同发展的整体策略，以动能转换为保障、以功能创新为突破，共同推动融媒体中心的可持续、高质量发展"。

北京经开区融媒体中心在发展过程中积极探索管理创新，且成功实现动能转换，搭建区域媒体生态，实现企业方式运营。

同时，中心形成了聚合核心资源的区域业务形态，积极推动前沿技术应用示范，实现前沿技术、优质内容、区域枢纽的协同发展，探索形成区域全媒体传播体系建设的新路径。

（一）动能转换：以国有企业形式增强运营能力

北京经开区独特的产业优势与创新文化，为区融媒体中心的建设提供了资源保障。在中心整建制转为企业方式运营之后，一种以国有企业形式运营融媒体中心的新模式逐步成型，在推进中心体制机制改革、强化融媒采编业务、提升技术应用水平和创新经营业务等方面取得成效。首先，经开区融媒体中心始终坚持党组织对工作的绝对领导，具体形式包括：第一，实行工委领导下的编委会负责制；第二，由尚亦城集团党委书记兼任融媒体中心主任；第三，融媒体中心内容选题策划由编委会前置把关；第四，工委宣传文化部对意识形态安全负监督责任。其次，建立和实施市场化用工制度，并严格按照市场竞争类企业进行绩效考核。中心坚持"专业化、市场化、年轻化"的选人用人标准，打造符合国有传媒和科技文化企业特点的人才培养机制，推动建立及实施以劳动合同管理为关键、岗位管理为基础的市场化用工制度。

经开区融媒体中心重视突出新闻采编、新媒体建设和媒体运营三大核心任务，创新性地提出内容生产—融媒实验室—新视听创新中心的"兵团作战"模式。按照"利企、为民、善政"的产品导向，重点建设"产业创新、城市服务、政务管理"三个内容生产兵团，包括"主编、首席记者、记者、信息发布员"等兵团成员负责所属方向的信息采集和快讯发布工作。设置融媒实验室，打造报、网、端、微、视、各种组网号等媒体矩阵。新视听研究中心探索内容产品的加工与创新，积极利用短视频、AR、VR 等新技术，加大创意产品、视听内容以及直播内容的供给。同时，尚亦城集团以企业方式运营融媒体中心的改革，现已形成"1+3+4"的业务新格局，以融媒中心建设为基底，集团超高清产业、元宇宙产业、科技会展等业务板块与融媒中心建设相互促进、相互赋能，走出了"以事业滋养产业，以产业反哺事业"的多元化经营之路。

（二）技术牵引：以前沿技术激活全媒体传播力

技术能力建设是融媒体中心发展中不可或缺的关键环节。尚亦城集团运营下的经开区融媒体中心形成了聚合核心资源的区域业务形态，积极推动前沿技术应用示范，围绕超高清、元宇宙、数据资产等三个前沿科技领域，通过"建场景、搭平台、促协同、出标准、育生态"，构建"以应用场景带动技术迭代、以商业模式推动产业创新"发展模式。

经开区融媒体中心研究利用冬奥遗产（冬奥会开幕式鸟巢大屏），在首钢园打造新应用场景，建设北京元宇宙前沿科技体验中心。尚亦城集团以此为契机组建北京元宇宙文化公司，整合元宇宙头部企业优势资源，发起合作伙伴计划，已有人民网、微芯研究院、奇岱松等46家头部企业参与。在场景搭建上，形成了首钢园元宇宙体验中心、北京科协"三生馆"等元宇宙场景布局，按照"飞地经济"模式，通过"前店后厂"，以应用场景为"前哨站"，以经开区为"落脚点"，吸引元宇宙企业入区，形成产业集群。在科技成果转化上，经开区融媒体中心设立了尚亦城灵境数字经济研究院，建设十大应用创新中心，推动元宇宙技术研发与验证，以及科技创新成果在经开区转化。

经开区融媒体中心积极参与国家数据基础制度先行示范区建设，从政策分析、技术方案、数据交易场景、产业链分析等方面夯实方案内容，并承担了其中数字资产流通平台的建设任务。具体包括：一是开展政务数据资产上链、治理及对外服务试点，与中文在线等企业合作，推动数字资产流通平台场景建设和方案研发；二是依托尚亦城客户端运营能力，开展数据交易场景、数字资产交易、数字人三类数据开发；三是研究数字资产交易的监管沙盒政策，研究面向数据安全、资金安全、交易合规性的审查政策，税费监管政策；四是联合人民网、新华社、视觉中国等机构，通过数字藏品上链，以数字资产赋能实体经济，降低了数字内容制作、XR 拍摄、游戏开发等业务的研发成本。

（三）功能创新：以内容建设赋能区域枢纽构建

经开区融媒体中心通过强化顶层设计和流程再造，已经形成了以"尚亦城"客户端为核心，《亦城时报》、"北京亦庄"微信公众号、"北京亦庄"政务微博、亦庄新闻（视频新闻）、北京经开区官网、强国号、头条号等组网号为支撑的融媒体传播矩阵。此外，还以职能部门、街道以及数家企业自媒体为延伸，形成了一个完整的传播生态系统。通过建立联合选题策划会，他们成功打通了央、市、区、企的一体化传播新通道。同时，形成了核心圈、紧密圈和协同圈"三圈共流"，融媒星云体系 24 小时不间断分发。

强化新媒体运营，探索赋能基层治理新模式。"尚亦城"客户端已具备 240 项政务服务功能和 136 项高频审批事项，并将"数字孪生社区"应用覆盖至区内 34 个小区，高效服务区内企业与百姓生活；打造园区空间超市，打通与经开区大中小企业融通发展服务平台，实现数据共享；上线"亦城优品"商城，为对口援助地区农产品销售提供新渠道与新模式。多样化的内容建设提升用户黏性，并通过创新基层治理模式助力区域构建信息枢纽，最终实现区域社会经济的可持续发展。

（四）经营造血：以六大产业模块反哺融媒事业

尚亦城集团以企业方式运营融媒体中心的改革，顺应社会主义市场经济规律和互联网运营需要，不断强化造血机能。现已形成"1+3+N"的业务新格局，以融媒中心建设为基底，集团超高清产业、元宇宙产业、科技会展等业务板块与融媒中心建设相互促进、相互赋能，不断提升集团的市场竞争力，走出了"以事业滋养产业，以产业反哺事业"的多元化经营之路。

尚亦城集团确定"会展全产业链平台公司"的发展思路。一是坚持"双标准"原则，推进项目高质量完成。"外在标准"方面，牢牢树立"服务意识"，以服务"甲方需求"为己任。"内在标准"方面，集团建立了"用户评价回访、项目总结会、第三方供应商点评"三项制度，通过及时复盘，提升集团作战能力及办会办展质量。二是增强成本控制能力，不断提升利润水平。坚持零利润报价，展陈策划、展陈设计由集团团队自行完成，需要采购第三方服务的则严格多方比价。目前，已经聚集了清华美院、北京建筑设计院、京东方等产业链头部企业和机构，形成一种高质量平台经济模式。

尚亦城集团着力打造科文融合产业投资运营商，聚焦"5G+8K"高新视听、游戏、电竞等科文融合典型业态，着重建设运营北京智慧电竞赛事中心、北京智慧融媒创新中心等园区，探索构建了"以园区承载产业、以服务支撑产业、以头部企业带动产业"的"园区+公共服务平台+产业链头部企业"的产业投资运营新模式。建设北京智慧融媒创新中心，实现融媒生产逻辑与空间逻辑全面整合，打造央地合作新样板，运营全国县域融媒新实践。

尚亦城集团高质量推进文旅标杆项目建设。通过挖掘区域工业产业资源、科技创新资源、绿色生态资源、历史文化资源，打造具有北京经开区特色的区域超级IP，不断丰富高品质、多层次的文化产品供应，进一步构建具有亦庄新城特色、点线面协同发展的文化事业新格局。一是着力开展一批精品文化活动，以文化凝聚亦庄新城"精气神"。在工委宣传文化部的指导下，尚亦城集团组织开展了一批特色文化活动，包括"亦城秋韵"中秋慈善晚会等。二是着力打造以"大都东南"科技艺术节为核心的超级文化 IP 集群。成功举办首届"大都东南"科技艺术节开幕式暨"赤子心"雕塑艺术展，30 多位国内外顶尖艺术家及艺人出席，中央媒体、市属媒体、专业媒体等 100 余个媒体平台对本次活动进行"裂变式"宣传，现场直播观看量突破了 50 万人次。三是着力探索构建"政府引导、国企平台、社会参与"的文化事业发展新模式。尚亦城集团通过创 IP、搭平台、广引进的模式，促成文化事业与文化产业相互赋能，超级文化 IP 成为科文融合产业的新型应用场景，"政府引导+国企平台+社会参与"的文化事业发展新模式初步形成。

三 北京经开区融媒体中心发展趋势

北京经开区融媒体中心在北京经开区工委直接领导、工委宣传文化部归口领导下，积极推进融媒改革，探索新兴业务，在实践中发挥了融媒体中心的巨大能量。但融媒体中心的建设和发展仍处于现在进行时，未来还需进一步攻克当前的发展短板，在技术应用、产品研发、人才培养、业务拓展、协同联动等层面扫清障碍，激发创新活力。

（一）以先进技术为支撑，强化自有技术团队建设

目前"尚亦城"客户端是在技术供应商所提供的通用产品基础之上搭建的，对其进行任何形式的升级或改动都是不易之举，需要耗费资金、时间、人力进行调整。在这样的背景下，北京经开区融媒体中心未来需进一步聚焦技术力量薄弱、技术支撑不足等问题，逐步组建自主研发技术团队，不断丰富适应自有平台发展的本地化技术场景，以支撑多元服务功能需求为导向，以汇集活用数据资源为驱动，以期实现从"借力"到"自力"的全面升级。

首先，调整技术选型，从单一发布功能到多功能服务整合。譬如，客户端虽然发放了一定数量消费券，但是没有和商家合作完成核销，导致数据无法留存、转化和进一步应用，实际效果不够显著。未来可以支付体系建设为突破口，自主研发相关应用插件，形成优惠券发放、核销闭环，也为下一步数据运用开发奠定基础。其次，提升智能化程度，创新内容生产及分发方式。伴随着内容生产逐渐步入 AIGC 时代，充分探索利用人工智能技术提升内容生产能力、分析策划能力的可能性也是时代改革的必然趋势。

（二）加快推动产品创新，结合城市运营研发产品

"尚亦城"客户端在综合服务平台的搭建上已经迈出了关键一步，并已成为各地市的借鉴范本，对于未来建设重点，可以从以下两方面着手。

一方面，对其所聚集的各类媒体实现功能和数据上的横向打通，优势互补，建立起覆盖多元用户、集政务服务和本地生活服务于一体的服务体系，更好地服务用户、引导用户。另一方面，面向特定产业发展探索产品创新，建设垂类产品是未来发展的关键。中心可以逐步围绕客户端的各个垂类开展运营，改变组织流程和生产模式，强化内容在某个特定领域的创新创造。客户端做垂类内容生产有传统媒体无法比拟的优势，应该重点研发策划功能性产品，并将"尚亦城"客户端作为第一端进行运营，从而实现以产品创新推动综合服务平台的搭建。

（三）优化人员队伍建设，提升专业内容生产能力

北京经开区融媒体中心目前定位为集团的内容生产部门，虽然体制机制的改革在一定程度上提高了中心人员的专业素养，实现了内容生产的自给自足，但距离成为专业的内容生产部门依旧还有很大的提升空间。

这种提升首先体现为队伍绩效考核与管理制度的进一步完善。当前北京经开区融媒体中心对于稿件的评价标准主要是将其整体划分为 ABC 三个等级，多人合作的稿件中原创占比认定等依然滞后。其次，强调记者的"专

业"能力，而非"全面"能力。全媒体时代催生了"全能记者"这一概念，记者同时具备采访、写作、拍摄、剪辑多项能力似乎才能不被时代淘汰。但这种要求在实践中往往难以实现，且浅层次的"全能"能力很容易被新的技术所取代。因此，在队伍建设的能力要求上要以"专业"为标准进行划分，从中心发展需求来看，主要包括三个层面：其一是掌握驾驭不同模态信息产品采集生产的能力，其二是提升对社会具体领域深入分析思考的能力，其三是具备推动客户端本地化运营的能力。

基于此，中心未来宜在内部逐步建立有效的内容产品孵化机制，推动专业的内容工作者成长为各领域的专家型人才，进而提升内容产品的深度和专业度，形成智库型的认识能力和优质内容生产能力。这一能力也将是未来专业性媒体机构区别于自媒体和其他社会组织的核心能力，有助于进一步增强主流媒体自身的公信力、传播力、引导力、影响力。

（四）立足区位特色，构建企业全案服务生态

在媒体融合的进程中，服务群众始终是融媒体中心的职责使命，而打造因地制宜的服务模式，满足多元服务主体的切实需求，才能够真正有效地助力区域发展。企业是经开区"安身立命"的根本，为企业提供全案式服务更应是北京经开区融媒体中心工作的重心所在。

这种服务首先体现在服务企业品牌宣传方面。中心将立足独有的本地化资源及信息优势，全力打造品牌传播产业链，促进文化产业和关联产业的迅速发展。其次表现在助力企业发展方面，致力于针对企业诉求做好企业发展"办事员"，用"管家式"服务为区内企业排忧解难。尤其针对经开区的初创企业和"专精特新"中小企业，融媒记者通过深入采访调研、情况报道等方式，全面宣介经开区营商政策；帮助企业向经开区科技创新局、营商合作局、经信局等部门传达发展困难及诉求；帮助企业解难纾困，促进企业间合作，助力初创企业实现上下游企业对接，快速打通产业链。在惠企政策的扶持与经开区融媒体中心的协调帮助下，培育更多"专精特新"企业。

（五）充分发挥融媒联盟作用，创造多方协同价值

北京经开区融媒体中心建立了覆盖225平方公里、500余家重点企业的融媒联盟。融媒联盟是融媒体中心传播触角真正延伸到"最后一公里"的关键，融媒联盟的阵营依然需要不断扩大，"企企都是媒介源"是中心发展的重要目标之一。此外，在保证自身精耕内容生产的基础上，融媒体中心通过派遣资深记者编辑和运营人员组成培训讲师团，对融媒联盟的企业开展培训活动，助力增强企业宣传能力，实现双方的优势互补、互利共赢。

四 融媒体中心建设发展的北京经开区模式启示

北京经开区融媒体中心既加强顶层统筹，明确发展定位，破除现有的关键障碍，也立足地方特色，把握建设重点。整体来看，北京经开区融媒体中心的建设发展具有以下启示。

（一）坚持党的全面领导是北京经开区融媒体中心改革发展的根本

北京经开区融媒体中心坚持党对新闻舆论工作的领导，不断开创全媒体发展、媒体融合发展新局面。

一是因势而谋、应时而动、顺势而为，在把握形势中与时俱进。从最初成立北京经济技术开发区新闻中心负责区域对内对外宣传工作，到抓住媒体融合发展的浪潮建设融媒体中心，再到率先开始以国有独资文化企业模式运行融媒体中心的改革，经开区工委用时代眼光谋发展、用战略思维做统筹。

二是坚持以规范促发展，以管理促繁荣，全面推进管理体系建设。在探索管理创新、实现动能转换的过程中，北京经开区融媒体中心坚持工委领导下的编委会负责制，坚持工委宣传文化部对意识形态的指导和监督责任。工委宣传文化部通过制定管理办法、考核指标，建立重大选题机制，开展新闻月评等工作，明确了内容生产的"尺子"与"底线"。

三是党委引领高质量发展，助推中心全面提升。尚亦城集团党委在用人机制改革、生产流程重塑、产品质量提升和经营业务创新等方面提供有力支持与保障，将原本分散的资源优势转化为作为本地发展枢纽的生态能力，不断推动融媒体中心做大做强，开拓自身发展的新境界。

（二）坚持以新时代首都发展为统领是北京经开区融媒体中心改革发展的方向

牢牢把握首都城市战略定位，大力加强"四个中心"功能建设、提高"四个服务"水平。北京经开区融媒体中心始终牢记职责使命，将新时代首都发展作为中心改革发展各项工作的统领，坚持首善标准，锐意改革创新，立足这一发展方位规划开展建设。

一是立足高精尖产业主阵地，服务首都国际科技创新中心建设。在科技赋能之下，融媒体中心一方面积极推动前沿技术应用示范，围绕超高清、元宇宙、数据资产等前沿科技，通过"建场景、搭平台、促协同、出标准、育生态"，构建"以应用场景带动技术迭代、以商业模式推动产业创新"发展模式。另一方面重点建设面向企业创新发展的服务平台，积极探索企业服务一站式线上办理流程，不断优化营商环境，为企业发展提供便利。

二是作为创新文化生力军，服务首都全国文化中心建设。尚亦城集团坚持围绕中心、服务大局，推动融媒体中心逐步构建起以新媒体生产和传播为核心的思想文化宣传阵地，不断壮大以主流价值为核心的主流舆论的影响力，在改革创新中做强政策宣传"主流传播"、做优企业宣传"主场传播"、做活媒体间联动"主力传播"、做好以文化传声"主心传播"，持续为新时代首都发展营造积极向上的舆论氛围、凝聚强大精神力量。

三是作为数字经济生力军，服务首都数字经济标杆城市建设。立足区域定位和产业特色，尚亦城集团积极推动数字经济领域的应用场景探索、产业集聚及成果转化，设立尚亦城灵境数字经济研究院，建设十大应用创新中心，推动元宇宙技术研发与验证，以及科技创新成果在经开区转化，并积极参与《北京数据特区建设方案》编制,从政策分析、技术方案、数据交易场景、产业链分析等方面夯实方案内容,并承担了其中数字资产流通平台的建设任务,推动数字技术与实体经济深度融合。

(三)坚持事业产业双向赋能支撑是北京经开区融媒体中心改革发展的关键

中心坚持以融媒事业促进产业,以产业滋养融媒事业。事业是看家本领、是守正,产业是"几把刷子"、是创新,事业与产业应双向赋能,在生产、传播、经营等方面良性互动,促进经开区文化事业与文化产业深度融合。

(四)坚持锻造走在火线上的新闻宣传尖兵是北京经开区融媒体中心改革发展的硬核

事业发展关键在人,人才资源是媒体融合的第一资源。北京经开区融媒体中心始终将人才建设放在重要位置,顺应媒体融合发展规律,持续激发、释放创新发展动能。

一是推动人才"选育用留"机制改革。在实现全员"事转企"基础上,大胆推进竞争上岗,在重点岗位开展公开竞聘,不拘一格选拔任用全媒型人才。

二是优化绩效考核和薪酬激励机制。出台融媒体中心绩效考核办法,健全市场化薪酬体系,根据不同岗位特点,构建以任务绩效、超额绩效为重点的薪酬制度,做到"多劳多得、优劳优得",激发工作主动性,确保中心高效运转。

三是"内外联动"建设专业人才队伍。建设亦庄融媒学院,鼓励和推动采编播人员转变思维模式,提升业务素养;不断推动"新媒体校企人才共育实践基地""融媒人才培训基地""融媒共享工坊""智媒体研究室"落地,通过与高校、科研院所、央媒等机构合作,提升"一专多能"复合型人才比重。

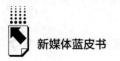

四是坚持文化育人、环境成才，锻造"特别能吃苦、特别会战斗、特别善创新"的企业文化。集团党员干部获"首都精神文明建设奖"及"首都文化和旅游紫禁杯"先进个人、"经开区巾帼标兵"等荣誉称号。

整体来看，经开区融媒体中心在建设探索中积极践行产品创新与管理创新协同发展的整体策略，以动能转换为保障、以功能创新为突破，共同推动融媒体中心的可持续、高质量发展，既增强了主流媒体影响力、引导力，又激发了媒体转型的内生动力，取得了社会效益和经济效益，为区级融媒体中心建设和运行提供了借鉴与启发。

参考文献

黄楚新：《全方位融合与系统化布局：中国媒体融合发展进路》，《现代传播（中国传媒大学学报）》2023 年第 7 期。

黄楚新、许可：《融合十年：从新闻传播现代化到国家治理现代化》，《新闻与写作》2023 年第 11 期。

匡野、陆地：《5G 视域下主流媒体融合创新发展的进路》，《中国编辑》2020 年第 7 期。

赵瑜、周江伟：《转型、整合与"新闻+"：中国媒体融合的三种在地化实践》，《新闻界》2023 年第 11 期。

王海涛：《定位演进·功能拓展·价值重构：我国媒体融合十年的三重意蕴和实践取向》，《中国出版》2023 年第 20 期。

产业篇 ⟫

B.19
2023年中国新媒体产业发展报告

郭全中　苏刘润薇*

摘　要：　2023年，我国新媒体产业在经济复苏和AI大模型技术突破的驱动下展现出积极向好的发展态势，广告营销、游戏、影视等细分产业重回增长区间，而元宇宙和投融资领域整体遇冷。未来，随着互联网常态化监管持续、AGI加速落地、互联网企业大规模出海和6G技术研发推进，新媒体产业的边界将不断拓展，与各产业的融合将更加深入。

关键词：　新媒体产业　互联网　AI大模型　常态化监管

2023年，我国经济全面复苏并保持稳健增长，科技创新取得了突破性

---

* 郭全中，中央民族大学新闻与传播学院教授，互联网平台企业发展与治理研究中心主任，江苏紫金传媒智库高级研究员，主要研究方向为大数据、人工智能、媒体融合、互联网发展与治理、传媒经济与管理等；苏刘润薇，中央民族大学新闻与传播学院硕士研究生。

进展，常态化监管持续深入推进，为新媒体产业提供了有利的发展环境，推动产业整体回升且呈现积极向好的发展态势。

一　新媒体产业发展环境

（一）我国 GDP 同比增长5.2%

根据国家统计局的初步核算数据，2023 年全年国内生产总值 1260582 亿元，同比增长 5.2%，增速超过 5%，总额超过 126 万亿元，实现了预期目标。其中，第三产业增加值 688238 亿元，同比增长 5.8%。全年人均国内生产总值 89358 元，同比增长 5.4%。① 面对国内外复杂挑战，我国经济展现出强大的韧性与恢复力，为新媒体产业营造了稳固且有利的发展环境，提供了扎实的经济基础。

（二）网络基础设施建设不断夯实

根据中国互联网络信息中心（CNNIC）发布的第 52 次《中国互联网络发展状况统计报告》（以下简称《网络报告》），截至 2023 年 6 月，我国网民规模达 10.79 亿人，互联网普及率达 76.4%。其中，手机网民规模达 10.76 亿人，占网民总数的 99.8%。同时，网民的人均每周上网时长为 29.1 个小时，较 2022 年 12 月增加了 2.4 个小时，互联网在日常生活中的重要性不断增强。这些数据背后是我国网络基础设施建设的不断夯实。截至 6 月，我国累计建成开通 5G 基站 293.7 万个，占移动基站总数的 26%，5G 网络的覆盖广度深度持续拓展。② 整体来看，我国网络基础设施持续强化，为数字经济的发展和社会信息化进程提供了强有力的底层支撑。

---

① 《中华人民共和国 2023 年国民经济和社会发展统计公报》，国家统计局网，https：//www.stats.gov.cn/sj/zxfb/202402/t20240228_1947915.html，2024 年 2 月 29 日。
② 《第 52 次中国互联网络发展状况统计报告》，中国互联网络信息中心网，https：//www.cnnic.net.cn/n4/2023/0828/c88-10829.html，2023 年 8 月 28 日。

（三）新媒体产业相关应用的技术融合趋势凸显

《网络报告》显示，2023年上半年，新媒体产业相关应用呈现融合新技术的显著趋势，并保持了用户规模的稳定增长。据统计，即时通信和网络视频（含短视频）的用户规模已超过10亿，网民使用率分别高达97.1%和96.8%；网络购物、搜索引擎、网络音乐、网络游戏、网络文学应用的用户增长显现活力，增长率分别为4.6%、4.9%、6.1%、5.4%、7.3%。[①] 随着生成式人工智能技术的突破，这些应用积极跟进布局，将前沿技术融入产品服务以优化用户使用体验，客观上也促进了应用生态的创新发展和持续繁荣。

（四）数字经济按下智能化"加速键"

近年来，我国数字经济加快发展，成为推动经济高质量发展的关键力量。2023年，"数字经济"再一次被写入政府工作报告，并提出要"强化科技创新对产业发展的支撑""大力发展数字经济"；[②] 同年2月，中共中央、国务院印发了《数字中国建设整体布局规划》，释放出积极的政策信号。与此同时，AI大模型在全球范围内掀起热潮，为数字经济开辟了新的发展空间。腾讯云与智慧产业事业群发布的《2023数字经济高质量发展报告》指出，过去五年来，中国产业从硬件基础设施建设到云端软件生态构建，已基本实现了全面"上云"转型，并开始步入智能化发展阶段。云计算、大数据、人工智能等前沿数字技术与产业场景深度融合，有力增强了中国产业发展的内在韧性，进一步推动了数字经济实现更高质量的发展。

（五）网络综合治理体系基本建成

从党的十九大报告首次提出"网络综合治理"概念，到2019年中央全

---

① 《第52次中国互联网络发展状况统计报告》，中国互联网络信息中心网，https://www.cnnic.net.cn/n4/2023/0828/c88-10829.html，2023年8月28日。

② 《政府工作报告》，中华人民共和国中央人民政府网，https://www.gov.cn/premier/2023-03/14/content_5746704.htm，2023年3月14日。

面深化改革委员会第九次会议审议通过的《关于加快建立网络综合治理体系的意见》进一步明确战略目标，再到党的二十大报告重申"健全网络综合治理体系"的核心任务，我国在互联网治理方面取得了显著进展。2023年7月，《中国网络文明发展报告2023》在中国网络文明大会上发布，全面总结了我国网络空间在思想、文化、道德、行为、生态、法治等八个方面的突出成就。实践证明，我国网络空间生态环境日益向善，各类违法违规乱象得到了有效整治，网络辟谣、网络举报等工作机制逐渐完善，基本构建起功能完备、高效协同的网络综合治理体系，网络空间呈现健康有序、规范化、法治化的发展态势。

二　新媒体产业细分行业艰难复苏

（一）互联网广告营销市场呈现恢复性增长

在经济结构调整以及疫情期间消极情绪逐渐消退的背景下，消费者重拾信心，企业对广告营销的投入随之增加，同时数字技术的应用提升了创新活力，2023年广告营销行业迎来全面恢复期，实现规模增长。

1. 互联网广告营销市场重回增长区间

根据中关村互动营销实验室发布的《2023中国互联网广告数据报告》（以下简称《互联网广告报告》），2023年中国互联网广告市场规模预计5732亿元，同比增长12.66%；2023年中国互联网营销市场规模预计6750亿元，同比增长9.76%；2023年广告与营销市场规模合计12482亿元，同比增长11.07%；与疫情前2019年4367亿元的中国广告市场规模相比，2023年增长了31.26%，但四年复合年增长率为7.04%，对比2016~2019年的三年复合增速（23.70%）显著放缓。[①] 这一趋势表明，中国互联网广告

---

① 中关村互动营销实验室：《〈2023中国互联网广告数据报告〉完整版》，中关村互动营销实验室网，https：//www.imz-lab.com/article.html？id=200，2024年1月10日。

营销市场受到了外部环境压力尤其是疫情的显著影响，在经历了2022年罕见的负增长后，2023年的增长显示出一定的恢复性。

2. 互联网格局变动重塑广告收入渠道的规模结构

《互联网广告报告》数据显示，2023年，电商平台广告收入以2070.06亿元持续占据主导地位，而视频与短视频平台总广告收入已达1433.08亿元，跃居互联网广告主的第二大投放渠道；其中，短视频平台的广告收入同比大幅增长23.28%，达到1058.40亿元，与电商渠道并列成为广告收入规模突破千亿的渠道类型；同时，搜索类平台也迎来8.56%的规模增长，以530.23亿元的广告收入超越社交平台，而后者的广告收入较2022年下降至509.40亿元。由此可见，电商、视频和短视频平台日益成为广告主投放资源的主要渠道，而这背后的主要驱动因素在于互联网格局发生了变动（见表1）。字节跳动凭借短视频、直播带货等新兴广告变现和商业模式成功反超阿里巴巴，其2023年的广告收入达到1448亿元，同比增长23.76%；而阿里巴巴的广告收入已连续六年呈现增速下滑趋势，2023年呈现恢复增长；快手和美团均实现约20%的增长；拼多多全年增速超50%，较2020年已完成翻倍。

表1　2018~2023年中国互联网广告收入TOP10企业

位次	2023年	2022年	2021年	2020年	2019年	2018年
1	字节跳动	阿里巴巴	阿里巴巴	阿里巴巴	阿里巴巴	阿里巴巴
2	阿里巴巴	字节跳动	字节跳动	字节跳动	字节跳动	百度
3	腾讯	腾讯	腾讯	腾讯	百度	腾讯
4	百度	百度	百度	百度	腾讯	今日头条
5	快手	京东	京东	京东	京东	京东
6	美团	美团	美团	快手	美团点评	新浪
7	京东	快手	快手	美团	新浪	小米
8	拼多多	小米	小米	小米	小米	奇虎360
9	小米	拼多多	微博	新浪	奇虎360	搜狐
10	微博	微博	拼多多	奇虎360	58同城	美团

资料来源：根据中关村互动营销实验室的数据资料整理。

3. AI 大模型推动广告营销产业链路再造

2023 年，随着 AI 大模型在全球范围内的持续升温以及在各行各业的广泛应用，AI 技术也渗透至广告营销的具体实践中，促使广告营销行业经历了全链路的智能化转型。百度以文心大模型为技术底座，发布了"AI Native 商业全景应用"，包括 AI Native 营销平台"轻舸"、自动生产广告创意的工具"擎舵"、全新 AI 商业引擎"扬楫"、能以自然语言界面进行服务和营销的 Agent "品牌 BOT" 等，从品牌塑造、内容创新、效果优化和经营决策等全场景、多方向提高营销效率，推进营销生态繁荣。除此之外，众多品牌借力 AI 大模型进行广告营销实践创新。例如，可口可乐创作多部 AI 广告短片、飞猪在地铁站投放 AI 设计的平面广告、安踏通过百度 AI 数字人"希加加"进行虚拟走秀、麦当劳利用 AI 创作青铜器汉堡系列艺术展等，都是 2023 年 AI 在广告营销中的实际应用，成为推动品牌创新的新引擎。

（二）游戏产业走出低谷，但仍面临较大压力

1. 我国游戏市场实际销售收入首次突破3000亿关口

中国音数协游戏工委与中国游戏产业研究院发布的《2023 中国游戏产业报告》（以下简称《游戏报告》）显示，2023 年，我国游戏市场实际销售收入为 3029.64 亿元，同比增长 13.95%，其中，自主研发游戏国内市场实际销售收入为 2563.75 亿元，同比增长 15.29%；游戏用户规模达 6.68 亿人，同比增长 0.61%，创历史新高。在细分市场中，除网页游戏外，各类游戏市场均获得不同程度的增长，尤其是我国移动游戏市场实际销售收入达 2268.6 亿元，同比增长 17.51%，创下新纪录，继续占据市场主导地位；小程序游戏市场收入达 200 亿元，同比增长 300%，内购付费比例的快速提升是其爆发式增长的主要原因。① 根据中国信通院和 IDC 咨询发布的《全球云游戏产业深度观察及趋势研判研究报告（2023 年）》，2022 年，中国云游

---

① 《〈2023 中国游戏产业报告〉正式发布》，腾云微信公众号，https：// mp. weixin. qq. com/s/Wil1PSfY6NGx3PiGykMKiQ，2023 年 12 月 20 日。

戏市场收入已达 63.5 亿元人民币，同比增长 56.4%；云游戏月活人数已达到 8410 万人，同比增长 35.21%。未来几年，随着 5G、元宇宙、通用人工智能（AGI）等相关技术的发展和突破，云游戏市场将保持高速增长，2022年至 2025 年预计市场整体复合增长率将达到 76.6%，2025 年月活用户规模将超过 1.8 亿人。

2. 我国游戏海外市场收入持续下降，游戏出海面临挑战

2023 年，受到国际形势动荡、市场竞争激烈、海外政策限制等多重因素的影响，我国游戏出海的难度和成本均在不断增加。《游戏报告》数据显示，我国自主研发游戏产品海外实际销售收入为 163.66 亿美元，尽管保持着连续四年超千亿元人民币的市场规模，但从数据来看同比下降 5.65%，自 2020 年以来已连续三年持续下降。

3. 游戏监管政策适度放宽并趋向精细化

游戏版号的发放情况是衡量我国游戏监管松紧度的重要指标。2023 年，国家新闻出版署共发布了 978 个国产网络游戏版号，较 2022 年的 512 个和 2021 年的 755 个有了显著增加，表明我国游戏监管呈现适度放宽的趋势。此外，我国还颁布和实施了多项政策促进游戏行业规范化、精细化和合理化发展。一是国务院于 2023 年 9 月 20 日第 15 次常务会议审议通过的《未成年人网络保护条例》为游戏行业提供了更为明确的未成年用户保护指南。二是 2023 年 10 月 18 日国家新闻出版署发布《关于实施网络游戏精品出版工程的通知》，对网络游戏精品提出了新的要求。三是 2023 年 12 月 22 日国家新闻出版署起草的《网络游戏管理办法（草案征求意见稿）》进一步细化和规范化网络游戏审批流程，同时批准了一批进口网络游戏的版号。这些举措体现出我国游戏监管在适度放宽与政策精细化之间达成了新的平衡。

（三）电竞产业收入小幅下滑，亚运之年创造发展契机

中国音数协电竞工委会发布的《2023 年度中国电子竞技产业报告》数据显示，2023 年我国电子竞技产业收入为 263.50 亿元，同比下降 1.31%，连续两年出现下滑，但下滑幅度有所收窄；在收入构成中，电子竞技内容直

播收入占比最高，达到 80.87%，赛事、俱乐部、其他收入占比分别为 8.59%、6.42%和 4.12%；国内电竞用户为 4.88 亿，同比增长 0.1%，近三年电竞用户规模增长明显放缓。[①] 值得注意的是，在 2023 年杭州第 19 届亚运会上，英雄联盟、DOTA2、王者荣耀、和平精英、梦三国 2、FIFA Oline 4、街头霸王 5 首次作为正式体育运动项目登场国际及地区性的综合性体育运动会，吸引了社会公众的关注，提升了电竞的社会认可度，电竞用户群体有望在亚运效应的催化下迎来新的扩容空间。

（四）直播电商增速下滑，但依旧释放积极信号

1. 我国直播电商市场规模达到近5万亿元

根据艾瑞咨询发布的《2023 年中国直播电商行业研究报告》（以下简称《直播电商报告》）测算，2023 年中国直播电商市场规模达 4.9 万亿元，同比增速为 35.2%，相较于行业发展早期，近两年增速出现显著下滑，但也展现出较为平稳的增长态势；其中，品牌商店播的市场规模超过头部达人播，占比为 51.8%，趋势逐渐显著；预计 2024～2026 年中国直播电商市场规模的年复合增长率为 18.0%，未来将继续保持稳步增长趋势并步入精细化发展阶段。

2. 直播电商购买转化率稳步提升，"知识种草"成为新趋势

根据《直播电商报告》，2021～2023 年抖音与快手两大内容平台的直播电商观看人次以及购买转化率均保持稳步增长，2023 年两大平台直播电商观看人次共达 5635.3 亿，购买转化率达 4.8%。与此同时，随着"东方甄选"直播间以知识分享为核心营销模式的迅速走红，传统"叫卖式"的直播电商模式逐渐退潮，取而代之的是"知识种草"型直播电商新场景。艾瑞咨询调研显示，78.1%的消费者在产品销售过程中对产品知识介绍产生兴趣。

---

① 中国音数协电竞工委会：《2023 中国电竞产业报告：收入 263.5 亿、上海北京杭州位列办赛前三》，https://baijiahao.baidu.com/s? id = 1785855722924966779&wfr = spider&for = pc，2023 年 12 月 21 日。

3.直播电商服务商加速推进业务数智化进程

具备研发能力的服务商已开始逐步应用新技术赋能直播电商业务的数智化升级。一是借助生成式人工智能技术布局虚拟数字人主播并应用于品牌店播。《直播电商报告》指出,当前直播电商服务商主要采取外采数字人主播或与数字人技术供应商合作两种策略,其中后者更能突破"皮套人"认知,贴合直播电商业务的精细化迭代。同时,服务商借助 AIGC 技术能够智能化生成销售文案,提升内容创作的效率和质量以及数字人的交互能力。二是引入 VR 全景直播、4K/8K 高清直播以及 5G 实时云渲染等新技术实现商品的360 度高清展示和沉浸式虚拟场景的构建,丰富商品信息与消费者的交互触点,从而提升购买转化率。

(五)影视产业全面复苏,内容精品化趋势显现

1.国产影片票房突破460亿元创历史新高

2023 年,中国电影市场取得亮眼成就,国家电影局公布的数据显示,全国电影总票房达到 549.15 亿元,其中国产影片票房达到 460.05 亿元,占比 83.77%,为历史新高;年内共生产影片 971 部,其中故事影片 792 部;票房过亿元影片 73 部,国产影片占据 50 席,且票房排名前十名均为国产影片;城市院线净增银幕数为 2312 块,银幕总数达到 86310 块,观影人次为12.99 亿。重要档期方面,2023 年,春节档 7 天产出 67.58 亿元票房,居历史第二;"五一"档票房收获 15.19 亿元;暑期档票房飙升至 206.19 亿元,观影人次破 5.05 亿,创下新高;国庆档票房斩获 27.34 亿元。[①]

2.国产电视剧进一步减量提质,爆款佳作频出

国家广电总局发布的数据显示,2023 年全国生产完成并获得《国产电视剧发行许可证》的剧目共 156 部 4632 集,相较于 2022 年的 160 部 5283集略有减少;在国家广电总局重点网络影视剧备案公示中,2023 年共有 561

---

① 国家电影局:《2023 年电影总票房 549.15 亿元(新数据新看点)国产影片票房 460.05 亿元,占比 83.77%》,https://www.chinafilm.gov.cn/xwzx/gzdt/202401/t20240102_ 825148. html,2024 年 3 月 12 日。

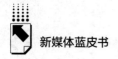

部网络剧通过规划备案，较2022年的660部、2021年的1172部继续保持减量势态。① 中国视听大数据发布的《2023年收视年报》显示，《此心安处是吾乡》《珠江人家》《狂飙》在央视的每集平均收视率超过2.5%，共有6部电视剧央视收视率超过2%，② 成为年度收视热点。在豆瓣平台华语剧集年度榜单中，《漫长的季节》获9.4分高分，还有《三体》《去有风的地方》等共10部爆款佳作评分超过8.5分。

3. 网络微短剧爆发式增长，市场规模初步形成

艾媒咨询《2023-2024年中国微短剧市场研究报告》数据显示，2023年中国网络微短剧市场规模为373.9亿元，同比增长267.65%；第三季度网络微短剧正式渠道发行量达150部，接近2022年全年总和的2倍；预计2027年市场规模有望达到1006.8亿元。③ 网络微短剧火速"出圈"主要由于：一是短视频的普及，《网络报告》数据显示，截至2023年6月，我国短视频用户规模为10.26亿人，占网民整体的95.2%；二是网络微短剧本身的特点，如制作短小精悍、节奏较快，题材和剧情"新鲜""过瘾"，给用户带来沉浸式和极致化的观看体验。此外，中国网络微短剧在国际市场也颇受欢迎，有望成为继游戏、电商、短视频之后新的互联网出海产品。

然而，伴随着市场"野蛮式"成长，网络微短剧行业也暴露出一系列问题，如部分作品充斥低俗、"狗血"元素，内容同质化严重，侵权行为时有发生，且部分作品传递的价值观有待纠正，市场整体秩序欠佳，未来还需进一步规范。

（六）网红经济增速放缓，关联产业加快融合

近年来，社交媒体平台的头部效应逐渐形成以及网红规模不断扩大，我

---

① 《【年度观察】当前剧集产业的几个新趋势》，http：//www.360doc.com/content/24/0312/21/5421489_ 1116980021.shtml，2024年3月12日。

② 中国视听大数据：《中国视听大数据发布2023年收视年报》，http：//www.cavbd.cn/news/2024010502.html，2024年1月5日。

③ 《艾媒咨询丨2023-2024年中国微短剧市场研究报告》，艾媒网，https：//www.iimedia.cn/c400/97005.html，2023年11月22日。

国网红经济经历蓬勃发展后已进入存量时代。艾瑞咨询发布的《2023年中国红人新经济行业发展报告》显示，2022年我国KOL整体投放市场规模860亿元，同比增长7.5%，增速较2021年的19.4%明显下降；2022年万粉以上红人规模超1310万人，同比增长18.9%，增速亦小幅回落；2022年我国网红经济关联产业市场规模达55042亿元，同比增幅9.4%，预计2023年将增长至64254.8亿元，增速达16.7%，2025年这一市场规模有望突破8万亿元。[1] 随着基础设施的不断完善和生成式AI技术的发展和应用，网红经济将进一步"以虚促实"，加快与传统产业的深度融合。

（七）网络音频产业持续稳定增长

根据艾瑞咨询发布的《2023年中国网络音频产业研究报告》，2022年，中国网络音频平台的相关市场规模为115.8亿元，同比增长15.6%，在收入结构上，用户付费订阅是网络音频行业赢利的主要来源，占比约46%；预计2023年市场规模将达到138.1亿元，较2022年增长19.2%，增速较为稳定，且用户付费订阅依旧是主要收入来源。[2] 随着网络音频平台的商业竞争进入成熟阶段，行业的新增流量自2020年起逐渐趋于饱和。2023年，以天猫精灵接入大模型让语音助手拥有自然对话能力为代表，探索AI应用成为行业的新发展方向。

（八）AIGC产业规模呈指数级增长，行业生态初具雏形

2023年，全球范围内AIGC（AI-Generated Content）技术热度骤升，我国互联网企业紧跟步伐积极布局这一赛道。随着技术的日趋成熟和各行业的广泛应用，AIGC市场规模迅速扩大，产业生态初步成型。艾瑞咨询发布的《2023年中国AIGC产业全景报告》数据显示，2022年，中国AIGC产业规

---

① 艾瑞咨询：《2023年中国红人新经济行业发展报告》，艾瑞咨询网，https：//www. iresearch. com. cn/Detail/report? id=4226&isfree=0，2023年8月17日。

② 艾瑞咨询：《2023年中国网络音频产业研究报告》，艾瑞咨询网，https：//www. iresearch. com. cn/Detail/report? id=4217&isfree=0，2023年8月8日。

模为 25 亿元，2023 年预计将达到 143 亿元，增长率达 469.9%；2028 年，预计产业规模将达到 7202 亿元，并逐步建立和完善"模型即服务"产业生态；2030 年产业规模有望突破万亿元，达到 11441 亿元。[①] 经过一年多的发展，我国 AIGC 产业已基本形成了基础层、模型层、应用层的三层架构。第一，基础层涵盖数据基础、算力基础和算法基础，构成了模型层发展的底层技术支撑。第二，模型层主要包括通用大模型（如百度"文心一言"、科大讯飞"星火"、阿里云"通义千问"、腾讯"混元"等）、垂直领域小模型（如有道"子曰"、京东健康"京医千询"、度小满"轩辕"、链家"BELLE"等）和开源模型库平台（如阿里云"魔搭"、百度智能云"飞桨"等）。第三，应用层主要分为面向用户的消费端应用和面向企业的行业端应用，为各行各业提供解决方案，未来具有广阔的发展空间。

（九）元宇宙产业热度降温，互联网企业阵地收缩

随着生成式 AI 的崛起，元宇宙的热度急速降温。尽管在 2023 年 6 月，苹果推出了 Vision Pro 标志着人类正式进入空间计算时代，向元宇宙迈进了一步，然而，国际数据公司（IDC）数据显示，2023 年 AR/VR 头显的全球出货量为 810 万台，同比下降 8.3%；[②] 2023 年上半年中国 AR/VR 头显销量跳水，出货量仅为 32.8 万台，同比下滑 44%。[③] 除此之外，众多互联网企业开始调整战略，缩减元宇宙相关业务。在国内，2023 年 2 月快手元宇宙负责人离职，腾讯宣布关闭 XR 业务线，随后字节跳动旗下的虚拟现实平台 PICO 大幅收缩团队。在投融资方面，根据 IT 桔子的数据，2022 年国内元宇宙相关投资事件共 58 件，而 2023 年仅有 15 件，同比减少近 75%。

---

① 艾瑞咨询：《2023 年中国 AIGC 产业全景报告》，艾瑞咨询网，https：//www.iresearch.com.cn/Detail/report？id＝4227&isfree＝0，2023 年 8 月 22 日。

② AR/VR Headset Market Forecast to Decline 8.3% in 2023 But Remains on Track to Rebound in 2024, According to IDC, https：//www.idc.com/getdoc.jsp？containerId＝prUS51574023, December 20, 2024.

③ IDC：《2023 年上半年中国 AR/VR 头显出货 32.8 万台同比下滑 44%》，Readhub 网，https：//readhub.cn/topic/8t9CTm03089，2023 年 9 月 18 日。

（十）新媒体产业投融资整体遇冷

2023年，我国新媒体产业的投资数量大幅减少，人工智能的投融资活跃度有所提升，特别是AIGC赛道活跃度明显提升，投资者的信心增强。根据非凡产研发布的《2023年全球AIGC行业年报》，2023年国内AIGC赛道融资规模为191.8亿元，融资次数为168起，其中百川智能获得最高融资金额，达24.9亿元。[①] IT桔子数据显示，截至2023年11月20日，国内人工智能在一级市场的总融资事件数为530起，同比减少26%；总融资交易额估算为631亿元，同比下降38%，意味着尽管AIGC持续火热，但人工智能领域热度总体依然呈现阶梯式下降趋势。[②]

三 我国新媒体产业的未来发展趋势

（一）常态化监管持续，探寻互联网发展与安全的平衡点

2022年4月29日召开的中共中央政治局会议指出，"要促进平台经济健康发展，完成平台经济专项整改，实施常态化监管，出台支持平台经济规范健康发展的具体措施"，意味着我国互联网治理进入常态化监管阶段，传递出发展与规范并重的信号。2023年，《生成式人工智能服务管理暂行办法》《未成年人网络保护条例》《互联网信息服务深度合成管理规定》等政策法规相继颁布或实施，在支持和鼓励新技术、新业态发展的同时，引导行业朝着更加规范的方向发展。可以预见，未来的政策制定将继续围绕我国互联网发展的实际情况，协调发展与监管的关系，以协同共生的思路推动互联网健康发展和高效治理。

[①] 《非凡产研丨2023年全球AIGC行业年报》，界面新闻网，https：//www.jiemian.com/article/10863788.html，2023年9月18日。

[②] 吴梅梅：《2023年人工智能行业新诞生10家独角兽，AIGC占近一半.微信公众号"IT桔子"》，IT桔子微信公众号，https：//mp.weixin.qq.com/s/dyo05yr9kjuUWD1VCZplUg，2023年12月13日。

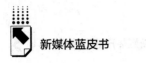

（二）AGI加速落地，激活数字经济相关产业智能化升级

2024年2月16日，OpenAI发布的首个文本生成视频模型Sora成为继ChatGPT后人工智能领域的又一座里程碑。目前，Sora尚未对外开放，国内也还未出现能与之匹敌的模型和应用，凸显了中美之间的AI鸿沟正在拉大。面对这一形势，从文本生成视频模型到逐步构筑起底层的"世界模型"，大模型核心技术的研发将成为未来我国互联网及科技企业的重点方向。同时，围绕AI的应用创新尤其是AI Agent（智能体）也将加快发展。AI正在向全面泛化阶段的AGI靠近，逐渐成为新型社会基础设施，人工智能产业开始与传统产业深度融合，成为数字经济时代的底层支撑和核心生产力。

（三）海外市场成为互联网企业的新"逐鹿场"

第一，出海成为重塑互联网企业"巨头"格局的重要因素。得益于海外业务的快速增长，2023年上半年，抖音集团+TikTok营收为540亿美元，超过腾讯的413亿美元；2023年11月29日，拼多多市值达到1924亿美元，一度超越阿里巴巴。

第二，立足技术、商业和运营模式的出海实践成效卓著。[①]互联网企业将其国内的成功模式经验（如抖音的算法推荐技术、拼多多的拼团"薅羊毛"社交裂变商业模式、微短剧的内容运营等）移植海外，并进行本地化调整，收获用户追捧和行业市场地位，成为深度开拓海外市场的重要路径。

（四）6G技术研发全面推进，新媒体产业边界将不断拓展

2021年底，我国发布的《"十四五"信息通信行业发展规划》和《"十四五"数字经济发展规划》一致强调了前瞻布局6G技术的重要性。2023年全国工业和信息化工作会议进一步明确了我国在6G领域的战略方向和基

---

① 王沛楠：《从反向流动到模式出海：中国互联网平台全球传播的转型与升维》，《中国编辑》2023年第Z1期。

调，提出要全面推进 6G 技术研发。相较于 5G 所带来的万物互联，6G 技术预示着"万物智联"时代即将到来，将提供前所未有的超强连接能力，深入触及更多领域和应用场景，促进新媒体产业的商业模式和产业边界持续拓展。

全球范围内，相关 6G 技术的研发也开启了新一轮科技竞赛，目前仍处于前沿研究和探索阶段，预计 2030 年左右迈入商业化应用。然而，2024 年 2 月 26 日，美国、英国等 10 个国家发表联合声明，称就 6G 无线通信系统的研究和发展达成共同原则，但并未将中国纳入其中，未来国际合作更面临着前所未有的复杂性和紧迫性。

参考文献

陈清：《我国新媒体经济发展的技术与市场优势及路径抉择》，《现代传播》（中国传媒大学学报）2018 年第 12 期。

白玉芹、张芸：《媒体深融背景下传媒业新型盈利模式分析》，《青年记者》2022 年第 5 期。

胡正荣、黄楚新主编《中国新媒体发展报告（No. 14·2023）》，社会科学文献出版社，2023。

郭全中、刘翠霞：《我国新媒体产业新进展、新趋势瞭望》，《电视研究》2021 年第 7 期。

胡钰、王嘉婧：《当代新媒体产业：趁势而上与守正创新》，《青年记者》2021 年第 3 期。

B.20
2023年中国网络广告发展报告

王凤翔　张梦婷*

摘　要：　2023年，我国网络广告市场规模呈现良性健康发展态势，生成式人工智能广泛应用推动网络广告业的创新变革，微短剧和云游戏带来新的增长点，合规监管力度的加大进一步规范行业发展。同时，也面临各种问题与挑战：网络广告行业在市场规模、细分领域、合规门槛、效果评价方面竞争加剧，用户隐私、信任危机、版权问题等安全隐患日益凸显，复杂的国际形势冲击我国网络广告全球化发展，广告异常流量、异常点击问题成为行业恶习。因此，本文建议打造语料池，以新质生产力增强我国网络广告话语权，推动网络广告产业向合规化和专业化发展，以技术引领实现新突破新发展，共建开放、包容、共享的广告生态系统。

关键词：　网络广告　数字技术　网络广告话语权　广告生态系统

一　现状与趋势

2023年，我国网络广告市场呈现稳中有进、积极求新的发展态势。我国广告业界不断适应新技术发展形势，发展广告新业态新模式，形成网络内容生态新变局，寻求可持续增长与新发展，总体呈现稳健发展、业态多元化、技术和内容创新并重的发展趋势，正推动着我国网络广告产业的结构性变革和规范化进程。

---

* 王凤翔，中国社会科学院大学教授，中国社会科学院新闻与传播研究所研究员，主要研究方向为网络广告；张梦婷，中国社会科学院大学硕士研究生，主要研究方向为数字营销。

（一）我国网络广告市场规模呈现良性健康发展态势

CTR媒介智讯数据显示，2023年广告市场同比上涨6.0%。第三方数据显示，我国网络广告市场从1万亿元到近6000亿元的规模不等，虽然市场数据不一，但仍显示我国广告业呈现正态分布、稳步向前的发展趋势。艾瑞咨询数据显示，2018～2022年我国互联网广告市场规模分别为4965亿元、6464亿元、7666亿元、9343亿元、10065亿元，2023年为11369亿元，同比增长12.96%。QuestMobile数据显示，2023年我国网络广告市场规模为7146.1亿元，同比增长7.6%，呈现健康向好的发展态势。中商产业研究院数据显示，2023年我国数字广告营销市场规模接近6000亿元，达5962亿元，同比增长8.9%。中关村互动营销实验室《2023中国互联网广告数据报告》显示：2023年我国网络广告市场规模为5732亿元，同比增长12.66%，扭转了2022年的负增长发展态势（见图1）。

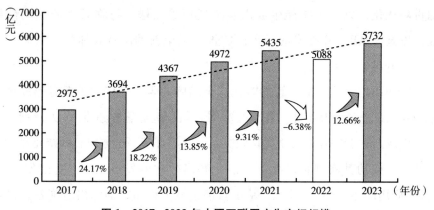

图1 2017～2023年中国互联网广告市场规模

资料来源：中关村互动营销实验室《2023中国互联网广告数据报告》，2024年1月。

（二）生成式人工智能（AIGC）形成文生图、文生视频等广泛应用推动网络广告业创新变革

2023年是AI大模型的爆发元年。人工智能大模型凭借其强大的自然语

言处理能力、生成式内容创作以及精准的用户画像分析等特性，深度渗透并改变广告行业，推动网络广告行业进行一场技术驱动的变革。ChatGPT 与媒介社会的深度融合变革整个传播生态，推动内容资源再生产、市场资源再布局和场景资源再建构，推动新闻向信息的深度转型，[①] 形成基于人工智能大模型的网络广告传播新技术、新业态和新模式。我国网络广告发展呈现以下关键特征。一是广告场景资源再构建。人工智能与大数据的应用升级，其在广告行业的应用从简单的用户标签匹配转向更深层次的行为预测、情感识别和意图理解。二是广告市场资源再布局。程序化广告交易市场持续繁荣，RTB（实时竞价）和 PMP（私有市场交易）等形式的广告交易更加普遍，通过自动化与程序化购买流程，提高广告主跨平台购买广告资源效率。跨屏与触点整合，借助先进的数据管理和分析平台，广告主实现多触点用户数据的统一管理与归因分析，提升广告的整体覆盖率和效果。三是广告内容资源再优化。基于 AI 大模型的文生图、文生视频推动广告资源重新优化，以人工智能生成内容呈现情景交融、身临其境的互动性特征，以基于 AR/VR 技术的元宇宙广告提供全新的沉浸式体验，从而实现广告的升维性发展。

ChatGPT 与 Sora 助力智能时代各类品牌广告主与广大消费者形成全新联通与系统连接。基于此，各大互联网公司积极部署和建设 AI 大模型，从内容生成、智能推荐、策略优化到交互服务等环节，全方位、系统化赋能广告产业，推动其实现自动化、智能化和高效化的发展。归一智能发布 AI Agent 应用产品"归一妙计"，基于营销领域大模型，训练出适配各媒体平台投放工作流的 SEMGPT 专属模型，为企业提供更加智能、精准和高效的 AI 广告投放服务。飞猪用生成式大模型做出了 1000 张广告海报，亨氏、肯德基、雀巢、天猫、钟薛高、支付宝、伊利等品牌借助 AI 的创意形式发布了多款有趣的广告。

---

① 王凤翔、张梦婷：《ChatGPT 在新闻传播领域引发的生态变革、前景应用与风险挑战》，《市场论坛》2023 年第 5 期。

（三）网络广告行业结构有所变化，微短剧和云游戏注入新活力新动能

2023年我国互联网公司的广告收入继续保持增长态势。16家头部互联网公司年度财报显示，有11家平台企业网络广告收入与上年相比实现较好增长（见表1），广告市场呈现复苏和增长的态势。整体广告市场集中度较高，行业头部企业的市场份额占据主导地位，前十大公司的市场份额高达96.20%，阿里巴巴、腾讯、百度三家互联网巨头继续领跑，占据网络广告市场份额的75.54%。电商行业继续保持较为强劲增长势头，其中拼多多的涨势最为亮眼，成为网络广告收入增速最快的电商平台，其第四季度的广告收入达到486亿元，同比加速飙涨57%，已经形成了超越京东和美团的发展态势。

表1 2023年我国部分互联网平台网络广告营收情况

单位：亿元，%

排名	公司	第一季度营收	第二季度营收	第三季度营收	第四季度营收	广告营收	年增长率
1	阿里巴巴	602.74	790.6	686	926.6	3005.94	3.5
2	拼多多	272.4	379.33	397	486	1534.73	49
3	腾讯	209.6	250	257	297.9	1014.50	23
4	京东	190.61	225.09	195	236.4	847.10	3.4
5	百度	79.72	196	197	178.3	651.02	8
6	快手	130.64	143.47	147	181.9	603.01	23
7	美团	77.83	103	114	107.2	402.03	30
8	小米	44	51	54	56	205.00	11.2
9	微博	25.24	27.55	28	27.8	108.59	-4
10	唯品会	15.98	17.16	17	22.4	72.54	22.7
11	哔哩哔哩	12.71	16	16	19.4	64.11	28
12	爱奇艺	14.03	15	17	17	63.03	17

排名	公司	第一季度营收	第二季度营收	第三季度营收	第四季度营收	广告营收	年增长率
13	汽车之家	3.62	5.32	4.9	4.86	18.70	-4.6
14	知乎	3.92	4.13	3.8	4.56	16.41	-15
15	搜狐	1.63	1.72	1.6	1.4	6.35	-1.4
16	虎牙	0.89	1.06	1.1	1.9	4.95	-49

资料来源：Morketing 研究院。

电商广告仍是网络广告中的主力军，占有显著的市场份额。中关村互动营销实验室数据显示：2023 年我国电商广告收入规模达 2070.06 亿元，占媒体平台广告的 36.11%，较之 2022 年的 38.12%有所下滑。2023 年视频平台、搜索平台、社交媒体平台、新闻资讯平台网络广告收入占比分别为25.00%、9.25%、8.89%、8.63%，其中视频平台和新闻资讯平台的网络广告市场份额占比有所上升，视频平台中的短视频平台成为继电商平台之后第二个收入规模首破千亿元的渠道类型，相较上年大幅增长 23.28%，达1058.40 亿元，而搜索平台、社交媒体平台的市场份额有所下降。

2023 年，我国微短剧市场发展迅速，成为网络广告市场新的增长点。艾媒咨询报告显示，2023 年中国网络微短剧市场规模达 373.9 亿元，同比增长幅度惊人，达到 267.65%，其广告变现能力呈现强大的市场潜力，除了常规的品牌植入，微短剧市场还衍生出联合出品、冠名合作、角色代言等多种合作模式，极大拓宽广告变现途径。

云游戏市场也迎来了快速发展的黄金时期。2023 年，我国游戏用户达6.68 亿，达到历史高点，传统游戏市场及用户规模触达天花板，云游戏市场的蓬勃发展为疲软的传统游戏行业带来新的增长点。2022 年中国云游戏市场规模达 79.2 亿元，同比增长 95.1%，2023 年收入预计达到 145 亿元。随着云游戏行业的兴起，广告商开始探索在虚拟世界中的新型广告形式，如虚拟物品植入、虚拟活动赞助、数字人代言等，为网络广告打开一个前所未有的全新维度。

（四）合规监管力度加大，推动行业规范发展

2023年2月25日国家市场监督管理总局发布的《互联网广告管理办法》（以下简称《办法》）于2023年5月1日实施，旨在规范互联网广告活动，保护消费者的合法权益，促进互联网广告行业的健康发展。《办法》具体内容涵盖互联网广告的发布、代理、监测、效果评价等诸多方面，加大了对虚假违法广告的查处力度。顺应数字化时代的趋势，《办法》强调了对个人信息和隐私的保护，对广告活动中涉及的数据收集、使用和保护提出了明确要求。此外，针对弹出广告过多过滥、侵犯消费者权益等问题，提出了更严格的管理措施。国家市场监督管理总局还发布《广告绝对化用语执法指南》《互联网广告可识别性执法指南（公开征求意见稿）》等，各地市监部门针对重点监管领域纷纷出台合规指引和规范性文件，推动互联网广告产业朝着更加健康、可持续的方向发展。除了更新与修订法规，国家市场监督管理总局加强了对互联网广告内容真实性的审查，严厉打击虚假宣传、误导消费者等违法行为，全国市场监管系统2023年共查办各类互联网虚假违法广告案件2.25万件，罚没1.81亿元，有力净化了互联网广告市场环境。

2023年7月13日国家网信办联合国家发展改革委、教育部、科技部、工业和信息化部、公安部、国家广电总局七部门发布《生成式人工智能服务管理暂行办法》（以下称《暂行办法》），并于2023年8月15日起实施。这是我国首部专门针对生成式人工智能研发与服务领域的管理规定，填补了此前法律制度上的空白，是我国对新兴技术领域进行前瞻性和规范性治理的重要举措。《暂行办法》对生成式人工智能服务的开发、应用、运营、安全等方面提出具体要求，明确了服务提供者的责任和义务，有助于规范产业秩序，防止无序竞争和降低滥用技术导致的负面影响。

2023年9月20日国务院第15次常务会议通过《未成年人网络保护条例》（以下简称《条例》），自2024年1月1日起施行。针对网络广告对未成年人的影响，《条例》的发布强化了对网络游戏、在线教育、儿童用品等涉及未成年人市场的广告行为的监督，严防不良广告对青少年身心健康造成损害。

二　问题与挑战

2023 年网络广告行业要面对市场环境变化所带来的竞争压力，还需要适应监管政策的新常态，在兼顾商业利益的同时，坚守道德底线和社会责任，努力推进我国网络广告业的可持续性和健康良性发展。

（一）网络广告行业在市场规模、细分领域、合规门槛、效果评价方面的全方位竞争，不利于线上线下协同发展

随着互联网技术尤其是人工智能的快速发展普及，移动互联网、社交媒体、短视频平台、直播平台不断崛起，网络广告市场规模持续扩大，朝着更加智能化、精准化和规范化的方向发展，吸引了大量广告主和广告服务商的加入，竞争态势变得更为激烈。

一是头部企业聚焦效应增强，负面效应渐显。头部互联网公司凭借庞大的用户基数、深度的数据挖掘能力、前沿的算法技术以及创新的广告解决方案，尤其是数据闭环和算力挖掘进一步巩固了其市场主导主体地位，挤压了中小型广告商和传统媒体的生存空间。后者必须通过提供具有差异性和竞争力的产品与服务才可能突破重围，容易形成"大树底下不长草"的网络传播生态。我国电商营销对实体经济形成巨大冲击，如快递物流业内卷化，互联网企业"大而不强"症加重而难以扬帆出海。

二是细分市场领域争夺加剧。各大互联网公司在社交、电商、搜索、短视频、直播、新闻资讯等各个垂直领域进行广告市场的拓展和深耕，尤其是在短视频直播平台，广告预算向这些高流量场景转移，竞争更为激烈。

三是合规压力与门槛提高。随着数据安全和隐私保护法规不断规范完善，企业在获取和使用用户数据时面临更高门槛，合规成本上升，这对企业的数据管理和运用能力提出了更大考验，同时造成了市场准入难度增加。

四是广告效果评价标准变迁。广告主对投放效果的评价不再仅停留在点

击量和展示量上，而是更加注重转化率、留存率以及品牌影响力等多维度指标，这对网络广告行业提出了更高的精细化运营要求。

（二）用户隐私、信任危机、版权问题等成为现实挑战和社会问题

一是数据泄露与隐私保护。为了实现精准广告推送，广告平台往往需要大量收集用户数据，容易造成数据滥用，甚至数据泄露。随着《个人信息保护法》等法规的实施，网络广告在数据收集、使用和追踪方面受到更严格的监管，广告主和广告服务提供商需要在合法合规的前提下，寻求新的用户画像描绘和个性化广告推送方案。

二是虚假广告与信任危机。打击虚假广告、恶意点击、流量作弊等现象仍然是监管部门的重点工作。有些广告会伪装成合法的链接诱骗用户点击，进而跳转至伪造的网站进行诈骗，例如假冒银行、电商平台、电子支付页面等，盗取用户的账号信息和财务信息。"机器人流量"和"点击欺诈"也是广告安全的一大问题，即通过自动化手段制造虚假的广告点击和展示，欺骗广告主，浪费广告费用。

三是版权侵权和内容合规。一些网络广告可能存在未经授权使用他人知识产权的情况，或者发布色情、赌博、毒品等内容，违反了相关的法律法规和社会公德。值得关注的是，人工智能生成式广告作品的版权归属问题也亟待厘清，智能广告的训练数据中很可能包含涉及知识产权保护的内容，比如新闻数据、影视剧本、小说片段等，如果智能广告作品涉及这些受保护的内容，将会侵犯原作者的著作权，引起法律纠纷。

（三）错综复杂的国际形势对我国网络广告全球化发展的冲击

国际形势复杂多变，美西方对我国社交产品的遏制和打压是多方位、多层次的，既包括直接的政策干预，也包括间接的市场壁垒和舆论影响。这种态势还在不断加剧之中。

一是政策性封禁审查。有些国家出于对其国家安全和意识形态的考量，对我国海外社交媒体应用实行封禁或限制。TikTok形成巨大用户资源、广

告优势与传播市场，却受到美国政府和社交巨头的打压。美国至少有 33 个州限制了 TikTok 使用，此外，部分城市、政府附属工作场所和大学校园也出台了禁令。2024 年 3 月 13 日，美国众议院通过了一项针对 TikTok 的法案，要求中国字节跳动公司在法案生效后的 165 天之内剥离对旗下短视频应用程序 TikTok 的控制权，否则 TikTok 将在美国应用商店"下架"。印度政府以"国家安全"为由，下令禁用约 300 个中国应用程序，包括抖音、微信、UC 浏览器等知名产品，并要求所有电信运营商和互联网服务提供商不得使用中国软件和硬件设备。2023 年 9 月 7 日，印尼政府效仿美国和印度，禁止社交媒体平台 TikTok 在国内从事电子商务活动。

二是技术封锁与供应链限制。特别是在中美科技竞争加剧的背景下，美国以及其他一些发达国家对华加大了对敏感技术特别是高科技领域的出口限制力度，涵盖了人工智能、量子计算等领域，不仅限制关键硬件的出口，还对软件、技术转让、知识产权授权等实行严格的管控。与此同时，欧盟等其他经济体也开始评估和考虑对关键技术实施出口管制。美西方这些出口管制政策的收紧无疑将限制中国社交媒体获取先进技术和设备的能力，阻碍其在全球范围内扩张和发展，对我国互联网平台海外经营和发展设置了巨大障碍。

三是负面舆论宣传。国际舆论场中，西方政府以及一些政客会利用社交媒体和主流媒体对我国产品进行负面报道和评价，常常质疑它们的数据处理和隐私保护措施，甚至炒作"间谍软件""信息监控"等话题，对我国正常的海外广告经营和互联网公司出海形成疑虑甚至舆论排斥。

（四）广告异常曝光、异常点击较为严重

为追求网络流量、为虚假品牌造势，形成对广告的虚假点击、异常曝光。这不仅使得广告表现指标如点击率（CTR）、转化率（CVR）等会因为异常数据而变得不可靠，影响广告主决策制定和优化方向，而且不正常的广告曝光会影响用户体验，如页面加载缓慢、用户隐私受到侵犯（如未经同意收集用户信息），导致用户对品牌的好感度降低。《2023 年中国全域广告

异常流量白皮书》数据显示，2023 年全域广告异常曝光占比为 23.9%，而 2022 年为 25.3%，较 2022 年降低了 1.4 个百分点，远低于 2019 年的 33.8%。异常点击占比 20.4%，而 2022 年为 21.65%，较 2021 年降低 1.25 个百分点，远低于 2019 年的 33.8%，两者均为自 2019 年以来的最低占比。2023 年社交平台 KOL 无效粉丝数下降至 45.3%，较 2022 年下降 1.4 个百分点。各数据尽管有所下降，但仍需对广告异常曝光和异常点击问题给予高度重视，并采取相应措施进行防范和纠正。

三　对策与建议

面对国内外复杂形势，我国网络广告行业既需要监管部门的有效监管，也需要互联网平台加强行业自律建设。同时不断完善广告产业链，创新我国全球化布局的网络广告新技术、新业态与新模式，推动与完善我国发展新格局，提升我国网络广告话语权与全球数字领导力。

（一）打造语料池，以新质生产力优化数字广告生态布局，增强我国网络广告话语权

深化训练数据的管理监督。根据网络广告发展规律和互联网传播规律，以大模型训练数据为抓手，标准制定和数据治理双管齐下。通过制定模型应用规范，统一接口标准，促进行业规范化发展，以加强监督，保障数据内容合规、权益清晰、流通顺畅。完善法律法规，优化政策制度，以多种途径与方式形成监管合力，严防恶意篡改模型和渗入有害数据等行为。

我国网络广告要契合新发展格局，形成战略性规划与创新驱动，推动我国网络广告的发展与繁荣。坚持创新战略为先。首要任务是对我国广告技术及配套软件进行创新升级，制定面向未来、具有前瞻性的国家网络广告发展战略纲要，并明确翔实的时间节点和阶段性实施路径，引领各方力量实现强强联手、集体攻关，共同推进广告行业的科技进步与产业升级。其次，注重

柔性叙事和软性传播。基于我国话语体系和叙事体系进行柔性叙事，融入流行文化、地方特色或普世价值观，挖掘共性内容形成共识传播，增加网络广告传播附加值。同时提升我国数字广告系统内生传播力。把中国故事、中国景观与中国文化融入原生广告、动漫业态与视频表现等内容传播新业态，增强海外"网生代"对我国的认同感和支持度。[①] 参照国际公认的广告标准，建立和完善我国的网络广告技术、内容、数据安全和隐私保护等方面的国家标准和行业规范。积极参与国际广告准则和规范的制定，争取在国际广告标准领域的话语权。

（二）推动网络广告产业向合规化和专业化发展

优化政策支持数字广告建设，积极响应国家数字经济的重大战略部署，提出相关政策确保我国广告行业发展规划与之紧密契合，推动各级地方政府制定并实施可持续的数字广告支持政策，构建广告产业与其他产业相互融合发展的整体架构，助力国家广告产业园区提升其专业化运营与发展水平。[②] 制定出台符合人工智能产业发展特征和发展需求的宏观政策，支持人工智能、区块链、大数据、云计算、元宇宙以及最新技术如 ChatGPT 等在广告领域的广泛集成应用。此举旨在加速广告产业、品牌塑造与电子商务、人工智能技术、5G 通信网络、区块链技术等数字经济支柱产业间的深度融合进程，从而引领我国网络广告产业在新技术背景下的革新性演进，打造深层次的数字化转型格局。

强化法规建设和平台运作的规范化，加强网络广告监管队伍建设，提高监管技术手段，如采用大数据分析、人工智能等技术手段，实时监控和筛查违规广告。通过研究和吸收国际先进法律法规经验，提高广告监管的智能化效能，确保网络广告市场的秩序持续优化，以及资本投入的稳定增长。特别是在人工智能应用、用户隐私保护、算法管理、元宇宙发展以及网络知识产

[①] 王凤翔：《管窥数字广告系统国际化》，《中国社会科学报》2020 年 12 月 3 日。
[②] 王凤翔：《2022 年中国网络广告发展报告》，载胡正荣、黄楚新主编《中国新媒体发展报告（No.14·2023）》，社会科学文献出版社，2023。

权保护等领域，优先制定和更新相关法律条款，以期为网络广告行业构建一套严谨的标准和市场规则。

健全行业自律机制与信用体系，充分发挥互联网广告行业巨头的引领与示范作用，强化现有的广告行业自律组织，如广告协会、商会等，赋予其制定行业规范、监督成员行为和调解纠纷的职责，推动广告主、广告代理公司、广告发布平台共同维护行业秩序。此外，构建广告业信用评价体系，公开透明地记录和公示广告主和广告服务机构的信用情况，有助于规范广告市场秩序，保障消费者权益，促进广告业健康、可持续发展。

（三）技术创新引领，实现新突破新发展

技术创新是网络广告行业保持竞争力、满足市场需求、改善用户体验、维护行业健康发展的重要驱动力。主要体现在以下几方面。一是技术研发与创新投入。鼓励企业增加研发投入，特别是在 AI 大模型、大数据分析、人工智能、虚拟现实（VR）、增强现实（AR）、5G、物联网等前沿技术的应用上，使广告更精准、互动性更强。推动广告创意与技术创新相结合，通过技术赋能，实现广告形式的多元化、个性化和智能化，如动态创意广告、沉浸式广告、原生广告、程序化购买、AI 驱动的定制化广告等。二是整合和优化产业。整合广告创意策划、内容生产、媒介投放、效果评估等环节的完整生态链，实现全流程精细化管理，降低运营成本，提高整体效益。推动线上线下广告资源的融合，探索新型广告模式，如 O2O 广告、物联网广告等。三是探索新兴领域与跨界融合。结合新零售、在线教育、远程医疗、智能家居等新兴产业的发展，创新广告形式和场景，挖掘新的广告业态。推动广告与游戏、影视、动漫、直播等多种内容形式的跨界融合，借助 IP 联名、内容共创等方式拓宽广告边界，提升广告的社会价值和商业价值。

（四）共建开放、包容、共享的广告生态系统，实现合作共赢

建设开放、包容、共享的广告生态系统不仅是网络广告行业发展的重要趋势，也是响应国家政策导向、推动产业升级的关键举措。主要体现在以下

几方面。一是完善基础设施建设。着力优化 IaaS（基础设施即服务）、SaaS（软件即服务）、PaaS（平台即服务）、MaaS（出行即服务）。尤其是优化广告交易平台，使得广告主、广告代理商、媒体资源方以及其他服务提供商能够便捷接入，实现广告资源的自由交易和实时竞价。创建通用的 API 接口和 SDK 工具，支持各类广告形式和技术的集成，简化广告投放和管理流程，部署先进的物联网广告解决方案。二是加强广告参与者间的合作。积极倡导并促进广告主、广告代理机构、内容创作者、技术服务提供商以及数据服务公司等多元化参与者之间的深度合作与协同创新。广告主与内容创作者（网红、KOL、自媒体、影视制作团队等）携手共创内容营销模式，将广告信息巧妙融入优质内容之中，实现内容即广告、广告即内容的无缝衔接。推动广告主和技术供应商的联动，充分运用最新技术提升广告效果。整合数据服务商的资源优势，形成基于数据驱动的广告决策链。通过构建开放、共享、互利的广告生态环境，各参与方更好地发挥各自的优势，共同推动广告产业向更高层次、更高质量的方向发展。三是拓展国际市场。高度重视在华运营的大型跨国企业广告客户，如宝洁、联合利华等公司的利益关切和合作诉求，致力于深化与它们的互利互惠合作关系。通过这样的紧密合作，借助它们在国际市场上的影响力和资源，激发海外数字领军企业对我国国内市场的积极开拓精神。支持我国与国际主流社交媒体、搜索引擎、电子商务平台等建立合作关系，借助其庞大的用户基数和成熟的广告体系，拓宽广告覆盖渠道。以此为契机，积极推动我国网络广告产业及其支撑系统扩展至欧美乃至全球市场，提升我国网络广告产业在全球市场的影响力，实现国际化的跨越发展。

参考文献

胡正荣、黄楚新主编《中国新媒体发展报告（No.14·2023）》，社会科学文献出版社，2023。

王凤翔：《中国网络广告发展史（1997-2020）》，中国社会科学出版社，2021。

姜智彬、周杨：《阶段型颠覆式创新：生成式人工智能对广告产业的影响研究》，《编辑之友》2023年第11期。

许正林：《数字广告产业现状及其高质量发展政策导向分析》，《中国广告》2022年第11期。

曾琼、刘振：《计算技术与广告产业经济范式的重构》，《现代传播（中国传媒大学学报）》2019年第2期。

B.21
地市级媒体融合发展的"永州模式"

王奕涵*

摘 要： 我国地市级媒体处于中央、省、地市、县四级媒体架构中承上启下的"腰部"地带，是全媒体传播体系中不可或缺的一环。湖南永州市融媒体中心是全国地市级媒体深度融合发展试点单位，也是湖南省唯一的一个试点单位。近年来，湖南永州市融媒体中心紧抓发展机遇、主动作为，积极推进市级媒体深度融合发展，在人员机构的融合、内容生产的融汇、技术平台的融通、体制机制的融畅等方面不断创新，积极联动市县资源，打造区域融合一体化发展模式，探索出了一条因地制宜的市级媒体融合发展之路，也为我国正在推进的地市级媒体融合提供了可借鉴的方案。

关键词： 地市级媒体融合 媒体深度融合 市县联动 永州模式

　　作为湖南省唯一被中宣部确定为地市级媒体深度融合发展试点单位，永州市按照中宣部和省委宣传部的要求，率先推进市级媒体深度融合发展工作。2022年底，永州市融媒体中心正式挂牌成立，全面整合永州广播电视台、永州市原融媒体中心、永州日报社资源，实行"一体化决策、一体化运行"。全面融合以来，中心确定自身发展定位，不断释放融媒体建设活力，从人员机构、内容生产、技术平台、体制机制等层面改革创新，以更高的内容产能和更优的宣传质效不断提升媒体传播力、影响力、公信力、引导力，打造出市级媒体融合发展的"永州模式"。市融媒体中心成立以来，已

---

　　* 王奕涵，中国社会科学院大学新闻传播学院博士研究生，主要研究方向为新媒体、媒体融合。

取得一定成效。2023 年，在新华社短视频发稿量占全省市州发稿总量的 1/4，在《湖南日报》头条数、"新湖南"和湖南省"红网"上稿量均排市州第一，湖南卫视上稿量排全省第一方阵。近 30 件作品获"湖南新闻奖""湖南广播电视奖"，居全省各市州前列。

一　建设模式：以"四融促全融"

（一）人员机构的融合

1.架构重组，实行一体化运行机制

体制机制创新中，最为核心的就是组织架构调整，"广电+报业"的组织架构整合是传统媒体深度融合的重要方式。[①] 永州市委批复成立永州市级媒体深度融合发展改革工作专班与永州市融媒体中心（永州传媒集团有限公司）筹备组，工作专班、筹备组统一领导和推进永州市级媒体深度融合发展改革工作。整合市广播电视台、永州日报社、市融媒体中心（正科级）机构和人员，组建永州市融媒体中心、永州市传媒集团有限公司，实行"一个党委、两个机构、一体化运行"运作模式，统一调配机构、人员，打破了不同机构的体制机制束缚，符合媒体深度融合背景下融媒发展需求。

2.扁平化管理，激活人员创新动力

融合改革之前，中心面临人员编制、绩效等众多历史遗留问题。在推行媒体融合改制过程中，中心优化管理手段，提供人事、管理等方面的政策支持。实行"两块牌子，一个班子"，精简内设机构，由 36 个压缩到 23 个。以强化互联网思维、全媒体素养、扁平化管理为重点，全面实行员工双向竞聘上岗，为优秀人才提供上升通道，加强采编、经营一线力量。打造联合策划、综合运营、采访编辑、制作包装、摄影摄像、技术保障、播音主持、考核保障等专业团队。对重大主题新闻宣传、产业经营等实行项目制、赛马

---

① 黄楚新、许可：《我国地市级广电媒体融合发展观察》，《媒体融合新观察》2023 年第 4 期。

制，推行"揭榜挂帅"，充分发掘一线员工的积极性，激发中心人员队伍活力。

（二）内容生产的融汇

1. 整合资源，内容生产集约化重构

在媒体融合的时代背景下，高质量内容的生产始终是核心竞争力。中心打破陈旧思维理念，改变传统固化运作模式，促进内部资源、要素有效整合，实现媒体融合条件下的策、采、编、审、发的内容生产架构重组和流程再造，打通全媒体生产链条，形成融媒体生产模式。充分发挥全媒体中央厨房作用，建立统一指挥调度体系，实现新闻信息一次采集、多元生产、全媒体传播，打破采编播间的环节壁垒，极大地提升了内容生产的质量与效率。

2. 媒体联动，建强全媒体传播矩阵

中心打造载体多样、渠道丰富、覆盖广泛的全媒体传播矩阵，包括"永州日报电子版""学习强国永州平台""永州头条""今日永州""永州发布""潇湘会""永州观察""永州新闻网"等十二大新媒体平台，全面提升媒体影响力传播力。目前，永州融媒体中心新媒体矩阵平台用户量突破800万，"潇湘会"视频号影响力在全国同类视频号排名中稳居前三十、全省第二，"永州发布"政务微博多次位居全省政务总榜单第一，微信公众号稳居全省地市级政务榜单前三名。

（三）技术平台的融通

1. 技术为要，高标准建设技术平台

中心以先进技术为支撑，探索技术赋能融媒发展新路径。紧抓试点先行先试机遇，利用中央财政技术平台建设专项资金，率先建设运营永州融媒体技术平台，运用5G、大数据、人工智能、区块链等新技术，推进采编流程集约化、数字化改造，优化配置采编资源，打造成为市融媒体中心（集团）指挥调度、生产传播、经营服务的神经中枢、运转中台，实现了信息内容、技术应用、平台终端、人才队伍、管理手段共享融通。同时，高质量提升承

载水平，根据全市信息化建设规范，以高效、安全、易用为目标，以"云（天翼云）+本地机房部署"为手段，实现县市区通联与本地化快速编辑融合发展。

2. 做强平台，着力打造新闻客户端

坚持移动优先战略，明确新闻客户端在融合发展中的定位，改版升级"今日永州"App，实现平台、内容、渠道、管理、服务等方面共享融通。用好用活中央和省市关于媒体融合技术平台、资源要素支持政策，使永州市融媒体中心（集团）移动客户端成为政务服务接入口和服务终端，获得相关政务资源、大数据开放授权。同时，市云计算大数据中心向永州市融媒体中心技术平台提供计算、存储资源，融媒体中心优先参与全市电子政务、智慧城市、智慧旅游、乡村振兴、基层治理等领域的信息化项目建设，开发社会治理大数据，不断增强网络平台聚合能力，丰富政务、民生信息和服务功能，为市民打造好一体化便民应用、一站式指尖服务，做到技术创新和优质内容"两翼齐飞"，且不断产生新的"化学反应"。

（四）体制机制的融畅

1. 路径创新，打造新闻宣传"三个三"机制

体制机制创新是媒体深度融合发展的制度保障。中心创新推出新闻宣传"三个三"机制，即新闻采编"三结合"，新闻策划采编与党委政府中心任务、职能部门重点工作、民生关注热点相结合；部门联动"三同步"，职能部门在部署安排工作、执行推进工作、阶段总结工作时与新闻报道同步；宣传推介"三协同"，宣传部门在组织推介时坚持与市外重点媒体、市内全媒体、融媒体中心和新时代文明实践中心基层站所全平台全方位全流程协同。

2. 互融互通，搭建"两中心"融合共建机制

为深入学习贯彻党的二十大精神，进一步落实党中央决策部署，推进媒体深度融合发展，永州市以中宣部全国地市级融媒体中心建设试点为契机，探索推进融媒体中心与新时代文明实践中心融合共建。

具体而言，"两中心"融合共建以市融媒体中心、市新时代文明实践指

导中心为龙头，县级文明实践中心与县级融媒体中心为重点，乡镇文明实践所与乡镇新闻通联站、村文明实践站与村新闻通讯联络点为拓展，将志愿服务者发展为新闻宣传通讯员，使文明实践活动成为新闻素材来源，新闻报道工作成为文明实践活动内容。"两中心"实行上稿报道、下行推送和考核评估机制，成为宣传党的主张、反映人民心声、服务基层治理的主流舆论阵地，满足群众精神文化需求的权威信息渠道，方便群众生产生活的综合服务平台。

二　发展模式：市县联动构建区域融合一体化

在四级媒体融合发展布局中，地市级媒体和县级媒体因地缘优势，在内容生产、人才队伍、技术体系等方面一脉相承，市县共建更易资源共享、合力推动。永州市融媒体中心成立后，发挥承上启下作用，不断加强市县上下联动合作，更好地发挥多级媒体聚合、放大效应，有效聚集市县党政部门资源，形成覆盖面广、系统性强、影响力大、公信力强的主流媒体传播体系，全面提升全市宣传、服务效能。

（一）联结内容生产，提升影响力

在融合共建过程中，永州市融媒体中心联结全域媒体资源，拓展内容生产创作；依托"两中心"上稿报道机制和下行推送机制获取新闻报道线索、素材和稿件，保障市县融媒新闻作品及时、全面推送至基层一线。

1. 凸显品质，打造现象级爆款产品

创新表达方式，讲好主旋律故事。由总台央视《焦点访谈》栏目、湖南广电新闻中心、永州市融媒体中心、冷水滩区融媒体中心联合采编推送的《普利桥种粮记》成为 2023 年大屏与小屏融合传播的爆款作品。该节目创新话语表达方式，以新闻微纪实的手法，真实记录了湖南省永州市冷水滩区普利桥镇鼓励引导当地瓜蒌种植户转型改种水稻的故事，生动展示了基层党委政府和干部群众遏制耕地"非粮化"所做的种种努力，深度贯彻了习近平总书记"中国人的饭碗任何时候都要牢牢端在自己手上"的指示精神，彰显了湖南扛起粮食大省政治责任的实践与担当。《普利桥种粮记》一共推出四季共35集，全网累计播放量超10亿次，单集最高播放量达1亿次。节目以创新手法实现破圈传播，为主旋律题材的全媒体产品的创作和推广提供了样本，其带来的产业链影响极大鼓舞了当地农民种主粮的积极性，助推"水稻+N"的种养模式在全国范围内推广。

2.大力传播正能量，推出有温度、接地气的精品佳作

在采编实践中，市县级融媒体中心通力合作，坚持奔跑在一线，挖掘接地气的新闻素材，用有温度的新闻讲好身边暖人心的故事，用小切口反映身边的生活百态，引发受众共鸣，有效传播社会主义核心价值观。《永州移树女孩》讲述永州八中的高三学生邹婉婷勇敢移除倒下大树的善举，该短视频在永州市新媒体平台和客户端推出后，迅速在全网传播。"永州观察"抖音号浏览量达到了2939.8万，新华社、中央电视台、央视频、今日头条、《中国青年报》、湖南卫视、广东新闻频道等各大官方媒体纷纷转载，全网平台播放量超过30亿次，总获赞破亿。《永州新田10个女孩雨夜抢买雷公菌》记录了在雨夜，永州市新田县一中的高二学生徐安瑞和9名同学共同买下一位卖雷公菌老人的所有商品，以善举助老人早归的故事。该短视频在永州融媒平台发布后，吸引《人民日报》、新华社、光明网、《中国青年报》、百家号、澎湃新闻、中国新闻网等媒体纷纷转载、报道，全网浏览量超过1.2亿次。网友点赞：这群少年，就是"善良"最好的代言人。《道县6岁男孩从墙缝里救出2岁男孩》讲述了6岁的小哥哥王雨铭自告奋勇配合营救被卡墙缝的2岁男童的故事，视频由永州融媒视频号发布后，3次登上微博全国热搜榜，2次占据微博同城热搜榜头条，总阅读量超1.7亿次。

3.丰富理论宣讲手段，筑牢舆论宣传阵地

作为新闻报道和舆论引导的主要力量，永州市融媒体中心坚持正确的政治方向、舆论导向和价值取向，结合学习贯彻党的二十大精神，用习近平新时代中国特色社会主义思想凝心聚魂，精心谋划理论宣传，提高理论宣讲水平，及时将党和政府的声音传递到市县基层群众之中。

永州市融媒体中心承办《理响永州》理论宣讲栏目，采取电视录播、全网推送的方式向全市县开展理论宣讲。目前，"理响永州"平台共推出91期节目，每期浏览量破百万，最高达3000万+，全网总浏览量超7.5亿，《理响永州》经验做法入选2023年全国宣传思想文化工作创新案例选编。

坚持差异化生产、分众化宣讲新模式。发挥理论专家、党政领导、宣讲志愿者的优势，以通俗化、大众化的方式进行理论宣讲，使新思想在基层群众中入耳、入脑、入心。市内的宣讲嘉宾选自"二十大·二十队"中的优秀骨干，并通过合办、特邀等方式，加强与湖南省社科院、湖南省党史研究院、团省委、广东省社科联等市外高校马克思主义学院、社会科学研究机构、智库等合作，聚合省内外不同领域的专家学者参与节目录制。针对党员干部、学生群体以及广大群众分别开设"专家讲""青年说""红色故事荟"栏目，形成了1个主栏目加3个子栏目的"1+3"宣讲品牌矩阵，打破了"灌输式"宣讲模式，让理论通俗化、让群众听得懂、让群众喜欢听、让政策可落实。

坚持分时段推送，分阶段策划话题。及时准确宣传新思想，讲活党的最新理论，讲好党的最新政策。党的二十大召开期间，连线采访历届党代表、习近平总书记接见过的大学生、技术工匠、农民群众谈切实体会。大会胜利闭幕后，线上推出"二十大·二十讲"专题，线下同步组织开展"二十大·二十队"七进宣讲活动，充分展现习近平新时代中国特色社会主义思想在永州的生动实践。

（二）强化本土服务，提高基层社会治理能力

1. 功能拓展，提升本土综合服务效能

在新时代下，永州市"两中心"融合实践以满足群众需求为导向，不断整合综合文化服务中心、党群服务中心等多种功能，为群众提供志愿服务，成为基层治理实践的创新探索。

永州市融媒体中心与全市各县区融媒体中心、各级文明实践中心（所、

站），以及学习强国永州平台全面贯通，建立市、县、乡、村四级新闻宣传通讯联络机制和文明实践指挥协调机制，实现全方位覆盖、全媒体传播。中心加快建设文明实践活动线上管理平台，建立文明实践活动数据库，畅通群众发布服务需求的渠道，为融合共建提供强有力的技术支撑。文明实践中心（所、站）全部接入平台，市、县文明实践中心通过平台和数据库，统一调度本地文明实践活动，统一管理本地志愿服务队伍，统一发布各类文明实践活动和志愿服务信息。

祁阳市是湖南省永州市代管县级市，是永州融媒体中心、新时代文明实践中心融合共建示范试点市。祁阳市建立以市新时代文明实践中心和市融媒体中心为龙头，镇、村新闻通联站与文明实践站所相贯通的"1+22+560+N"互融互通组织架构，建好市镇村三级指挥调度平台，依托市融媒体中心打造的云上祁阳 App，积极拓展服务内涵，提供为老、为小、为困难群体、为需要心理疏导群体、为需要社会公共服务群体的"五为"志愿服务，建立"群众点单—中心派单—志愿服务队接单—群众评单"相贯通的工作模式，推出理论宣讲、文学艺术、卫生健康、教育助学等13大类志愿服务项目，打造非遗文化传承、农村实用技术培训、心理健康辅导等68项"子菜单"，供群众"点单"，形成了全覆盖、闭环式的文明实践活动服务网络。

2. 渠道拓宽，创新新时代基层治理

其一，永州市委网信办联合永州市融媒体中心研发打造《问政永州》平台以及《民生》栏目，联动大屏、小屏，搭建百姓反映诉求、建言献策的平台，打通社情民意传达的渠道，广泛收集市县民众的意见和诉求。2023年，市委网信办借助两平台成功收集了约2000条民生信息，使政府及时了解社情民意，持续优化基层治理能力，凸显了融媒体中心协助网信部门密切联系群众的媒体价值。其二，市委网信办联合市融媒体中心在全市新闻网站开设互联网违法和不良信息举报平台，鼓励公众举报互联网违法行为和不良信息，并在第一时间响应举报，及时进行管控处置，有效加强网络生态治理，提升治网管网水平，不断清朗网络空间。

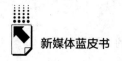

（三）连接党政部门，布局"媒体+"新合力

1. 媒体+农业，夯实乡村振兴产业基础

在媒体深度融合背景下，媒体不仅是乡村振兴的传播者，也是乡村经济的引导者、乡村发展的参与者。永州市融媒体中心借助渠道、平台、技术优势持续活跃在"田间地头"，为乡村振兴建设注入新的活力与动力。

助力品牌推广，促进农民增收。品牌建设是农业现代化和区域经济发展的重要抓手，永州市融媒体中心积极引导市县农业品牌推广，助力打造农业品牌高地。以永州市回龙圩管理区为例，2023 年，永州市融媒体中心协助回龙圩承办永州市柑橘采摘文化季暨迴峰蜜柑九分甜品牌发布会及相关宣传工作，充分发挥主流媒体公信力、影响力以及融媒矩阵的传播价值，助推高端品牌"九分甜"发布、推介，销售 33 万盒，开启了回龙圩橘子以个卖的时代，果农人均增收 2000 元。同年 7 月，回龙圩管理区与永州市融媒中心联合推出系列短视频《回龙圩种橘记》，以短篇幅、快节奏、网感强的新闻纪实性微短视频形式讲述区域创新推出社会化服务"平台+N"模式、破解柑橘主导产业转型升级难题、帮助果农共同致富的故事。目前，《回龙圩种橘记》全网点击量累计超过 1 亿次。

《中共中央　国务院关于全面推进乡村振兴加快农业农村现代化的意见》中提出要"深入推进电子商务进农村和农产品出村进城"。[①] 直播助农是脱贫攻坚和乡村振兴工作下应运而生的新模式，指引了农村电子商务的持续创新。永州市融媒体中心与市农业农村局凝聚合力，打造"永州之野"优质农产品官方直播间，开通了"永州之野"抖音官方账号，建设 10 个"永州之野"授权企业直播示范点，有效推进"永州之野""湘江源"区域公用品牌体系建设，做大做强永州市县柑橘、蔬菜、油茶、生猪、茶叶品牌，累计销售额突破 500 万元。同时，充分利用知名网红、明星流量与影响

---

① 《中共中央　国务院关于全面推进乡村振兴加快农业农村现代化的意见》，https://www.gov.cn/zhengce/2021-02/21/content_ 5588098. htm，2021 年 2 月 21 日。

力，积极探索"农产品+直播+网红+电商"模式，通过网红引流助力实现流量转化，加快乡村振兴的步伐。

2. 媒体+文旅，助推文旅产业高质发展

永州市融媒体中心与当地文旅跨界"破圈"联动，充分发挥平台优势，搭建宣传矩阵，积极参与全市文旅广体策划、宣传、推广，大幅提高了永州文旅影响力，为媒体助推文旅高质量发展提供了新的路径。

一是注重宣传推广，展示永州形象。中心为永州旅游业提供平台化资源，成为永州形象展示的重要载体。其一是融媒体平台专题宣传推广永州文旅，展示永州文旅新名片。在市委宣传部统筹部署下，市文旅广体局依托《永州日报》、今日永州、永州发布、潇湘会等媒体平台，开展永州文旅宣传专栏，发布文旅咨讯和相关推文 1300 多条；与市融媒体中心合作开办永州文旅官方发布平台"嗨永州"视频号，发布文旅宣传短视频 259 条，宣传市县丰富、多元的文化和旅游资源，实现旅游资源、美食餐饮、独有民俗等特色的可视化呈现。通过媒体矩阵联动效应，提升了永州文旅品牌的影响力。其二是提高文旅宣传的内容质量和服务水平，推动文旅品牌活动的宣传与推广，进一步加大全域文旅活动的宣传力度，深化文旅品牌活动的渗透与公众参与。具体而言，中心参与宣传推广"千年打卡地 此处是潇湘"2023 永州文旅（深圳）推介会、第二届永州旅游发展大会、中驾联 2022 年会暨 2023 年湖南省自驾游发展大会、"永州陆港杯"2023 年中国龙舟公开赛（湖南·永州站）、2023 江永女书国际音乐旅游周活动、"走，去永州！"——2023 永州市避暑季系列活动、2023 永州市秋冬季旅游营销系列活动，鼓励全民参与，实现线上传播引流增量。

二是强化主题策划，创造文旅发展新生态。市融媒体平台积极参与策划、宣传各县市区开展的文旅营销推广活动，推动"引客入永"活动深入实施以及市县文旅产业的发展。例如，永州金洞管理区举办"金彩动听·声动我心"金洞 K 歌擂台赛，由市融媒体中心策划组织，全程指导、全程参与、全程服务，并通过今日永州 App、永州发布公众号、潇湘会公

众号、永州观察抖音号、永州广播抖音号、Hi 永州抖音号进行全程直播，平均每周有 150 万人以上在线进行观看。与上年同期相比，金洞管理区旅游人数增加了 12.8 万人次，促进周边住宿、餐饮、娱乐、农产品销售等产业持续火爆，周边群众实现家门口就业，平均每户稳定增收 2 万元以上。

3. 媒体+就业，赋能区域就业服务

永州市融媒体中心与永州市人社局共享人才、设备和资源，为市县高质量就业服务贡献媒体力量。

强化就业引导，塑造就业品牌。一方面，中心开办《永州人社》栏目，宣传职业技术培训等信息资讯，在潇湘会等平台全网推送"15 分钟就业服务圈""潇湘工会保"等特色内容，促进就业信息高效、便捷抵达群众，助推群众精准就业。另一方面，中心与永州市人社局形成合力，聚焦本土产业，挖掘地方优势，推出"新田保姆""江华电机""祁阳建筑""零陵缝纫"等特色劳务品牌。同时，助力职业技能培训，根据劳务品牌输出和企业及劳动者需求开展培训，累计为 118 家企业培训职工 1.2 万人次、城乡各类劳动者 1.45 万人次，开展认定和专项考核 8198 人次，取证6454 人次。

推进直播带岗带货，打破就业壁垒。网络直播的实时性、互动性和可访问性的特点为各行业发展带来了新机遇。永州市融媒体中心与永州市人社局通过网络直播创新就业服务方式，联合推出"人社局长直播带岗""智能招聘会走播宣岗"等活动，打造"永就业"直播间，升级"永就业"抖音号、视频号，促进就业供需精准对接，推动永州人力资源管理的数字化转型；中心担任策划和宣传，助力人社局开展"网络直播带货技能竞赛"活动，初步构建起技能竞赛与带动就业创业、推介特色品牌、促进居民消费等相融合的"媒体+竞赛"品牌。活动期间累计开展直播带货时长达 4500 余小时，全网累计点击播放量达到 4.8 亿次，累计吸引 1400 余名选手参赛，累计带动就业 5000 余人，带动全市特色产品销售近亿元，让上百个拥有永州特色的农特、文旅等产品破圈出圈，走向全国。

三 结语

在两年的媒体融合发展进程中，永州市融媒体中心紧抓试点机遇，有序推进市级媒体融合发展，为湖南地市级融媒体中心的发展，也为我国中西部地区地市级媒体融合的发展提供了有价值、有意义、可推广、可复制的借鉴样本。其经验主要体现如下。

（一）领导高度重视是媒体融合发展之要

永州市委、市政府、各市县领导以及融媒体中心主任高度重视是做好媒体融合发展的重要保障。首先，在湖南省委宣传部的统一部署和精心指导下，永州市委、市政府主要领导统筹谋划，高位推动，亲自把关，整合人力、财力、政策等各类资源和要素保障，为媒体深度融合发展奠定了坚实基础。其次，永州市融媒体中心主任主动作为、扎实推进，带领团队凝聚合力，干事创业，共同推进融媒工作高质量发展。

（二）做好顶层设计是做好媒体融合之基

永州市融媒体中心与时俱进优化顶层设计，因地制宜选择适配路径，根据区域发展状况与特色，全面推进组织架构、业务流程、资源配置等方面的改革重塑，建构符合自身长久发展的融媒体创新模式。第一，重建组织架构，实行"一个党委、两个机构、一体化运行"运作模式，促进资源充分共享、媒体之间互联互通。第二，重构管理模式，实行扁平化管理；采用项目制、赛马制激励模式，员工之间多向互动、协同运作，充分调动其积极性、创造性。第三，重塑内容生产流程，打通全媒体生产链条，建立全媒体策、采、编、审、发一体化流程，实现新闻信息一次采集、多元生产、全媒体传播，有效提高采编能力和工作效率。

（三）强化技术优势是媒体融合之翼

永州市融媒体中心积极探索技术赋能融媒发展路径，持续向数字化、智

能化、移动化道路进军。

首先，强化融媒体中心技术支撑，在采编系统平台上发挥优势，推进采编流程集约化、数字化改造，实现内容生产提质增效。其次，以先进技术为助力，赋能自主可控平台打造。永州市融媒体中心持续优化"今日永州App"这一平台化融媒产品，有效打通信息渠道，实现与本地用户有效连接，同时，平台依托先进技术进一步聚合多方资源，不断拓展政务、服务功能，强化便民"服务力"，推动治理"数字化"。

（四）注重内容生产是媒体融合之魂

中心坚持内容为王，把握政治方向、舆论导向、价值取向，聚焦精品化生产，推进内容品质升级，一批"叫得响、传得开、立得住"的融媒体产品不断涌现。依托本土优势、创新表达方式，推动地方资源"破圈"传播、持续性输出；坚持差异化生产、分众化宣讲、分时段推送，让理论宣讲"飞入平常百姓家"；以平民视角展示身边善行、以正能量汇聚大能量，暖新闻报道亮点不断。

（五）联动市县资源是媒体融合之势

构建区域融合一体化格局，实现市县融媒体中心、党政部门资源融通共享，各要素间协同合作、优势互补，不断适应媒体生态发展，推动融媒工作迈向新高度。第一，打通市县媒体以及新时代文明中心实现高效连接。将媒体技术平台、信息资源、采编力量等各要素一融到底，形成强大的舆论宣传合力，同频共振，共同发声。第二，推动融媒体中心与党政部门之间通力合作，在做好优质内容供给的基础上，不断提升综合服务能力，利用好主流媒体公信力、组织策划能力，以"媒体+"逻辑融入基层服务、文旅宣传、品牌推广等工作，在满足基层群众的精神文化需求的同时，为社会治理与乡村振兴工作提供有力支持。

参考文献

张英培、胡正荣：《从媒体融合到四级融合发展布局：主流媒体发展改革的新阶段》，《出版广角》2021 年第 1 期。

杨明品：《地市融媒体中心建设：目标、路径与深化》，《中国广播电视学刊》2024 年第 1 期。

吴志远、李扬：《走出"技术被动升级"：地市级主流媒体的媒介融合创新》，《江苏社会科学》2022 年第 3 期。

丁和根、孔令博文：《地市级媒体融合发展的理论向度、现实挑战与操作策略》，《当代传播》2020 年第 6 期。

朱鸿军：《颠覆性创新：大型传统媒体的融媒转型》，《现代传播（中国传媒大学学报）》2019 年第 8 期。

B.22
深化县级融媒体中心改革的
"尤溪现象"

张　敏　池毓腾　周开浩 *

摘　要：　全国大部分县级融媒体中心于 2018 年成立，至 2023 年已经是第一个五年。2024 年是县级融媒体改革第二个五年的开局之年，为了更好地贯彻落实习近平文化思想，推进县级融媒体的深度融合，尤溪县融媒体中心作为 2023 年度全国广播电视媒体融合先导单位，站在媒体融合发展的新起点，守正创新、深化改革，以"四新"举措，推动"事业+产业"发展再上新台阶。

关键词：　县级融媒体　媒体融合　尤溪现象

尤溪县融媒体中心成立于 2018 年 9 月，下设三大分中心（融媒资讯中心、品牌传播中心、综合服务中心），属公益一类事业单位，全权经营管理一家国有企业（福建省朱子文化传媒有限公司），2024 年有员工 88 人（其中在编人员 65 人，公司 23 人，在编人员待遇财政供养，公司人员自收自支）。

中心自成立后，坚持正确方向谋思路、直面难点痛点出实招，打好"机制创活、技术创新、内容创优、产业创效"组合拳，通过融合技术平台，再造生产流程，融通传播渠道，聚合社会资源，实现了各种媒介资源、生产要素之间有效整合；通过做好新闻报道、做特电视栏目、做精影视作

---

* 张敏，尤溪县融媒体中心主任、福建省朱子文化传媒有限公司董事长，高级记者，主要研究方向为新媒体；池毓腾，尤溪县融媒体中心副主任，主任记者，主要研究方向为融媒体；周开浩，尤溪县融媒体中心办公室主任，主任记者，主要研究方向为媒体经营。

品、做优服务平台，创新运营模式，变革电商平台，延伸产业链条，增强自我"造血"功能，闯出一条县级媒体融合改革发展的新路，被国家广电总局评为典型案例单位、先导单位。

2023年12月22日，由中国传媒大学主办的融媒体发展"尤溪现象"专题研讨会在北京举行，"尤溪现象"得到业界、学界、政界的广泛关注和肯定。与苏浙沪粤等经济发达地区的县域媒体不同，尤溪县融媒体中心地处闽中山区，在地方经济发展水平、交通区位及人口数量不具备优势的条件下，取得了令人瞩目的成绩，这对大多数县级融媒体中心而言，具有普遍的借鉴意义。

一 融合五年，创新做法

（一）构建一个"移动优先 立体多样"的全媒体传播体系

向内发力，做强"传播矩阵"。深度融合报、台、网、微、端等平台资源，打造"视听百态 尤为精彩"全媒体传播矩阵，形成全天候、多样化、立体式的全媒体传播体系。其中"智慧尤溪App"下载量为19.49万，占县域常住人口数的47.11%，年访问量破1亿人次，成为本地最具影响力的手机客户端。

向外借力，做大"朋友圈"。在中央、省、市以及海外等平台开设账号64个，用户规模134.5万，形成了从本县到海外的全媒体立体宣传矩阵。其中，2021年以来，在海外社交平台共发布图文、视频6800多条。

（二）创作一批"守正创新 内容为王"的精品力作

以小切口、大视角，推出了《640085警号重启》《山海遥望 同心抗疫》等一大批超具网感的千万级"爆款"产品。

以小成本、大制作，打造了大量的宣传片、纪录片等影视作品，以小投入撬动大主题和精品化节目制作，每年保持30多部作品获得国家及省市级奖项（资金扶持）。

（三）应用一批"智慧赋能 数字驱动"的先进技术

在全国县级融媒率先应用 AI、VR、AR、4K、8K 等新技术，与福建极存数据联合研发"极存"超高清节目制作存储系统，实现市县级融媒体向 4K、8K 轻松跨越，领跑市县级融媒体超高清节目制作；自主研发"尤溪县数字乡村公共服务平台"，集新闻资讯、民生诉求、农事咨询、便民服务等功能于一体，构建"县—乡镇—村（社区）—党支部—微网格"多元协同的共建共治共享的基层社会治理新平台，让乡村振兴有"智"更有"质"。

（四）锻造一支"勇于创新 干事创业"的优良队伍

提供"保障型"政策。提供保障人才用房、高层次人才生活补助等政策，引进中国传媒大学播音硕士研究生等省外媒体人才 13 人。

打造"学习型"队伍。成立采写、编导、摄像等 12 个学习小组，采取"每周一学"固定式学习和"走出去"与"请进来"的常态化学习机制，提升业务技能水平。

培养"全媒型"人才。通过建立融媒工作室，发挥"骨干"人员带头作用和创新能力，锻造精品内容生产"尖兵团"，形成专技传承机制。

（五）开创一个"多元产业 跨区经营"的发展格局

多元发展。在原有户外广告、3D 影院、矿泉水等经营项目基础上，还承接全县智慧城市、应急主题公园、朱子文化非遗展示体验馆等文化类项目建设，运营"尤品汇"电商直播基地，开发尤福系列文创产品等。

跨区经营。突破地域限制，承接全国各地的影视业务，足迹遍布上海、浙江、湖北、新疆等 20 多个省区市。随着事业产业的不断发展壮大，2023 年 2 月，中心旗下的传媒公司在福州、上海设立了办事处，成为福建省首个在外设立办事处的县级融媒体中心，开拓了更加广阔的市场。2022 年传媒公司经营收入 3300 多万元，并连续三年获福建省国有影视企业社会效益评价考核"优秀"等次。

二 融合探索取得的经验与成效

（一）媒体融合改革案例："四创四融"尤溪模式

机制创活，转变理念保障"融"；技术创新，打造平台支撑"融"；内容创优，讲好故事服务"融"；产业创效，多元创收反哺"融"。依托基地（中国市县电视台影视研发基地、全国县级短视频人才孵化基地、福建省市县电视台融合发展实训基地等），在北京设立办事处，与国家广电总局、中国传媒大学等共建合作，提供培训交流平台，为全国市县融媒体中心提供可复制借鉴的"尤溪模式"样本。截至2023年底，已有全国800多个单位5000多人到尤溪调研交流或接受业务培训，"尤溪模式"得以在全国范围内推广。

（二）推进基层社会治理案例：尤溪县数字乡村公共服务平台

依托"智慧尤溪"客户端，围绕县委、县政府中心工作，积极参与基层社会治理，创新推出了"尤溪县数字乡村公共服务平台"。该平台实现通知宣传"一键发"、群众诉求"一键问"、乡村服务"一键连"、便民服务"一键用"、公益活动"一键选"、服务管理"一键办"、基层动态"一键知"。[①] 其因服务百姓、使用方便，受到全县农村居民的广泛好评。截至2023年底，服务覆盖全县15个乡镇250个行政村30万农村居民。

尤溪县数字乡村公共服务平台先后入围中央网信办举办的全国50个数字乡村创新大赛名单，入选福建省数字乡村试点县项目，入选北京市2022年度媒体融合创新技术与服务应用优秀推荐项目，荣获2023年王选新闻科学技术奖。

---

① 黄楚新、王奕涵：《尤溪县融媒体中心：从初步融合到提质增效》，《新闻战线》2023年第23期。

（三）内容生产传播与变现案例：做精内容 内容变现

坚持内容为王，承接全国各地影视项目，实现内容变现；以微纪录片《守摊人》品牌为 IP，衍生打造了"朱子文化非遗展示体验馆"和"朱子茶文化陈列馆"线下展示体验馆和"尤福"等文创品牌；锻造精品内容生产"尖兵团"，成立"张敏团队"、熹宝文创、"8 分钟"纪录片、TEAM-X 短视频、"金点子"创意策划、"鱿鱼"网络科技、"非凡"影像、"小熹的老家"等 8 个融媒工作室；拥有 60 多个平台账号，构建"上下互通、内外协同、国际传播联动"的百万用户传播体系，形成了从本县到海外的全媒体立体宣传矩阵。

（四）融合以来取得的成效

近年来，尤溪县融媒体中心先后荣获全国广播电视系统先进集体、全国广播电视媒体融合先导单位、全国互联网新闻信息稿源单位、全国普法工作先进单位、全国巾帼建功先进集体、TV 地标中国电视和网络视听综合实力优秀团队、福建省广播电视媒体融合先导单位、三明市先进基层党组织等称号，获三明市改革创新特别贡献奖（三等功）、入选全国广播电视媒体融合典型案例、全国县级融媒体中心舆论引导能力建设十大典型案例、中国应用新闻传播十大创新案例、全国新闻出版深度融合发展创新案例、福建省优秀县级融媒体中心 30 强（第一名）、福建省十佳影视创作机构；福建省朱子文化传媒有限公司连续四年获福建省国有影视企业社会效益评价考核"优秀"等次。

融合作品《武汉记"疫"》荣获第三十一届中国新闻奖三等奖，"尤溪县数字乡村公共服务平台"荣获 2023 年度王选新闻科学技术奖三等奖，纪录片《守摊人》和乡村体验真人秀节目《向往的乡村》入选国家广电总局国产优秀纪录片和创新创优节目，宣传片《归来尤溪》被文旅部和国家广电总局评为首届全国广播电视公益广告优秀作品，《距离一米 因为爱你》《节约用水 从点滴做起》被评为国家广电总局全国广播电视公益广告二类扶持作品,纪录片《守摊人——斫琴匠》《我的太爷爷要入党》分别入选第二十七届和第二十八届中国微纪录片十优作品。

三 面向未来的发展前景

2018 年 8 月,习近平总书记在全国宣传思想工作会议上发表重要讲话,指出"要扎实抓好县级融媒体中心建设,更好引导群众、服务群众",① 正式吹响了全国县级融媒体中心改革的进军号角。全国大部分县级融媒体中心于 2018 年成立,至 2023 年的第一个五年,我们称之为县级融媒体改革"1.0"。2024 年是县级融媒体改革第二个五年的开局之年,如何更好地贯彻落实习近平文化思想,巩固壮大奋进新时代的主流思想舆论?如何发展新质生产力,加快建设高质量新型主流媒体?如何推进媒体融合改革迈向"2.0",推动"事业+产业"发展再上新台阶?这些是当前及今后一段时期县级融媒体中心面临的主要问题。

为此,中心提出固本强基再发力,提质增效攀新高,通过再造媒体融合新体制、构建融合传播新模式、拓展传媒产业新版图、建立媒体运行新机制的"四新"举措,进一步深化"四创四融"品牌内涵,推进尤溪媒体融合改革迈向"2.0",推动尤溪融媒体"事业+产业"发展再上新台阶。

(一)再造媒体融合新体制

1. 深化融媒体中心管理体制改革

以打造具有强大影响力的新型主流媒体和具有较强市场竞争力的国有文化传媒"航母"为目标,坚持融媒体中心事业单位属性,深化管理体制改革,实行企业化管理。

2. 组建传媒集团

将融媒体中心所有的经营性资产和经营性业务相整合,将福建省朱子文

---

① 《习近平出席全国宣传思想工作会议并发表重要讲话》,http://www.gov.cn/xinwen/2018-08/22/content_ 5315723.htm,2018 年 8 月 22 日。

化传媒有限公司升格为福建省朱子文化传媒集团。县国资中心授权融媒体中心履行管理职责，负责国有资产保值增值。融媒体中心成立党委，实行党委领导和公司法人治理相统一的管理体制，按照公司章程等制度体系，依法依规开展经营。构建"事业引领产业、产业反哺事业"的新型主流媒体长效发展格局。

3.完善领导体系

县融媒体中心和传媒集团实行党委统一领导，事企分开，宣传与经营分别运行，县融媒体中心专注宣传业务和舆论导向，传媒集团统筹经营工作和产业发展。

4.加强财政保障

按照党管媒体和公益性事业单位保障原则，并参照各地融媒体中心建设的普遍做法，县融媒体中心事业编制部分基本支出财政保障体制不变，将支出及考核兑现支出纳入财政预算，以保证融媒体改革完成和工作质量的提升。

（二）构建融合传播新模式

1.打造新型全媒体传播体系

巩固壮大主流舆论，坚持内容为王，发挥县域主流媒体的"定音鼓""风向标"作用，强化网上网下同频共振，进一步扩大《尤溪新闻》品牌影响力，充分发挥报、台、网、微、端等资源优势，做强主流舆论传播平台，为县委、县政府中心工作提供有力舆论支持、营造良好舆论氛围。

2.推行移动优先战略

开通尤溪县"地方学习平台"，建立学习传播阵地；将"智慧尤溪"App升级至2.0版，打造成"尤溪数字大脑客户端"；新时代文明实践中心线上平台功能向智慧化服务方向延伸；完善"尤溪县数字乡村公共服务平台"；精办"福建微尤溪"公众号等官方社交账号；积极主动占领微信、微博、抖音、快手等新兴传播阵地。

3.实施融媒体品牌创新工程

跳出尤溪视野，创新内容生产形式。每年培育3~5个省内领先、全国驰名的融媒体内容品牌。

4. 拓展国际传播新格局

与中国传媒大学等国内高等专业院校合作，宣传朱子文化，展示尤溪形象，促进对外交流，构建国际传播新格局。

5. 坚持"开门办媒体"路线

引入社会力量参与信息生产、传播，以社区台、新媒体和互动技术为手段，建立通讯员、评论员、报料人、双创大学生、短视频制作者、航拍飞手和正能量网红等队伍，增强媒体的凝聚力、贴近性和内容生产的社会化，使县融媒体中心成为百姓离不开的新型媒体综合服务平台。

6. 启动融媒体技术系统（二期）建设

对接尤溪县"数字大脑"以及户外媒体、单位政务新媒体等各类媒体平台，有机衔接宣传管理、新闻传播、舆情监控、户外发布和大数据中心、政务新媒体，实现舆论宣传全覆盖，打通智慧城市"最末端"。

（三）拓展传媒产业新版图

1. 融入尤溪新兴业态

积极参与县里文旅、城市建设等重点项目，共同打造传媒文化产业项目。拓展文化创意、文化科技、文化娱乐、文化投资、数字内容、演艺活动、电商直播等文化产业新兴业态。

2. 拓展新媒体运营

整合新媒体经营业务，依托"福建微尤溪""智慧尤溪"以及媒体系列号等新媒体矩阵，开发新媒体广告、新媒体代运营、策划制作、信息服务、国际传播等新媒体业务，提升新媒体经营创收能力。

3. 参与智慧城市建设

"尤溪县数字乡村公共服务平台"、"智慧尤溪"客户端、新时代文明实践中心线上平台全面对接尤溪县"数字大脑"，发挥新闻媒体的连接和渠道优势，发展智慧政务、智慧党建、智慧社区、数字文创、电子商务以及便民服务等数字经济产业项目。

4. 推进5G+融媒体应用

运用5G、4K、8K、VR、AI等新技术，策划与生产融合化、互动性、高流量的融媒体数字内容产品，参与推动大数据、人工智能以及5G等新型基础设施建设。与广电、移动、电信等进行合作，在相关领域开展工作。

5. 布局数字文创产业

利用互联网赋能，整合尤溪区位和政策优势，叠加市场监管服务功能，打造跨越物理边界的数字文创产业，涵盖数字内容、影视制作、文创设计、动漫培训、动漫外包等文创产业，吸引全国文创团队入驻，形成全国领先、独具尤溪特色的数字文创产业集群。

6. 开展青少年素质培训

立足高端引领、资源整合，以"媒体+项目"模式，参与建设青少年艺术体育培训、校外活动、影视制作和文艺演出主阵地。运营少儿艺术人才选拔、语言艺术培训考级、青少年音乐人才培养计划等项目，成立小记者团。

7. 升级媒体传统业务

建立全媒传播、全案策划、全程服务新型经营模式，推进内容制作（专题片、纪录片、影视剧、短视频、微电影等）、大型活动（宣传活动、节庆活动、营销活动）、会展营销（车展、房展、教育展、健康展）等传统业务提档升级，增强媒体产业市场竞争力。

8. 拓展跨区域媒体合作

依托北京办事处，联手中国传媒大学等知名高校、研究机构及专家学者，利用融媒体发展"尤溪现象"的广泛影响力，在全国范围内推广复制"尤溪模式"，实现创效增收，助力文化传媒产业快速发展。

（四）建立媒体运行新机制

1. 创新选人用人机制

深化人事制度改革，建立以全员聘任为核心、以岗位管理为基础、以竞争上岗为导向、以末位淘汰为动力的新型选人用人机制。中层岗位实行竞聘上岗制和任期目标制，先领任务再上岗，岗位和职级分离，严格考核，动态调整，形成能者上、庸者下、劣者汰的用人导向；企业工作人员岗位实行竞聘上岗和末位淘汰，严格执行岗位培训和退出、淘汰机制，每年度按2%～5%实行末位淘汰。

2.优化人才配置机制

在中心在编事业人员工资待遇继续按公益一类保障、公益二类管理的基础上，进一步深化人事薪酬制度改革，完善考核评价和退出机制，增强新闻舆论工作队伍事业心，为新闻事业长远健康发展提供坚实有力的人才支撑。依法依规为业绩突出的非在编人员解决编制，提高非在编员工的归属感和向心力。统筹配置编制资源，合理优化人员结构，事业编制人员向县融媒体中心集中，企业编制人员向传媒集团流动，实现采编与经营人员分开。

3.加大人才引进培养

推动队伍向全媒体、专家型、年轻化方向转型。用特殊待遇或协议工资制度，加大播音主持、内容制作以及新媒体等高端人才引进力度，打造领先的新型媒体人才高地。设立首席记者、首席编辑、首席播音主持、金牌制作、工作室大工匠等高层次人才岗位，实行特殊待遇和动态管理。每年招聘引进5%～10%的年轻人才，优化人才队伍年龄结构。探索"项目制""孵化器""兴趣小组"等引领机制，打造高水平的全媒体人才队伍。

4.完善绩效考核体系

坚持社会效益优先，建立社会效益和经济效益相统一的绩效考核体系。推行全面目标管理，与各部门负责人签订目标责任书，明确工作要求，岗位动态调整，真正实现"先领任务、再竞岗位、有为有位、无为无位"。实施全员绩效考核，建立人人有指标、人人有压力、事事有考核的绩效考评体系，真正实现"目标明确、考核严格、奖惩兑现、末位淘汰"。

5.重构薪酬分配制度

坚持效益导向，实行工效挂钩，建立工资总额年度增长机制，逐步实现媒体工资标准与市场水平相适应。建立不唯身份、不唯资历，重人品、重能力、重业绩、重口碑、重贡献的收入分配机制，薪酬分配向关键岗位、一线岗位和贡献突出岗位倾斜，打破分配大锅饭，拉开不同岗位收入差距。严格

业绩考核，突出绩效激励，体现多劳多得、优劳优得、不劳不得。建立专项奖励制度，鼓励员工创优争先；对标市场化薪酬，实行协议工资制度，引进急需高端人才；探索核心骨干激励制度，促进内部创业和产业发展。

四　完善机制的保障措施

（一）人事制度

对公司现有优秀聘用人员，采取"一事一议"，设立专岗进行招考，逐年予以入编；在职称评聘时，在现有在编事业人员基数和聘任比例上，对中心采编人员给予政策倾斜，将中心高级、中级职称职数聘用比例分别增加5%；充分发挥事业体制凝聚人才、吸引人才的重要作用，优先保障新媒体、采编骨干和重要岗位高端人才的用编需求，对紧缺岗位招考的特殊人才，不受职数限制，按其实际资格予以聘用。

（二）岗位退出

结合竞聘和末位淘汰机制，完善岗位退出政策。落聘的事业编制人员可选择其他事业单位，经过"双选"机制，由县里统一安置；落聘的企业人员优先参与其他岗位竞聘；末位淘汰的企业人员由传媒集团办理解聘手续。

（三）薪酬分配

在确保国有资产保值增值的前提下，由县融媒体中心根据经营效益，建立专项奖励、年薪制、以奖代补、项目工资、协议工资、核心骨干薪酬等新型分配机制，提高关键岗位和核心人才的薪酬竞争力，打造省内领先的媒体人才高地。

（四）经营资源

县委县政府明确历年来出台的支持传媒公司做大做强的政策继续予以执

行，同时支持传媒集团作为全县政务服务主要"供应商"，优先参与各类宣传推广、文化、会展、节庆活动的运营；支持传媒集团深度参与智慧城市建设，对接数字城市运行管理中心和党政部门政务信息平台，开展在线政务服务、公共服务和便民服务；支持传媒集团与文旅等部门合作，共同打造传媒文化产业项目；支持传媒集团发挥策划、创作和宣传把关经验，参与全县户外广告规范化开发建设。

参考文献

黄楚新、黄艾：《超越链接：我国县级融媒体中心建设的 2.0 版》，《编辑之友》2021 年第 12 期。

张守信：《县级融媒体中心建设影响因素研究》，《新闻大学》2021 年第 2 期。

金燕博、丁柏铨：《落点·触点·支点：县级融媒体中心建设中的"深融合"》，《传媒观察》2022 年第 10 期。

郑保卫、张喆喆：《县级融媒体中心建设：成效·问题·对策》，《中国出版》2019 年第 16 期。

李文冰、吴莎琪：《社会治理视阈下县级融媒体中心建设：功能定位与实践逻辑》，《现代传播（中国传媒大学学报）》2021 年第 5 期。

B.23
大连金普新区媒体融合发展报告

李立新　张　萍　胡玉亭*

摘　要：　大连金普新区融媒体中心以体制机制改革为引领，以内容建设为根本，以先进技术为驱动，以产业发展为优势，不断加强媒体融合改革，打造有较强传播力、引导力、影响力、公信力的新型主流媒体，其创新性做法及成果和经验走在东北前列，具有示范意义。本报告立足于金普新区融媒体中心的改革实践，围绕金普新区融媒体中心的改革背景、改革进程以及未来发展进路进行全面分析，提出全面扩大新闻宣传规模和提高质量、做足"媒体+"文章、完善人才发展机制等政策建议，以期为我国区级融媒体中心建设提供参考。

关键词：　区级融媒体中心　媒体融合　大连金普新区

2020年，中共中央办公厅、国务院办公厅印发《关于加快推进媒体深度融合发展的意见》，要求"推动传统媒体和新兴媒体在体制机制、政策措施、流程管理、人才技术等方面加快融合步伐，尽快建成一批具有强大影响力和竞争力的新型主流媒体"。①大连金普新区融媒体中心立足地区实际和自身长远发展，积极推进深化媒体融合改革工作，坚持体制机制改革引领，打造适应全媒体传播体系需要的组织架构、领导机制、内容机制、人才机

---

* 李立新，大连金普新区融媒体中心主任，主要研究方向为媒体改革、融媒发展；张萍，大连金普新区融媒体中心副主任，主要研究方向为新闻传播；胡玉亭，大连金普新区融媒体中心编辑，主要研究方向为编辑业务。

① 《中共中央办公厅　国务院办公厅印发〈关于加快推进媒体深度融合发展的意见〉》http://www.gov.cn/xinwen/2020-09/26/content_5547310.htm，2020年9月26日。

制；构建融合传播新模式，强化媒体品牌驱动效应，坚持技术赋能主责主业，筑牢主流舆论阵地；聚焦电商供应链、青少年艺培、影视产业等方向，开创了多元创收的产业生态，打造了有较强传播力、引导力、影响力、公信力的新型主流媒体，其创新性做法及成果和经验走在东北前列，具有示范意义。

一　金普新区融媒体中心改革背景

大连金普新区是2014年6月经国务院批复设立的东北地区第一个国家级新区，是全国拥有国家级功能区数量最多、功能最全、最具发展活力的区域之一。2018年8月31日，大连金普新区融媒体中心正式挂牌成立，由原金普新区广播电视台和原金普新区新闻中心合并组建，历史上分别为大连开发区电视台、金州区广播电视台、大连开发区报社。

坚持高位推动，加强统筹谋划。党委政府的重视和支持是媒体融合改革顺利开展的前提和必要条件。金普新区党委政府对融媒体中心媒体融合发展高度重视，高位推进。2021年，成立了以时任市委常委、金普新区党工委书记、管委会主任为组长，新区相关领导为副组长，两委办、组织部、宣传部、编办、发改局、财政局、人社局、国资局和融媒体中心等单位负责人为成员的深化媒体融合改革工作领导小组，在宣传部设立领导小组办公室，全面指挥部署、协调推进相关工作，多次召开改革工作专题会议，从顶层设计上统一思想，为深化媒体融合改革指明方向。2021年，在宣传部的直接领导下，新区融媒体中心抽调人员组成工作专班，学习借鉴全国先进经验，并结合金普新区发展实际，制定了《金普新区深化媒体融合改革方案》，明确了中心改革的目标、思路、任务和路线图。2021年8月19日，召开深化媒体融合改革动员大会，金普新区深化媒体融合改革全面启动。

强化政策支持，释放发展潜能。金普新区党委政府从政策上、资金上给予重要支持，促进融媒改革工作扎实有效推进。2021年底，新区编办下发

《关于新区融媒体中心近退人员的请示》复函，同意按照《金普新区融媒体中心深化改革落聘事业身份人员安置方案》，对中心符合近退条件人员以及落聘事业身份人员予以妥善安置，保障融媒改革顺利推进。同时，大连金普新区党工委宣传部与金普新区融媒体中心签订《大连金普新区党工委宣传部融媒体运营服务采购项目》，采购项目覆盖融媒体中心新闻宣传、内容生产、传播覆盖、技术保障、组织大型活动、新媒体平台运营等服务，通过政府购买服务形式助力融媒体中心可持续发展，并针对购买服务质量给予考核奖励，确保媒体融合改革的完成和工作质量的提升。

自 2021 年 8 月改革启动以来，金普新区融媒体中心在探索中前行。目前，大连金普新区融媒体中心承担 2 个电视频道、2 套广播频率的节目制作、播出，1 份省级备案、内部刊号报纸的编辑、出版、发行，金普新区政务微信公众号、微博和新闻客户端、多个微信公众号以及微信视频号、抖音号等运营管理；管辖大黑山发射台，承担中央和省共 20 套数字电视节目转播任务。

二　金普新区融媒体中心的改革路径

（一）坚持顶层设计，再造媒体融合新体制

金普新区融媒体中心从顶层设计出发，明确中心发展格局，深化体制机制改革，打造适应全媒体传播体系需要的体制机制、组织架构；创新人才机制，使人才成为融媒改革和事业发展的强大动力。

1. 优化体制机制，创新谋划发展

融媒改革全面启动后，中心以打造具有强大影响力的新型主流媒体和具有较强市场竞争力的国有文化传媒"航母"为目标，不断深化体制机制改革，优化组织架构，建立起符合融合发展的新型组织管理模式和内容生产机制。

明确发展格局，完善领导机制。构建发展格局是推进融媒改革的关键一

步，是路径选择与政策落实的重要前提。首先，确定融媒体中心事业单位属性、实行企业化管理模式。全面整合融媒体中心的经营性资产和经营性业务，组建大连文广传媒集团，构建起"融媒体中心+传媒集团"产业体系。融媒体中心专注宣传主业、传媒集团统筹经营工作和产业发展，形成"事业引领产业、产业反哺事业"的新型主流媒体长效发展格局，标志着媒体深度融合迈出了实质性步伐。其次，优化完善组织领导机制，融媒体中心和传媒集团实行党委统一领导，融媒体中心领导班子由新区党工委任命，传媒集团领导班子由融媒体中心党委任命，规范了党委发挥领导作用的治理机制。

调整组织架构，优化生产机制。首先，中心按照媒体发展需求优化调整机构设置，融媒体中心设置党政办公室、全媒体采访中心、全媒体编辑中心、广播电视中心、融合传播中心、国际传播中心、全媒体技术中心7个内设机构；传媒集团按照现代企业制度，根据产业规划和业务发展需要确定内设机构、设立下属企业，有效激发组织内部活力。其次，中心建立以编委会为核心、以"中央厨房"为中枢，各平台参与的宣传策划、采编并行的传播平台矩阵。设置每周一次的编委会例会、每天早晨的编前会、随时可启动的临时性新闻调度机制，使之成为新闻宣传的"总控平台"，是融媒体中心抓重点、找热点、解难点的重要举措。整合电视、广播、报纸、新媒体等平台优势，建立起统一指挥、高效运转、灵活多变的报道机制，实现科学布局、资源互通、精耕细作。形成一次采集、多元生成、融媒分发的传播格局，确保重要内容第一时间在移动端实时有效传播，实现"大传播、融传播"。

2. 创新人才机制，激发人才活力

人才是第一资源，是推进媒体融合发展向纵深推进的关键力量。中心持续加强队伍建设，制定人才战略规划，通过深化人事改革、加大人才引进、优化人才配置、完善绩效考核、重构薪酬分配，激发人才发展活力，凝聚人才"向心力"，让人才力量成为推动融媒改革和事业发展的强大动力。

深化人事改革，完善选人用人机制。中心建立以全员聘任为核心、以岗

位管理为基础、以竞争上岗为导向、以末位淘汰为动力的新型选人用人机制。中层岗位实行竞聘上岗制和任期目标制，先领任务再上岗，岗位和职级分离，严格考核，动态调整，形成能者上、庸者下、劣者汰的用人导向；一般工作人员岗位实行竞聘上岗和末位淘汰，严格执行岗位培训和退出、淘汰机制。

加大人才引进，优化人才配置机制。在人才引进方面，中心加大播音主持、内容制作以及新媒体运营等高端人才引进力度，打造东北地区领先的新型媒体人才高地；设立高层次人才岗位，实行特殊待遇和动态管理；每年招聘引进 5%～10% 的年轻人才，优化人才队伍年龄结构，推动队伍向全媒体、专家型、年轻化方向转型。统筹配置编制资源，合理优化人员结构，事业编制人员向融媒体中心集中，企业编制人员向传媒集团流动，实现采编与经营人员分开。

完善绩效考核，重构薪酬分配制度。中心坚持社会效益优先，建立社会效益和经济效益相统一的绩效考核体系。推行全面目标管理，党委与各部门签订目标责任书，明确工作要求，岗位动态调整。实施全员绩效考核，建立人人有指标、人人有压力、事事有考核的绩效考评体系。在薪酬分配方面，严格业绩考核，突出绩效激励，坚持效益导向，实行工效挂钩，实现薪酬分配向关键岗位、一线岗位和贡献突出岗位倾斜；构建差异化的薪酬管理组合，事业编制员工参照国家及金普新区事业单位人员薪酬管理办法执行，突出个人绩效部分与考核结果强关联性，企业编制人员突出"岗位绩效工资制"，形成多劳多得、优劳优得的良性机制，产业创收人员采用工资总额管控方式，具备更高的灵活性。

（二）筑牢主流舆论阵地，构建融合传播新模式

金普新区融媒体中心积极适应移动互联网带来的传播格局变化，坚持移动优先战略，布局国际传播赛道，打造立体传播格局；加强品牌建设与运营，通过品牌效应增强传播效能；以技术为支撑力量，坚持技术赋能媒体主责主业。

1. 坚持移动优先，打造立体传播格局

互联网技术的发展以及 5G 等移动通信技术的普及带来一场全新的媒体变革，要求主流媒体的主阵地进一步向移动端转移，不断适应移动化发展趋势。金普新区融媒体中心锚定移动优先战略、拓展国际传播领域，以内容生产供给侧结构性改革和舆论引导方式转型升级为目标，打造多元立体的传播格局。

拓展传播渠道，强化移动端布局。中心推行移动优先战略，以移动端为传播主阵地，优化媒体资源配置，构建"台、报、网、微、端"全媒体传播矩阵。开通金普新区"地方学习平台"，建立"学习强国"金普融媒号传播阵地；将"掌上金普"App 升级至 2.0 版，将新时代文明实践中心线上平台功能向智慧化服务方向延伸；精办"金普发布""掌上金普"公众号等官方社交账号；积极占领微信、微博、抖音、快手等新兴传播阵地。同时，中心不断扩大移动传播的规模和影响力，在主流网络平台开辟了 19 个运营账号，将传统端刊播内容全部同步到网络端，并积极策划推出适合网络传播的宣传内容和形态。全年网络浏览总量近 7000 万，粉丝总量超过 200 万，主力军进军主战场的态势已经形成。

布局国际传播赛道，打造海外传播体系。融媒改革伊始，金普新区及党工委宣传部、融媒体中心便将海外传播摆在重要位置，成立国际传播中心，与《中国日报》的海外传播平台建立合作。经过两年多摸索，基本形成了与金普新区对外开放格局相适应的海外传播体系。金普融媒注重短视频传播方式，坚持"无视频，不传播"，打造《We are in 金普》《大连外转》《金普非遗》三大系列主题节目，立体展示金普新区良好的投资、创业和生活环境，时尚风貌和独特魅力以及历史文脉和文化遗产。

2. 加强品牌建设，实现品牌引领

金普新区融媒体中心将品牌建设放在突出位置，以品牌思维深化内容生产、强化融媒运营，着力打造品牌节目、品牌版面、品牌账号、品牌项目、品牌媒体人，形成从内容产品到媒体品牌的发展态势，依托内容品牌价值提升媒体价值、助力形象塑造。

集中优势资源，打造优质品牌。高质量内容产品是媒体品牌建设的核心，中心集中发挥本土资源、内容优势，力争品牌创优。打造《大连开放先导区》"大黑山"副刊、1043 早班车、"金普时评"、"我有嘉宾"等影响力强的品牌专栏，赢得广泛好评，栏目内容深入人心。凭借大型文化节目《悦读金普》，融媒体中心在 2023 年度金普新区全民阅读工作评选中，获评"书香金普"建设单位，该节目主持人被授予"优秀阅读推广人"称号，该节目被辽宁省广电局评选为二季度创新创优节目。服务当地百姓，广泛收集群众声音，中心以用户思维孵化原创节目，打造碎片化节目《大家说》，结合音频传播渠道，通过接地气的话语方式拉近与受众的情感距离，成为金普融媒开展宣传工作的又一支有生力量。

注重品牌运营，提升品牌效应。中心根据不同平台特性加强品牌运营，延伸社会价值与社会功能，提升品牌影响力。其一，金普新区融媒体中心重新定位"金普新闻"公众号，巩固加强策划、编辑力量，力争与政务大号"金普发布"相辅相成。其二，推出"金小樱"等品牌形象，培塑地区特色IP，通过打造可爱、灵动的樱桃形象助力中心品牌推广以及创意应用。其三，加强"学习强国"金普融媒号的建设、运营，使其成为展示金普形象、讲述金普故事、传播金普声音的重要平台。截至 2023 年底，共计发稿 1000 余篇，总阅读量超 980 万，300 余篇稿件在辽宁平台首页发布，20 篇稿件被全国总平台转载。

3.坚持技术进步，赋能主责主业

科学技术是第一生产力，先进技术是媒体融合发展的支撑力量，将为媒体发展提供更多机遇。金普新区融媒体中心坚持技术赋能主责主业，为金普融媒改革目标的实现奠定良好基础。

形成技术合力，驱动智能发展。中心融媒集成指挥平台"新闻大脑"建成并投入使用，真正实现了"报、网、台、端、微"的全面融合，充分利用人工智能、大数据、5G 等技术赋能融媒体中心智能化生产。同时，中心围绕广播电视安全传输保障，整合开发的安全播出远程运维系统，将金普新区融媒体中心分设在三处地点的播出平台整合为一体，利用远程监控、智能管理和人工维护等手段，实现"一屏管三端、传输不间断"，有效提升了广播电视传输系统的自动化、智能化、可靠性和应急处理能力。

强化技术支撑，巩固资源供给。金普新区融媒体中心克服施工难度大、施工风险隐患高的困难，组织实施了大黑山发射台供电系统升级改造工程，圆满完成大黑山发射台智能发电这一确保发射安全的上级督办项目。该工程一改发射台建台40年来的电力保障难题，实现发射设备的稳定安全供电，并成功经受恶劣天气导致发射台外电长时间中断的极端考验，实现全年零事故。在2023年度全省广播电视科技创新成果评比中，中心融媒智能高清化改造项目荣获一等奖，大黑山发射台智能供电项目荣获三等奖，这是金普新区融媒体中心首次获得科技创新奖，是一次历史性突破。

（三）拓展传媒版图，打造多元创收产业生态

全面推进媒体深度融合，应把握媒体融合中的市场逻辑，正确处理新闻传播规律和市场规律的关系。① 金普新区融媒体中心积极推进"媒体+"产业新空间，聚焦电商供应链、青少年艺培、影视产业方向，实现了产业拓展和优势转化，丰富了自身商业模式与盈利模式。

1.媒体+电商，推进电商运营升级

传媒集团推出融媒体电商项目，构建"媒体+电商"的运营模式，利用媒体资源和团队优势拓展以海产品为主的本地特色商品的销售渠道，在助力本地企业发展的同时增强自身造血能力，拥有良好的市场前景和可观的预期收益。目前，已吸引亚洲渔港、萨哈林食品、浩和食品等知名企业加入供应链，与常州、保定、张家口等地媒体建立了合作关系。2023年12月，在中国大连预制菜产业大会上，大连文广传媒集团发起成立海产品预制菜营销协作体，吸引20余家媒体机构加盟。2024年春节期间，联合福建福清、河南鹤壁、吉林蛟河等四省市媒体开展"原产地年货直播季"，助力扶持当地产

---

① 黄楚新：《把握导向　全面推进媒体深度融合》，《中国传媒科技》2023年第6期，第159~160页。

品销路。

2.媒体+教育，开展青少年素质培训

金普融媒立足高端引领、资源整合，建设青少年艺术体育培训、校外活动、影视制作和文艺演出主阵地，打造高水平实践平台。引进并运营北京出版集团"小十月"文学基地、青少年语言培训考级等项目，成立少儿合唱团、少年武术团、小记者团、小主播训练营。一方面，青少年素质培训成为校内学习的有益补充；另一方面，金普融媒以"媒体+项目"逻辑延长融媒产业链条，发挥了媒体的连接、传播和平台优势，开辟了媒体经营创收的新渠道。

目前，青少艺培产业成长迅速，2022年，金普新区融媒体中心先后策划推出青少年艺术节、幼儿园毕业季、少儿合唱团跨年音乐会、少儿春晚等活动，联合10家地市台发起全国首届广电联盟青少年语言艺术大赛，金普新区参赛少年以第一名的成绩荣获特金奖；大连文广传媒集团还牵头成立金普广电青少文艺节目协作体，首批成员单位24家，夯实了产业发展基础。

3.媒体+影视，开辟产业新赛道

发挥媒体优势，积极进军影视产业。文广传媒集团下属企业文广影视实质性运行，目前已参与出品3部电影，其中一部年内上映，一部正在摄制，还有一部已获得拍摄许可。同时，根据国家广电总局"跟着微短剧去旅行"创作计划的部署，积极研究谋划将金普新区丰富的文旅资源纳入短剧出品计划，对接各资源方，力争在影视产业领域探索新路径。

三　金普新区融媒体中心未来发展进路

金普新区融媒体中心积极推进深化媒体融合改革工作，在深化改革中加力前行，在不断探索中寻找最佳路径，通过调整组织架构、优化生产机制、创新人才机制，实现了体制机制优化；通过强化移动端布局、加强品牌建设、坚持技术赋能媒体主业，构建了融媒传播新模式；通过聚焦电商运营、青少年艺培、影视产业等业务方向，开创了多元创收的产业生态。金普新区融媒体中心成功开辟出一条符合自身实际的"金普之路"，打造出了区级媒体融合发展的"金普模式"。

融媒改革是一个不断发现问题、解决问题的过程。目前，金普新区融媒体中心在新闻宣传规模质量、"媒体+"模式建设、人才管理方式等方面仍存在一定短板。未来，中心将坚持问题导向，协调各方资源，推进媒体融合向纵深发展，全面打造基层新型主流媒体典范。

一是全面扩大新闻宣传规模和提高质量，打造"现象级"爆款产品。高质量策划实施主题宣传，形成多手段多层次立体化广覆盖的舆论强势；做优日常报道，突出策划先行、议程设置、全媒联动、融合传播，注重抓爆款，放大传播的乘数效应；做大外宣，在央省级媒体发稿要创新纪录，加强与各地媒体联动，拓展传播覆盖范围，继续维护运用好海外和外语传播平台。通过"内宣外宣一体、传统媒体新媒体协同、线上线下同步"，讲好金普故事，放大金普声音，展现金普形象。

二是做足"媒体+"文章，构建多元跨界发展格局。优化"媒体+政务"模式，加强与党政机关的连接，为党政机关提供融媒资源支持，为本土百姓提供便民服务事项，拓宽群众表达意见的渠道，有效触达"最后一公里"。做强"媒体+产业"格局，利用好金普新区媒体资源禀赋，整合优势要素，寻找多元化发展出路，打造"媒体+文旅""媒体+农业""媒体+就业"等多元跨界产业运营新业态。

三是完善人才发展机制，激发人才活力。融媒工作室以及MCN机构拥有灵活高效的工作机制，专业、细分特色团队，扁平化、专业化、垂直化的管理机制，能够激发人才的活力和潜力，是媒体深度融合的有益探索。未来，金普融媒将通过建立小而美的融媒工作室、MCN机构，突破组织框架限制，给予年轻工作者充分发展的空间，为年轻工作者发挥才智创造条件。

参考文献

雷跃捷、高永亮：《推动媒体融合向更深更广的领域健康发展——学习习近平总书记关于媒体融合重要论述》，《中国广播电视学刊》2023 年第 6 期。

丁时照：《媒体融合进化论》，《青年记者》2023 年第 11 期。

张俊：《深度融合 全面转型 加快打造综合服务型媒体——区县级融媒体中心功能转型实践探索》，《广播电视信息》2021 年第 12 期。

沈伟群：《长三角一体化背景下区级融媒体发展策略初探——以上海市青浦区融媒体中心为例》，《中国广播电视学刊》2020 年第 9 期。

刘晨、马凯洲、屠辛悦：《区级融媒体提升传播力影响力的路径探析——以上海市金山区融媒体中心为例》，《中国记者》2024 年第 3 期。

Abstract

Annual Report on Development of New Media in China No. 15 (2024) is the latest annual report on the development of new media compiled by Journalism and Communication Research Center of Chinese Academy of Social Sciences. The 2023 volume is divided into general reports, hot issues, researches, communication and industries. These five parts comprehensively analyze the development of China's new media, interpret its trends, summarize the problems and study on the profound influence of new media.

In 2023, China's new media accelerated the development of new quality productive forces, generative artificial intelligence, cross-border integration, digital marketing and other new technologies and new modes are bringing innovation and development to the new media industry, and promoting the development of new media in a new direction.

The general report of this book provides a comprehensive overview of the important time points of the decade of media convergence since 2023 and the epochal task of comprehensively building a Chinese-style modernisation, which together influence the development process of China's new media. The deep mediatization and the changing landscape of digital technology have opened up new avenues for media transformation, while also presenting a host of challenges. The development of new media has reached a pivotal stage. Currently, the growth of China's network and new media can be observed to exhibit the following characteristics: China's omnimedia communication system is evolving from pattern construction to ecological construction, with various levels of integrated media centres advancing in coordination. The digital China strategy enables the development of rural governance systems, and the trend of mainstream media platformisation is

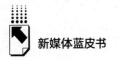
evident, further forming media alliances. Media standardisation work continues, and multiple pilot units jointly promote innovative exploration. In light of these developments, human-machine collaboration is continuing to drive changes in media production methods. Digital technology is also reorganising community spaces, and enhancing cultural and tourism consumption. Network real-name systems and think tank construction have become focal points of attention. At the same time, the short drama industry has entered a mature stage, government new media has actively changed its discourse expression style, and international communication has exhibited platformisation, digitisation, and branding characteristics.

This book contains reports from dozens of well-known experts and scholars in the field of new media research. These reports profoundly discussed essential topics of metaverse industrial park, deep integration of media, public participation in network information dissemination, public opinion guidance in new media, the use of blockchain technology, Application of audio-visual new media technology, news production under the background of AIGC, new media industry, online advertising industry, convergent publishing, etc., and provides a more in-depth investigation and research on the development of convergent media at the central, provincial, municipal, prefectural.

The book holds the view that with the continuous development of new media in 2023, some problems can not be ignored: under the double-edged sword of technology, there are still institutional and institutional shackles in the construction of an omnimedia communication system, and problems such as excessive entertainment in the mainstream media need to be solved urgently. It is necessary to fully mobilise the endogenous power of the media, promote further upgrading and transformation of the media, and accelerate the development of new quality productivity.

Keywords: Omnimedia Communication System; Digital Transformation; Deep Mediatization; Media Deep Convergence

Contents

I General Report

B.1 Digital Transformation and Deep Mediatization: New

Direction of New Media Development in China

Hu Zhengrong, Huang Chuxin and Chen Yuetong / 001

Abstract: The advent of media convergence and the Chinese path to modernization have had a profound impact on the development of Chinese new media. The deep mediatization and the changing landscape of digital technology have opened up new avenues for media transformation, while also presenting a host of challenges. The development of new media has reached a pivotal stage. Currently, the growth of China's network and new media can be observed to exhibit the following characteristics: China's omnimedia communication system is evolving from pattern construction to ecological construction, with various levels of integrated media centres advancing in coordination. The digital China strategy enables the development of rural governance systems, and the trend of mainstream media platformisation is evident, further forming media alliances. Media standardisation work continues, and multiple pilot units jointly promote innovative exploration. In light of these developments, human-machine collaboration is continuing to drive changes in media production methods. Digital technology is also reorganising community spaces, and enhancing cultural and tourism consumption. Network real-name systems and think tank construction have become focal points

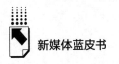

of attention. At the same time, the short drama industry has entered a mature stage, government new media has actively changed its discourse expression style, and international communication has exhibited platformisation, digitisation, and branding characteristics. With the development of new media, some problems cannot be ignored: under the double-edged sword of technology, there are still institutional and institutional shackles in the construction of an omnimedia communication system, and problems such as excessive entertainment in the mainstream media need to be solved urgently. It is necessary to fully mobilise the endogenous power of the media, promote further upgrading and transformation of the media, and accelerate the development of new quality productivity.

Keywords: Omnimedia Communication System; Digital Transformation; Deep Mediatization; Media Deep Convergence; Network Supervision

II HoT Topics

B.2 Development Report on China's County-level Metaverse

Industrial Park in 2023 *Fang Yong, Bo Xiaojing /* 038

Abstract: The metaverse industrial park refers to an enterprise gathering area based on metaverse-related technologies, aimed at promoting the development and innovation of the metaverse industry. In 2023, China's county-level metaverse industrial parks saw vigorous development, with noticeable expansion into multiple industries such as education and training, cultural entertainment, healthcare, manufacturing, and financial services. Metaverse-related policies were successively implemented, the scale of the metaverse industry gradually expanded, breakthroughs were made in core technologies, and the industrial chain continued to extend. However, challenges such as the lack of targeted policies, inadequate digital infrastructure, and limited investment capacity hindered the further development of county-level metaverse industrial parks. In the future, efforts should focus on core technological innovation, optimizing the industrial layout of parks, constructing high-standard digital infrastructure, establishing new models of integrated virtual and physical industrial parks, and enhancing the digital communication and operational capabilities of industrial parks. This will facilitate the construction of a batch of high-level, high-quality, and high-standard county-level metaverse industrial parks.

Keywords: Metaverse Technology; District and County Level Metaverse Industrial Park; Immersive Experience; Digital Economy

B. 3 China Media Convergence Development Report in 2022

Huang Chuxin, Chen Zhirui / 054

Abstract: In 2023, the convergence of media in China has gradually evolved from a phase of systematic and rigorous construction to a new stage of comprehensive deepening development. The development of media convergence throughout the year has been fundamentally guided by Xi Jinping's cultural thoughts and the construction of an all-media communication system as its top-level design. Mainstream media at all levels are accelerating transformation and upgrading through high-quality content products and the Application of cutting-edge technology, and embed the communication ecology of human-machine symbiosis. As a key driving force, China's mainstream media focus on constructing an all-media communication system, utilizing avant-garde technologies such as generative artificial intelligence to deeply optimize content production and innovate dissemination methods. County and municipal-level converged media, following a path of localization and standardization, strengthen their hub functions to enhance multi-directional service efficacy. The international communication capability of China's mainstream media continues to be bolstered, shaping a positive and favorable image of China. Despite ongoing issues such as long-term structural constraints, media shutdowns and transformations, inefficiencies in platform construction, technological divides, and deterioration of the digital ecosystem, the deep integration of media will continue to revolve around the central themes of

content depth, technological innovation, and mechanism optimization. This move further activates the endogenous dynamics of media convergence transformation, aiming to construct information hubs internally and convey progressive mainstream narratives externally, striving for a transformed integration with depth, momentum, and progress in the new era.

Keywords: Media Convergence; Xi Jinping's Cultural Thoughts; Generative AI; County-level Converged Media

B.4 Report on the Innovative Development of News Production and Dissemination in the Context of AIGC

Li Mingde, Li Wanrong / 077

Abstract: AIGC (AI-Generated Content) is a new mode of production that utilizes AI technology to generate content. In 2023, the booming of AIGC and the large model industry accelerated the infiltration of AI into various industries, triggering a revolution in productivity and creativity across sectors, and the news industry was no exception. In the AIGC era, positive changes have occurred in the production and dissemination of news content and the interaction with users. However, it also faces dilemmas and challenges in terms of technology, talent, and ethics. It is foreseeable that in the future, the deep integration and collaboration between AIGC and the news industry will be carried out in areas such as deepening content innovation and human-machine collaboration, promoting cross-boundary collaboration and industrial integration, and strengthening institutional norms and ethical constraints. Moreover, the multi-modal presentation of AIGC is expected to spawn new forms of news business that are different from traditional news industry.

Keywords: AIGC; News Production and Dissemination; ChatGPT; Human-computer Interaction

B.5 Report on the Use of Social Media Among China's
Town Youth in 2023

An Shanshan , Hao Xinping and Han Xiaole / 092

Abstract: Town youth are the backbone of China's urbanization development and transformation, and also an important cornerstone of China's social media prosperity. The social media use preference, interactive practice behavior characteristics and network public participation effect of this group are of great significance to the construction and operation of the media ecosystem in the development of integration. Based on the survey data of "Social Media Use of Town Youth in 2023" by the New Media and Social Research Center of Liaoning University, this study analyzes 1235 samples of town youth. The study found that in the use of social media, the town youth show the typical characteristics of marginalization of information media, simplification of individual human media, location of platform identity, and downturn of performance interaction. The media Applications with knowledge dissemination tendency of Zhihu are neglected, and Tik Tok and Xiaohongshu are the first choices for network performance. The new mainstream media is still a strong link between this group and public information. Although the sharing and discussion of public issues mostly occur in the WeChat group, the town youth feedback a higher level of public participation efficacy.

Keywords: Town Youth; Social Media; Media Preference; Public Engagement

B.6 Research on Public Participation in Network
Communication in 2023

Yu Xinchun , Rong Feiteng and Zou Xiaoting / 105

Abstract: 2023 is the beginning year of fully implementing the spirit of the

20th National Congress of the Communist Party of China. The domestic development is concentrated and energetic, with comprehensive recovery. During an important period of maintaining strategic determination and firm confidence in development, the main theme of online public opinion continues to sing. At the same time, due to the combination of unstable and uncertain factors, the pattern of network communication also reflects some new characteristics and changes. The public is always a participant and builder of network communication environment, and the breadth and depth of their participation deserve continuous tracking and research. Through quantitative research, this report analyzes the changes of public in communication participation in the context of the development of new online media, and combines the new characteristics and new phenomena of online public opinion in 2023 to give a trend outlook on the network communication that promotes public participation in the direction of high quality, efficiency and intelligence.

Keywords: Network Communication; Public Participation; Online Public Opinion

B.7 Report on the Development of Artificial Intelligence in

Chinese Media in 2023

Huang Ai, Zhang Yanhua and Zhao Yiming / 119

Abstract: In 2023, Chinese medias use of artificial intelligence evolved gradually from the inherent technological Application to the stage of systemic development and strategic layout. The rapidity, depth, and extensiveness that artificial intelligence empowers the media were unprecedented. Amid the rapid development of GAN, Difussion, and Transformer pre-training model, as well as the successive releases of GPT − 4, Llama2, and Gemini, Generative Artificial Intelligence can further align with media production and fully engage in the whole process of media production and communication. The empowerment will go both ways between technology and Application, thanks to the coordination in and between the industry. Therefore, the efficiency of media production will be further increased. However, there are still some problems that need urgent solutions and the establishment of regulations, such as hard-to-define infringement, deep fake of content, privacy ethics failure, crises of subject awareness, etc. When using AI technology in the future, it is important for Chinese media to integrate the four dimensions, namely, development strategy, business process, organization system, and risk management and control. Continuous efforts should be made in the layout and governance of AI Application, including data collection, algorithm development, and process standardization. It is essential to adhere to and discover the authenticity, effectiveness, and accuracy of the media, enhance the efficiency of media production with cutting-edge technologies, optimize the media service mechanisms, and develop new paradigms for media development.

Keywords: AIGC; Smart Media; All-Media Communication System

Ⅲ Investigation Reports

B.8 Report on the Development of China's Short-video in the
Mobile Internet Era in 2023 *Yu Xuan* / 135

Abstract: This paper studies China's short-video industry in the mobile internet era in 2023 from four parts, including overview, focus, problems and trends. Overall, under the background of the development of digital economy in 2023, Short-video industry still maintains dominant position in user scale, user stickiness in 2023; live-streaming e-commerce has shown more strong growth, and the commercial scale of short videos continues to expand. After WeChat Video Channels successfully break through and advance to the top-tier camp, The oligopoly pattern of short-video platforms has been established. The content tends towards comprehensive e-commerce, and micro dramas have become very popular, contributing new content increments. Two features stand out when

focusing on the internal examination of the industry. The first is the effort in practice that the top-tier players of "Dou & Kuai" deepen ploughing e-commerce in order to create a super comprehensive commercial body. The second is that micro dramas have a strong breakthrough, and unleashed new potential energy in the industry. However, The problems and dangers exposed in micro dramas cannot be ignored. Looking ahead to 2024, In the era of low-cost development, the head players will focus more on core businesses to seek maximum monetization of existing traffic. The trend of high quality and mainstream in development of short dramas will bring more commercial benefits. The new development of AIGC will drive the landing of commercial Applications in short-video industry.

Keywords: Short Video; Short- Video Platform; Short- Video e-Commerce; Short Drama; Commercialization of Short Videos

B.9　China New Media Public Opinion Guidance Report 2023

Meng Wei, Zhao Jiadong / 150

Abstract: In 2023, China's new media public opinion guidance has formed six status quo of policy support, ideological guidance, matrix effect, local participation, technological integration, and international communication, which has promoted the healthy and orderly development of the Internet public opinion ecology. However, some of the media also have problems in their work, such as losing focus on public opinion guidance, lagging behind in response, failing to carefully consider words, and inAppropriate methods and means. In this regard, the mainstream media should conduct the practice of investigations and studies, try to bridge the consensus in understanding, and immediately launch public opinion guidance work, so that the public can feel the humanistic care and positive power in the wave of the development of the times. At the same time, those media should have an accurate insight into the future development trend, deeply understand the significance of intelligent technology's reshaping of public opinion guidance, stand in the context of the deep integration of people and media to grasp the changes in guidance thinking, so as to ensure that the voices of mainstream opinion can be heard in the entire cyberspace.

Keywords: New Media; Internet; Public Opinion Guidance

B . 10 2023 Research Report on the Development of Media Convergence at the Prefectural and Municipal Levels in China *Xu Ke* / 164

Abstract: In 2023, the media convergence at the prefectural and municipal levels in China has shifted from a policy oriented pilot period to an iterative period of comprehensive promotion. The development of media convergence at the prefectural and municipal level this year has formed a relatively complete policy and regulatory system, as well as distinctive media convergence models, under the guidance of national strategy. With the support of technology systems and digital platforms, prefecture and municipal level media have realized the sharing and collaboration of content production, the priority of mobile communication channels, and the priority of audio-visual expression, and constantly improved their international communication capabilities on the basis of the central local cooperation model. However, prefecture and municipal level media still face various resource integration difficulties, including institutional reform confusion, duplicate channel construction, and insufficient personnel allocation. Prefecture and municipal level media, located in a key location for the construction of a comprehensive media communication system, can attempt to vertically layout industrial development, gather cross-border data resources, expand governance methods, and comprehensively promote the integrated and innovative development of city level media in the future.

Keywords: Media Convergence; Prefecture-level Converged Media Center; Resource Integration; Social Governance

B.11 Report on the Integrated Development of Local Media in Jiangxi Province in 2023

Luo Shujun, Li Yubing, Li Mengjie and Zhang Yuzhe / 178

Abstract: Since the Chinese central government proposed the construction of prefecture-level converged media centers in April 2022, Jiangxi Province has accelerated the deep integration of prefecture-level media, achieving full coverage of the prefecture-level converged media center in just over a year. Currently, Jiangxi Province has basically established a client-leading Omni-Media Communication Matrix and adopted the "Center + group" model driven by both industry and business, reflecting "Jiangxi characteristics" in top-level design, team building, service supply, and other aspects. In the future, Jiangxi Province should further strengthen the construction of the key functions of prefecture-level integrated media centers, promote its service experience and user adhesion, and improve the integrated communication system centered on clients. It should further expand the mainstream public opinion outlets and create a "Jiangxi model" for prefecture media integration.

Keywords: Prefecture-level Converged Media Center; Deep Media Integration; Jiangxi Province

B.12 Development Report of County-level Integrated Media Center in China in 2023

Li Yifan / 192

Abstract: In 2023, the county-level integrated media centers in China closely followed the direction of national policies, continuously improved top-level design, strengthened content innovation and optimization, reconstructed social governance scenarios, and promoted deep and practical reforms. However, there are still challenges such as uneven technological levels, weak multi-level collaborative capabilities, insufficient user stickiness, and a significant shortage of professional talents. As we enter the phase of deep integration, county-level integrated media centers should seize the opportunities of digital development, continue to exert efforts in content regulation, service ecology, technological innovation, talent optimization, and distinctive operations, in order to accumulate digital momentum for the construction of a comprehensive media communication system and high-quality development of grassroots economy and society.

Keywords: County-level Integrated Media Center; Media Convergence; Technological Empowerment; Digitization

B . 13   Sense of Place and Value Creation: The Trend and

Inspiration of Short Videos Empowering Grassroots

Cultural Tourism   *Long Han, Zhang Jiaolong and Liu Jin* / 206

Abstract: Short videos are becoming a mainstream trend in the change of media content forms, providing potential value for empowering grassroots cultural and tourism economic development. After experiencing explosive growth, short videos have seen a shift towards empathy, social pattern and economic prying points, and the perceived value of media technology has become a connectivity dividend, echoing the cultural contextual connotations of value creation. This study explores the integration path of local cultural, social and economic values through the research on value co-creation embedded in the sense of place, using the theoretical model of "value proposition-value creation-value acquisition". It is expected to provide reference for grassroots cultural and tourism development, realise benign interaction of local cultural and tourism, enhance the competitiveness of local industries and build a new pattern of development.

Keywords: Value Creation; Cultural Identity; Emotional Communication; Short Videos; Grassroots Cultural Tourism

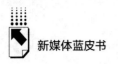
Ⅳ　Communication Research

B.14　Report of the Application and Innovation of China's New
Audio-visual Media Technology in 2023

Gao Hongbo，*Guo Jing* / 220

Abstract：In 2023，the innovation and Application of audiovisual new media technology in China balanced speed and quality，empowering industrial transformation and upgrading with brand-new audiovisual technology. Currently，China's information infrastructure and computing power network construction maintain a steady and moderately advanced pace，with research and development of corresponding technologies focusing more on user-end implementation，and active alignment with international standards in technology standardization. Broadcasting and network companies are leveraging the advantages of wired networks to create multiple "broadcasting networks," and the differentiated transformation and development of the traditional broadcasting industry are beginning to show results. In the field of online audiovisual content，there is a shift towards technology-driven thinking，with a focus on high-quality content IPs supplemented by AIGC technology，making "AIGC + IP" a new competitive dimension in the online audiovisual field. Looking ahead，innovation in the Application of audiovisual new media technology in China will continue to deepen in the directions of accelerating the implementation of technology，strengthening the governance of technical issues，and promoting the positive development of technical products，in order to promote and maintain the sustainable and healthy development of the audiovisual new media industry.

Keywords：New Audio-visual Media；5G；AIGC

B.15 Research Report of Blockchain Technology Applied to the Governance of Online Disinformation

Lei Xia, Liu Yuxin / 237

Abstract: As a new digital technology, blockchain technology is gradually Applied to the management of Disinformation with its advantages of decentralization and non-tampering. Blockchain, as a supporting technology, is used to identify and deal with online Disinformation widely. Blockchain technology has become more popular as a means of electronic evidence whatever for collection and storage and related academic research has begun to turn to empirical research and effect research. Cross-chain protocols, BSIM and other Web3.0 technologies have been iteratively upgraded as the government pay more attention to blockchain and network ecological governance, which lay a solid foundation for the development of using blockchain to regulate online Disinformation. The industry has also continued to expand Application scenarios around this field. In future development, enterprises must make good use of the government's support, mainstream media must take the chance to carry out more innovation. All parties should jointly promote the modernization of national governance capabilities.

Keywords: Blockchain; Web3.0; Cyberspace Governance

B.16 2023 Report on the Development of Short Video Communication of "New Farmers" in China's Rural Areas

Guo Miao, Chen Xinyi, Guo Qianqian and Li Yunge / 253

Abstract: Since the 19th National Congress of the Communist Party of China (CPC), precision poverty alleviation and rural revitalization have resonated with each other, and the production and living styles in rural areas have been greatly changed. A group of "new farmers" with high media literacy and

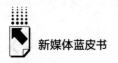
professional agricultural skills and knowledge have gradually utilized diversified short video platforms to share rural life, rural food, agricultural skills and agricultural knowledge. This report compares and analyzes the short video dissemination situation of new farmers in the countryside in 2023 on two representative short video platforms, Kwai and TikTok, summarizes and summarizes the code for breaking the circle of short videos of new farmers, and further analyzes the reasons for the lack of empowerment of short videos of new farmers, including but not limited to the homogenization of videos, the one-sidedness of the countryside in the videos, and the problem of pseudo-new farmers, and puts forward targeted strategic recommendations, including but not limited to video homogenization, the rural one-sidedness of videos, and the problem of pseudo-new farmers, and so on. It also puts forward strategic suggestions, including improving the content quality of new farmers' short videos, forming a matrix of new farmers' accounts, and focusing on the dissemination of cultural values, jointly promote the benign development of short videos of new farmers and activate the endogenous power of revitalization of the countryside empowered by short videos.

Keywords: New Farmers; Short Rural Videos; Media Empowerment; Digital Countryside

B.17　2023 China Convergence Publishing Development Research
　　　　Report　　　*Cao Yuejuan, Long Xuecong and Chen Hongru / 269*

Abstract: With the development of new media technology, in 2023, "digitalization" and "intelligence" became the key words for the development of various industries, and the publishing industry continued to transform from traditional publishing to digitalization. The publishing industry has changed from simple addition to deep integration, from internal transformation to cross-border integration. In the process of constantly improving itself and striving to achieve comprehensive digital and intelligent transformation, it has promoted the coordinated development of related industries and gradually moved towards internationalization. At the same time, however, due to the shortage of digital technology Application talents in the publishing industry and the lack of corresponding supervision on the integration of the publishing industry, the transformation and development of the integration of the publishing industry still faces challenges. This report sorts out the present situation of the integration development of China publishing industry in 2023, and analyzes the problems and future development trends in the process of its integration and transformation, with a view to providing reference for the integration development of China publishing industry.

Keywords: Media Convergence; Publishing Convergence; Cross-industry Convergence

B.18 Report on the Deep Integration and Development of Media Convergence Center of Beijing Economic-Technologlcal Development Area *Chen Yigao* / 283

Abstract: Media Convergence Center of Beijing Economic-Technologlcal Development Area is a pathfinder, through the establishment of a wholly owned state-owned enterprise, the financial media center integrated system into an enterprise, exploring a new road of "state-owned cultural groups run media" and a diversified operation model of scientific and cultural integration. In the process of coordinating the reform, development and operation management of the media center, it has always been committed to expanding and strengthening mainstream public opinion and better guiding and serving the masses of enterprises. During the period of deep media integration, Media Convergence Center of Beijing Economic-Technologlcal Development Area continued to optimize the construction of various functions as a "mainstream public opinion front, comprehensive service platform, and community information hub", and shaped the construction mode of district-level financial media center with the characteristics of economic development zone. Its development course and outstanding

新媒体蓝皮书

characteristics provide new ideas, experiences and models for county-level financial media centers in our country.

Keywords: Deep Media Integration; Mechanism Reform; Digital-real Fusion

V Industry Reports

B.19 Report on the Development of the New Media Industry in
China in 2023　　　　*Guo Quanzhong*, *Su Liu Runwei* / 297

Abstract: In 2023, driven by economic recovery and breakthroughs in AI large language models, China's new media industry demonstrated a positive development trend. Sub-sectors such as advertising and marketing, video gaming, and film and television returned to growth, while the metaverse and investment and financing sub-sectors remained subdued overall. Looking ahead, with the continued normalization of Internet regulation, the accelerated Application of AGI, the large-scale Overseas layout of Internet corporations and the advancement of 6G technology research and development, the boundaries of the new media industry are expected to expand further, and its integration with various industries will deepen.

Keywords: New Media Industry; Internet; AI Large Language Models; Normalization of Internet Regulation

B.20 Report on the Development of Chinese Internet Advertising
in 2023　　　　*Wang Fengxiang*, *Zhang Mengting* / 312

Abstract: In the year 2023, China's online advertising market demonstrated a positive and healthy development trend. The widespread Application of generative artificial intelligence has driven innovative transformations in the online advertising industry, with micro-dramas and cloud gaming emerging as new growth drivers. The intensification of regulatory compliance further standardized industry development. However, the online advertising sector faces various challenges, including intensified competition over market size, niche areas, compliance barriers, and effectiveness evaluation. Issues such as user privacy, trust crises, and copyright concerns are becoming increasingly pronounced, posing security risks. The complex international situation impacts the globalization of China's online advertising, with abnormal traffic and click fraud becoming industry malpractices. Thus, there is a call to construct a corpus pool to enhance China's discourse power in online advertising, promoting the industry's development towards compliance and professionalism. By leveraging technology for breakthroughs, the aim is to foster an open, inclusive, and shared advertising ecosystem.

Keywords: China Internet Advertising; Digital Technology; Online Advertising Discourse Power; Advertising Ecosystem

B.21 The "Yongzhou Model" of Municipal Media Integration Development in Hunan Province　　　*Wang Yihan* / 326

Abstract: China's municipal media is in the central, provincial, municipal, and county media structure of the four levels of the "waist" zone, is an indispensable part of the media communication system. Yongzhou Municipal Integrated Media Center, as a national municipal integrated media center construction pilot, is also the only pilot unit in Hunan Province; in recent years, it seizes the opportunity for development, takes the initiative, and actively promotes the development of deep integration of municipal media, continues innovating in the integration of personnel and institutions, the integration of content production, the integration of technological platforms, and the integration of the system and mechanism, and actively links the resources of cities and counties, creating an integrated development model for regional convergence. It explores a path of municipal media integration and development according to local

conditions and provides a program to build on for media integration at the municipal and county levels.

Keywords: Municipal-level Media Integration; Deep Media Integration; City-county Linkage; Yongzhou Model

B.22 The Fujian "Youxi Phenomenon" of Deepening the
Reform of County-level Integrated Media Center

Zhang Min, *Chi Yuteng and Zhou Kaihao* / 340

Abstract: Most of the county-level media integration centers were established in 2018, and 2023 is the first five-year period. 2024 is the beginning of the second five-year period of county-level media integration reform, in order to better implement Xi Jinping's cultural thought, and to promote the in-depth integration of county-level media integration, Youxi County Media Integration Center, as a pioneer unit of the national broadcasting and television media integration in 2023, stands in the new starting point of the development of media integration, upholds the right path and makes innovations, deepens the reform, and promotes the development of "Business+Industry" to a new level with "Four Forces" initiatives.

Keywords: County-level Media Integration; Media Convergence; Youxi Phenomenon

B.23 Development Report on the Media Convergence in Jinpu
New District, Dalian *Li Lixin*, *Zhang Ping and Hu Yuting* / 352

Abstract: Jinpu New District Integrated Media Center, with institutional and mechanism reform as the guidance, content construction as the fundamental, advanced technology as the driving force, and industrial development as the advantage, continuously strengthens the media integration reform and establishes a new type of mainstream media with penetration, guidance, influence, and credibility, and its innovative practices and achievements and experiences are at the forefront of Northeast China, which is of exemplary significance. This report is based on the reform practice of the integrated media center in Jinpu New District and makes a comprehensive analysis of the reform background, reform process, and future development of the integrated media center in Jinpu New District, with a view to providing a reference for the construction of county-level integrated media centers in China.

Keywords: County-level Integrated Media Center; Media Integration; Jinpu New District in Dalian

皮 书

智库成果出版与传播平台

❖ 皮书定义 ❖

皮书是对中国与世界发展状况和热点问题进行年度监测，以专业的角度、专家的视野和实证研究方法，针对某一领域或区域现状与发展态势展开分析和预测，具备前沿性、原创性、实证性、连续性、时效性等特点的公开出版物，由一系列权威研究报告组成。

❖ 皮书作者 ❖

皮书系列报告作者以国内外一流研究机构、知名高校等重点智库的研究人员为主，多为相关领域一流专家学者，他们的观点代表了当下学界对中国与世界的现实和未来最高水平的解读与分析。

❖ 皮书荣誉 ❖

皮书作为中国社会科学院基础理论研究与应用对策研究融合发展的代表性成果，不仅是哲学社会科学工作者服务中国特色社会主义现代化建设的重要成果，更是助力中国特色新型智库建设、构建中国特色哲学社会科学"三大体系"的重要平台。皮书系列先后被列入"十二五""十三五""十四五"时期国家重点出版物出版专项规划项目；自2013年起，重点皮书被列入中国社会科学院国家哲学社会科学创新工程项目。

皮书网

（网址：www.pishu.cn）

发布皮书研创资讯，传播皮书精彩内容
引领皮书出版潮流，打造皮书服务平台

栏目设置

◆ **关于皮书**

何谓皮书、皮书分类、皮书大事记、
皮书荣誉、皮书出版第一人、皮书编辑部

◆ **最新资讯**

通知公告、新闻动态、媒体聚焦、
网站专题、视频直播、下载专区

◆ **皮书研创**

皮书规范、皮书出版、
皮书研究、研创团队

◆ **皮书评奖评价**

指标体系、皮书评价、皮书评奖

所获荣誉

◆ 2008 年、2011 年、2014 年，皮书网均
在全国新闻出版业网站荣誉评选中获得
"最具商业价值网站"称号；

◆ 2012 年，获得"出版业网站百强"称号。

网库合一

2014年，皮书网与皮书数据库端口合
一，实现资源共享，搭建智库成果融合创
新平台。

皮书网

"皮书说"
微信公众号

权威报告·连续出版·独家资源

皮书数据库
ANNUAL REPORT(YEARBOOK)
DATABASE

分析解读当下中国发展变迁的高端智库平台

所获荣誉

- 2022年，入选技术赋能"新闻+"推荐案例
- 2020年，入选全国新闻出版深度融合发展创新案例
- 2019年，入选国家新闻出版署数字出版精品遴选推荐计划
- 2016年，入选"十三五"国家重点电子出版物出版规划骨干工程
- 2013年，荣获"中国出版政府奖·网络出版物奖"提名奖

皮书数据库

"社科数托邦"
微信公众号

成为用户

　　登录网址www.pishu.com.cn访问皮书数据库网站或下载皮书数据库APP，通过手机号码验证或邮箱验证即可成为皮书数据库用户。

用户福利

- 已注册用户购书后可免费获赠100元皮书数据库充值卡。刮开充值卡涂层获取充值密码，登录并进入"会员中心"—"在线充值"—"充值卡充值"，充值成功即可购买和查看数据库内容。
- 用户福利最终解释权归社会科学文献出版社所有。

社会科学文献出版社 皮书系列
SOCIAL SCIENCES ACADEMIC PRESS (CHINA)

卡号：236736432928
密码：

数据库服务热线：010-59367265
数据库服务QQ：2475522410
数据库服务邮箱：database@ssap.cn
图书销售热线：010-59367070/7028
图书服务QQ：1265056568
图书服务邮箱：duzhe@ssap.cn

S 基本子库
SUB DATABASE

中国社会发展数据库（下设 12 个专题子库）

　　紧扣人口、政治、外交、法律、教育、医疗卫生、资源环境等 12 个社会发展领域的前沿和热点，全面整合专业著作、智库报告、学术资讯、调研数据等类型资源，帮助用户追踪中国社会发展动态、研究社会发展战略与政策、了解社会热点问题、分析社会发展趋势。

中国经济发展数据库（下设 12 专题子库）

　　内容涵盖宏观经济、产业经济、工业经济、农业经济、财政金融、房地产经济、城市经济、商业贸易等 12 个重点经济领域，为把握经济运行态势、洞察经济发展规律、研判经济发展趋势、进行经济调控决策提供参考和依据。

中国行业发展数据库（下设 17 个专题子库）

　　以中国国民经济行业分类为依据，覆盖金融业、旅游业、交通运输业、能源矿产业、制造业等 100 多个行业，跟踪分析国民经济相关行业市场运行状况和政策导向，汇集行业发展前沿资讯，为投资、从业及各种经济决策提供理论支撑和实践指导。

中国区域发展数据库（下设 4 个专题子库）

　　对中国特定区域内的经济、社会、文化等领域现状与发展情况进行深度分析和预测，涉及省级行政区、城市群、城市、农村等不同维度，研究层级至县及县以下行政区，为学者研究地方经济社会宏观态势、经验模式、发展案例提供支撑，为地方政府决策提供参考。

中国文化传媒数据库（下设 18 个专题子库）

　　内容覆盖文化产业、新闻传播、电影娱乐、文学艺术、群众文化、图书情报等 18 个重点研究领域，聚焦文化传媒领域发展前沿、热点话题、行业实践，服务用户的教学科研、文化投资、企业规划等需要。

世界经济与国际关系数据库（下设 6 个专题子库）

　　整合世界经济、国际政治、世界文化与科技、全球性问题、国际组织与国际法、区域研究 6 大领域研究成果，对世界经济形势、国际形势进行连续性深度分析，对年度热点问题进行专题解读，为研判全球发展趋势提供事实和数据支持。

法律声明

"皮书系列"（含蓝皮书、绿皮书、黄皮书）之品牌由社会科学文献出版社最早使用并持续至今，现已被中国图书行业所熟知。"皮书系列"的相关商标已在国家商标管理部门商标局注册，包括但不限于LOGO（▨）、皮书、Pishu、经济蓝皮书、社会蓝皮书等。"皮书系列"图书的注册商标专用权及封面设计、版式设计的著作权均为社会科学文献出版社所有。未经社会科学文献出版社书面授权许可，任何使用与"皮书系列"图书注册商标、封面设计、版式设计相同或者近似的文字、图形或其组合的行为均系侵权行为。

经作者授权，本书的专有出版权及信息网络传播权等为社会科学文献出版社享有。未经社会科学文献出版社书面授权许可，任何就本书内容的复制、发行或以数字形式进行网络传播的行为均系侵权行为。

社会科学文献出版社将通过法律途径追究上述侵权行为的法律责任，维护自身合法权益。

欢迎社会各界人士对侵犯社会科学文献出版社上述权利的侵权行为进行举报。电话：010-59367121，电子邮箱：fawubu@ssap.cn。

社会科学文献出版社